中國學術思想研究輯刊

五 編

林慶彰 主編

第 11 冊

惠棟易學研究（三）

陳伯适 著

花木蘭文化出版社

國家圖書館出版品預行編目資料

惠棟易學研究（三）／陳伯适 著—初版—台北縣永和市：
花木蘭文化出版社，2009〔民 98〕
目 14+296 面；19×26 公分
（中國學術思想研究輯刊 五編；第 11 冊）
ISBN：978-986-254-040-4（精裝）
1.（清）惠棟　2.易學　3.學術思想　4.研究考訂
121.17　　　　　　　　　　　　　　　　　98014777

ISBN - 978-986-2540-40-4

9 789862 540404

中國學術思想研究輯刊
五　編　第十一冊　　　　　　　ISBN：978-986-254-040-4

惠棟易學研究（三）

作　　者　陳伯适
主　　編　林慶彰
總 編 輯　杜潔祥
出　　版　花木蘭文化出版社
發 行 所　花木蘭文化出版社
發 行 人　高小娟
聯絡地址　台北縣永和市中正路五九五號七樓之三
　　　　　電話：02-2923-1455／傳眞：02-2923-1452
網　　址　http://www.huamulan.tw 信箱 sut81518@ms59.hinet.net
印　　刷　普羅文化出版廣告事業
封面設計　劉開工作室
初　　版　2009 年 9 月
定　　價　五編 20 冊（精裝）新台幣 33,000 元

惠棟易學研究（三）

陳伯适　著

目次

附　錄

圖表目錄

第五章　惠棟專述《周易》經傳之特色（上）

　　惠棟《周易述》考論《周易》經傳，採取經傳分離的論述方式，六十四經卦分前三十卦爲上經，後三十四卦爲下經，然爲未竟之作，缺革卦（不包括革卦）以後十五卦；傳分別依《彖》、《象》、《繫》、《文言》、《說卦》等序論述，缺《序卦》與《雜卦》。在上下經六十四卦與《易傳》的闡述上，惠氏以自注自疏的方式來作詁訓；在畫卦下注明宮卦與消息卦之卦次名稱，合於孟喜、京房、鄭玄與虞翻等人之基本主張。如以屯䷂卦言，惠氏注明「坎宮二世卦」、「消息內卦十一月，外卦十二月」，前者即京房八宮卦次圖之卦次說；後者即合孟喜的卦氣說，屯卦屬十二月（丑）卦，然而按卦氣圖，十一月末候之終卦爲屯卦內卦，而十二月初候之始卦則爲屯卦外卦，所以惠氏才作「消息內卦十一月，外卦十二月」之注，符合孟喜《易》說。其它如蒙䷃注明「離宮四世」、「消息正月」，需䷄卦「坤宮遊魂卦」、「消息內卦正月，外卦二月」等等，皆同理。所用者皆以兩漢孟、京以降所言八宮卦、卦氣說之主張。在卦辭下，惠氏作注，並於卦辭與其注後又作疏；然後續於爻辭下作爻辭注，並於爻辭於注之後又作疏。卦爻辭的注疏，除了以象數爲主的卦爻義之闡發外，另外重視文字之詁訓。前者以虞氏學說爲基礎，並輔以荀爽等漢魏《易》家之說；後者以鄭玄、虞翻、字書以及《易》家與經典之說互證。一卦之中，不將《彖》、《象》傳辭納入並言，採取分開論述之方式。這種經傳分開，並採注疏的論述體例，主要是根本古學，希望透過這種外在的形式，來貼近古學，並力圖內容的求古求眞，以還原漢學的本然面貌。

　　不論內容或形式的表現，惠棟撰著《周易述》，都希望能夠還原漢儒本來的實質內涵，因此第五、六章，主要針對惠氏述《易》上的特色，區分爲九

個主要的方面作詳細的討論，藉以體現其對漢《易》的確切認識之情形，以及其個人的易學觀。

第一節　長於文字訓詁

　　《周易》的詁訓，歷來歧異頗多，原因就在於其文字簡要，文義不明確，並且文字隨著時空的轉變，不論在字形、字音或字義上，也隨之有所差異，惠棟深刻體會真正的原義要獲得正解，往往只有透過從個別文字的考證與詁訓中才能得到，而傳統的字書，也就成為其考證與訓解文字的主要依據。雖是如此，並不意味著字書是惟一的依靠，字書以外的先秦漢魏典籍，仍是訓解字義或是文義的重要來源，包括以群經的互訓，以子籍或史籍的引述，以及其它具有時代性或是相關學術性的文獻資料，皆是可以作為訓解的依據。這些部份，本節並未並入論述，而將後續分節來討論，希望凸顯與強調惠氏述《易》的特色，以及更詳細的瞭解惠棟廣引群書訓《易》的有關問題，例如引用緯書的問題等等。因此，本節主要從兩個部份來作簡要說明，第一個部份主要針對文字訓詁的主要文獻根據來談；第二個部份則綜合惠氏引證群籍所表現出的訓解文義上的成就來談。

一、以字書作為文字訓詁之主要根據

　　《漢書‧藝文志》中一句經學史上熟識的話，「昔仲尼沒而微言絕，七十子喪而大義乖」，漢代學者體驗到聖人隱微不顯之言、廣大精深之義，處於垂絕之際，承繼古聖賢不刊之典，必探尋微言大義，其主要方式是墨守師說家法，口耳相傳，遞相授受，在今文學家鼎盛的時代，這是最重要的門徑，所以詁訓申義的主要方式，就是遵循家法師說。但是，隨著時空的轉變，師說家法紛歧叢立，口耳之傳又未必得其精準而無誤，所以今文學家仍不得不借助其它文獻考證的詁訓方式，以明其經義。古文學家則不如今文學一般，有師說家法的傳承授受，所以治經釋義必闢門要，最根本的方式就是以考證訓詁為先務；劉向校訂古文，藏於中祕，校者不僅訂其簡冊，考其篇目，並且解釋其文字。因此，兩漢經學家治經莫不重視訓詁，透過文字的訓詁，以詮釋經書本義，是漢儒治經的最佳徑路，只有準確的文字訓詁，才能透悉經書本義。東漢時期，古文之學抬頭，處於較優勢的地位，經學家漸漸不再太過

度的強調古文學的壁壘分明，經學家的普遍共識是兼習眾經，不會過度對今古文與經緯強作取捨，大抵皆能兼用並蓄；治經的傾向，更是以訓詁作爲治學的最根本與最主要的內容。訓詁的目的，除了根據訓詁以考證眾經今古文字之異同外，也針對簡策的錯亂，及以師說的不同加以分辨，最重要的是疏通經義，闡明經書旨趣。

胡樸安《中國訓詁學史》將訓詁學史分爲五個時期，其中最強調的是兩漢與三國晉六朝，以及隋唐等三個時期，因爲訓詁根據的因素；兩漢時期有《爾雅》、《小爾雅》、《毛傳鄭箋》、《方言》、《說文解字》等，三國晉六朝時期，有《釋名》、《廣雅》等，除此之外，隋唐時期，又有《玉篇》與《經典釋文》等典籍作爲依據。胡氏又將訓詁的派別，分爲爾雅派、傳注派、釋名派、方言派等方面，皆是根據這些典籍而來。〔註1〕因此，經學的訓詁，引據的典籍十分地重要；經傳釋義考據，要能合於時義，甚至探尋古義，言之有物，文獻的依據爲重要的關鍵所在。岑溢成於《訓詁學與清儒訓詁方法・訓詁方法學的兩個方面》中，特別強調訓詁學的內容，理據的提出是進行訓詁論證的主要歷程，而理據主要包括資料性理據、理論性理據與文脈性理據等方面，〔註2〕不論是何種理據，事實上最重要的還是文獻的依據，惟有恰當而具有說服力的文獻資料，才能建構出最佳的理據，也才能夠進一步闡釋文義。

漢儒重視《爾雅》、《小爾雅》、《毛傳鄭箋》、《方言》、《說文解字》等文獻作爲其治經詁訓的主要依據，而後代重新檢視與考證漢儒經說，這些文獻當然也是重要的依據。今觀惠棟考索漢代易學，闡述《周易》古義，其文字訓詁特別重視前述典籍文獻的運用，乃至劉熙《釋名》、張揖《廣雅》與李斯《倉頡篇》等字書的運用，同時大量採用同時期諸家論著之說，從文獻取用的角度觀之，文獻的依據實爲適切，符合文字訓詁依據的要求。本節特別針對文字詁訓的角度言，置重於專就字書的運用，在文字訓詁上的表現。並於後面節次再就其引據諸典以釋《易》所表現的特色與檢討來進行簡要之論述。

惠棟於《九經古義》云：

〔註1〕　胡樸安將中國訓詁學史，依時代來區分，分爲：兩漢爲一期，三國晉六朝爲一朝，隋唐爲一期，宋元明爲一期，清爲一期，共五期。至於胡氏區分爲諸派別，參見其書各章節所述。見胡樸安《中國訓詁學史》，臺北：臺灣商務印書館，1988 年 11 月臺 11 版，頁 11。

〔註2〕　參見岑溢成《訓詁學與清儒訓詁方法・訓詁方法學的兩個方面》，香港：新亞研究所博士論文，1984 年 12 月，頁 676。

漢人通經有家法，故有《五經》師。訓詁之學，皆師所口授，其後
乃著竹帛，所以漢經師之說立於學官，與經並行。《五經》出於屋壁，
多古字古言，非經師不能辨。經之義存乎訓，識字審音乃知其義，
是故古訓不可改也，經師不可廢也。〔註3〕

惠棟主張「經之義存乎訓」，主張遵循識字、審音的進路，通經求義之法在於
詁訓，具體的作爲就是歸本於經師古訓，以漢儒之說爲尊，確立透過古訓以
通經而知其義的漢學進路。這樣的治經方法與態度，主要受到錯綜的學術發
展因素帶引考據之學的風尚漸起之影響；反省理學，尊經崇漢，以經學取代
理學的主流地位，認爲惟有透過訓解與稽考漢代舊說，實事求是，才能獲得
經典的眞正本義。惠氏之「存乎訓」，本於「漢學」，以漢儒經說古訓爲尊，
也以漢儒經說的方法作爲搜尋古義的重要憑藉。「古訓」，何者爲古？何者爲
眞？「古訓」的揀選考索，並非單取漢儒一家之說就可以獲得，隨著時空的
轉變，學派的雜揉混同，以及經師之難辨，所以從識字審音著手，是推求經
義的最佳方式，也是漢儒古訓之重要方法。識字審音，除了可以直接援引漢
儒經說之言外，很重要是必須仰賴字書，從字書當中推求文字本義；並且，
漢儒古訓之法，除了也從舊有經典訓說中找尋答案外，當然很重要的方法，
就是從專門的文字訓解的典籍中獲得原始本義。

　　細觀惠氏《周易述》中引據之重要訓詁典籍，用於疏文之中，包括《說
文解字》至少有一二二次，《爾雅》至少有一一五次，《廣雅》至少有二十二
次，《方言》至少有八次，《釋名》至少有五次，《小爾雅》至少有四次，《倉
頡篇》至少有四次，《釋文》至少有一次，〔註4〕以及《毛傳》與鄭《箋》亦
不下十次。其中最主要的依據是《說文》與《爾雅》。許愼的《說文解字》，
爲漢儒辨於名物、詳於訓詁的最直接表現。至於《爾雅》，不論是漢儒，乃至
後代，皆以之爲訓詁上不可或缺的主要文獻，誠如郭璞《爾雅序》所云，「夫
爾雅者，所以通訓詁之旨歸，敍詩人之興咏，總絕代之離辭，辨同實而殊號
者也。誠九流之津涉，六藝之鈐鍵，學覽者之潭奧，摛翰者之華苑也。若乃
可以博物不惑，多識於鳥獸草木之名者，莫近於《爾雅》」。〔註5〕因此，訓詁

〔註3〕　見《九經古義·述首》，頁362。
〔註4〕　雖然《經典釋文》於此僅有一次，但在惠氏整個治《易》的歷程中，極爲重
　　　　視陸氏之說，包括《九經古義》、校定《周易集解》以及《新本鄭氏周易》中，
　　　　均十分仰賴此作。
〔註5〕　見郭璞《爾雅序》。轉引自朱彝尊《經義考》，卷237，北京：中華書局，1998

漢代經典，辨證文字，《說文》與《爾雅》等字書，皆爲不可或缺的主要依據。

　　舉例說明之，以坤䷁卦爲例，六四「括囊」，惠氏疏云：

> 括，結，《廣雅》文。《說文》曰：括，絜也。「絜」與「結」古文通。
> 故鄭注《大學》曰「絜，猶結也」。《禮・經解》曰「絜靜精微，《易》
> 教也」。絜者，括絜。絜靜，坤也；精微，乾也。坤元絜靜，乾元精
> 微，故云《易》教也。

透過《廣雅》與《說文》，以說明「括」爲「結」，而「結」與「絜」又古文
通。「絜」有「絜靜」之義，屬坤性，所以惠氏又引《禮記》說明「絜靜精微」
爲乾坤爲《易》教。又上六「龍戰于野，其血玄黃」，惠氏疏云：

> 坤，消卦也。上六在亥，故曰消息在亥。《乾鑿度》曰：陽始於亥，
> 形於丑。乾位在西北，陽祖微據始，是以乾位在亥。《文言》曰：爲
> 其兼于陽也。乾爲龍，故稱龍。《說文》曰：壬位北方，陰極陽生。
> 《易》曰「龍戰于野」，戰者接也，上六行至亥，與乾接。《說卦》
> 戰乎乾，謂陰陽相薄也。卦无傷象，王弼謂與陽戰而相傷，失之。
> 毛萇《詩傳》曰「郊外曰野」。乾位西北，故爲野。

坤卦上六爻辰在亥。陰消極於上六，所以「消息在亥」。乾位西北，故亥居西北
在乾方。西北亥位，爲陰陽交接、陰極而陽始之處，所以惠氏進一步引《說文》
云「壬位北方，陰極陽生」，其義同亥位。處乾坤陰陽交接處，則「龍戰于野」，
「戰」爲「接」義，爲陰陽相薄者，並無乾坤相傷之義，王弼言傷爲非。又引
《詩傳》說明「郊外曰野」，即乾野之處而相接。又用九「利永貞」，惠氏疏云：

> 永，長，《釋詁》文。《文言》曰「坤道其順乎，承天而時行」。是坤
> 之六爻，皆當居陰位而承乾也。陰承陽則可長，故用六利永貞。〔註6〕

藉由《釋詁》訓「永」爲「長」，說明坤道本乎順承天而行，陰順陽則可長可
久，所以云「利永貞」。

　　以復䷗卦爲例，六二「休復，吉」，惠氏疏云：

> 休，美，《釋詁》文。乾以美利利天下，故乾爲美。初陽在下爲聖人，
> 二无應于上，而比於初，故爲休復，以柔居中，故曰得中。《象》曰
> 「休復之吉，以下仁也」，得中下仁，故吉也。

惠氏依《釋詁》，訓「休」爲「美」，指的是初九乾爻而言，《文言傳》指出「乾

　　　年11月北京1版1刷，頁1203。

〔註6〕坤卦三引文，見《周易述》，卷一，頁13～14。

以美利利天下」，所以乾爲美，以「休」訓「美」，即指乾初。六二居中得位，與上無應，則與初相比，下而順附於陽，乾陽爲美，所以爲「吉」。《爾雅》「庇蔭」曰「休」，有止木庇息之義，亦是美事。又，一陽初生爲震，東方木象爲「仁」，而初陽乾元亦爲「仁」，六二下初爲「仁」，「理仁爲美」(《論語》)，復是「吉」兆。同卦六三「頻復，厲，无咎」，惠氏疏云：

> 「頻」古作「瀕」，《說文》曰：瀕，水厓人所賓附，瀕顣不前而止，從頁从涉。三以陰居陽，故失位，无應于上，瀕顣而復，故厲。動正成乾，故无咎。鄭作「嚬」，義亦同也。

惠氏根據《說文》，認爲「頻」字古文作「瀕」。「瀕」者，乃人賓附於水邊，處於危厲之境，嚬蹙不前的愁眉苦臉之狀。六三以陰居陽，失位而無應於上，所以處於恐將滅頂的危厲之凶，但三動正成乾爻，審愼力行，復於乾道，則无咎害。惠氏「頻」又作另解，以「頻」作「比」義，並云：

> 頻☷字古有兩義，一見上。《廣雅》曰「頻，比也」。三與初、二相比而復失位，故厲之正，故无咎，義亦得通。故曰「頻，比也」。〔註7〕

六三與初、二相比，失位爲厲，使之正則無咎，於義亦通。所以根據《說文》與《廣雅》二書，則「頻」字有二訓，一爲瀕附於水涯，一爲比鄰之義。二義皆通。

離 ☲ 卦九三「則大耋之嗟」，疏云：

> 乾爲老，《釋言》曰「耋，老也」。僖九年《春秋傳》曰：以伯舅耋老，故知乾老爲耋。二至五體大過，大過死象，故云大耋之嗟。嗟，古文嗟。《釋詁》云「瑳也」。三爲下體之終，又艮爻，艮終萬物，故有是象。〔註8〕

惠氏引《釋言》訓「耋」爲「老」義，合於乾爲「老」象之義，以三在乾終，乾盈將退爲老，所以爲「耋」。又，三至五體兌，兌口舌；二至四體巽，巽呼號，所以爲「嗟」(「嗟」)。惠氏並認爲二至五體大過 ☱，爲棺椁之死象，故云「大耋之嗟」。又，三爲下卦之終，又是艮爻，艮終萬物，所以有嗟老之象。

遯☶卦初六「遯尾，厲，勿用有攸往」，惠氏疏云：

> 爻例初爲尾，上爲角。《說文》曰：尾，微也。古文通。《尚書》「鳥獸孳尾」，《史記》作字微。《論語》有微生高，《莊子》作尾生。微，

〔註7〕三段引文，見《周易述》，卷四，頁 109。

〔註8〕見《周易述》，卷四，頁 133。

猶隱也，陽伏邎初，故云邎尾，六居初爲失位，故危，應在四，初
之四體坎，坎爲災，故勿用，有攸往也。〔註9〕

惠氏引《說文》訓「尾」爲「微」，二字古文相通，從《尙書》諸典籍所載，
可以獲得證實。微有伏隱之義，陽隱於邎初，所以稱「邎尾」。以陰居初爲失
位，初與四應，初之四體坎坎爲災，所以云「厲」。下艮爲止，艮止宜靜，若
不往於四，則無災咎，所以云「勿用有攸往」。

大壯䷡九三「羝羊觸藩」，惠氏疏云：

三體兌，息至五，上亦體兌，兌爲羊，故三、五、上皆有羊象。《說
文》曰「羝，牡羊也」。陽息之卦，故曰羝。〔註10〕

三與五同功，互爲兌，故爲羊；三又息至五，則四至上又爲兌，故惠氏云「三、
五、上皆有羊象」。三互乾兌，乾體壯，兌爲羊；又陽爲牡。所以云「羝羊」，
正與《說文》所訓「羝，牡羊也」同義。

如夬䷪卦卦辭「揚于王庭」，以「揚」字爲「越」義，引自《釋言》「揚，
越也」：

越，揚也。《詩·公劉》曰：干戈戚揚。《毛傳》云：揚，戉也。古
「越」、「鉞」皆作「戉」，故云揚，越也。〔註11〕

上六以一陰踰越於五陽之上，是小人而乘君子，其罪惡聞於聖人之朝，故云
「揚于王庭」。

如履䷖卦上九「視履考詳」，惠棟指出：

「考，稽」，《小爾雅》文。《廣雅》曰：稽，考問也。字本作卟。《說
文》曰：卜以問疑也。從口卜，讀與稽同。《書》云：卟疑。《大戴·
四代》曰：天道以視，地道以履，人道以稽，所謂人與天地相參也。
詳，古文祥。《呂氏春秋》曰：天必先見祥。高誘云：祥，微應也。
故謂詳爲徵也。《中庸》曰：國家將興，必有禎祥。是吉祥也。豐上
六《象傳》曰：天際祥也。昭十八年《春秋傳》曰：將有大祥。《尙
書大傳》曰：時則有青眚青祥，是凶祥也。則祥兼吉凶。故云以三
之視履，稽其禍福之祥。〔註12〕

〔註9〕見《周易述》，卷五，頁142。
〔註10〕見《周易述》，卷五，頁146。
〔註11〕見《周易述》，卷六，頁184。
〔註12〕見《周易述》，卷二，頁50～51。

以字書釋「稽」有「考問」之義，與「卜」字音義同。並引《大戴禮記》諸經典，以說明「詳，古文詳」，字兼有「吉凶」之義，所以有所謂「稽其禍福之祥」。

由上面之引述，可以知道，惠氏訓義，極爲重視諸字書作爲詁解經傳文字的直接而有力的理據，《爾雅》、《說文》等字書所載，被視爲最原始最正確的本義。以字書所釋文義，進一步轉引諸家《易》說來論述卦爻義；或者是採用某家《易》說來闡發《易》義，並兼采字書之說，來作爲輔證。不論是何種方式，字書表現出詁訓《周易》文義上的神聖性與權威性，從這些字書當中可以尋得《周易》本義的最佳詮解。

但是，雖然這些字書有其難以替代崇高地位，也並不化表著這些字書所講的是全然無誤的，例如，以咸 ䷞ 卦上六「咸其輔頰舌」爲例，惠氏釋云：

> 虞云：耳目之間稱輔頰。又《說文》曰：輔，頰也。尋輔近口在頰前，故《淮南子》曰：靨輔在頰前則好是也。耳目之間爲權，權在輔上，故曹植《洛神賦》云靨輔承權。夬九三「壯于頄」，頄，即權也。頰所以含物，輔所以持口，輔、頰、舌三者並言，明各爲一物，是輔近頰而非頰，虞以「權」爲「輔」，《說文》以「輔」爲「頰」，皆非也。上爲首，故輔、頰、舌謂上也。兌爲輔頰，《九家說卦》文。五與上比，上不之三，故咸其輔頰舌，徒以言語相感而已。《傳》曰「滕口說也」，言徒送口說。〔註13〕

惠氏明白地指出輔、頰、舌三者並言，各爲不同一物，而三者並言，以其同屬於上爻，上爻爲首，而輔、頰、舌又同處於頭部，同時，咸卦上兌爲輔、頰爲舌，所以三者並言。惠氏認爲輔、頰根本二物，「輔近口在頰前」，「頰所以含物」，相當於今日一般所云之面頰骨，而「輔所以持口」，即一般的酒窩處。惠氏並提出「權」，以權在輔上，即一般所說的顴骨。是輔、頰、舌、權，各屬不同的部位，不能並爲一物。三者的關係，「徒以言語相感而已」，三者的共同關係是並爲言言必備之具，誠如王弼所說的「輔、頰、舌者，所以爲語之具也」，也如來知德所說的，「舌動則輔應而頰從之，三者相須用事，皆所以言者」。惠氏認爲虞翻以「權」爲「輔」，《說文》以「輔」爲「頰」，都是錯誤的說法，而《淮南子》、《洛神賦》之說爲正。從這裡可以看出，惠氏雖專主虞說，文字詁訓也特別倚重《說文》的主張，但不因此而一一爲是，

〔註13〕見《周易述》，卷五，頁 137～138。

惠氏所堅持的是一種考據所要追求的實質面，也就是訓義的最終目的，在於獲得正確的意義。

二、詁訓詳明

（一）詳用文獻，內容宏富

惠氏訓義詳明，主要表現在文獻的運用廣博宏富，理據周恰，雖大都是象數之熔鑄，但仍能展現出高度的邏輯性與合理性。如以釋《象上傳》「動而明，雷電合而章」（噬嗑䷔卦《象》文）為例，惠氏疏云：

> 下震上离，故動震明离。《古文尚書‧堯典》曰「辨章百姓」，鄭注云「章，明也」。《説卦》曰「震爲雷，离爲電」。《晉語》司空季子曰「車有震武也」，韋昭云「震，威也」，又云「居樂出威」，故知震爲威也。「雷動而威，電動而明」，宋衷義也。電有光明，故云電照。宋氏又謂「用刑之道，威明相兼」，故須雷電並合而噬嗑備。《尚書‧呂刑》曰「德威維畏，德明維明」，是用刑在乎威明也。〔註14〕

惠氏簡要訓解《象》辭文義，震爲「動」，離爲「明」，震又爲「雷」，離又爲「電」，取象義而言；引鄭注以「章」並爲明。除了連詞外，每一個字都作了解釋，事實上，文義已清晰可明。惠氏並引《晉語》與韋注，以說明「震爲威」之義。進一步采宋衷之義，「雷動而威，電動而明」，藉由前訓字義，以明宋文，惟雷電並合，才能顯其威明，所以宋氏也說「用刑之道，威明相兼」，《尚書》也言「德威維畏，德明維明」，雷電相顯，萬物不能懷邪，王者以此爲則，明罰勅法，使民知所畏而不敢犯，此惠氏所云「雷電並合而噬嗑備」之理。是以聖王以禮樂化天下，治梗頑不順者以刑罰，噬之所以嗑之，明刑所以循善弼教，而受罰者所以遷善改惡；刑罰之用，當在威明兼備，此爲必要之治道。惠氏訓此八字，綜采六、七說，文義得以詳明。

又如，惠氏釋《繫上》「言天下之至賾而不可亂也」，疏云：

> 賾當爲動，鄭義也。虞本作動，云舊誤作賾也。亂，治，《釋詁》文。《論語》曰：予有亂十人，馬融注云：亂，治也。六爻發揮，變動不拘，故不可治。觀其會通，以行其等禮，繫辭焉以斷其吉凶，所以治之也。故《下繫》云：極天下之賾者存乎卦，鼓天下之動者存

乎辭。

又釋「儗之而後言，儀之而後動，儗儀以成其變化」，疏云：

> 初辭儗之，《下繫》文。問焉而以言，謂問于《易》而後言，以言者
> 尚其辭，故儗之而後言。儀，度，許慎義也。鄭注《尚書大傳》曰：
> 射王極之度也，射人將發矢，必先于此儀之，發矢則必中于彼矣。
> 君將出政，亦先于朝廷度之，出則應于民心。射其象者也，以《易》
> 爲度，先于此儀之，而後舉事，則動无不中，故儀之而後動。儗之
> 儀之，變化從此而出，故以成其變化，通志成務之謂也。〔註15〕

前段，惠氏改常本「動」作「嘖」，並引鄭玄之說，訓「嘖」爲「動」；又依
《釋詁》訓「亂」爲「治」，並引馬融之說佐證；故二字連用可以視爲同義複
詞。天下之至動，不可爲治，一切變化，惟繫辭而斷其吉凶，方可爲治。後
段，惠氏易「議」字爲「儀」，並且以許慎《說文》訓「儀」爲「度」，即有
審度之義。以鄭注《尚書大傳》，說明射箭發矢之前，必先仔細量度，然後才
能動入標的；射箭之理，同於君子理政，探賾民情於朝廷之上，出則合民情，
知民隱，與百姓同心。所以，凡事，先儀而與舉，則動无不中，此《易》「儀
之而後動」之義。能夠儗之、儀之，然後自然可以運籌帷幄，順應變化，亦
可隨機變化，通志成務。故《繫辭》云「儗儀以成其變化」，道理在此。在這
兩段釋文中，可以看到惠氏引據廣泛，不論經籍、字書，乃至《周易》之本
文，只要文獻可徵，又有助於訓文義，皆可視爲索引對象。

又以无妄䷘卦爲例，六三「或繫之牛」，惠氏詳訓「牛」義云：

> 《海內經》曰：后稷是播百穀。稷之孫叔均是始作牛耕。郭璞注云：
> 始用牛犁，故云牛，所以資耕藉也。孔子弟子冉伯牛名耕。《新書》
> 鄒穆公曰：百姓飽牛而耕，則牛耕始于三代矣。

說明「牛」本非僅爲動物之名，訓作「牛耕」更恰，且牛耕始於三代。牛繫
之而不從耕作，乃「无妄之世，故繫而弗用」。惠氏進一步釋「邑人災也」之
「邑」字，云：

> 夏商天子之居名邑。《詩》殷武曰：商邑翼翼，四方之極。〔註16〕
> 《毛傳》曰：商邑，京師也。是以《白虎通》曰：夏曰夏邑，殷曰
> 商邑，周曰京師。《尚書》曰：率割夏邑，謂桀也。在商邑，謂殷也。

〔註15〕二段引文，見《周易述‧繫辭上傳》，卷十五，頁412。
〔註16〕見《詩‧周頌‧長發》。

　　　　文王演《易》據，夏商之禮，故以天子所居爲邑，舉邑以繫天下，
　　　　故云邑人災，天下皆災矣。〔註17〕

詳引諸經傳，以說明「邑」義。天子所居，爲天下之所，所以說，「邑人災，
天下皆災」。繫牛而不耕，行人敢據爲己有，此天子之災，實萬民之災。是失
位之世，天下無道，小役大，弱役強，怎能免於災？在這裡，亦可見惠氏引
用文獻詳富有據。

　　有關之釋例，在《周易述》處處可見，其廣引群籍之功，誠然可佩。後
面的有關釋例，大抵也能表現出這番特色，所在僅舉此數例。

（二）挑戰常說，理據恰當

　　惠氏考據有信，不以常說而爲必然，其見識專就文獻訓典的足作論據者
而言，所以每每有不同於常說之論，並能言之有物，理據恰當。以「大壯：
利貞」爲例，惠棟採取虞翻之說爲訓，云：

　　　　陽息泰也。壯，傷也。大謂四，失位，爲陰所乘。兌爲毀折，故傷。
　　　　與五易位，乃得正，故利貞也。

並進一步疏解云：

　　　　陽息泰成大壯。馬氏亦云：壯，傷也。《方言》曰：「凡草木刺人，
　　　　北燕朝鮮之間謂之策，或謂之壯。」郭璞註云：「今淮南亦呼壯爲傷
　　　　是也。」陽大陰小，故大謂四，以九居四，爲失位。五陰乘之，陰
　　　　氣賊害，又體兌，兌爲毀折，故名大壯。《太玄》準之以夷，夷亦傷
　　　　也。四當升五，與五易位，則各得其正，故利貞也。〔註18〕

傳統上，一般人對大壯䷡卦的認爲，釋「大壯」之「壯」義，皆有壯盛之義，
例如《釋文》引鄭玄之說云「壯，氣力浸強之名」；引王肅云「壯，盛也」；《正
義》云「壯者，強盛之名；以陽稱大。陽長既多，是大者盛壯，故曰大壯」；
《易程傳》亦指出「大壯之道，利於貞正也；大壯而不得其正，強猛之爲耳，
非君子之道壯盛也」；〔註19〕都有強盛壯大之義。然而惠氏專以虞說爲訓，認
爲「壯」之義爲「傷」，並且引諸說來證明其義是所有根據的，以揚雄《方言》

〔註17〕見《周易述》，卷四，頁113～114。
〔註18〕二段引文，見《周易述》，卷五，頁143～144。
〔註19〕所引四家之文，見《經典釋文》，卷二，頁387；《周易注疏》，卷四，頁86；
　　　　《易程傳》引自臺北：新文豐出版公司《大易類聚初集》，第一冊，《伊川易
　　　　傳》，卷三，1983年10月初版，頁857。

認爲北燕朝鮮之間，草木刺入傷人稱爲「壯」；《太玄》作「夷」，亦爲「傷」義；〔註20〕淮南地區也稱「壯」爲「傷」。確定「壯」訓爲「傷」後，並進一步說明何以作爲「大壯」，以及表達「大壯」而能「利貞」的意義。大壯爲陽息之卦，四陽承泰卦而來。「陽大陰小」，所以云「大」，以其四以陽九居陰位，爲失位，並且爲五陰所乘，陽爲陰所傷。同時，三至五爻又體兌，《說卦》以兌爲折毀，有毀傷之義。所以說，從整個卦的爻位所處觀之，處於面對傷害的不利之境，所以名爲「大壯」。但是，既是「大壯」，何以能得以「利貞」，則必須作爻位的改變，「四當升五，與五易位，則各得其正」，所以爲「利貞」。四五易位後，五陽乘四陰，五陽亦承六陰，一陽又與四陰應，爲吉象。且四五易位，則成需䷄卦，需卦卦辭指出「光亨，貞吉，利涉大川」，此亦吉。所以說，雖大壯而能「利貞」。惠氏確定「壯」爲「傷」義，並進一步以爻位的關係進行論述，「壯」之爲「傷」，乃因陽爻失位，爲陰所乘的「大」所引起，並且卦的內在隱現「折毀」之象，更顯其大傷之義。因此，惠氏這般訓詁，論證有據，仍可言之成理。

以明夷䷣六五「其子之明夷，利貞」爲例，惠氏注云：

「其」讀爲「亥」，坤終于亥，乾出于子，故其子之明夷。三升五得正，故利貞。馬君俗儒，讀爲「箕子」，涉《象傳》而訛耳。

並進一步疏云：

蜀才從古文，作「其子」，今從之。其古音「亥」，故讀爲「亥」，亦作「箕」；劉向曰：今《易》「其子」作「荄茲」，苟爽據以爲說。蓋讀「其子」爲「荄茲」，古文作「其子」。「其」與「亥」，「子」與「茲」，字異而音義同。《淮南子》曰「爨其燧火」，高誘注云：「箕」音「該備」之「該」。「該」、「荄」同物，故《三統歷》曰：該閡於亥，孳萌于子是也。五本坤也，坤終于亥，乾出於子，用晦而明，明不可息，故曰其子之明夷。明夷反晉，晉，晝也；明夷，晦也。以十二辰言之，七日來復，則當子。以十日言之，自暗復明，則當旦。故昭五年《春秋傳》卜楚邱論此卦，以爲明夷當旦，亦此義也。五失位，三之五得正，故利貞。馬融俗儒，不識七十子傳《易》之大義，以《象傳》有「箕子」之文，遂以箕子當五。尋五爲天位，箕子臣

〔註20〕 段玉裁指出：「凡注家云『夷，傷也』者，謂夷即痍之假借也。」（見段玉裁《說文解字注》，十篇下，頁498。）

－536－

也，而當君位，乖于《易》例，逆孰大焉。謬說流傳，兆於西漢。
西漢博士施讎，讀「其」爲「箕」，時有孟喜之高弟蜀人趙賓，述孟
氏之學，斥言其謬，以爲箕子明夷，陰陽氣无箕子。其子者，萬物
方荄茲也。賓據古義以難諸儒，諸儒皆屈，于是施讎、梁丘賀，咸
共嫉之。讎、賀與喜同事田王孫，而賀先貴，又傳子臨，從讎問薦，
讎爲博士。喜未貴而學獨高，施、梁丘皆不及喜，所傳卦氣及《易》
家候陰陽災異書，皆傳自王孫，以授梁人焦延壽者，而梁丘惡之，
謂無此事，引讎爲證，且以此語聞於上。於是宣帝以喜爲改師法，
不用爲博士，中梁丘之譖也。讎、賀嫉喜而并及賓，班固不通《易》，
其作喜傳亦用讎、賀之單詞，皆非實錄。劉向《別錄》猶循孟學，
故馬融俗説，荀爽獨知其非，復賓古義，讀「其子」爲「荄茲」。而
晉人鄒湛以爲漫衍无經，致譏荀氏，但魏晉已後，經師道喪，王肅
詆鄭氏，而禘郊之義乖。袁準毀蔡服，而明堂之制亡。鄒湛譏苟謬，
而《周易》之學晦。郢書燕説，一倡百和，何尤乎後世之紛紜矣。

〔註21〕

惠棟參照《釋文》所載，〔註22〕以蜀才從古文，改原本「箕子」作「其子」，
以「其子」才是古本，其進一步的根據是後續對「其子」的解釋。認爲「其」
讀爲亥，按「其」，渠之紐，一部；亥，胡改切，匣紐，一部。群紐爲古匣紐
之變聲，故「其」，亦可作「箕」，其古音爲「亥」無誤，可以視爲同音通假
之字。荀爽本劉向之說，易「箕子」爲「荄茲」，惠氏並引《淮南子》與高誘
注，以及《三統歷》之言互證，認爲「箕」音「該」，而「該」爲「亥」，且
「茲」同「孳」爲「子」。班固爲《漢書・律歷志》，多本於《三統歷》，查王
先謙《漢書補注》指出：

> 《律書》：「亥者，該也。言陽氣藏於下，故該也。」《説文》：「亥，
> 荄也。十月微陽起，接陰盛。」《釋名》：「亥，核也。收藏百物，核
> 取其好惡眞僞也，亦言成萬物皆堅核也。」

又云：

〔註21〕二段引文，見《周易述》，卷五，頁 152、154～155。
〔註22〕惠氏所言，主要根據《釋文》所錄，云：「蜀才箕作其。劉向云：今《易》箕
　　　子作荄滋。鄒湛云：『訓箕爲荄，詁子爲滋，漫衍無經，不可致詰。』以譏荀
　　　爽。」（見陸德明《經典釋文》，卷二，頁 387。）

《律書》：「子者，滋也。滋者，萬物滋於下也。」《說文》：「十一月
陽氣動，萬物滋，人以爲偁，象形。」滋、孳義同，《釋名》：「子，
孳也。陽氣始萌，孳生於下也。」〔註23〕

由是可知，「其子」同「荄茲」，皆云陽氣藏於下，而萬物始萌之際。因此，
惠氏下了注解，認爲「五（即六五）本坤也，坤終于亥，乾出於子，用晦而
明，明不可息，故曰其子之明夷」，陰陽氣行，坤陰將終於亥，而乾陽也將出
於子，此晦明之際，陽氣漸長，萬物孳始，所以爲「其子之明夷」。並且，自
暗復明，爲將旦之時，與《左傳・昭五年》卜楚邱論此卦，以明夷當旦，其
義皆同。至於本義何以傳爲謬說，肇因於施讎與梁丘賀嫉妒孟喜所致，惠氏
根據《釋文》所言，作爲詳細的述說，最後荀氏正確的傳述，爲鄒湛所譏，
以致正說湮沒。最後惠氏也針對今日一般作「箕子」提出駁正，主要源於《彖
傳》有「箕子」之說，而馬融諸儒循之，馬融指出：

箕子，紂之諸父，明於天道，《洪範》之九疇，德可以王，故以當五。
知紂之惡，無可奈何，同姓恩深，不忍棄去，被髮佯狂，以明爲暗，
故曰「箕子之明夷」。〔註24〕

馬氏根本《彖傳》，以史事爲說，認爲五爻爲君子之位，箕子雖爲人臣，但其
德高可以爲王，所以以五當之。但是，惠氏不以爲然，仍認爲臣爲臣，是不
易之事實，不以其德而易其位，臣僭君位，非《易》之當例，所以爲非。此
觀點認知上的差異，並無絕對的是或非，但惠氏所言亦準之有理。由此例整
體觀之，惠氏詁訓詳明，考據有徵，雖異於常說，但仍有其理據可循，足爲
參照。

又以隨䷐卦爲例，惠氏釋「隨，元亨，利貞」，疏云：

卦自否來，從三陽三陰之例。否上爻之坤初。卦名隨者，爻辭六二
「係小子」，小子謂初，是二係初也。六三「係丈夫」，丈夫謂四，
是三係四也。上六「拘係之」，乃從維之。《乾鑿度》謂上六欲待九
五拘繫之，維持之，是上係五也。三陰係于三陽，虞氏謂隨家，陰
隨陽，故名隨。《太元》準爲從其辭曰「日嬪月隨」，亦陰隨陽也。
陰係陽，猶婦係夫。《曲禮》曰「大夫曰孤人」，鄭彼注云：孤之言
屬，言其繫屬人也。又曰女子許嫁纓，亦謂婦人質弱，不能自固，

〔註23〕見王先謙《漢書補注・律歷志》，卷二十一上，臺北：藝文印書館，頁393。
〔註24〕見李鼎祚《周易集解》，卷七，頁180。

必有繫屬，故許嫁時繫纓也。故鄭注《內則》云：婦人有纓，示繫
屬也。杜預《釋例》曰：婦人無外，於禮當繫夫之諡，以明所屬，
皆是婦繫夫之事。故初九、九四、九五，比之小子、丈夫也。隨家，
陰隨陽，夫婦之道，故九五「孚于嘉吉」。《傳》曰：君子以嚮晦入
宴息，夫婦之道。而以既濟言者，夫婦者君臣父子之本，正家而天
下定，故《中庸》曰：君子之道造端乎夫婦，及其至也，察乎天地。
是言既濟之事也。〔註25〕

惠氏清楚的表明隨卦之卦義，主要在於說明陰隨陽、婦繫隨於夫的夫婦之道。
這麼明確的專指夫婦而言者，不同於傳統較爲隱晦的說法，如王弼指出「震剛
而兌柔也，以剛下柔動而之說，乃得隨也。……得時則天下隨之矣。隨之所施，
唯在於時也。時異而不隨，否之道也。故隨時之義大矣」。孔穎達亦本王說而開
展。〔註26〕強調的是「隨時」之義。鄭玄指出「震，動也；兌，悅也。內動之
以德，外悅之以言，則天下之人，咸慕其行而隨從之，故謂之隨也。既見隨從，
能長之以善，通其嘉禮，和之以義，幹之以正，則功成而有福，若无此四德，
則有凶咎焉」。〔註27〕「隨」之義，在於下震爲動，上兌爲悅，「內動之以德，
外悅之以言」，言而民莫不信，行而民莫不說，所以天下之人皆慕隨之；並且，
鄭氏更強調有德者，隨而有福，無德者，雖隨則咎，關注的焦點在於「元、亨、
利、貞」四德。鄭氏之義，事實上同於《左傳·襄九年》所載：

穆姜筮得艮之隨。姜曰「《周易》曰隨：元、亨、利、貞，无咎。有
是四德者，隨而无咎。我皆无之，豈隨也哉。我則取惡，能无咎乎。」

同樣置重於四德之有無。觀惠氏之說，從爻位著手而言，以六二隨初九小子，
六三隨九四丈夫，上六隨九五丈夫，即婦隨於夫，此合於《太玄》所說陰隨
陽之道，惠氏並廣引《曲禮》、鄭玄與杜預之說，從禮制的角度來看，此亦陰
隨陽的夫婦之道。最後惠氏並特別指出夫婦之道，爲倫常之本，正夫婦之道，
則天下之理定，即《中庸》所說的「君子之道造端乎夫婦」，推而廣之，則能
「察乎天地」之理，達乎「元亨、利貞」的既濟之境。在這裡，惠氏專以陰
陽的關係比之爲夫婦的關係，陽動而陰順，此自然之道，夫唱而婦隨，此倫
常之必然，本乎陰陽之理。

〔註25〕見《周易述》，卷三，頁77～78。
〔註26〕見王弼注、孔穎達正義《周易注疏》，卷三，頁56。
〔註27〕見李鼎祚《周易集解》，卷五，頁101。

從上舉數例觀之，雖然，惠氏所論與常說相異，但惠氏並不在刻意顛覆一般的說法，而是堅持其探尋古義的職志與考據之精神而作爲說法，不求語出驚人，但持樸素篤實之學。

（三）數義並陳，詳作參照

《周易》文簡而意廣，特別反映在卦義上，表義深遠，如百川所納，所以在釋卦義上，惠氏多有數義並陳者，使釋卦取義，詳明而多可參佐。例如其釋革☲☱卦，指出「水火相息而更用事，故謂之革」，並進一步詳作四義解，云：

> 此卦以四變改命爲吉，故云革，改也。息，長也。謂水火相長而更用事也。此卦之取義有四焉：水火相息，四時更代，《彖辭》「天地革而四時成」，《彖辭》「治歷明時」一也。王者受命，改正朔，易服色，亦謂之革。《彖辭》「湯武革命」二也。《鴻範》曰「從革作辛」，馬融彼注云「金之性，從火而更可銷鑠也。兑金離火，兑從離而革」三也。鳥獸之毛，四時更易，故《說文》解「革」字義云「獸皮治去其毛」，初「鞏用黃牛之革」，五上「虎變」、「豹變」四也。卦象兼此四義，故云革也。〔註28〕

此卦九四爻辭云「悔亡」，以四失正，故「悔」，動而得位，則「悔亡」。二體離爲日，離納己，故卦辭云「己日」。四動則上卦爲坎，五在坎中爲孚，二正應五，合卦辭所言「己日乃孚」之義。四既變以成既濟☵☲，如惠氏所云「必至四而後改命，吉成，既濟定也。乾道變化，乾坤，元也。變化，亨也。各正性命，貞也。保合太和，利也。四革之正，故『元亨、利貞，悔亡』」。〔註29〕四爻改革之後，陽爻爲陰，得其正位，則能「元亨、利貞」，也才能去其悔咎。因此，此卦所革者，惠氏作四義解：其一爲坎離水火之相息，四時之更替，即《象傳》所謂「天地革而四時成」，《象傳》所說的「治歷明時」，也就是時令更新而更見明朗，是一種嶄新時光之呈現。其二是以《象傳》所謂「湯武革命」而言，湯武順乎天而應乎人，誅二叔，除民害，天下定，武功成，此王者受命承替，改正易服，皆本變革之義。其三以《鴻範》言「從革作辛」，馬融注爲「金之性，從火而更可銷鑠也。兑金離火，兑從離而革」而爲革義，火性就燥而可鑠金，所以爲革。其四，《說文》解「革」字義作「獸皮治去其毛」，革義如鳥獸之毛，四時更易，所以革卦初九云「鞏用黃

〔註28〕見《周易述》，卷七，頁214。
〔註29〕見《周易述》，卷七，頁214～215。

牛之革」，九五云「虎變」，上六云「豹變」，義皆在此。惠氏廣取數義，豐富了革卦的卦義，也讓我們體會到《易》義之奧遠。

又如，惠棟釋豫䷏卦，以「豫」有「樂」之義，云：

> 《晉語》司空季子解此經云「豫，樂也」，故《太玄》準之以「樂」；鄭氏謂喜豫、悅樂是也。卦之取義于豫者，有三焉：《漢書‧五行志》云「雷以二月出，其卦曰豫」，言萬物隨雷出地，皆逸豫，一也。取象制樂。樂者，樂也。薦之神祇，祖考，與天地同和，二也。震上坤下，母老子彊，居樂出威，三也。故曰豫，樂也。〔註30〕

惠氏以《晉語》、《太玄》與鄭玄之說，以豫卦本有喜樂愉悅之義。取卦義於此，主要可以三個方面來看：

其一、惠氏以《漢志》「雷以二月出，其卦曰豫」，說明「萬物隨雷出地，皆逸豫」；豫卦坤下震上，坤爲順，震爲動，凡物能順其性而動者，則莫不樂得其所，所以卦取「樂」義。

其二、惠氏取其二義，云「取象制樂。樂者，樂也。薦之神祇，祖考，與天地同和」，所言之義，蓋取自《象傳》之說，《象》云「先王以作樂崇德，殷薦之上帝，以配祖考」，鄭玄則詳云：

> 雷動於地上，萬物乃豫也。以者，取其喜佚動搖。猶人至樂，則手欲鼓之，足欲舞之也。崇，充也。殷，盛也。薦，進也。上帝，天也。王者功成作樂，以文得之者作籥舞，以武得之者作萬舞，各充其德而爲制。祀天帝以配祖考者，使與天同饗其功也。〔註31〕

雷動於地上，養長華實，發揚隱伏，喜樂景況由是而生，則手足舞蹈，喜佚動搖，油然自生。從取象而言，互艮爲手，體震爲足，則豫取手足樂動之狀。進而言之，古者祀天配祖，皆薦盛樂，並爲之舞，以表崇德莊隆之義。所以取其一義於此。

其三、惠取三義云「震上坤下，母老子彊，居樂出威」，實出於《國語‧晉語》「母老子彊」之言。〔註32〕按《國語》之言，晉文公將歸國，筮得貞屯

〔註30〕見《周易述》，卷三，頁74。

〔註31〕見李鼎祚《周易集解》，卷四，頁97～98。

〔註32〕「母老子強」出自《國語》轉引自清李塨《周易傳註》，卷二。臺北：臺灣商務印書館四庫全書本，第47冊，頁50。又清查慎行《周易玩辭集解》，卷三，提到：「母老子強，故曰豫。其辭曰利建侯行師，居樂出威之謂也。得國之卦也。韋昭注：居樂，謂坤在內；出威，謂震在外。」（引自臺灣商務印書館《四

悔豫，筮史皆說不吉，然司空季子卻說吉，並認爲皆利建侯。是坤爲母，震爲長子，此母老子強，則利建侯行師，亦即坤母居樂在內，而震長兄出威在外。建侯行師之功可成，亦悅樂之義。

　　取義於豫有三，可見惠氏收納之廣與訓解之詳明。

（四）兼取漢《易》諸法，理據詳備

　　惠氏詁解文義，並不單重於個別字義的訓解，每每采漢儒《易》說，以明其卦爻之義，畢竟惠氏述《易》在於治漢，尤其特宗於虞、荀乃至鄭玄之說，因此採取諸家釋《易》之主張，是必然之道。惠氏運用漢《易》諸法，純熟周恰，言之合理，儼然爲漢儒《易》說之綜合體。如惠氏訓賁☲☶卦《象》「觀乎天文，以察時變」，疏云：

> 體离艮，互坎。离日，坎月，艮星，故云日月星辰爲天文也。時，四時也。泰互震兌，故震春、兌秋。賁有坎离，故坎冬离夏。巽陽已進，而陰初退，故爲進退。日月星辰，有進退盈縮，《漢書・天文志》曰：陽用事則進，陰用事則退，早出爲盈，晚出爲縮也。朒側朒，朒當作匿字之誤也。《尚書大傳》曰：晦而月見西方，謂之朒。朔而月見東方，謂之側匿。鄭彼注云：朒，條也。條達，行疾貌。側匿猶縮；縮，行遲貌。所謂時變也，歷數也，象法也。《攷工記》曰「天時變」，故云歷象在天成變，所以察時變也。〔註33〕

賁卦離下艮上，所以「體离艮」，二至四互坎，合離日、坎月、艮星三象爲天文，高麗於天位，而「在天成象」者。此即「天文」釋義。惠氏並明言「時」爲「四時」。賁卦三陰三陽之卦自泰☷☰來，即坤上來之乾二，乾二往之坤上；所以惠氏云「泰互震兌」，涉泰卦在此。泰卦有震春、兌秋，而賁卦有坎冬、離夏，此合四時。四時之變，在於陰陽之化，也在於天文之進退盈縮；五變巽，爲「進退」，同於日月星辰之變化，所以惠氏進一步引《天文志》、《尚書大傳》，以及鄭注說明盈縮朒匿之象，有遲有疾，即所謂「時變」。《攷工記》所謂「天時變」，即歷象在天成變，此即觀乎天文，所以察時變。短短八字，惠氏透過漢儒常用之卦變、互體與卦象諸說，並採有關文獻加以說明，使《象傳》辭義更爲具體詳明。

　　又如，惠氏訓解萃☰☷卦《象傳》「君子以除戎器，戒不虞」，疏云：

庫全書》本，第 47 冊，頁 487。）是惠氏取第三義，蓋出自於此。
〔註33〕見《周易述・象上傳》，卷九，頁 247。

－542－

卦唯五陽得正，故君子謂五。案虞注卦辭云：乾五爲王，謂觀乾也。
又虞注坎《象傳》云：在乾爲大人，在坎爲君子。今以乾五爲君子
者，但三、四易位，五在坎中，故以君子謂五也。姚信、陸績、王
肅皆云「除，猶修治」，故云：除，修；戎，兵也。《詩》曰「修爾
車馬，弓矢戎兵」者，《大雅・抑》篇文。證治軍實，亦云修也。乾
之九三、九四，皆云「進德修業」，故云陽在三四爲修。乾三不中，
四不正，故云修。萃之三、四當之正，故亦云修也。坤形爲器，三、
四之正體离，离爲甲胄，爲戎兵，又爲飛，爲矢，故爲戎兵、甲胄、
飛矢。坎爲弓，故爲弓弧。巽爲繩直，故爲繩。艮爲小石，故爲石。
《尚書・柴誓》曰「善敹乃甲胄」；又曰「鍛乃戈矛，礪乃鋒刃」。
故爲敹甲，鍛礪矛矢也。鄭氏彼注云：敹，謂穿徹之，謂甲繩有斷
絕，當使敹理穿治之。謂离之甲胄，以巽繩穿治之，故巽爲繩。矛
矢以离火鍛之，以艮石礪之，故艮爲石。皆是修治之義，故「除戎
器」也。戒，備，《方言》文。坎爲盜，故爲寇初。乃亂乃萃，坤反
君道，爲亂，故以戒不虞。虞，度也。〔註34〕

惠氏首先確定五位爲君子，萃卦惟五陽得正，爲一卦之主，五位本爲天子王
位，但虞作爻例則「在乾爲大人，在坎爲君子」，今五陽本爲大人象，而三四
易位，則五在坎中爲君子。「除」爲「修治」之義，惠氏引姚信、陸績、王肅
等人皆作此義。「戎」爲「兵」。引《詩・大雅》，以論證「修」本有「徵治軍
實」之義；《詩・大雅・江漢》亦有「整我六師，以修我戎」，可備參。以「修」
義爲言者，主在三、四爻，因爲乾卦九三、九四皆云「進德修業」，九三不中，
而九四不正，所以爲「修」，隱存著整治改變之義。至於萃卦，三、四爻之正，
亦云「修」。惠氏並指出「坤形爲器，三、四之正體离」，离有甲胄、戎兵、
飛矢之象，皆兵器之屬。又互坎爲弓弧，互巽爲繩，互艮爲石，其象皆有修
治甲兵之義，合於其所引《尚書》之義，所以《象》說「除戎器」，義即在此。
然而，坎爲盜寇，坤又反君道，此盜亂難備，故「戒不虞」。區區九字，惠氏
闡述具體詳明。除了引用諸家訓義，以及有關文獻輔證說明外，最重要的是
不斷的使用互體與卦爻象來說明，特別是從中而解釋與擴大了卦象的名稱，
例如乾九三、九四云「進德修業」，所以陽三、陽四爲「修」；離爲飛爲矢，
所以爲飛矢；坎爲弓，所以爲弓弧；巽爲繩直，所以爲繩；艮爲小石，所以

〔註34〕見《周易述・象下傳》，卷十三，頁 369〜370。

為石；坎為盜，所以為寇初，等等。在這裡，惠氏除了對《象》義作了清楚的闡說外，也針對卦爻用象，作了簡要的解釋。

又如，惠棟釋比䷇卦《象傳》「先王以建萬國，親諸侯」，疏云：

> 先王，謂夏先王也。五為天子，故先王謂五。初變之正，體震。震為建侯，初剛難拔，故云「建」。震為諸侯，義見屯卦。坤為地，地有九州，夏時九州有萬國，故坤為萬國。此上虞義也。比，四月卦，據消息。孟喜《卦氣圖》曰：十一月：未濟、蹇、頤、中孚、復；十二月：屯、謙、睽、升、臨；正月：小過、蒙、益、漸、泰；二月：需、隨、晉、解、大壯；三月：豫、訟、蠱、革、夬；四月：旅、比、小畜、乾；五月：大有、家人、井、咸、姤；六月：鼎、豐、渙、履、遯；七月：恆、節、同人、損、否；八月：巽、萃、大畜、賁、觀；九月：歸妹、无妄、明夷、困、剝；十月：艮、既濟、噬嗑、大過、坤，是也。《古文尚書·皋陶謨》曰：邲成五服，至於五千，州有十二師，外薄四海，咸建五長。鄭彼注云：敷土既畢，廣輔五服而成之，面方各五千里。四面相距為方萬里。師，長也。九州，州立十二人為諸侯，師以佐其牧。外則五國立長，使各守其職。堯初制五服，服各五百里。要服之內，方四千里，曰「九州」。其外荒服，曰「四海」。此禹所受《地記書》，崑崙山東南，地方五千里，名曰神州者，禹邲五服之殘數，亦每服者合五百里，故有萬里之界，萬國之封。《春秋傳》曰：禹朝羣臣於會稽，執玉帛者萬國。言執玉帛者，則九州之內諸侯也。其制特置牧，以諸侯賢者為之師。蓋百國一師，州十有二師，則州千二百國也。八州凡九千六百國，其餘四百國在圻內。此禹時建萬國之事也。四月以建萬國者，《明堂月令》曰：立夏之日，天子親帥三公、九卿、大夫，以迎夏於南郊，還反，賞封諸侯。蓋夏、殷法也。《白虎通》曰：封諸侯以夏何？陽氣盛養，故封諸侯，盛養賢也。襄廿六年《春秋傳》曰：賞以春夏，刑以秋冬。是慶賞封建，皆以夏也。王肅《聖證論》亦同此說。禹邲成五服，「邲」與「比」同。《說文》曰「邲，輔信也」。輔成五服，此建萬國之象。比，比也，《序卦》文。九五孚信之德，盈滿中國，四海會同，遠人實服，此親諸侯之象也。〔註35〕

〔註35〕見《周易述·象上傳》，卷十一，頁303～304。

比 ䷇ 卦一陽五陰，九五為卦主，五又為天子之位，惠氏明白指出「先王」是五位，是夏先王。初變之正而為震為諸侯，初陽為建，所以為建諸侯。坤為地，地有九州有萬國，此夏時九州之狀；坤地有萬國，所以坤為萬國。在這個裡，惠氏採用卦爻象作訓解，也直接對於卦象的由來作了一番解釋，震為建侯、坤為萬國即是。比卦，惠氏探孟喜卦氣消息之說，為四月卦，在於說明四月屬立夏之時，而立夏又為中國傳統禮制封賞諸侯之時節。所以，惠氏特別引用《古文尚書》與鄭注、《左傳》、《明堂月令》、《白虎通》，以及王肅《聖證論》，以說明立夏之日確為卦賞諸侯、盛養賢才之有據者。並且，也將中國傳統的五服、九州之制作了說明。最後再以《說文》訓解《古文尚書》「邠成五服」，「邠」有輔信之義，亦即比卦之卦義。所以，惠氏作了極佳的注解：「九五孚信之德，盈滿中國，四海會同，遠人賓服，此親諸侯之象」。是建國親侯，使上下遠近脈絡相通，為先王之治道。在這裡，短短九字之文，惠氏卻廣引諸說，並兼取卦爻象、消息之說，使《象》義得以大明。

惠棟治《易》，根柢於漢學，探尋於古義，依據古訓以通經知義，經之義存乎訓，為其治《易》的根本之法。所以，博蒐廣撼，考據古訓，避免私臆空談，為其治《易》的進路，並在其據古訓以通經的論述觀念下，確立出博考漢儒詁訓的學術典型。因此，他的治《易》方法，某種程度上是漢儒治經的寫照，但站在尋古的路線上，特在文獻的取用方面，困難度遠遠超越了漢儒，他從具有時代的代表性文獻著手，也從漢儒的主流易學和有限的易學資料上入手，希望從理性的揀選與邏輯化的融合中，見到其認定的本真。在惠氏之論著中，雖然他在其強烈的漢《易》意識下，特重象數之說，或有附會牽強，但大體上我們仍可以看到他詁訓詳明、理據安在的面貌，誠用力之深，無愧於乾嘉一時之師表。

第二節　博引群籍眾說以釋《易》

惠棟身躋乾嘉一派宗師，開啟重新認識兩漢易學的風潮，創造從根本漢儒另闢出不同於「宋學」的清代「漢學」的嶄新局面。既以漢學為尊，則必走入尋古的幽深曲徑。廣蒐博考，探賾漢儒的經說古義，文獻以古為要，以古訓解《易》，以漢儒解經之法為典式，因此，博引群籍眾說為必要的方法，而這樣的方法，也就成為惠氏治《易》的重要特色。

一、以漢魏《易》家作爲引述之主要對象

（一）廣引《易》說述而不作

　　《周易述》以闡發漢儒之學爲說，全書以虞翻、荀爽爲主，參以鄭玄、宋衷、干寶、子夏、京房、劉歆、許慎、馬融、王肅、董遇、九家、姚信、翟元、王弼等漢魏諸家之說，融會貫串，綜合其義；希望廓清漢儒易學的原委，以還原漢代易學的本眞。名爲《周易述》，表明重在於述，而少有己意，因此廣引漢魏《易》家之言，多信而有徵，不敢妄作標新。耿志宏檢視其所注疏經文，徵引諸家之義，獨言一家之義者有三三六次，其中以虞翻義二六六次最多，其次爲荀爽義二十八次，鄭玄義十三次等；又統計兼採二家或以上者有三十四次，並以荀虞義十三次最多。〔註36〕事實上，耿氏所作之統計，僅就惠棟有述明徵引出處者，惠棟於經傳作注中，也多雜糅諸家之說，少用己言，但未標明所言出於何家。因此，惠棟之徵引，其實際情形，當超過耿氏所作之統計次數。

　　惠棟雖綜合諸家之說，但大體專主虞翻、次而荀爽之學，徵引闡發，並未創爲新意。既以復原漢《易》爲志，必不輕改漢人之說。所述內容大都本於虞翻的學說主張，或斷取荀爽、鄭玄等人之說以作爲輔正。不論是文字詁訓或文義闡釋，皆是旁徵博采之功，廣引《易》家之言，乃至經史子集諸說，並終在證成以虞氏爲主、次而荀、鄭之言者。因此，大體上，可見其羅列史料而考證務實，卻又未見其能夠進一步著力於理性之分析而創爲新說，所以稱之爲「述而不作」，〔註37〕亦不爲過。

〔註36〕耿志宏《惠棟之經學研究》中統計惠棟於其《周易述》中，徵引諸家之義者：包括子夏義一次、京房義三次、劉歆義一次、許慎義一次、馬融義六次、宋衷義一次、荀爽義二十八次鄭玄義十三次、王肅義四次、董遇義一次、虞翻義二六六次、九家義六次、姚信義一次、翟元義二次、王弼義一次、干寶義一次，合爲三三六次。又兼採二家或以上者，包括子夏虞氏義一次、京虞義一次、馬鄭義一次、馬王虞義一次、鄭荀許慎如淳義一次、鄭九家義一次、荀虞義十三次、荀鄭義一次、荀及九家義一次、荀虞王義一次、虞鄭義七次、虞九家義四次、虞陸義一次、虞干義一次，合爲三十四次。（見耿志宏《惠棟之經學研究》，臺北：國立政治大學中國文學系碩士論文，1984 年 5 月，頁75～76。）

〔註37〕孫劍秋《清代吳派經學研究》中，特別指出惠氏《周易述》「述而不作」的特色，並且認爲其「僅羅列史料，又缺乏分析判斷，甚至有所引諸家說解不同，惠氏也未多以闡明區分，言也不能不說是吳派易學的缺點所在」。（見孫劍秋《清代吳派經學研究》，國立政治大學中文所博士論文，1992 年 12 月，頁 130。）

以乾卦爲例，如乾卦卦辭「元、亨、利、貞」，惠氏注云：

元，始；亨，通；利，和；貞，正也。乾初爲道本，故曰元。息至
二升坤五，乾坤交，故亨。乾六爻二、四上匪正，坤六爻初、三、
五匪正。乾道變化，各正性命，保合大和，乃利貞。《傳》曰：利貞，
剛柔正而位當也。〔註38〕

惠注「元，始；亨，通；利，和；貞，正也」，出於《子夏傳》之言。〔註39〕
注云「息至二升坤五，乾坤交，故亨」，乃採荀爽升降之說。又云「乾道變化，
各正性命，保合大和，乃利貞」，此出於《象傳》。又云「《傳》曰：利貞，剛
柔正而位當也」，即《序卦》之文。初九「潛龍勿用」，惠注「氣從下生，以
下爻爲始」，〔註40〕爲鄭玄注《易緯乾鑿度》之文。〔註41〕九二「見龍在田，
利見大人」，惠注「坤爲田。大人謂天子。二升坤五，下體离，离爲見，故曰
見龍在田。群陰應之，故曰利見大人」，〔註42〕此取荀爽之義。〔註43〕九三「君
子終日乾乾，夕惕若厲，属无咎」，惠注「三于三才爲人道，有乾德而在人道，
君子之象」，〔註44〕爲鄭玄注此爻辭之文。〔註45〕九四「或躍在淵，无咎」，
惠注「躍，上也。淵謂初四失位，故上躍居五者，求陽之正，故无咎」，〔註
46〕此取荀義。〔註47〕九五「飛龍在天，利見大人」，惠注「五體离，离爲飛，
五在天，故曰飛龍在天。二變應之，故利見大人。虞氏謂文王書《經》，繫庖

〔註38〕見《周易述》，卷一，頁1。
〔註39〕見《子夏傳》云：「元，始也；亨、通也；利，和也；貞正也。」（見李鼎祚
　　　　《周易集解》，卷一，頁1。）惠棟短少三「也」字。
〔註40〕見《周易述》，卷一，頁3。
〔註41〕見《易緯乾鑿度》，卷上，頁482。
〔註42〕見《周易述》，卷一，頁3。
〔註43〕荀爽釋乾卦《象傳》云：「田謂坤也。二當升坤五，故曰見龍在田。大人謂天
　　　　子，見據尊位。臨長群陰，德施於下，故曰德施普也。」（見李鼎祚《周易集
　　　　解》，卷一，頁6。）惠氏所注，合於荀義。以二在三才爲地上，故稱田。陽
　　　　息至二，故田謂坤也。乾主陽，陽動而進故升；坤主陰，陰動而退故降。二
　　　　得中有君德，當升居坤五。升自二田，故曰見龍在田。五爲君位，故云大人
　　　　謂天子，見據尊位。陽主施，又爲德，以二升居五位，所以「臨長群陰，德
　　　　施普也」。採乾升坤降之說以釋義。
〔註44〕見《周易述》，卷一，頁3。
〔註45〕見李鼎祚《周易集解》，卷一，頁2。
〔註46〕見《周易述》，卷一，頁3。
〔註47〕參見荀爽注乾卦《象傳》「或躍在淵，進无咎也」，云：「乾者，君卦。四者，
　　　　陰位。故上躍居五者，欲下居坤初，求陽之正，地下稱淵也。陽道樂進，故
　　　　曰進无咎也。」（見李鼎祚《周易集解》，卷一，頁6。）

犧于乾五，造作八卦，備物致用，以利天下，天下之所利見是也」。〔註48〕此出於虞翻之文。〔註49〕上九「亢龍有悔」，惠注「窮高曰亢，陽極于上，當下之坤三。失位无應，窮不知變，故有悔」；〔註50〕其「窮高曰亢」文，出於王肅同爻之注文；其「陽極于上，當下之坤三」文，當轉引自《九家易》之注乾卦《象傳》「亢龍有悔，盈不可久也」文。〔註51〕其「失位无應，窮不知變，故有悔」文，惠氏疏云出自京房義。〔註52〕因此，由乾卦卦爻辭之注說，可以看到惠氏除了引用《易傳》外，並廣泛運用漢魏《易》家之說，包括《子夏易傳》、《易緯》與鄭注、京房、鄭玄、虞翻、荀爽、王肅、《九家易》等主要易學家的思想，摭取而成論述的主張，鮮下己意，可以視爲一種「述而不作」的詮釋模式。

這一種詮釋的模式，普遍見於各卦之中。又以坤卦爲例，坤卦卦辭「元亨」，惠注「乾流坤形，坤凝乾元，終亥出子，品物咸亨，故元亨」，〔註53〕此即斷取虞翻於此卦辭之注文。〔註54〕「利牝馬之貞，君子有攸往」，惠注「坤爲牝，乾爲馬，陰順于陽，故利牝馬之貞。乾來據坤，故君子有攸往」，〔註55〕此文又參引虞說。〔註56〕「先迷後得主」，惠注云「坤爲迷，消剝艮爲迷復，故先迷。震

〔註48〕見《周易述》，卷一，頁3～4。
〔註49〕參見虞翻注乾卦九五「飛龍在天，利見大人」，云：「謂四已變，則五體离。离爲飛，五在天，故飛龍在天，利見大人也。謂若庖犧觀象于天，造作八卦，備物致用，以利天下，故曰飛龍在天，天下之所利見也。」（見李鼎祚《周易集解》，卷一，頁3）。惠氏注云「文王書《經》，繫庖犧于乾五」，即原本於《繫傳》之文；虞云「庖犧觀象于天」諸言，亦本諸《繫傳》。惠氏既引作虞義，則當原本於虞文，至於摻採《繫傳》，則宜作備說。
〔註50〕見《周易述》，卷一，頁4。
〔註51〕王肅之注文，見李鼎祚《周易集解》，卷一，頁3。惠氏注文「陽極于上，當下之坤三」，與《九家易》云「陽當居五，今乃居上，故曰盈也。亢極失位，當下之坤三」，（見李鼎祚《周易集解》，卷一，頁6。）義同而字近。
〔註52〕參見惠氏於此注，進一步疏云：「九居上爲失位，應在三，三陽爻，故无應。《繫下》曰：易窮則變，窮不知變，猶言知進而不知退也，故有悔。京房《易》積算曰：靜爲悔，發爲貞，是有悔，爲不變之義也。」（見《周易述》，卷一，頁7。）
〔註53〕見《周易述》，卷一，頁8。
〔註54〕虞翻注文云：「陰極陽生，乾流坤形，坤含光大，凝乾之元，終於坤亥，出乾初子，品物咸亨，故元亨也。」（見李鼎祚《周易集解》，卷二，頁25。）惠氏出於虞注，取文略簡。
〔註55〕見《周易述》，卷一，頁8～9。
〔註56〕參見虞氏云：「坤爲牝，震爲馬，初動得正，故利牝馬之貞。」（見李鼎祚《周

爲主，反剝爲復體震，故後得主」，〔註57〕此蓋參照《九家》（說卦）所說之逸象，以及《序卦》與虞義。〔註58〕

　　「西南得朋，東北喪朋，安貞吉」，惠氏注疏明白指出引用劉歆八卦方位之義、鄭玄爻辰說，以及虞翻納甲之說，云：

> 爻辰初在未，未西南，陰位，故得朋。四在丑，丑東北，陽位，故喪朋。地闢于丑，位在未，未衝丑爲地正承天之義也，故安貞吉。虞氏說此經以納甲云，此《易》道陰陽消息大要也。謂陽月三日，變而成震出庚，至月八日成兌見丁，庚西丁南，故西南得朋，謂二陽爲朋，故兌君子以朋友講習。《象》曰乃與類行，二十九日消乙入坤，滅藏于癸，乙東癸北，故東北喪朋，謂之以坤滅乾，坤爲喪也。

鄭玄十二月爻辰說，坤初六爲未，在西南，陰位；坤六四在丑，在東北，陽位。與劉歆「三統歷」之說同。由此爻辰建月來論述「得朋」、「喪朋」之義。又以虞氏月體納甲之說，藉由月相的變化，相攝於「得朋」、「喪朋」。〔註59〕皆見其「異性爲朋」之旨，與王肅所謂的「西南陰類，故得朋；東北陽類，故喪朋」的「同性爲朋」之主張不同；也與王弼「同性爲朋」不同。〔註60〕另外，爻辭之訓注，初六「履霜堅冰至」，惠注「初爲履。霜者，乾之命也。初當之乾四，履乾命令而成堅冰也」，〔註61〕此文出於《九家易》。〔註62〕六

　　　　易集解》，卷二，頁25。）
〔註57〕見《周易述》，卷一，頁9。
〔註58〕參見惠氏《周易述》自疏所云（卷一，頁10）。李道平《周易集解纂疏》參照惠棟之說而下案語：「坤貞十月亥，先坤者，九月剝也，後坤者，十一月復也。剝上曰『小人剝廬』，虞彼注云：『上變滅艮，坤陰迷亂，故小人剝廬。』復初體震。《序卦》曰『主器者莫若長子，故受之以震』，是震爲主。震主一陽，即盧氏所謂『陰以陽爲主』也。剝曰『不利有攸往』，以迷亂也。復曰『利有攸往』，以得主也。坤由剝至復，故『君子有攸往』。先來自剝，則迷。後出爲震，則『得主利』也。《九家》注此《九家》《說卦》逸象也。坤爲母，故爲牝。坤晦冥，故爲迷。」（見李道平《周易集解纂疏》，卷二，頁70。）李氏所言，可以作爲惠說之注解。
〔註59〕惠氏詳細之說明，參見其疏文。見《周易述》，卷一，頁10～11。
〔註60〕王弼注此卦辭云：「西南致養之地，與坤同道者也，故曰得朋，東北反西南者也，故曰喪朋。」王肅與王弼之言，見臺北：藝文印書館《十三經注疏》本《周易注疏》，卷一，頁18。
〔註61〕見《周易述》，卷一，頁11。
〔註62〕惠棟引作「初當之乾四」，《九家易》實作「謂坤初六之乾四」。又，「霜者，乾之命也」句後，有「堅冰者，陰功成也」句，惠棟未引。參見李鼎祚《周易集解》，卷二，頁28。

二「直方大，不習无不利」，惠注「乾爲直，坤爲方，故曰直方。陽動直而大生焉，故曰大習重也，與襲通。《春秋傳》曰：卜，不襲吉。三動坎爲習，坤善六二，故不習无不利」，惠氏自疏，述明引自《九家》（說卦）所用逸象，以及《繫上》、《春秋》經傳與虞翻之說。〔註63〕六三「含章可貞，或從王事，无成有終」，惠注「貞，正也。以陰包陽，故含章。三失位，發得正，故可貞。乾爲王，坤爲事」，〔註64〕此出於虞氏注文。〔註65〕六四「括囊，无咎无譽」，惠注「括，結也。謂泰反成否，坤爲囊，艮爲手，巽爲繩，故括囊在外多咎。得位承五，繫于包桑，故无咎。陰在二多譽，今在四，故无譽」，〔註66〕出於虞氏之注文。〔註67〕六五「黃裳，元吉」，惠注「坤爲裳，黃中之色，裳下之飾」，〔註68〕其「坤爲裳」句，出於《九家》所用逸象，而後二句，出於干寶釋文。〔註69〕上六「龍戰于野，其血玄黃」，惠注「消息坤在亥，亥，乾之位，爲其兼于陽也，故稱龍」，〔註70〕此爲改易荀爽之注文；〔註71〕又注云「血以喻陰也。玄黃，天地之雜，言乾坤合居也」，語出《九家易》。〔註72〕可見其一卦卦爻辭之詁訓，廣泛採取像虞翻、荀爽、鄭玄、《九家易》、劉歆與干寶等重要《易》家之說。

由前引乾坤二卦爲例，可以看到惠棟博學綜覽，熟稔諸家之學，廣引漢代《易》說爲釋，這種述《易》之方法與內容之呈現，爲惠棟易學的重要特色，也爲清代乾嘉時期吳派《易》說之典範和治《易》的主要傾向。

（二）宗主虞學引述頻繁

惠棟雖然以恢復漢《易》爲職志，並於漢魏諸家之說，采蒐其要，作爲論述之主要材料和內容，然而惠棟仍以虞翻易學爲核心，以申述虞義爲主，

〔註63〕詳細說明，參見《周易述》，卷一，頁13。
〔註64〕見《周易述》，卷一，頁11。
〔註65〕參見李鼎祚《周易集解》，卷二，頁29～30。
〔註66〕見《周易述》，卷一，頁12。
〔註67〕參見李鼎祚《周易集解》，卷二，頁30。惠棟「今在四」句，虞作「而遠在四」。
〔註68〕見《周易述》，卷一，頁12。
〔註69〕參見李鼎祚《周易集解》，卷二，頁31。
〔註70〕見《周易述》，卷一，頁12。
〔註71〕荀爽注「龍戰于野」云：「消息之位，坤在於亥，下有伏乾，爲其兼于陽，故稱龍也。」（見李鼎祚《周易集解》，卷二，頁31。）「坤在於亥」，惠棟改作亥爲「乾之位」，雖語意同，但指亥爲乾位，實不恰當。
〔註72〕惠氏注文見《周易述》，卷一，頁12。《九家易》文見李鼎祚《周易集解》，卷二，頁31。

在引述虞文上，也是最爲普遍。

以屯卦爲例，援引《易》家原文爲釋者，如屯卦卦辭「屯，元、亨、利、貞」，惠注「坎二之初，六二乘剛，五爲上坐，故名屯。三動之正，成既濟定，故元亨利貞」，大體同於虞翻之言。「利建侯」，引虞說「震爲侯」之逸象。〔註73〕六二「屯如邅如，乘馬斑如，匪寇昏冓，女子貞不字，十年乃字」，惠注「二應五，故匪寇，陰陽得正，故昏冓」，語與虞氏注文近；又云「貞不字，坤數十，三動反正」，語出於虞氏注文。〔註74〕六三「即鹿无虞，惟入于林中」，惠注「即，就也；虞，山虞也。艮爲山，山足曰鹿。鹿，林也。三變體坎，坎爲蒺木。山下，故稱林中。坤爲兕虎，震爲麋鹿，艮爲狐狼」；又注「三變，禽入於林中，故即鹿无虞，惟入于林中矣。」語出自虞翻注文。〔註75〕「君子機，不如舍，往吝」，惠注云「君子，謂陽已正」，語出自虞文，惟虞作「君子，謂陽已正位」，惠少「位」字。〔註76〕六四「乘馬斑如，求昏冓，往吉，无不利」，惠注「乘，初也」，「初建侯」，取自虞意。〔註77〕九五「屯其膏，小貞吉，大貞凶」，惠注「坎雨稱膏」，語出虞文。〔註78〕上六「乘馬斑如，泣血漣如」，惠注「乘，五也」，「三變體離，离爲目，坎爲血」，引自虞翻注文。〔註79〕由屯卦卦爻辭之論述觀之，除了初九外，皆可見虞文之援用，並以申說虞義爲主。

又以蒙卦爲例，「蒙，亨」，惠注「艮三之二」；「匪我求童蒙，童蒙求我」，惠注「我謂二，艮爲求」，「禮有來，學无往教」；「初筮告，再三瀆，瀆則不告」，惠注「再三，謂三四」；「利貞」，惠注「二五失位，利變之正，故利貞」。

〔註73〕見《周易述》，卷一，頁15。虞氏之言，見李鼎祚《周易集解》，卷二，頁37。

〔註74〕惠氏注文，見《周易述》，卷一，頁17。虞氏注文，參見李鼎祚《周易集解》，卷二，頁40。

〔註75〕惠氏注文，見《周易述》，卷一，頁18。虞氏注文，參見李鼎祚《周易集解》，卷二，頁40。惠氏引虞文，缺引「虞，山虞也」句與「又爲驚走」句。惠引作「禽入於林中」，當爲「禽走入於林中」；「故即鹿无虞」，當爲「故曰即鹿无虞」。

〔註76〕惠氏注文，見《周易述》，卷一，頁18。虞氏注文，參見李鼎祚《周易集解》，卷二，頁41。

〔註77〕惠氏注文，見《周易述》，卷一，頁18。虞氏注文，參見李鼎祚《周易集解》，卷二，頁41。虞「乘」作二解，一爲「乘，三也」，或爲「乘初，初爲建侯」。

〔註78〕惠氏注文，見《周易述》，卷一，頁18。虞氏注文，參見李鼎祚《周易集解》，卷二，頁41。

〔註79〕惠氏注文，見《周易述》，卷一，頁18。虞氏注文，參見李鼎祚《周易集解》，卷二，頁42。

此皆出自虞翻之注文。〔註80〕初六「發蒙,利用刑人,用說桎梏,以往吝」,惠注「發蒙之正,體兌,兌爲刑人。坤爲用,故曰利用刑人。坎爲桎梏,初發成兌,坎象毀壞,故曰用說桎梏。之應歷險,故以往吝」。九二「包蒙,納婦,吉。子克家」,惠注「據初,應五」。六三「勿用娶女,見金夫,不有躬,无攸利」,惠注「誡上也。初發成兌,故三稱女。兌爲見,陽稱金,震爲夫。坤身稱躬」,又注云「不有躬,失位多凶,故无攸利」。惠氏這些注文,皆引自虞翻。〔註81〕上九「擊蒙,不利爲寇,利禦寇」,惠注「體艮爲手,故擊。謂五已變,上動成坎,稱寇而逆乘陽,故不利爲寇。禦,止也」,此出自於虞文。〔註82〕由此卦釋義觀之,除了六四、六五之外,亦皆可見虞文之援用,並以申說虞義爲主。

其他諸卦之引述亦同,大多根本於虞翻之說,特別是在卦義的論述上,惠氏莫不申言虞氏卦變之說,並且對於虞氏之重要易學主張,包括逸象的運用、月體納甲、兩象、旁通、互體等說,皆能詳作疏解,成爲其述《易》之重要內容。有關之內容,將於後文再作討論。

二、以《易傳》解其經義

今人以「《周易》」爲名,蓋合經傳而言。《周易》的「經」包括六十四卦卦形及卦爻辭,分上下兩篇,由乾卦至離卦等三十卦稱「上經」,咸卦至未濟卦等三十四卦爲「下經」。這種區分由來已久,《漢書·藝文志》屢稱漢人《易注》二篇,當因上下經而分篇。《序卦傳》前後兩段,也是分敘上下經卦次而形成者。《易傳》以釋上下經而產生的,《易傳》諸篇原皆單行,與經文並不相雜。漢代學者詁訓經義,漸漸混合經傳,將《文言》分別列於乾、坤二卦之中,並將《彖傳》與《象傳》分列於六十四卦的卦爻辭之後,而《繫傳》、《說卦》、《雜卦》則仍個別獨立,置於六十四卦上下經之後,這種經傳合論,從漢代至今兩千多年來,研習既久,也成了通行之文本。並且由於《易傳》的高度哲學思想,也淡化了《易經》(六十四卦經文)自屬之質性,《周易》幾乎成爲純粹而當然的

〔註80〕 惠氏注文,見《周易述》,卷一,頁21~22。虞氏注文,參見李鼎祚《周易集解》,卷二,頁42~43。

〔註81〕 惠氏注文,見《周易述》,卷一,頁23。虞氏注文,參見李鼎祚《周易集解》,卷二,頁45~46。

〔註82〕 惠氏注文,見《周易述》,卷一,頁23。王弼與虞氏文,參見李鼎祚《周易集解》,卷二,頁46。

義理之書，義理之外的象數思維，已是糟粕而無太多的學術或哲學價值。

　　事實上，我們都曉得《易經》與《易傳》都有其獨特的文化內涵和時代差異，它們所呈顯出來的內容和表達的方式都有很大的不同。原始而純粹的《易經》，一般都肯定其最初爲卜筮之書，而《易傳》則訴諸哲學的產物。它們的產生，也有時代上的落差，《易經》始於三代文王或更早時期，而《易傳》則是遠在之後依附而成的。惠棟深知二者的差異，並以還原古義爲志，因此，他在論述《周易》經傳時，已如前述，採取經傳分觀的形式，但他也體認，二者雖有區別，卻更有聯繫，不能截然斷分，特別是他綜采兩漢《易》家的理想主張來復原古義的同時，比兩漢易家更早的《易傳》，更不能避而不用；至於如何取用，取用那一部份，取用後如何詮釋，則另當別論了。

　　《周易述》中，惠棟以傳解經或以傳釋傳，處處可見。查《周易述》中，惠棟針對卦爻辭所作之疏解，引《彖傳》不下五十二次、《象傳》不下三十八次、《繫傳》不下四十二次、《文言》不下二十五次、《說卦》不下六十八次、《序卦》不下十七次、《雜卦》不下十六次，引用《易傳》之言，不少於二百五十八次，可見其引述極爲頻繁而普遍。

　　舉乾䷀卦爲例，卦辭「元、亨、利、貞」，惠棟引《彖傳》云「乾道變化，各正性命，保合大和，乃利貞」，又引《序卦》云「利貞，剛柔正而位當也」，以說明「利貞」之義。指出「乾卦二、四、上以陽居陰，初、三、五以陰居陽，故皆不正，乾變坤化，六爻皆正，故各正性命，乾爲性，巽爲命也。乾坤合德，六爻和會，故保合大和。正即貞，和即利，故剛柔正而位當」。同時認爲「經凡言利貞者，皆爻當位，或變之正，或剛柔相易」；《彖傳》、《序卦》之言，皆在明陰陽位當之問題，陰陽能夠各正其所，即能通大保之境，就如《中庸》所說的「致中和，天地位焉，萬物育焉」的道理。〔註83〕同時也引《繫傳》之文並加以解釋云：

> 　　《繫上》曰：「大衍之數五十，其用四十有九。分而爲二以象兩。掛一以象三。揲之以四以象四時。歸奇于扐以象閏。」又《繫下》曰：「易有太極，是生兩儀，兩儀生四象，四象生八卦。」引虞翻注云：兩儀，乾坤也。庖羲幽賛于神明而生蓍，演三才五行而爲大衍之數五十，其一大極，故用四十有九，即蓍之數也。大極生兩儀，故分而爲二，以象兩。又分天象爲三才，故掛一以象三，播五行于四時，

────────────

〔註83〕括弧引文，見《周易述》，卷一，頁1。

故揲之以四，以象四時。……四營而成易，十有八變而成卦，是生
八卦而小成。所謂四象生八卦也。……此聖人作八卦之事也。

其引述「大衍之數」與「太極生兩儀」的生成歷程，用以表達宇宙的生成變
化之元質在於陰陽，而「乾坤，陰陽之本，故首乾坤：元始、亨通、利和、
貞正」，由《繫》文所言，以說明乾坤的重要地位，與乾坤「元、亨、利、貞」
的特質。並且又說明四德之義：「亨者，乾坤交也。乾天坤地，天地交為泰」，
所以「《序卦》曰：泰者通也。故知亨為通也」。「《文言》曰：利者，義之和
也。又曰：利物足以和義。故知利為和也。貞，正也者。師《象傳》文。乾
初謂初九也。初，始也，元亦始也。何休注《公羊》曰：元者，氣也，天地
之始，故《傳》〔註84〕曰：大哉乾元，萬物資始」。〔註85〕從此段話，可以看
到惠氏釋乾卦「元、亨、利、貞」之義，以《易傳》作為論述的基礎，廣引
《象傳》、《繫傳》、《文言》與《序卦》來闡釋，在偏重義理的論述內容中，
也強烈地帶有象數的影子，反映出乾卦在宇宙生成規律中的重要定位。

惠棟釋乾▉卦初九「潛龍勿用」時，引《說卦》云「易，逆數也」，認為
「易氣從下生，故云逆數」，與《繫上》所說的「錯綜其數」同義，所以虞翻
認為「逆上曰錯，卦從下升故曰錯綜其數」。又引《文言》指出「潛龍勿用，
下也」，「陽氣潛藏，故曰潛龍，其初難知」，《繫》文之義，以其「初尚微，
故難知」。惠棟並認為乾卦「五爻皆有龍象，三獨稱君子者，以易有三才，三
于三才為人道」，並引《文言》云「君子行此四德者，故曰乾元亨利貞。是君
子為有乾德而在人道者，經凡言君子，皆謂九三也」。在這裡，他引用《文言》
之說，說明九三爻處君子人道之位，具「元、亨、利、貞」之乾德，並以九
三為「君子」專屬之位。九四爻辭「厲」字之義，引「《文言》曰『雖危无咎』，
故知厲為危也」。惠棟又虞翻之說云「陽息至三，二變成离，离為日」，合於
「《繫上》曰：剛柔者，晝夜之道也」之義。釋九四爻位時，云「淵為初。四
本陰位，故非。上躍居五者，即欲下居坤初。五與初皆陽之正位」，即上居五
得中，下居初得正，合於《文言》曰『上下无常，非為邪也』之義。惠氏
又云「四變五，體离」，並引《說卦》曰「离為雉」，指出「离為朱雀，是离
有飛鳥之象，故曰飛五于三才為天道」。「五于三才為天道，又天位也，故飛
龍在天」。「《易》重當位，其次為應，故《象傳》言應者十有七卦。六十四卦

〔註84〕此「《傳》」，指乾卦《象傳》文。
〔註85〕以上引文，見《周易述》，卷一，頁 1～2。

之中，有當位而應者，有當位而不應者，有不當位而應者，若皆陰皆陽謂之敵應，艮《象傳》所謂上下敵應，不相與也。透過《象傳》言「應」與「敵應」之義。「乾二五敵應，而稱利見大人者」。「乾二升五而應坤，坤五降二而應乾，故皆云利見大人」；並引《象傳》云「大人造也」，以及《文言》云「聖人作而萬物覩」，指出「聖人作，是造作八卦也；萬物覩，是利見大人也」，皆在闡明爻位升降以達相應之位。惠氏論述「用九：見群龍无首吉」之義，指出「《象傳》、《文言》皆云時乘六龍以御天。六龍乘時御天，即用九見羣龍之義也。乾爲首，《說卦》文。乾位天德，坤下承之，故无首吉」。同時引《象傳》指出「坤不可爲天德之首」，而「陰无首，以陽爲首，與用九之義同也」。〔註86〕惠棟申明乾卦六爻爻辭之義，處處《易傳》爲作釋義之主要內容，所述者大體不離《易傳》之本義，並綜采兩漢象數諸說予以相互論證。

　　以比☷☵卦爲例，比卦初六「有子盈缶」，惠氏引虞說云「坤器爲缶」，並據《繫傳》爲釋，指出「《繫上》曰『形乃謂之器』，又曰『形而下者謂之器』，皆指坤，故知坤爲器。坤爲土爲器。缶者土器，故曰坤器爲缶也。坤爲國，故以缶喻中國。初動體屯，《序卦》曰『屯者，盈也』，盈缶之象」，此即盈滿之象。釋九五「顯比」，引虞氏之義，云「五貴多功，得位正中，初三巳變體重明，故顯比。謂顯諸仁也」。同時舉《繫上》「卑高以陳，貴賤位矣」來申明其義。指出「乾高貴五，五多功，故五貴多功。初三失位，當變有兩离象，故體重明也」。「九五稱顯比」，即貴位之功。並引《繫上》曰「顯諸仁」，稱之「亦謂重离也」。〔註87〕在這裡，惠棟釋卦爻義，皆用兩漢以虞翻爲主的《易》家之說爲注，並於進一步的疏解中，廣引《易傳》作說明。

　　惠棟釋損卦云「損下益上，其道上行而失位，故名損」。此即引損卦《象傳》「損，損下益上，其道上行」之言爲訓。但惠氏此一訓文，並無明言出於《象傳》。又惠氏直引《序卦》「緩必有所失」爲釋，云「《序卦》曰：緩必有所失。損者，失也，故名損」。〔註88〕惠棟陳述困卦卦義云，「剛爲陰弇，故困。上之二乾坤交，故亨。《傳》曰：困窮而通也」。「剛爲陰弇，故困。上之二乾坤交，故亨。《傳》曰困窮而通也」。〔註89〕所引「《傳》曰」之文，即《繫

〔註86〕括弧引文，見《周易述》，卷一，頁4～8。
〔註87〕見《周易述》，卷二，頁42。
〔註88〕二段引文，見《周易述》，卷六，頁172～173。
〔註89〕括弧引文，見《周易述》，卷七，頁203。

辭下傳》文，謂陽窮否上，變之二成坎，坎為通，故「困窮而通」。惠棟慣取《易傳》之言，以詁訓卦爻辭，並且著力於象數之說，將原本具有高度義理的文義，用象數的方法予以理性的解說，這種理性，即在於其言之有本，有本於漢儒《易》說，當然不避免其中的附會與不合理的部份。因此，《易傳》本來是釋經之產物，是一種高度義理取向（當然也有高度的象數內涵）的釋說六十四卦經文的主張，兩漢以降，已被經典化的對待，惠棟深知釋經不能捨傳而不言，所以在釋經的過程中，不斷地引用《易傳》之文。然而，惠棟的引用，並非引傳文而能立即透析經義，而是藉而進一步的運用漢人《易》說，來闡明或表達其《易傳》與《易經》之義，而《易傳》原有的義理內涵被漢人的象數《易》說給邊緣化給取代化了。惠棟類似的引文，不勝枚舉，在此不再贅述。

惠棟引傳文釋經，除了將義理化的傳文給象數化之外，也廣引本身具有純粹象數性質的傳文作為釋經之對象。其中特別是在引用《說卦傳》方面，惠棟本諸虞說，擅用《易》象，也廣引逸象釋卦，對於《說卦傳》中的八卦取象之說，也成為其運用的主要材料。惠棟疏解四十九個卦的卦爻辭時，〔註90〕舉《說卦》文為釋者，高達六十八次，大部份都是取其八卦用象之卦，約略用象如下：

乾　卦：坎為加憂、離為雉、乾為首。

坤　卦：乾為馬、乾為君、乾以君之（推而云「乾為王」）、坤致役（推而云「坤為事」）。

屯　卦：震為阪、坎為盜、震坎皆有馬象。

蒙　卦：艮為手。

需　卦：坎為溝瀆、坎為血。

訟　卦：坎為隱伏。

師　卦：坎為車多眚、離為折上槁、坤為大轝。

小畜卦：巽多白眼。

履　卦：兌為小、兌為眇、巽為股、坎為曳、乾以君之（故乾為大君）。

泰　卦：艮為手、震為足、坎為加憂（故坎為恤）、坎為信（故坎為孚）、乾為積善（故乾為福）。

否　卦：離為麗。

同人卦：巽為高、震為反生。

〔註90〕六十四卦中，鼎卦以下十五個卦，惠氏不及完作，故僅為四十九卦。

　　嗛　卦：震爲善鳴。

　　豫　卦：震爲反生。

　　觀　卦：離爲中女、離爲目、巽爲進退。

　　噬嗑卦：乾爲金。

　　剝　卦：艮爲指、巽爲繩。

　　无妄卦：坤爲牛、巽爲木、艮爲小石。

　　大畜卦：艮止也、乾爲良馬、離爲日、乾爲首、乾爲天、艮爲路徑。

　　頤　卦：離爲龜。

　　坎　卦：坎爲極心、坎陷也、坤爲黑、艮爲門闕。

　　離　卦：坤爲子母牛、乾爲王、坤爲眾。

　　咸　卦：坤爲母（拇）、巽爲股。

　　恆　卦：震內體爲專，外體爲躁。

　　大壯卦：巽爲進退。

　　明夷卦：離爲雉、離南方卦、坤爲腹、帝出乎震（所以震爲出）、艮爲門
　　　　　　闕。

　　睽　卦：坎於馬也爲美脊、相見乎離（所以離爲見）。

　　損　卦：乾爲圓木器。

　　四十九個卦中，有二十八個卦，直引《說卦》之八卦用象以釋其義。另
外，惠棟闡釋《易傳》，亦以其諸傳互訓，例如惠棟疏解《繫辭下傳》「剛柔
者，立本者也」云：

　　　　乾陽金堅，故剛；坤陰和順，故柔。六子索于乾坤而得者，故爲六子。
　　　　父母，乾天稱父，坤地稱母。約《說卦》文。震、坎、艮皆出乎乾，
　　　　而與乾親，故曰「本天親上」。巽、离、兌皆出乎坤，而與坤親，故
　　　　曰「本地親下」。天尊故上，地卑故下。此亦約《文言》。〔註91〕

此引《說卦》、《文言》之義爲釋。以諸傳互訓，並不在於義理，而是重於象
數之法，似乎將《易傳》予以象數化，偏廢其中高度的義理價值。在互訓的
引文中，以《說卦》內容被引用最爲頻繁，惠棟在《彖傳》、《象傳》、《繫辭
傳》與《文言》中，引《說卦》爲釋者，不下七十一次，所用者也大幾乎都
引其用象內容，這是象數之學不可挽拒的材料來源。用象論義，爲象數易學
的本然特色，所以取材於《說卦》用象，是一種直接而必然的方法。

────────────

〔註91〕見《周易述・繫辭下傳》，卷十五，頁473。

　　惠棟釋卦爻義，皆用兩漢以虞翻爲主的《易》家之說爲注，並於進一步的疏解中，廣引《易傳》作說明，釋義以象數爲主要論述的內容，並且引《易傳》以補述其義，多將《易傳》象數化解說，減殺《易傳》本有的高度義理之質性。取傳文釋義，不取義理，而用象數；除了諸多釋文刻意將其義理性質予以象數化之外，也直引《易傳》中「純粹」象數化的文意，透露出《易傳》作爲論述《易經》的後出者，並不獨取義理，而仍須以象數之據，捨象言義並不能周全《易經》之大旨，所以，普遍的象數痕跡是詮釋《易經》時所必然存在的。

　　惠棟肯定《易經》爲卜筮之書，也認爲詮釋《易經》的方式，必當採用兩漢象數《易》家的論述內容，因爲惟有如此，才能接近《易經》古義，才能還原其淳樸的內涵。然而，惠棟採取《易傳》作爲釋經之材料，並且在論述《易傳》時也多取兩漢象數之說，割裂《易傳》中的義理之學的重要元質。其刻意迴避義理的部份，是否對義理的內容取否定的態度，其主體的認同仍在卜筮之書的《易經》部份。但是，惠棟既將《易傳》納爲詁訓的對象，又分置於「經」之後，也當體認《易傳》的主體意旨，肯定其除了象數之外的義理部份。惠棟在這方面，顯然仍執意於象數的範疇，斲殺了《易傳》既有的本色。並且，從經典論著的形成先後言，《易傳》在漢儒《易》家之前產生，拿象數之學來架構《易傳》，雖然強化了其中的象數質性，卻也傷害或阻斷其中高度哲學性的義理之說；如此一來，如何回復經典的本眞？如何還原經典的古義？除非惠棟所認同的經典只有《易經》，否則惠棟不宜與《易傳》的義理化內容拒絕往來戶。這一部份，的確是惠棟易學研究上的重大不足。

三、博采諸經與其傳注爲釋

　　經學爲漢代的主流學術，漢代的經學家，普遍將儒家的經典視爲恆久之至道，不刊之鴻教，乃至人倫之師表，以儒家經典作爲其畢生學術研究之典範。他們同時認爲群經同源，其大義多可相通；發明經義，宏揚大旨，必多以群經互證。這種經典詮釋的方法與傾向，爲漢代經學家的普遍共識。鄭吉雄先生曾指出乾嘉學者治經運用的方法，主要有二途：其一爲向內返求經典，以本經、他經，以及其傳、注、疏爲範疇，以貫串《六經》、發明本義、闡釋聖賢道理爲務，所用的方法以「本證」爲主的歸納法；其二爲以本經、他經，以及其傳、注、疏爲中心，向外發展，進而至於以經證史、以經義闡發思想

觀念、以經義批判社會政治，採用的方法以「推衍」爲主的演繹法。〔註92〕
不論是歸納法或演繹法，都離不開取用群經互釋的論述方式。而且，這種論
述的方式，並不以乾嘉爲先，早在漢代已蔚爲風氣，只不過乾嘉學者以漢學
爲志，承繼漢儒說經之法，沿此學風罷了。

　　以本經、他經，以及其傳、注、疏爲範疇，作爲治經的方法，必先積累
學殖，博通群經，探賾古注，並能疏通經義，巧爲運用，才能行治經之法。
惠棟躋身乾嘉漢學大師之列，深通此治經之法，王昶認爲他「眈思旁訊，探
古訓不傳之秘，以求聖賢之微大義」，「海內人士無不重通經，通經無不知信
古，其端自先生發，可謂豪傑之士矣」，可以說是「儒林典型」。〔註93〕惠棟
《周易述》中，於經傳之釋義，廣引群經與漢儒古注爲釋，粗略概觀直引書
名及其文者，引《尚書》與《尚書大傳》不下五十五次，《詩》及《詩傳》不
下八十一次，《春秋傳》不下七十三次，《公羊傳》不下七次，《穀梁傳》不下
十一次，《左傳》不下三次，〔註94〕《論語》不下二十四次，《孟子》不下十
六次，《大學》及《大學》鄭注不下十四次，以及《中庸》不下六十八次。可
見其廣引之勤敏，足與漢儒相並。

　　以屯䷂卦《象傳》爲例，《象》辭「雲雷屯。君子以經論」，惠棟注云：

> 三陽爲君子，謂文王也。經論大經以立中和之本，而贊化育也。《中
> 庸》曰：唯天下至誠，爲能經論天下之大經，立天下之大本，知天
> 地之化育。三之正成既濟，是其事矣。

　　惠氏明白地指出三之正以成既濟，而爲能夠贊化育、立天下的中和之道，
合於《中庸》至誠之理。《中庸》的思想與《象》義相契合，可以相互訓義。
同時，惠氏進一步的說明。首先他認爲「三陽爲君子」，本有理據，出於《乾
鑿度》所言「乾三爲君子」，所以「君子謂陽三」。其次他引《繫下》云「易
之興也，其當殷之末世，周之盛德邪，當文王與紂之事邪」，並藉由虞翻之說
以闡明其義：

> 謂文王書《易》六爻之辭也。末世，乾上。盛德，乾三。故知三謂
> 文王也。

〔註92〕參見鄭吉雄〈乾嘉學者治經方法與體系舉例試釋〉。引自蔣秋華主編《乾嘉學
　　　　者的治經方法》（上），臺北：中央研究院中國文哲研究所籌備處，2000 年 10
　　　　月初版，頁 109。
〔註93〕見王昶《惠先生墓誌銘》。
〔註94〕惠棟引「《春秋傳》」者，大都爲《左傳》文。

惠棟一直執守漢儒之說，肯定興《易》者始於庖犧的畫卦，而文王之功在於書《經》，演六爻之辭，以明吉凶悔吝。以「末世」謂乾上，乃乾卦上九「亢龍有悔」，象殷紂之失德。至於「盛德」者，以乾卦九三「君子終日乾乾」爲象，也正表示文王之盛德；所以九三象「君子」，也象「文王」。再其次，惠氏重複說明文王之演《易》，指出「『經論大經』，謂文王演易也」，並且以《白虎通》以證說：

> 文王所以演易何也，文王時受王不率仁義之道，失爲人法矣。己之
> 調和陰陽尚微，故演《易》，使我得卒至於大平，日月之光明，如《易》
> 矣。〔註95〕

指出文王因爲演《易》而開創了太平盛世；誠如《九家易》所言「西伯勞謙，殷紂驕暴，臣子之禮有常，故創《易》道，以輔濟君父者也」，〔註96〕訓義皆同，皆在表彰文王演《易》之功。惠氏最後更詳細地闡明：

> 是文王經論大經，爲既濟也。九五屯膏，以喻受德；初九建侯，以
> 喻文王。三動反正，爲既濟，是其事矣。中和之本者，中和謂二五。
> 本，謂乾元也。乾元用九，坎上离下，六爻得正，二五爲中和。聖
> 人致中和，天地位，萬物育，故能贊化育也。《中庸》「唯天下至誠」
> 已下，是言孔子論譔《六經》之事，孔子當春秋之世，有天德而无
> 天位，故刪《詩》、述《書》、定《禮》、理《樂》、制作《春秋》、贊
> 明《易》道。戴宏《春秋解疑論》所云：聖人不空生，受命而制作，
> 所以生斯民覺後生也。其孫子思，知孔子之道在萬世，故作《中庸》
> 以述祖德；云：仲尼祖述堯舜，憲章文武，極而至於天地之覆載，
> 四時之錯行，日月之代明，言其制作可以配天地繼，乃舉至聖至誠
> 以明之。至聖，堯、舜、文、武也。至誠，仲尼也。大經，《六經》
> 也。大，本中也。化育，和也。……揚子《法言》曰：雷震乎天，
> 風薄乎山，雲徂乎方，雨流乎淵，其事矣乎。李軌注云：言此皆天
> 之事矣，人不得無事也；天事雷、風、雲、雨，人事《詩》、《書》、
> 《禮》、《樂》也。故以經論象雲雷也。必知經論大經爲既濟者。隱
> 元年《公羊傳》曰：所見異辭，所聞異辭，所傳聞異辭。何休注云：

〔註95〕以上諸引文（包括括弧引文），見《周易述·象上傳》，卷十一，頁292～293。
〔註96〕引自《九家易》注《繫下》「巽以行權」之文。見李鼎祚《周易集解》，卷十六，頁389。

所見者，謂昭、定、哀時事也。所聞者，謂文、宣、成、襄時事也。
所傳聞者，謂隱、桓、莊、閔、僖時事也。於所傳聞之世，見治起
於衰亂之中。……是言孔子作《春秋》，亦如伏羲、神農、黃帝、堯、
舜、禹、湯有既濟之功，故以所傳聞之世見治起於衰亂之中，所聞
之世見治升平，所見之世著治太平，爲既濟也。孟子言一治一亂，
以治屬禹、周公、孔子。子思作《中庸》，謂堯、舜、文武之既濟，
人知之。仲尼之既濟，人不知之，故曰：苟不固聰明聖知達天德者，
其孰能知之。言非至聖如堯、舜、文武，不能知至誠之孔子。故鄭
氏據《公羊傳》，亦以爲堯、舜之知，君子也。何氏於定六年注云：
春秋定、哀之間，文致太平，即是此傳君子以經論，成既濟。《中庸》
經論大經、贊化育之事，何氏傳先師之說，知孔子作《春秋》，文致
太平。後儒无師法，不能通其義也。〔註97〕

在這裡，惠氏以《中庸》、《公羊傳》與有關經傳注文，乃至揚雄《法言》爲
釋，說明文王經論大經，爲既濟之功，與《中庸》中和之道同義，所以《易》
道與《中庸》可以會通，彼此互訓，經義可明。至於孔子撰述《六經》，亦屬
至誠之事，與文王同爲既濟之功，可惜後儒治經無師法可循，不能知孔子如
斯。屯卦《象傳》短短二句，惠氏作了繁富注疏，並且會通諸經，申明其義，
洵爲歸納以證其本文之法，也演繹闡發爲《易》道與《中庸》思想的一致性。
釋《易》不能不通經，引諸經之文，更可述明《周易》大義。

以乾卦《文言》爲例，「九四曰：『或躍在淵，无咎。』何謂也？子曰：『上
下无常，非爲邪也。進退无恆，非離羣也。君子進德修業，及時故无咎。』」
惠氏注云：

或躍爲上，在淵爲下，進謂居五，退謂居初。二四不正，故皆言邪。
三四不中，故皆言時，及時所以求中也。《中庸》曰：君子而時中。

惠棟於此，以荀爽義爲釋，以九四位處不正不中，當使之中正，求其時中，
合《中庸》「君子而時中」之道。惠氏疏云：

二中而不正，故言邪。三正而不中，故言時。四不中不正，故兼言
之。時中者，《易》之大要也。孔子於《象傳》言「時」者二十四卦，
言「中」者，三十六卦；於《象傳》言「中」者三十九卦，言「時」
者六卦。……子思作《中庸》，述夫子之意，曰「君子而時中」，時

〔註97〕　見《周易述・象上傳》，卷十一，頁 292～294。

中之義深矣。故《文言》申用九之義，曰「知進退存亡而不失其正
者，其惟聖人乎」，是時中之義也。〔註98〕

由《文言》述明此一爻義，惠棟以荀氏升降之說，強調居中得正之道。孔子
作《易傳》，特別重視「時中」的易學大要，並且與子思《中庸》的「君子而
時中」同義；子思承孔子之義，屬一脈之思想。因此，闡發《易傳》思想，
引《中庸》互訓，爲必要之法。

以蠱䷑卦爲例，惠棟引《序卦》云「蠱者，事也」，並引「《尚書傳》
〔註99〕曰：乃命五史，以書五帝之蠱事」作訓。並進一步指出：

> 上古結繩而治，五帝以後，時既漸澆，物情惑亂，事業因之而起。
> 故昭元年《春秋傳》〔註100〕曰「于文，皿蟲爲蠱」，坤器爲皿·之
> 初成巽，巽爲風，風動蟲生，故爲蠱卦。二五不正，初上失位，以
> 巽女而惑艮男，以巽風而落艮果，故昭元年《春秋傳》曰「女惑男，
> 風落山，謂之蠱。皆同物也」。〔註101〕

惠氏取《序卦》之言，以「蠱」訓「事」，義同《尚書大傳》所云五帝時期之
「蠱事」，亦同《左傳·昭元年》所載趙孟言「蠱」之義，其「女惑男」者，
即指晉侯「淫以生疾，將不能圖恤社稷」，沈迷於女色，所以「淫溺惑亂之所
生」，〔註102〕此即「蠱」之義。

以屯䷂卦爲例，初九「盤桓」，〔註103〕初九體震，惠氏引《說卦》云「震
爲阪生」，所以「阪，陵阪也，故震爲阪」。並且云：

> 《古文尚書·禹貢》曰：「織皮、西傾，因桓是來。」鄭元彼注云：
> 「桓是隴阪名。其道盤旋，曲而上，故名曰桓。」此經「般桓」，亦
> 謂陵阪，旋曲故云般桓也。〔註104〕

引《古文尚書》與鄭注，以詁訓「盤桓」之義。道曲盤旋，有艱難之象。六
二「屯如邅如，乘馬班如。匪寇婚媾，女子貞不字，十年乃字」，〔註105〕指出

〔註98〕 見《周易述·文言傳》，卷十九，頁553～554。

〔註99〕 《尚書傳》即伏生《尚書大傳》。

〔註100〕 此《春秋傳》即《左傳》；後《春秋傳》亦同。

〔註101〕 括弧內文與此引文，見《周易述》，卷三，頁82～83。

〔註102〕 見《左傳·昭公元年》。引自楊伯峻《春秋左傳注》，臺北：復文圖書出版社，
　　　　 1991年9月再版，頁1223。

〔註103〕 「盤桓」，惠氏作「般桓」。

〔註104〕 見《周易述》，卷一，頁18～19。

〔註105〕 惠氏改易經文，作「屯如邅如，乘馬驙如，匪寇醫媾，女子貞不字，十年乃字」。

「陰陽相求，有昏冓之道。二、四、上陰爻，故皆言乘馬。虞氏亦謂二乘初，故曰乘馬也」。並引鄭玄與《士昏禮》云：

> 鄭《箋膏肓》曰：「天子以至大夫，皆有留車反馬之禮。」又云，《士昏禮》云：「主人爵弁，纁裳緇衣，乘車從車二乘，婦車亦如之。」
> 此婦車出于夫家，則士妻始嫁，乘夫家之車也。

說明古代昏禮的規定，婦乘從夫家所有；「乘馬」亦即「乘車」，爲乘夫家之車。惠棟並認爲虞氏謂「字」爲「妊娠」，然「妊娠」爲已嫁，所以虞氏所訓爲非。因爲根據《說卦》所言，「離再索而得女，謂之中女」，故「離爲女子」，又離爲大腹，故稱「字」，即「妊娠」；然而，今三失位爲坤，是離象不見，爲「女子貞不字」，惠氏引《曲禮》曰「女子許嫁笄而字」，是「字」爲許嫁之義，而非「妊娠」，不同於虞義，二不許初，故貞不字。六三「即鹿无虞，惟入于林中」，以虞義「即」作「就」解，並引諸經輔證：

> 《論語》曰：亦可以即戎矣。包咸注云：即，就也。《儀禮‧鄉飲酒禮》曰：眾賓序升即席，王制必即天倫。鄭氏皆訓爲就，故云「即，就也」。

「即」訓「就也」，經典中皆有所據。惠氏又以「虞」字訓作「山虞」，引《周禮‧地官》云：

> 山虞掌山林之政令。及獎田，植虞旗于中，致禽而珥焉。

並且認爲「虞氏謂虞，虞人，掌禽獸者，即山虞也」。「虞」即「虞人」即「山虞」，爲掌管山林禽獸之政者。〔註106〕「君子機，〔註107〕不如舍，往吝」，訓「機」字云：

> 「機」一作「幾」，鄭本作「機」，云「弩也」，故曰「機」。虞，機。
> 荀氏曰：震爲動，故爲機。

並以《緇衣》引《逸周書》以及鄭玄之注作爲詁訓之佐證。六四「乘馬班如，求昏冓，往吉无不利」，惠氏云：

> 四與初應，故乘初，謂乘初車也。馬將行，其羣分，乃長鳴，故襄十八年《春秋傳》曰：有班馬之聲。班猶分別也。昏禮男先于女，初以貴下賤，故云求初、求四也。之外稱往，虞義也。許慎《五經異義》曰：《春秋公羊》說云：自天子至庶人，娶皆親迎，所以重昏

〔註106〕前引惠氏之文，述惠氏之義，見《周易述》，卷一，頁19～20。
〔註107〕「機」字，今本作「幾」。

禮也。《禮戴記》天子親迎，初求四，行親迎之禮，故往吉，无不利
也。

以《左傳》、《公羊》、《禮記》與許慎《五經異義》等典籍，以訓婚禮之制。
婚禮爲終身之重大儀式，古人莫不守其儀規，不論身份貴賤，男方皆當親自
迎娶，行親迎之禮，同初求四之義，是所謂「无吉，无不利」。九五「屯其膏，
小貞吉，大貞凶」，惠棟訓「屯者，固也」，引《左傳》、《禮記》爲釋：

閔元年《春秋傳》曰：「初，畢萬筮仕於晉，遇屯之比。辛廖占之，
曰：吉。屯固、比入，吉孰大焉？」〔註108〕固者，規固。《曲禮》
「毋固獲」，鄭注云「欲專之曰固是也」。〔註109〕卦之所以名屯者，
以二五，二貞不字，五屯其膏，皆有規固之義，故云「屯者，固也」。

惠氏以諸經典互證「屯」爲「規固」之義。又訓「坎雨稱膏」，轉取虞氏引《詩》
云「陰雨膏之」，指出「膏者膏潤。雨以潤之，故稱膏也」。此爲引《詩・曹風》
以訓「膏」義。〔註110〕因此，由此卦之疏解，可以看到惠氏引用的經學典籍，
包括《古文尚書》、《儀禮》、《周禮》、《禮記》、《左傳》、《公羊傳》、《詩經》，乃
至《逸周書》與《五經異義》等，藉重儒家經典以解釋文義，著實可觀。

又如釋訟卦上九「終朝三拕之」，引《尚書大傳》云「歲之朝、月之朝、
日之朝，則后王受之」，鄭注云「自正月盡四月，爲歲之朝；上旬爲月之朝；
平旦至食時爲日之朝」。所以指出「『終朝』爲君道明」。〔註111〕

以履☲卦爲例，初九「素履」，惠氏注作「初爲履始，故云素」，以「素」
作「始」解，引《乾鑿度》云「太素者，質之始」，並引鄭注《尚書大傳》云
「素，猶始也」，因此，「初爲履始，故云素。素亦始也，故云素」。九四「履
虎尾，愬愬終吉」，疏云：

《序卦》曰：履者，禮也。《白虎通》曰：以履踐而行禮，以敬爲主，
不敬則禮不行。故卦名爲『履』，此卦之義。柔履剛則咥人，乾履兌
則不咥人，敬與不敬之殊也。《子夏》曰：愬愬，恐懼貌。宣六年《公

〔註108〕惠棟此引《左傳》文，於「屯固」前缺「吉。」句。（見楊伯峻《春秋左傳注》，
臺北：復文圖書出版社，1991年9月再版，頁260。）屯☷卦初九之坤則爲
比☷卦，所以云「遇屯之比」。屯，險難所以堅固；比，親密，所以得入，
此即「屯固、比入」。

〔註109〕《曲禮》「固獲」之義，即所爲不廉，鄭玄注云「欲專之曰固，爭取曰獲」，
即爲此義。

〔註110〕以上惠氏諸引文，見《周易述》，卷一，頁20～21。

〔註111〕見《周易述》，卷一，頁33～34。

羊傳》曰：靈公望見趙盾，慇而再拜何。休注云：知盾欲諫以敬，
拒之。是慇慇者，恐懼行禮兼有敬義，故云敬懼貌。乾與兌絕體，
故云體與下絕。兌爲虎，初爲尾，四履兌初，敬懼慇慇，是履虎尾
不咥人之象。四失位變體坎，上承九五，下應初九，故終吉。

在這裡，惠氏特別引用《白虎通》、《公羊傳》等經籍，以釋「履」有敬懼行
禮之義。上九「視履考詳」，指出：

> 「考，稽」，《小爾雅》文。《廣雅》曰：稽，考問也。字本作卟。《説
> 文》曰：卟以問疑也。从口卜，讀與稽同。《書》云：卟疑。《大戴·
> 四代》曰：天道以視，地道以履，人道以稽，所謂人與天地相參也。
> 詳，古文祥。《呂氏春秋》曰：天必先見祥。高誘云：祥，徵應也。
> 故謂詳爲徵也。《中庸》曰：國家將興，必有禎祥。是吉祥也。豐上
> 六《象傳》曰：天際祥也。昭十八年《春秋傳》曰：將有大祥。《尚
> 書大傳》曰：時則有青眚青祥，是凶祥也。則祥兼吉凶。故云以三
> 之視履，稽其禍福之祥。〔註112〕

廣引諸經書以釋「考」、「詳」二字之義，特別認爲「詳，古文祥」，並同時兼
有吉凶之義，所以有云「稽其禍福之祥」。

以否䷋卦爲例，九四「疇離祉」，惠氏疏云：

> 《説文》云：𢏔，古文疇。《虞書》帝曰：𢏔咨。又鄭氏《尚書·酒
> 誥》曰：若𢏔圻父，今皆讀爲疇。《漢書·律歷志》曰：疇人子弟分
> 散。李奇云：同類之人。是疇爲類也。

引諸書考說「𢏔」字爲古文「疇」，並有同類之義。九五「其亡其亡，繫
于包桑」，疏云：

> 桑者，喪也，《漢書·五行志》文。《尚書大傳》曰：武丁時，桑穀
> 生于朝，祖乙曰：桑穀，野草也。野草生于朝，亡乎。是桑者，喪
> 亡之象。〔註113〕

以經籍說明「桑」有「喪亡」之義。

以同人䷌卦爲例，九四「乘其庸」，「庸」字之義，惠氏云：

> 廟中之牆亦謂之庸《尚書大傳》曰：天子賁庸。鄭彼注云：賁，大
> 也。牆謂之庸；大牆，正直之牆。庸今作墉，《尚書·杼材》曰：既

〔註112〕諸引文，見《周易述》，卷二，頁50～51。
〔註113〕二引文，見《周易述》，卷二，頁60～61。

勤垣墉。馬融注云：卑曰垣，高曰墉。《釋宮》曰：牆謂之墉，義並同也。〔註114〕

「庸」字，王弼本作「墉」，惠氏作「庸」，從鄭玄。引《書》及《書傳》指出「庸」、「墉」音義同，為城牆之義。《詩‧大雅》「以作爾庸」，注云「庸，城也」。《禮記‧王制》「附庸」，注云「小城也」。又《釋名》「墉，容也，所以隱蔽形容也」。因此，以「庸」釋作「城」義，當更精恰。虞翻云「巽為庸」，是「巽為高」，又有「伏」象；高而可伏，為城庸之象。且，巽稱而隱，城庸為隱蔽形容者，亦合「巽為庸」之義。

以剝☷卦為例，初六「剝牀以足，蔑貞凶」，惠氏疏云：

《說文》曰：牀，安身之坐者也。卦本乾也。初動成巽，巽為木。坤，西南卦，設木于西南之奧，乾人藉之，牀之象也。初在下，故為足。坤消乾自初始，故剝牀以足。剝亦取象人身，初「足」、二「辨」、四「膚」，故《參同契》曰「剝爛肢體，消滅其形」是也。《詩‧大雅‧板》曰「喪亂蔑資」，《毛傳》云「蔑，無也」。初陽在下，為貞，為坤所滅，无應于上，故蔑貞凶也。

《說文》以牀「從木」，巽為木，故為牀。剝取人象，初六為「足」，故「剝牀以足」。惠氏引《詩》與《毛傳》釋「蔑」為「無」義。初陰失位，又無正應；無貞，故為凶，所以云「蔑貞凶」。以剝卦六二「剝牀以辨」，惠氏疏云：

辨，本作釆。《說文》曰：象獸指爪分別也。讀若辨。古文作乎。《古文尚書》辨章辨秩，字皆作乎。魏晉以後亂之，讀為平也。釆在指間分別之象，故讀為辨。辨亦別也。〔註115〕

《說文》以「釆」為「辨別」義，惠氏並引《說文》與《古文尚書》以說明古文皆作「釆」字而不作「辨」。既是如此，惠氏理當改「辨」字作「釆」字，但惠氏取鄭玄、虞翻等人之說而仍作「辨」字。於此，惠氏雖嗜古，知鄭、虞不如《古文尚書》為古，但仍取見諸傳本的鄭、虞之說而不妄改。

以无妄☴卦六三「邑人災也」為例，惠氏疏云：

夏商天子之居名邑。《詩》殷武曰：商邑翼翼，四方之極。〔註116〕

〔註114〕見《周易述》，卷二，頁65～66。

〔註115〕二引文，見《周易述》，卷四，頁102～103。

〔註116〕見《詩‧周頌‧長發》。

> 《毛傳》曰：商邑，京師也。是以《白虎通》曰：夏曰夏邑，殷曰
> 商邑，周曰京師。《尚書》曰：率割夏邑，謂桀也。在商邑，謂殷也。
> 文王演《易》據，夏商之禮，故以天子所居爲邑，舉邑以繫天下，
> 故云邑人災，天下皆災矣。〔註117〕

詳引諸經傳，以說明「邑」義。天子所居，爲天下之所，所以說，「邑人災，天下皆災」。

以大畜䷙卦爲例，九三「日閑輿衛」，惠氏訓坎爲「閑習」引《尚書大傳》「戰鬥不可不習，故于搜狩以閑之」爲釋。六四「童牛之告」，惠氏釋「告」爲防牛觸人，故於其角設橫木，引諸經云：

> 《周禮・封人》曰「凡祭祀飾其牛，牲設其楅衡」，鄭彼注云「楅設
> 于角」。《詩・閟宮》曰「夏而楅衡」，《毛傳》云「楅衡，設牛角以
> 楅之」，所謂木楅其角也。〔註118〕

惡牛角之觸害，故以木楅其角而爲告，此由經傳引文可明。

以遯䷠卦初六「遯尾，厲，勿用有攸往」爲例，惠氏疏云：

> 初爲尾，上爲角。《說文》曰：尾，微也。古文通。《尚書》鳥獸孳
> 尾。《史記》作字微。《論語》有微生高。《莊子》作尾生。微，猶隱
> 也。陽伏遯初，故云遯尾。六居初爲失位，故危。應在四，初之四
> 體坎，坎爲災，故勿用有攸往也。〔註119〕

惠氏考「尾」、「微」二字，古多通用，有隱伏之義。是初六陽伏遯初，所以云「遯尾」。

以睽䷥卦初九「悔亡。喪馬，勿逐自復」爲例，惠氏疏云：

> 初四皆陽，故曰无應。四失正，動得位，故悔亡。四體坎，故應在
> 坎。《說卦》曰坎於馬也爲美脊，故爲馬。四變入坤，坤爲喪，坎化
> 爲坤，故喪馬。震爲奔走，故爲逐。艮爲止，故勿逐。坤爲自，四
> 已變，故二至五體復。二動初體震，故震馬來，勿逐自復之象也。
> 喪馬，勿逐自復，此商法也。周監二代而因之，故《周禮・朝士職》
> 曰：凡獲得貨賄人民六畜者，委于朝告於士。鄭彼注云：委於朝待
> 來識之。《尚書・柴誓》曰：馬牛其風，臣妾逋逃，勿敢越逐，祇復

〔註117〕見《周易述》，卷四，頁113～114。
〔註118〕見《周易述》，卷四，頁117～118。
〔註119〕見《周易述》，卷五，頁142。

之。是其事也。〔註120〕

惠氏論述喪馬之象，並指出殷商時期有喪馬而不逐而自然反復之法，周代沿之，所以引《周禮》與《尚書》釋之，以明周代確有其事，故見諸於爻辭之中。此即言睽始異而終將同之理，初守正不變，四終能應初，故勿逐自復；雖睽而不終異，此善處睽之道。

以益䷩卦爲例，初九「利用爲大作」，惠氏引虞翻之說，以「大作」爲「耕播」，並疏云：

> 《尚書・堯典》曰：平秩東作。《周語》虢文公曰：民之大事在農。
> 故云大作謂耕播。

引《尚書》、《國語》以明「大作」之義。耕播以時，益民之大莫若農事，不奪耕時，則可大吉而无咎。所以，「日中星鳥，敬授民時，皆《尚書・堯典》文，所以證大作耕播之時也」。〔註121〕

以《繫辭下傳》「既有典常，苟非其人，道不虛行」爲例，惠注：

> 其出入以度，故有典常。《曲禮》曰「假尒（爾）泰龜，有常。假尒
> 泰筮，有常」。《今文尚書》曰「假尒元龜，网敢知吉」。是无典常也。
> 苟，誠也。其人謂乾，爲賢人。神而明之，存乎其人。不言而信，
> 存乎德行。《中庸》曰「待其人而後行」，故不虛行也。

在這裡，惠棟指出「日行一度，度有經常，故有典常」。《易》同此理，《易》之爲書，有典可循，有常可蹈，故有其典常；惠氏引《禮記・曲禮》、《尚書・西伯戡黎》爲言，在於「證《易》之有常也」，而「网敢知吉，是无典常也」。同時，引《中庸》之言，在於「證非其人，則既濟之功不行也」。〔註122〕《中庸》所待之人，在於能行既濟之功的聖賢之人。因此，《易》道深遠，非聖人不能明，非聖人不能行，誠如《論語》所云，「人能弘道，非道弘人」；必以文王之德而能弘道，而能「道不虛行」。

以乾卦《彖傳》爲例，「大哉乾元，萬物資始，乃統天」，惠棟以鄭玄訓「資」爲「取」義，並引《小爾雅》曰「資，取也」；引《孝經》曰「資於事父以事君」。引《孟子》曰「居之安則資之深」。其『資』皆訓爲『取』。於「統」字之義，惠氏云：

隱元年《公羊傳》曰：「何言乎王正月？大一統也。」何休注云：統者，始也。元亦始也。……《三統厤》曰：太極元氣，函三爲一，一即天地人之始，所謂元也。《乾鑿度》曰：《易》始于一，謂太極也。分于二，謂兩儀也。……何休注《公羊》曰「元者，天地之始」，故乾坤皆言元。《春秋》正月、二月、三月，三代稱元，是統天之義。……《荀子‧君道篇》曰：四統者俱，而天下歸之；四統者亡，而天下去之。又〈議兵篇〉曰：未有本統。統皆訓爲本。〔註123〕

引諸典籍以說明「統」有元始根本之義，可以視爲「太極」或是指稱乾坤，爲宇宙生成的最高元質。

　　有關惠氏援引諸經述《易》之例，《周易述》中處處可見，在此不再贅舉。惠氏引經述《易》，大抵多用於文字訓詁之用，或者是辨證異文，這是惠氏引用經文的主要目的取向，至於諸經中的豐富思想內涵，惠棟亦有涉用，但以他經納用而作思想性的論述，則相對非常的少，主要的原因爲惠棟根本象數之說，本來就不重於義理思想的闡發。所以取用諸經之說，重在象數之用，經典中高度思想性的部份，相對受到冷落與擱置了。

四、取子書與史籍爲釋

　　惠氏《周易述》，內容詳悉，引據繁富，經、史、子、集，無所不包。在引述先秦漢魏時期的子書與諸家注說上，數量極爲可觀。如引揚雄《太玄》與《法言》不下五十三次、《荀子》不下三十七次、董仲舒《春秋繁露》與《對策》不下二十八次、劉歆《七略》與《三統歷》等不下二十五次、《論語》不下二十四次、《淮南子》與《九師道訓》不下二十三次（亦有郭璞注，不含在內）、《呂氏春秋》不下十九次（亦有高誘注，不含在內）、《孟子》不下十六次、《管子》不下十五次、劉向《鴻範五行傳論》與《別錄》不下十四次、《鬼谷子》四次、蔡邕《明堂月令論》諸說有四次、《韓非子》三次、王充《論衡》三次、應劭《風俗通》三次、郭璞《洞林》三次、《莊子》二次、《列子》二次、《尸子》二次、《呂刑》二次、賈誼《新書》二次、桓寬《鹽鐵論》二次、桓譚《新論》一次、《尉繚子》一次、荀悅《申鑒》一次。在醫屬與神道傾向者，如《參同契》不下三十一次、《靈寶經》四次、《陰符經》一次、王砅《玄

〔註123〕見《周易述‧象上傳》，卷九，頁220～223。

珠密語》一次、葛洪《抱朴子》一次等。其它尚有《楚辭》與王逸注五次等等。在史書方面，《國語》不下五十三次與韋昭注不下二十次、《漢書》不下三十四次、《史記》不下十一次、《後漢書》五次、《戰國策》四次、皇甫謐《帝王世紀》四次等等。

（一）原始道家子書的引述

在先秦兩漢這些典籍的引述中，我們可以發現惠棟對於《老子》、《莊子》的引述，相對比較下，並不是很多，只有引了《莊子》二次，一次為釋遯卦初六「遯尾」，云「初為尾。尾，微也」，並舉「《論語》有微生高，《莊子》作尾生」為言。〔註124〕一次為釋井䷽卦之義，上坎下巽，「與噬嗑（䷔）旁通。坎為水，巽木為桔槔，离為瓶，兌為泉口，桔槔引瓶下入泉口，汲水而出井之象」，〔註125〕並進一步解釋「桔槔」之義，云「桔槔者，《莊子》所謂鑿木為機，後重前輕，挈水若抽，數如泆湯，其名為槔是也」，〔註126〕《莊子》言「桔槔」的目的，在於強調人們當去除類似「桔槔」這種機械者，去除「機事」、「機心」，才能追求「道」。〔註127〕惠氏取此《莊子》之言，僅在詁訓字義，無涉思想的部份。若從思想的內涵來看，《周易》與《老子》、《莊子》的同質性甚高，特別表現在宇宙觀、天道觀上，每可相提並論、相互切磋者，然而惠氏的少用，或許標幟著儒家思想與原始道家上應當有一定的分別，倘若彼此過多近身的琢磨，恐怕會割裂了純粹古《易》純粹儒學的主體性。如果從內容來看，《老子》與《莊子》所表達的內容，是一種思想性極高的語言，與惠棟所需的象數材料比較，似乎需求性不是很高，自然不會多加採用有關材料了。

（二）道家傾向的揚雄與劉安思想之引述

雖然，惠棟少用《老子》、《莊子》之文，但對兩漢時期帶有強烈道家思想的論著，並不能排拒不用，因為，道家思想在那個年代，已普遍滲透在整個學術環境氛圍中，特別是在易學的範疇裡，硬要將道家思想給濾除，是不可能的

〔註124〕「尾生」見《莊子‧盜跖》，云：「尾生與女子期於梁下，女子不來，水至不去，抱梁柱而死。」郭象《莊子注》云：「尾生，一本作微生。《戰國策》作尾生高。」（卷九。）

〔註125〕見《周易述》，卷五，頁141～142。

〔註126〕見《周易述》，卷七，頁209～210。《莊子》之言，語出《莊子‧天地》。

〔註127〕見《莊子‧天地》云：「有機械者必有機事，有機事者必有機心。機心存於胸中，則純白不備；純白不備，則神生不定；神生不定者，道之所不載也。」

事。西漢後期，將道家思想與易學作了縝密的聯繫，提出一種融通創新的思想者，揚雄表現最爲突出。揚雄「以爲經莫大於《易》，故作《太玄》；傳莫大於《論語》，作《法言》」。〔註128〕揚雄的易學思想，主要體現在這兩部著作中，又特別於《太玄》之中。《大玄》轉引《周易》的諸多本有的觀念，也大量引入道家的思想，而建立其獨特的思想與占筮體系。〔註129〕揚雄對於宇宙觀的建立，受到《易傳》的影響極爲深遠，但《易傳》的太極而陰陽兩儀的次第，揚雄並不採用，所採用的是《易傳》的三才之道，他試圖構築一個貫通天道、地道與人道的宇宙圖式，其演化的歷程爲一玄、三方、九州、二十七部、八十一首和七百二十九贊。整體而言，他的宇宙圖式與論述萬物起源的問題上，融入了甚多道家的思想，也大量運用了當時的天文、歷法等科學的知識，並且與孟、京、《易緯》的卦氣說，有諸多相近之處。揚雄將宇宙間天地人與陰陽五行等空間與時間上的內涵，提出一個先驗概念，這樣的整個學說概念，正反映出那個時代學術發展或是易學發展的重要特色。惠棟廣引揚雄之言爲釋，基本上其表述合於其時代性的實質現況，並且可以合理的達到輔訓或考證上的需要。例如，大壯卦「壯」之義，惠氏取虞義云「壯，傷也」，「馬氏亦云壯，傷也」，並且指出「《太玄》準之以夷，夷亦傷也」。〔註130〕又如豫卦，惠氏取虞、鄭義云「豫，樂也」，並指出「《晉語》司空季子解經云：豫，樂也。故《太玄》準之以樂」。

〔註128〕見《漢書‧揚雄傳》，卷八十七下，頁 3583。

〔註129〕揚雄易學思想的現體，特別以《太玄》爲著。《太玄》模依《周易》，表現在體裁形式上，可以視爲一部占筮的書。在形式上，《周易》有經有傳，《太玄》亦分經三卷，傳十一篇。《周易》《彖傳》，《太玄》則有《首》；《周易》有《象傳》，《太玄》則有《測》，以解說贊辭；《周易》有《文言》，《太玄》則有《文》，說明罔、直、蒙、酋、冥爲《太玄》之五德，並反復詮釋《中首》九贊之辭；《周易》有《繫辭》，《太玄》則有《摘》、《瑩》、《挽》、《圖》、《告》，論贊與闡發全書的宗旨和功能；《周易》有《說卦》，《太玄》有《數》，論述九贊所象徵的事物；《周易》有《序卦》，《太玄》則有《沖》，序列八十一首，兩兩相對加以解說；《周易》有《雜卦》，《太玄》則有《錯》，不依各首順序，而是交相錯綜的說解八十一首的意涵。《周易》兩畫爲陰陽，《太玄》作一、二、三。《周易》有六位，《太玄》有四重，由上而下爲「方」、「州」、「部」、「家」。《周易》以八卦相重爲六十四卦，構成一個循環；《太玄》以一、二、三與方、州、部、家交錯配合而成八十一首，一首相當於一卦，也構成一個循環。《周易》每卦有六爻，合爲三百八十四爻，構成一個小循環；《太玄》每首九贊，合爲七百二十九贊，也構成一個小循環。《太玄》並模依《周易》之筮法，列有撰著索首的規則與占筮斷卦的方法。在內容的具體論述上，揚雄除了轉引《周易》的諸多本有的觀念外，最重要的是大量引入道家思想於其體系之中。

〔註130〕見《周易述》，卷五，頁 150。

〔註131〕又如《象上傳》「天行健，君子以自強不息」，惠氏引虞義云乾爲健，指出「乾健故強。《太玄》準之以強，強亦健也」。〔註132〕由這幾個例子，可以看出揚雄之言，可以適切地相驗與論證兩漢《易》家如虞、鄭之訓說。惠氏引用揚雄之說，大體上都合理適切，並且可以達到其義訓效果。

《淮南子》這部典籍，在學術上的意義，晚近學者研究黃老的議題上，總是將之與黃老劃上等號，不論其學術上的定位如何，不可否認的是書中充滿了道家的思想色彩，《易》與道家思想作了某種程度的結盟。劉安好《易》，《漢書·藝文志》於六藝略《易》類下著錄《淮南道訓》二篇，班固並自注「淮南王安聘明《易》者九人，號九師說」，雖書已亡佚，但由書名可以嗅覺到《易》與道家思想揉合的氣韻。在今日有限的漢代易學資料下，《淮南子》與《道訓》成爲回顧漢《易》，甚至研究《易》與道家思想會通上的典要。它也代表著漢代易學的一個支系，或現象或側面，惠棟在釋《易》的過程中，也多次的引用有關材料。

從哲學的角度觀覽《淮南子》，其核心的思想即是「道」，是一種由老莊道論思想轉化出來的新的道論主張。這種轉化主要是受到易學思想與當時的天文歷法等自然科學知識的影響，而創爲一種新的宇宙生成論。《淮南子》將道視爲最高範疇，道是無限的存在，是渾然未分的宇宙初始狀態，是萬物化生之本源。「道」的元質是什麼？根據〈天文〉與〈俶眞〉所載，「道」始於「虛霩」，由「虛霩」生出「宇宙」，然後產生元氣。老莊講「無」，《淮南子》論「虛」，「虛霩」與「宇宙」皆屬於「虛」，這個「虛」到底是「有」或「無」呢？《淮南子》並沒有作詳細的論述，但知物質和時空都是在這裡化生的出來的。然而，《淮南子》明白地指出，萬物構成和發生的物質原因，是陰陽二氣的交互作用而產生的。宇宙的一切變化，四時的更替，萬物的盛衰，皆陰陽二消長的結果。陰陽二氣交感的最佳狀態與根本趨向是中和，所謂「天地之氣，莫大於和。和者，陰陽調，日夜分，而生物。春分而生，秋分而成，生之與成，必得和之精」；「陰陽相接，乃能成和」。〔註133〕「故聖人懷天氣，抱天心，執中含和，不下廟堂而衍四海，變習易俗，民化而遷善，若性諸己，

〔註131〕見《周易述》，卷二，頁73。
〔註132〕見《周易述》，卷十一，頁287。
〔註133〕見《淮南子·氾論訓》。引自劉文典《淮南鴻烈集解·氾論訓》，卷十三，北京：中華書局，1997年1月1刷2刷，頁432。

能以神化也」。〔註134〕藉由宇宙和諧的觀念，寄寓著對社會安定平和的期望，也體現漢初社會政治發展的需要。因此，《淮南子》此一宇宙觀，成爲兩漢以降，在治《易》論述「太極」、「兩儀」等宇宙演化思想時，普遍被提作輔訓的對象。惠棟釋《繫上》時，引《淮南子‧齊俗訓》云「唯聖人知其化」，並進一步引高誘注作解釋，「其化視陰入陽，從陽入陰，唯聖人知之也」。〔註135〕所言者即陰陽變化之義。《淮南子》中提出諸多的易學看法，例如對於易學中的吉凶休咎的問題，認爲大都是人本身的因素所致，吉凶禍福絕非鬼神之效驗，而是人自己造成的，「夫禍之來也，人自生之；福之來也，人自成之」；「有陰德者必有陽報，有陰行者必有昭名」，「積愛成福，積怨成禍」，「知慮者，禍福之門戶」，〔註136〕人事的成因，直接反映出吉凶禍福，合於《易傳》「積善之家必有餘慶，積不善之家必有餘殃」之義，是一種自然現實的見解，而非神怪之說。同時，《淮南子》繼承與發揮先秦以來的五行學說，結合天文曆法的知識，廣以五行、干支相配，豐富與深化了傳統的五行觀，並爲漢代象數易學所需要者，對象數易學的發展起了重要的作用，特別是對孟、京易學思想有著直接或間接的關聯性。列如《淮南子‧天文訓》云：

> 甲乙寅卯，木也；丙丁巳午，火也；戊己四季，土也；庚辛申酉，
> 金也；壬癸亥子，水也。水生木，木生火，火生土，土生金，金生
> 水。子生母曰義，母生子曰保，子母相得曰專，母勝子曰制，子勝
> 母曰困，……

在五行生剋說的基礎上，《地形訓》也指出：

> 木壯，水老火生，金囚土死；火壯，木老土生，水囚金死；土壯，
> 火老金生，木囚水死；金壯，土老水生，火囚木死；水壯，金老木
> 生，土囚火死。

從五行的生剋關係中，發展出生、壯、老、囚、死五個不同階段，以顯示五行間相互生扶、彼此制約的關係。所以《天文訓》又進一步說明：

> 凡日，甲剛乙柔，丙剛丁柔，以至於癸。木生於亥，壯於卯，死於
> 未，三辰皆木也。火生於寅，壯於午，死於戌，三辰皆火也。土生

〔註134〕見《淮南子‧泰族訓》。同前注，卷二十，頁665。

〔註135〕見《周易述‧繫辭上傳》，卷十五，頁414。

〔註136〕括弧引文，見《淮南子‧人間訓》。引自《淮南鴻烈集解》，卷十八，頁587
　　　　～588。

於午，壯於戌，死於寅，三辰皆土也。金生於巳，壯於酉，死於丑，
三辰皆金也。水生於申，壯於子，死於辰，三辰皆水也。〔註137〕

這些內容，在後來京房的易學中，隱約都可以看到其中的影子，京房將之承
繼爲其易學主張的基礎。所以潘雨廷作了這樣的注解：

此〈天文訓〉之義，可繪成種種卦象圖。因卦象之大義本爲坐標之
符號，暢論天地陰陽方圓幽明內外水火天干地支等等相對之易義，
其後勢必有孟喜之孟氏易及京房之京氏易，若卦氣圖、八宮等等。
圖可後出，圖中所示卦象之義，于律于歷，莫不有據於先秦之象。《淮
南子》繼承先秦古說，此篇猶爲承前啓後主要之關鍵。〔註138〕

非但是《天文訓》一文，《淮南子》中的豐富思想，皆標幟著漢代易學的重要
理論基礎，後來《易》家莫不據以爲用。這些觀念主張，惠棟在《易漢學》
與《周易述》中，多有援用，在此不再贅舉。

（三）董仲舒與劉向父子的引述

原始道家的思想，進入兩漢時期，以黃老爲名，成爲學術上極具重要的
主流思想，也對兩漢的學術思想產生了重大的影響，那種初史遷視爲「因陰
陽之大順，采儒墨之善，撮名法之要，與時遷移，應物變化，立俗施事，無
所不宜」〔註139〕的完美學說，在無形中已滲透在一般儒生的論著中，而成爲
儒學的新生態。一種包容百家的學術傾向，並不因獨尊儒術而固守其純粹的
元質，儒學思想與陰陽五行、道家學說作了極爲密切的聯繫，這種學術傾向
並非類似董仲舒的口號所能排拒的，包括董子天人之學的思想，若要強說，
其陰陽五行之言，並不以儒家獨專。例如惠棟釋復䷗卦《象傳》「復，其見天
地之心乎」，注云：

冬至，復加坎。坎爲極心，乾坤合于一元，故見天地之心。心猶中
也。董子以二至爲天地之中是也。

董子之詳說爲：

陽之行，始於北方之中，而止於南方之中。陰之行，始於南方之中，
而止於北方之中。陰陽之道不同，至於盛而皆止於中，其所始皆必

〔註137〕所有引文，皆出自《淮南鴻烈集解》，不作詳注。
〔註138〕見潘雨廷〈論尚黃老與《淮南子》〉，引自陳鼓應主編《道家文化研究》第1
　　　　輯，上海：上海古籍出版社，1992年6月1版1刷，頁221。
〔註139〕見《史記·太史公自序》。

於中。中者，天地之太極。〔註140〕

惠氏引董子之言，說明「天地之心」即「天地之中」，而「天地之中」則爲南、北二方的「二至」之中，就復卦所屬之時令，則是「冬至」。董子之言，視爲陰陽家或黃老道家的思想，可以勉強作爲相近，卻與原始儒家迥異。當然，兩漢的象數易學，在錯綜複雜的學術環境下所孕育出來的，其中陰陽五行的思想，也成了其重要的特色，其源頭確非出於原始儒家的體系，但形成新的改造後的儒學，也無須過度的去區別其原由了。

從學術發展的時間來推估，由於董仲舒天人感應、陰陽災異思想的盛行，對後來蓬勃興起的象數易學起了影響的契機，所以張濤指出「如果孟喜、京房是漢代象數易學的開創者和奠基人，那麼至少在一定意義上應該承認，董仲舒是孟、京易學的不祧之祖」。〔註141〕惠氏廣取董子之說爲訓，主要是由於董子思想在漢代儒學中的代表性地位，以及其論著的內容中，有甚多資料可以取用作爲象數易學闡釋上的需要，以及文字訓義上，董子屬漢儒中的翹楚，引其文句作爲詁訓，當然最合漢代古義了。

惠氏取董子言爲訓，從學說的內涵來看，是極其合理恰當的。董子精於《春秋》，專主《公羊》。其思想理論體系的形成，多借鑒與資取易學思想；董子謂「《易》、《春秋》明其知」，〔註142〕明確將明確將二者並列，所以在其《春秋》學說思想中，自然有《易》的影子了。《春秋》是以人事體現天道，《周易》則是以天道推衍人事，以史遷之言來說，「《春秋》推見至隱，《易》本隱之以顯」，〔註143〕二者皆有推究宇宙萬物生成根源的交集，所以其天人相應之說，緊緊地將《易》與《春秋》作了合理的結合。既是天人感應，必言災異，有其神學的目的，循其目的，必求理論的被認同，必以自然的實證知識，或是人們普遍認同的意識加諸而建構。所以董仲舒的思想主張與思維模式，與漢代如京房等人象數之學有其相似的意義。

惠棟多次引用劉向的說法。劉向的易學思想，主要受到《易傳》等天人之論的影響，屢陳災異，可以視爲繼董仲舒、京房等人之後，推演陰陽災異的重

〔註140〕惠氏之說，見《周易述・象上傳》，卷九，頁 249～250。引董仲舒之言，《春秋繁露・循天之道》，卷十六。

〔註141〕見張濤《秦漢易學思想研究》，北京：中華書局，2005 年 3 月 1 版 1 刷，頁 99。

〔註142〕見《春秋繁露・玉杯》。引自蘇輿《春秋繁露義證・玉杯第二》，卷一，北京：中華書局，1996 年 9 月北京 1 版 2 刷，頁 35。

〔註143〕見《史記・司馬相如列傳》，卷一百一十七，頁 3071。

要人物。他「集合上古以來歷春秋六國至秦漢符瑞、災異之記，推迹行事，連傳禍福，著其占驗，以類相從，各有條目」，號稱《鴻範五行傳論》。〔註144〕劉向祖父劉辟彊、父親劉德，皆有黃老道家思想傾向，尤其是劉德，「少修黃老術」，「常持《老子》知足之計」。〔註145〕劉向在這種家學淵源下，自然可以接納道家的思想。不論劉向的思想淵源如何，其所處的時代，陰陽五行、災異符瑞之說已然興盛，而象數之學也成熟，惠氏的引用，自然而合理。

惠棟在釋明夷卦六五「其子之明夷」時，指出「其讀爲亥，坤終于亥，乾出于子，故其子之明夷。三升五得正，故利貞。馬君俗儒讀爲箕子，涉《象傳》而訛耳」，〔註146〕並進一步闡述云：

> 蜀才從古文，作「其子」，今從之。「其」古音「亥」，故讀爲「亥」，亦作「箕」，劉向曰：今《易》「其子」作「茲茲」。荀爽據以爲說。蓋讀「其子」爲「茲茲」，古文作「其子」。「其」與「亥」，「子」與「茲」，字異而音義同。……五本坤也，坤終于亥，乾出於子，用晦而明，明不可息，故曰「其子之明夷」。……五失位，三之五得正，故利貞。馬融俗儒，不識七十子傳《易》之大義，以《象傳》有箕子之文，遂以箕子當五。尋五爲天位，箕子臣也，而當君位，乖于《易》例，逆孰大焉。謬說流傳，兆於西漢。西漢博士施讎讀「其」爲「箕」，時有孟喜之高弟蜀人趙賓，述孟氏之學，斥言其謬，以爲箕子明夷，陰陽氣无箕子。其子，者萬物方茲茲也。賓據古義以難諸儒，諸儒皆屈。……劉向《別錄》猶循孟學，故馬融俗說，荀爽獨知其非，復賓古義，讀「其子」爲「茲茲」。〔註147〕

惠氏正「其子」之古義，不同於俗說。指出劉向遵循孟學舊說，而劉向之說，古而有據，足以爲用。又如惠氏釋坤卦初六云：

> 劉向《鴻範五行傳》曰：九月陰至五，通於天位，其卦爲剝，剝落萬物，始大殺矣。明陰從陽命，臣受君令而後殺也。〔註148〕

釋《文言傳》時，以後人引《鴻範五行傳》釋「明堂十二室」，云：

〔註144〕見《漢書‧楚元王傳》。《鴻範五行傳論》，凡十一篇，原書已亡佚，今主要內容保存在《漢書‧五行志》中。
〔註145〕見《漢書‧楚元王傳》，卷三十六，頁1927。
〔註146〕見《周易述》，卷五，頁152。
〔註147〕見《周易述》，卷五，頁154。
〔註148〕見《周易述》，卷一，頁10。

知者以《鴻範五行傳》云：「孟春之月，御青陽左个，索祀於艮隅」。
「仲春之月，御青陽正室，索祀於震正」。「季春之月，御青陽右个，
索祀於巽隅」。「孟夏之月，御明堂左个，索祀於巽隅」。「仲夏之月，
御明堂正室，索祀於离正」。「季夏之月，御明堂右个，索祀於坤隅」。
「中央之極，自崑崙中，至太室之野。土王之日迎中氣於中室」。「孟
秋之月，御總章左个，索祀於坤隅」。「仲秋之月，御總章正室，索
祀於兌正」。「季秋之月，御總章右个，索祀於乾隅」。「孟冬之月，
御元堂左个，索祀於乾隅」。「仲冬之月，御元堂正室，索祀於坎正」。
「季冬之月，御元堂右个，索祀於艮隅」。〔註149〕

此以八卦配月配十二室。此皆涉陰陽占驗之說。劉向考校《周易》，雖注重哲理
化的詮釋方式，卻對當時陰陽五行、占卜災驗之象數內涵，也不離不棄，呈現
那個時期易學的正常面貌，可惜大都亡佚，存留下的殘梗，仍為漢代易學的重
要資料，作為一個考據學家或是樸學家，惠棟當然不能放過這些寶貴的內容。

　　劉歆在西漢末年的易學發展中，亦占有重要的地位。「歆及向始皆治
《易》」，父子二人皆熟於易學，二人校編文獻，於其《七略》中，詳列《易》
類著目，對後人研究易學發展的問題上，有極大的貢獻和價值。劉歆推崇《周
易》，強調「朝聘會盟，《易》大業之本也」，「《易》與《春秋》，天人之道也」，
〔註150〕與董仲舒、司馬遷一樣兼重二者。漢平帝時，典掌儒林史卜之官，考
定律歷，制作《三統歷》，《漢書》中有關的記載，成為今日論述其易學思想
的主要來源。劉歆的易學主張，特別重要數字的表述，將《易》數與歷法作
了密切的結合，強化人們對易學數字的神祕概念，也推動了象數易學的傳播
與發展。〔註151〕劉歆的易學主張，重視卦氣說，曾以聲律、五色、十二辰與
《易》卦等相配而論，並以黃鍾、林鍾、太簇代表天統、地統、人統，並配
以乾、坤卦爻進行闡述，〔註152〕其說與孟喜四正配月，或京房八卦配月相近，
並與《易緯》和鄭玄的爻辰說，亦有交集或延伸的關係。整體而言，劉歆的
易學主張與天文歷法的關係密不可分，這種特色正是兩漢象數《易》家所普
遍存在的現象。

〔註149〕見《周易述·說卦傳》，卷二十，頁 598～599。所引十二室配卦配月之文，
　　　　見清秦蕙田《五禮通考·嘉禮》，卷二百，亦引述。
〔註150〕見《漢書·律歷志第一上》，卷二十一上，頁 981。
〔註151〕參見張濤《秦漢易學思想研究》，頁 162。
〔註152〕見《漢書·律歷志第一上》，卷二十一上，頁 958～960。

惠氏釋坤卦卦辭引劉歆之義云：

> 爻辰初在未，未，西南陰位，故得朋。四在丑，丑，東北陽位，故
> 喪朋。地闢于丑，位在未，未衝丑爲地，正承天之義也，故安貞吉。

〔註153〕

惠氏引自《三統歷》之說，申明「西南得朋」、「安貞吉」之義，所用劉歆「爻辰」之說，即「乾坤十二爻所值之辰」，而「鄭氏說《易》，專用爻辰十二律，取法於此焉」。直接表明鄭氏之說，根源於歆之法。但是，對於「東北喪朋」之義，惠氏則又採虞翻的月體納甲之說來解釋；〔註154〕運用不同的二說來解釋連貫的語句，在文義的論述上，合理性稍嫌不足。在這裡特別另外指出。類似這種卦氣說的引述，其例甚多，在此不再贅舉。

惠氏釋復卦六四「中行」，引劉歆義云：

> 《三統歷》曰：「太極元氣，函三爲一。」一，元也，極中也。〔註155〕

又於釋《繫上》「一陰一陽之謂道」文，屢引劉氏之文云：

> （《參同契》）曰：「日合五行精，月受六律紀，五六三十度，度竟復
> 更始。」《三統歷》曰：「十一而天地之數畢。」十一者，五六也，五
> 六三十而天地之數畢。……《三統歷》曰：「太極元氣，函三爲一。」……
> 三氣相承，合于一元，謂太初、太始、太素之氣也。《三統歷》又云：
> 「元者，善之長也，共養三德爲善。」……《三統歷》又云：「元體
> 之長，合三體而爲之原，故曰元，三統合于一元。」〔註156〕

「太極元氣，函三爲一」，爲劉歆宇宙論的重要主張，將「元氣」的概念與「太極」作了直接的結合，表明太極就是元氣，宇宙的根源就是太極元氣。「函三」的「三」，是指天地人三才，意謂太極元氣在未分化之前，包含著天地人生成的元素而渾然一體。這樣的函三爲一元的元氣，惠棟認爲也就是《易緯》所謂的「太初、太始、太素之氣」。宇宙的本源，源於元氣之說，漢代的易學家大體都持相近的看法，包括像揚雄雖然理論思想由《老子》而轉化，但其「玄」也是一種元氣的觀念，他在《檄靈賦》中指出「自今推古，至於元氣始化」，〔註157〕宇宙萬物的產生，始於元氣。《淮南子》的說法亦同。惠氏又釋《繫上》

〔註153〕見《周易述》，卷一，頁9。
〔註154〕見《周易述》，卷一，頁9～10。
〔註155〕見《周易述》，卷四，頁109。
〔註156〕見《周易述·繫辭上傳》，卷十五，頁400～402。
〔註157〕見於《揚子雲集·檄靈賦》，卷五。見臺灣商務印書館《景印文淵閣四庫全書》

「大衍之數五十」文，以「大衍之數五十」爲「三才」之數：

> 《三統歷》曰：日合于天統，月合于地統，斗合于人統。故大衍之
> 數五十，三才也。《三統歷》又曰：太極元氣，函三爲一。一，太極
> 也。……《三統歷》曰：道據其一，必知數備三才。〔註158〕

劉歆慣以數字論《易》，並爲漢代象數易學史上的重要表述方式，數字除了呈
現易學的基本原理與內在關係，與融攝天文歷法的科學意義，並反映出宇宙
發展的本源上的重要內涵。惠氏的引述，著實表現出那個時代易學家的主要
觀點和認識。

（四）《論》《孟》《荀》思想的引述

《論》、《孟》、《荀》中雖少有明顯論《易》，〔註159〕但孔子、孟子與荀
子，可以視爲儒家思想的原始與最佳典範，三家之著，當然也是經典化的聖
書，思想同出一源，所以在詮釋儒家典籍時，莫不引述三家之說，可以視爲
提高其釋義準確性與正統性，也表達出三家在儒家思想地位上的權威性。因
此，惠棟引述三家之說，十分頻繁，主要是透過三家之說，來詁訓文義之用。
例如：

釋屯卦六三「即鹿无虞」之「即」字字義，引《論語》曰「亦可以即戎
矣」，「包咸注云：即，就也」，〔註160〕是「即」義爲「就」。

釋蒙卦九二，引《孟子》云「湯之于伊尹，學焉而後臣之」，以說明「師
而爲臣」。〔註161〕

釋蒙卦六四「困蒙，吝」，引《論語》云「困而不學，民斯爲下」，所以
爲「吝」。〔註162〕

釋否卦六三，引《孟子》云「無羞惡之心，非人也」，以說明爻辭「以三
爲匪人」。〔註163〕

釋觀卦卦辭「盥而不觀薦」，指出「祭祀之盛，莫過于初盥。及神降薦牲，

　　　本第1063冊，頁125。

〔註158〕見《周易述‧繫辭上傳》，卷十六，頁426～427。

〔註159〕三家觸及《周易》之言者少，《荀子‧非相》有云「故《易》曰：『括囊，無
　　　咎無譽』腐儒之謂也」。

〔註160〕見《周易述》，卷一，頁19。

〔註161〕見《周易述》，卷一，頁24。

〔註162〕見《周易述》，卷一，頁25。

〔註163〕見《周易述》，卷二，頁58。

其禮簡略，不足觀也」，所以引《論語》中孔子云「禘自既灌而往者，吾不欲觀之矣」。並且認爲「吾不欲觀，非不欲也，所以明灌禮之特盛」，〔註164〕也就是說，整個祭禮，以灌禮爲盛，而薦牲之禮則相對簡略，比較之下是「不足觀」，所以依孔子之意，並不是不願觀。卦辭「盥而不觀薦」之義即在於此。因此，由卦辭對照於孔子之言，詞義確是大體相近。

釋遯卦初六「遯尾」，指出「《論語》有微生高」，所以，「初爲尾，尾，微也。故遯尾」。〔註165〕

釋井卦初六，引《孟子》之說云「井上有李，禽來食之」，所以「巽爲木果，初不應四，故不食」。〔註166〕

釋乾卦《象傳》「萬物資始」之「資」字字義，引《孟子》曰「居之安，則資之深」，以「資皆訓爲取」。〔註167〕

釋乾卦《象傳》「天行健，君子以自強不息」，引《孟子》、《荀子》以說明「君子」之義，云「乾坤，諸卦之祖，而象皆稱君子者，以君子備三才。故《荀子・王制篇》曰『天地者，生之始也。禮義者，治之始也。君子者，禮義之始也。爲之，貫之，積重之，致好之，君子之始也。故天地生君子，君子理天地，君子，天地之參也』。《孟子》曰『夫君子所過者化，所存者神，上下與天地同流』，皆言君子參天地之事。趙岐注云『君子通於聖人』是也」。〔註168〕乾坤二卦爲父母之卦，至崇至尊，以君子、聖人象之。

三聖立於儒學之門，其中歷來對荀子的思想源流與其學派歸位，多有爭議。荀子思想起於戰國後期稷下學術薈萃的時代，融合吸收百家思想，造成其思想特質上具有強烈的綜合性；當面對學術派別的歸屬於分類時，荀學或有疑慮的問題存在，但不可否定荀子出於儒學之門。〔註169〕荀子集百家之大成，融匯貫

〔註164〕見《周易述》，卷三，頁89～90。

〔註165〕見《周易述》，卷五，頁141～142。

〔註166〕見《周易述》，卷七，頁212。

〔註167〕見《周易述・象上傳》，卷九，頁220。

〔註168〕見《周易述・象上傳》，卷十一，頁287。

〔註169〕秦漢之際，荀學視爲循孔、孟一脈而傳的儒學大師，且歷代類書，諸如《漢書・藝文志》、《隋書・經籍志》、《舊唐書・經籍志》《新唐書・藝文志》、《宋史・藝文志》、王堯臣等編《崇文總目》、晁公武《郡齋讀書志》、陳振孫《直齋書錄解題》，以至於《四庫全書總目》等等，皆將《荀子》一書納入儒家典籍之列。漢代以荀子思想爲儒家的重要後繼者，不曾有疑，或許在其時代環境氣氛本是學術匯合的關係，分類上的區隔，認定的切入雖荀學仍有諸家學說介入，仍不失崇奉孔門思想，故以定爲儒家之列而無誤。然而時空的遷移，學派分類由於個

通了百家之學，內容相當駁雜，可爲雜家之祖，故以純粹儒家思想稱之，是不
識荀子的本質。而荀子爲孔學之後，或因時空因素而理論主張有所損益鼎革，
但是仍能夠與儒家構連在一起。是以孟荀並尊，且出於孔氏，而能冠冕群儒，
固因性善性惡之論而訾議，難免偏見；蓋時空之不同，各爲異論，而其救弊扶
衰之意皆同。歷來類書將之位定於儒家之列，大多學者也將之持屬儒家後繼有
成者。荀子的思想，是秦漢學術發展上的一個極爲重要的中繼者，秦漢以來治
經釋義，捨《荀子》之說，則如棄文獻珍寶，甚是可惜。

　　荀子的天人觀，在先秦哲學上有其獨特的看法。在荀子之前，以孔、孟
爲代表的正統儒家思想，仍揮不去天人合一的神秘色彩；孔子尊奉天與天命
的至上權威，主張知天、則天、順天的概念，並通過深刻的道德修爲承擔天
所賦予的使命，藉由竭力完成自身的使命以使天命具備外在的必然性。孟子
進一步地開展，明白區分自然之天與義理之天，並著重於與人事密切相關的
義理之天，以心性爲基礎，建立完備的天人合一思想體系，也就是從盡心、

人主觀見解的差異，理定產生不同看法，對過去認爲定然者，今有未必然的疑
問；唐宋時期即開始對荀學產生異議，認爲荀學與儒學之間存在極大的鴻溝與
分歧。清王先謙《荀子集解・序》云：「昔唐韓愈氏以荀子書爲大醇小疵，逮宋
攻者益眾。」蓋唐宋時期，非荀子之學者益眾，所持的意見，主要就荀子倡性
惡而推之。（見王先謙《荀子集解》，北京：中華書局《諸子集成》本第二輯，
1996 年 2 月北京 1 版 9 刷，頁 1。）韓愈《讀荀子》一文中指出孟荀對於繼承
孔學的情形，《孟子》是「醇乎醇者」，而《荀子》是「大醇而小疵」。（見韓愈
《讀荀》。引自馬通伯校注《韓昌黎文集校注》，臺北：華正書局，1982 年，頁
21。）宋儒程頤、蘇軾等人更激烈地加以撻伐，認爲「荀卿才高學陋，以禮爲
僞，以性爲惡，不見聖賢」，「聖人之道，至卿不傳」，（見程顥、程頤《程氏外
書》卷十。引自上海古籍出版社影印自四庫全書本，《二程遺書、二程外書》，
1995 年，頁 40。）荀卿非但未傳聖人之道，更「喜爲異說而不讓，敢爲高論而
不顧者也。其言愚人之所驚，小人之所喜也」。（見蘇軾《荀卿論》。引自陳繼儒
校《蘇東坡全集》卷三十七，臺北：新興書局，1955 年，頁 15。）嚴屬地指責
其離經叛道，爲悖於儒家的異端學說。朱熹亦指出「不須理會荀卿，且理會孟
子性善，渠分明不識道理」，惟孟子爲孔學眞傳，「荀卿則全是申韓」，「然其要，
卒歸於明法制，執賞罰而已」，（見《朱子語類》卷一三七，〈戰國漢唐諸子〉。
引自正中書局印行本，1970 年，頁 5225～5230。）是將荀子歸入法家的大宗。
荀學之非，眾矢所指，終於在明嘉靖年間被逐出了孔廟。《明史・世宗本紀》云：
「九年……六月癸亥，立曲阜，孔、顏、孟三氏學。……冬十一月辛丑，更正
孔廟祀典，定孔子謚號曰至聖先師孔子。」（引自二十四史《明史》，北京：中
華書局，1997 年，頁 223。）孟子在明朝配享罷而復置，而荀子則在明世宗嘉
靖九年（公元 1530 年）罷祀，被逐出孔廟，後雖有人上疏要求荀子設立牌位，
但三氏之學立，並無荀子的一席之地。

知性、知天、事天，最後達到人與天地同流的精神境界。至於以老、莊爲代表的傳統道家，老子將宇宙萬物還原爲一種自然存在，強調自然無爲與順應自然的天道觀，因任自然的「道」構成了自然界與人類社會的基礎和根本原則；莊子進一步地發展，尤其主張「無以人滅天」，人無法與自然相抗衡，當求順隨與回歸自然，並進一步體驗與追求達到與天爲一、混同物我的境界。荀子在稷下學術爭鳴與融合的基礎下，改造了儒、道的思想，並且吸收與開展稷下有關的天人思想，建構出一套屬於自己的天人關係理論。荀子所建構的「天」，是一個「列星隨旋，日月遞炤，四時代御，陰陽大化，風雨博施，萬物各得其和以生，各得其養以成」的自然界，而「天行有常」，即自然能動的有其客觀的規律性。荀子因襲天道自然的傳統看法，特別強調自然意義的天，以否定天命的說法，認爲自然界不能干預人事，因此也就不能以自然現象來解釋國家社會的治亂，國家社會的治亂，源於人而非天，故天「不爲堯存，不爲桀亡」，「天不爲人之惡寒也，輟冬；地不爲人之惡遼遠也，輟廣」（《荀子·天論》）。他注意到大自然所表現的規律性，例如日月星辰的旋轉，四季的變化，這些律動是可以預測的，它代表一種秩序，所以投射在人事上，人亦應表現出一定的規律性，秩序性。由於自然規律的可預測性，人當可善加利用，「應之以治則吉」，但「治亂非也」，天又不因人之不同而改變，依靠天命，並不能使人事歸於平治，必須「明於天人之分」；荀子吸收了儒家的「敬天保民」、「畏天命」的有志意的天之思想，也融入老子「道法自然」的道，以及對黃老「道」的政治學說在當時起著振聾發聵的劃時代作用時，荀子也同時吸收改造，明白天與人的分際，但也並不表示天與人必須完全分開，天仍有其功能，所謂「天職」、「天功」，只有大自然有此力量，人是無法取代的，人當解解自然的力量，「知其所爲」，「知其所不爲」，在既成的自然基礎上，人「不與天爭職」，人才可依其智慧能力發展出合乎禮義法度的政治文明，並藉由此一文明來維繫一切的秩序。因此，「天人之分」的最重要目的在於達到「天地生之，聖人成之」，做到「以人渡人」的目標，切勿「錯人而思天」，「人」才是政治的最終關懷，也只有人才能不「失萬物之情」，而這「人」，又以「君子」最爲關鍵，此一「君子」或許直言之，即是聖人、君王，由其「知其所爲，知其所不爲」，參天地，總萬物，以爲民父母，帶領人們走向平治的坦途。〔註170〕荀子的天人觀，大力描繪自然之

〔註170〕參見《荀子·天論》云：「天職既立，天功既成，形具而神生。……聖人清其

天的形態內涵，論述天道自然的規律，這方面的論述，與《周易》所講的宇宙自然陰陽變化之道，有諸多可以相互討論的地方。所以，三聖之言，惠棟引《荀子》之言，相對較多，主要是《荀子》思想中，有豐富的天道觀之論述，成爲釋《易》之重要材料。例如：

釋乾卦初九，惠氏認爲「乾之取象于龍，以其能變化也。《荀子》曰『變化代興，謂之天德』，天德，元也。天之元兼五色，故龍被五色」。〔註171〕引《荀子》之言，出於〈不苟〉，所言「天德」，唐代楊倞注，指出「既能變化，則德同於天，馴致於善，謂之化，改其舊質謂之變，言始於化，終於變也。猶天道陰陽運行則爲化，春生冬落則爲變也」。〔註172〕

釋《說卦傳》「神也者，妙萬物而爲言者也」，認爲「神謂《易》，即一也。妙，微也」，故引《荀子》曰「精微而無形」，而訓「微妙亦同義」。此〈成相〉之言，云「大參乎天精微而無形」，能夠透悟天道，則智慮能得精妙之境。《易》道即宇宙自然的變化之道，《易》道精微而無形，人能體乎陰陽消長之道，效法天道之化，則能同入於神妙。荀子以天道而言君子之法要，重在君子之道，而惠氏則取之以釋《易》道，並進一步說明人君之道，「爲人君者，正心以正朝廷，正朝廷以正百官，正百官以正萬民，正萬民以正四方，所謂以一偶萬，即《論語》『吾道一以貫之』之義也。明者以爲法，微者以是行」，「《荀子》曰『執一如天地，行微如日月』，〔註173〕日月之行，人所不見，似乎細微無怠止之時，猶至誠之無息。故微者以是行。『不見其事而見其功』」，〔註174〕「《荀

天君，正其天官，備其天養，順其天政，養其天情，以全其功。如是則知其所爲，知其所不爲矣，則天地官而萬物役矣。」又云：「不爲而成，不求而得，夫是之謂天職。如是者雖深，其人不加慮焉；雖大，不加能焉；雖精，不加察焉；夫是之謂不與天爭職。天有其時，地有其財，人有其治，夫是之謂能參。舍其所以參，而願其所參，則惑矣。」又云：「在天者莫明於日月，在地者莫明於水火，在物者莫名於珠玉，在人者莫名於禮義。」又云：「雩而雨，何也？曰：無何也，猶不雩而雨也。日月食而救之，天旱而雩，卜筮然後決大事，非以爲得求也，以文之也。故君子以爲文，而百姓以爲神。以爲文則吉，以爲神則凶也。……故錯人而思天，則失萬物之情。」又云：「天地者，生之始也；禮義者，治之始也；君子者，禮義之始也。……故天地生君子，君子理天地；君子者，天地之參也，萬物之總也，民之父母也。」（引自《荀子集解‧天論》，卷十一，頁206～211。）

〔註171〕見《周易述》，卷一，頁5。
〔註172〕見《荀子‧不苟》，楊倞注。引自王先謙《荀子集解》，卷二，頁28。
〔註173〕此惠氏引自於《荀子‧堯問》。
〔註174〕此惠氏引自於《荀子‧彊國》。

子》『謂之神』，﹝註175﹞故云妙萬物而爲言也」。﹝註176﹞

除了引用有關天道觀之外，荀子重禮的主張，也多爲惠氏詁訓之用。《周易》不論是作爲原始的卜筮之書，或是作爲表現周秦以來文化思想的面向，總離不開禮，所以歷來述《易》，不斷以禮釋之，如鄭玄即是。惠氏涉禮，則多次以《荀子》輔訓。如履䷉卦爲例，九二「履道坦坦，幽人貞吉」，指出「幽人，幽繫之人」，並引《尸子》曰「文王幽于羑里」，《荀子》曰「公侯失禮則幽」訓解，「訟時，二體坎，坎爲獄，二在坎獄中，故稱幽人，俗謂高士爲幽人，非也」。﹝註177﹞是幽人爲坎陷幽禁之人。有關例子尚夥，不再贅舉說明。

（五）《參同契》等神道色彩典籍的引述

惠棟援引具有神道色彩的典籍以釋《釋》，爲歷來學者所批評。這些具有神道色彩的典籍，包括《參同契》、《靈寶經》、《陰符經》、《玄珠密語》、《抱朴子》等等，特別是《參同契》，《周易述》中論述經傳文義，惠棟至少引述三十餘次。引用這類典籍是否恰當，其實很難予以作界定，不同領域的學術間，本來就有互通的地方，打死不相往來，也非學問之道。引用典籍資料，最重要的是要瞭解引用內容的適切性，所引用者是否有助於釐清我們設定的議題，是否合於我們詮釋上的需要，這才是最重要的。

《參同契》爲漢末魏伯陽所著，﹝註178﹞全書以《周易》和道家思想爲依托，廣取先秦兩漢天文歷法、醫藥物候、煉丹方外之術等方面的內容，借用象數易學的知識架構，以體現其丹術的主體思想，所以呈現出龐雜的思想體系。《參同契》全名稱爲《周易參同契》，顧名思義即與《周易》有密切的聯系，作者嫻熟地利用《周易》卦象與西漢孟喜、京房卦氣說的諸多易學條例，以及五行數方位圖式，構構出一系列相互關聯的天文歷法與煉丹模型。在京房八卦納甲說的基礎上，提出月相納甲說，這個理論也深深影響歷來的易學家；其中首當其衝的是虞翻的易學，其月體納甲的主張，直接源自魏氏。唐代李鼎祚《周易集解》、宋代朱震《漢上易傳》的述義過程，也廣引《參同契》爲釋。既是復說漢《易》，則不能拒之千里，所以惠棟、張惠言者，引述申說，

﹝註175﹞此惠氏引自於《荀子·彊國》。
﹝註176﹞見《周易述·說卦傳》，卷二十，頁599～601。
﹝註177﹞見《周易述》，卷二，頁49～50。
﹝註178﹞關於《周易參同契》作者問題，是否爲僞書，歷來學者多有討論，晚近學者大致根據葛洪《神仙傳·魏伯陽》所載，以及書傳歷程考定，肯定確是出自魏伯陽之作。因此，本文同持肯定的態度。

自是合理恰當，捨而不用，才是有失。

從易學或哲學的角度看《參同契》，其重大的成就，表現在宇宙生成的主張方面。魏氏以《易》之乾坤坎離四卦，建構出宇宙生成變化的圖象，以坤內乾外象徵天地之體，以坎離象徵日月運行、陰陽升降之用，充份地展現出宇宙的有限性與無限性，也爲歷法的運算提供了一個理論的側面。同時，魏氏也提出諸多相關地或延伸的主張，包括如坎離匡郭、四維時空、晝夜更迭、月相死生、十二月陰陽消長等等，豐富與擴充了以乾坤爲體、坎離爲用的宇宙生成圖式的內容。這些內容，直接或間接地反映出漢代的天文歷法之科學知識，以及漢代《易》家的易學主張。因此，再一次強調，舉《參同契》之言輔訓漢儒《易》說，是合理恰當的。

惠棟釋小畜卦上六「月近望，君子征凶」，指出「近讀爲既，坎爲月十五日，乾象盈甲十六日，巽象退辛，故月近望。君子謂三，陰盛消陽，故君子征凶」。並進一步解釋，「既謂既望，孟喜以爲十六日也」，「卦內乾外巽，十五日乾象盈甲，十六日巽象退辛，此納甲法也。魏伯陽《參同契》曰『十五乾體就，盛滿甲東方。蟾蜍與兔魄，日月氣雙明。七八道已訖，屈折低下降。十六轉受統，巽辛見平明』，是其義也」。此卦，上應三，所以君子是就三爻而言，此以陰畜陽之卦，「故畜道成，則陰盛陽消，君子不可以有行也」。〔註179〕惠棟釋蹇卦，云：

> 虞氏據納甲謂五在坤中，故曰西南。體坎爲月，出庚見丁，故月生西南。五「往得中」，故利西南。往得中，睽兌爲朋，故西南得朋也。三體艮，故東北謂三。退辛消丙，故月消于艮。乙東癸北，喪乙滅癸。當月之晦，天道之終，故不利東北，其道窮也。東北喪朋，謂五六三十也。〔註180〕

此虞氏月體納甲說，即本諸《參同契》。坎月生西南而終東北，出庚見丁盈甲，退辛消丙，窮乙滅癸。《彖傳》云「蹇之時大矣哉」，惠氏也指出「虞氏謂坎月生西南而終東北，終而復始，以生萬物，故用大矣」，而「《參同契》曰『五六三十度，度竟復更始』，故云終則復始」。〔註181〕惠氏釋《繫上》「一陰一陽之謂道」，指出「一陰一陽，合于十五之謂道。七、八、九、六合天地之數，

〔註179〕見《周易述》，卷二，頁45、47。
〔註180〕見《周易述》，卷六，頁165～166。
〔註181〕見《周易述·象下傳》，卷十，頁271～272。

乃謂之道」，並云：

> 陽變七之八，陰變八之六，亦合于十五。《參同契》曰「七八數十五，
> 九六亦相應，四十合三十，〔註182〕陽氣索滅藏」，又曰「日合五行
> 精，月受六律紀，五六三十度，度竟復更始」。〔註183〕

以《參同契》言，說明一陰一陽，七八與六九皆合十五，所以謂之道，而四
數合為三十，則天地之數合為「太極元氣」，如此終而復始，萬物以生。

惠氏屢次引用《參同契》文以說明納甲之法，以及所衍生的有關陰陽之
道與宇宙觀的議題。事實上，《參同契》將一個月內陰陽的消長變化，三十日
分為六節，每節為五度，並依每一節日光反射出的月相的死生盈虧，進行推
斷。所以《參同契》云「月節有五六，經緯奉日使；兼並為六十，剛柔有表
裡」。六十卦分六節，每節十卦，分值五個晝夜。根據漢《易》流行的納甲法，
在每一節取一個典型的月相，陰陽的消長變化便可清楚的顯現出來。西周以
來，在歷法的觀念上，定朔日為初一，這天月亮不可見，故需要朏日往前推。
朏日，即初三日，為第一節之中，新月黃昏始見，卦象為震，納庚。初八日
為第二節之中，月上弦，卦象為兌，納丁。十五日為第三節之終，日月相望，
滿月，卦象為乾，納甲。十六日為第四節之始，月相由盈滿轉虧，卦象為巽，
納辛。二十三日為第五節之中，月下弦，卦象為艮，納丙。三十日為晦，第
六節之終，明盡喪，卦象為坤，納乙。《參同契》並指出「節盡相禪與，繼體
復生龍」，震為龍，謂月相在下一月由震開始新的六節循環。其八卦納甲，震
納庚，巽納辛，為西方金；兌納丁，艮納丙，為南方火；乾納甲，坤納乙，
為東方木。戊己為坎離，為中央土。壬癸為北方水，無所屬，仍從乾坤納之，
以示始終。故曰「壬癸配甲乙，乾坤括始終」。八卦納甲，使十干分布五方，
與「月節有五六」相配合，意在說明「日合五行精，月受六律紀」。〔註184〕
一月三十日，正合七八九六之數，月行三十則終始循環周期。魏氏此月相納

〔註182〕惠氏作「四十合三十」，當為「四者合三十」，此惠氏小誤。

〔註183〕見《周易述‧繫辭上傳》，卷十五，頁400～401。

〔註184〕參見《參同契》月相納甲之說，云：「三日出為爽，震受庚西方。八日兌受丁，
上弦平如繩。十五乾體就，盛滿甲東方。蟾蜍與兔魄，日月无雙明。蟾蜍眡
卦節，兔者吐生光。七八道已訖，屈折低下降。十六轉受統，巽辛見平明。
艮直于丙南，下弦二十三。坤乙三十日，東北喪其明。節盡相禪與，繼體復
生龍。壬癸配甲乙，乾坤括始終。七八數十五，九六亦相應。四者合三十，
陽氣索滅藏。八卦列布曜，運移不失中。」

甲說，主要吸收京房的八卦納甲之法，而虞翻又根本於二者而云月體納甲說，所以要復原虞氏《易》說，則必引魏氏之言以相驗。

關於坎離二卦的角色問題，惠氏釋復卦「出入无疾」，引虞翻之說，「謂出震成乾，入巽成坤。坎爲疾，十二消息不見坎象，故出入无疾」。〔註185〕十二消息卦，內外卦合組，見乾☰、坤☷、震☳、巽☴、艮☶、兌☱等六卦，而不見坎☵離☲二卦；惠棟認爲「納甲之法，坎戊离巳，居中央、王四方」，此即《參同契》的說法，所以又引《參同契》云，「坎离者，乾坤之二用，二用无爻位，周流行六虛」。〔註186〕十二消息卦不見坎離二象，乃坎離本乾坤之二用，无其爻位，故而無其象用。也就是以納甲之說而言，日月成八卦之象；其中離爲日光，震巽艮兌皆可見離象，坎爲月精，晦朔之交，滅於坤乙而不可見，所以十二消息不見坎象。十二消息無坎離二象，並不減殺二卦之地位，反而二卦在《參同契》的理論中，居乾坤之用的崇高地位。二卦因《參同契》，也因虞翻而更受關注，打破傳統獨重乾坤二卦的局面。此外，離日坎月，「日月之謂易」也由是而更具理論性基礎。在惠棟的易學思想中，大力主張日月爲易的說法，諸本於虞翻之說，其實就是諸本於《參同契》之說。有關的論述中，惠棟也引《參同契》爲釋。關於這方面的議題，後文將續作詳論。

另外，有關引述《靈寶經》、《陰符經》、《玄珠密語》、《抱朴子》等典籍之文，與京房積算法乃至漢代易學皆有相涉，並言可成理，難說不當，不再贅舉。

（六）《國語》等史書之引述

關於史書的引述，主要包括《國語》、《戰國策》、《史記》、《漢書》、《後漢書》，乃至皇甫謐的《帝王世紀》。其中《國語》次數最多，加上韋昭的注，不下七十餘次，《漢書》亦有三十餘次，《史記》亦十餘次。《國語》爲一部重要的古史書，向來與《左傳》相互表裡，有《春秋外傳》之稱，主要記載春秋時期的史事，包括政令教化、訓典名物，乃至各國的文化語言內涵。《周易》即是緣自於周朝，釋《周易》古義，以《國語》輔訓，是最接合當時，文義也最能表現出專屬於周朝。例如惠氏釋乾卦九三「夕惕若夤」，以「乾」訓爲「敬」，並解釋指出「乾爲天，《周語》曰：言敬必及天。又曰：象天能敬。韋昭注云：象天之敬，乾乾不息，故知乾爲敬也。」透過《周語》與韋昭注，

〔註185〕見《周易述》，卷四，頁104。
〔註186〕見《周易述》，卷四，頁105。

以訓「乾爲敬」。〔註187〕釋噬嗑六三「噬昔遇毒」，指出「《周語》單子曰：厚味實腊毒。腊，籀文昝，肉久稱昝。味厚者爲毒久，故噬昝肉遇毒。」〔註188〕「腊」、「昝」古文同。肉久置則味重，即稱昝，味重則毒，故云昝毒。釋剝卦六三，指出「《周語》曰：人三爲眾，自三以上皆曰眾也。卦有五陰，故眾皆剝陽」。〔註189〕以三數以上爲眾，剝卦五陰一陽，所以稱「眾皆剝陽」。釋離卦上九「獲匪其醜」之「醜」字，云「《周語》曰：況爾小醜。韋昭云：醜，類也」，指出「醜」爲「類」。〔註190〕釋益卦初九「利用爲大作」，云「《周語》虢文公曰『民之大事在農』，故云大作，謂耕播」，〔註191〕也就是將「大作」訓爲「耕播」。由這些例子，大致可以看出，惠氏引《國語》爲訓，大都作字義的解釋，釋義也大都詳備。

其它有關之史書，如《戰國策》、《史記》、《漢書》、《後漢書》、《帝王世紀》等，皆載錄先秦兩漢之事，引作詁訓之材料，亦屬恰當。特別是《史記》、《漢書》與《後漢書》，多有兩漢天文歷法與其時代人物的事蹟，既是論述兩漢《易》家之易學，則同時代的史書，當是最直接的資料。例如，有關劉歆《三統歷》的記載，即出於《漢書·律歷志》，且《漢書·天文志》中亦多有天文思想，與象數《易》密切相關，多爲惠氏取材之主要對象，有關的引例，不再贅舉。

不過，這裡針對司馬遷與班固作一簡要介紹。司馬遷家學傳《易》，世守史官，精於史學，而史學與易學之間，史官與《周易》之間均存在著密切的關係。先秦時期，巫史同源，史官除了記時書事、掌管典籍之外，尚有觀察天象、制訂歷法，以及兼掌卜筮之事，所以古多將「史」與巫、祝、卜等連稱。史遷言及世當史職時，云「文史星歷，近乎卜祝之間」，〔註192〕本身實際參與修訂《太初歷》的工作。精通天文歷法，是擔任史官的基本條件，《史記》載有〈歷書〉、〈天官書〉，可見其專。這些在那個時代視爲專門的科學知識，正是象數易學的必要者。另外，史遷本人的易學觀，在《史記》中多有呈現，於〈周本紀〉、〈日者列傳〉、〈大史公自序〉等文中，明確指出伏羲作八卦，

〔註187〕見《周易述》，卷一，頁 6。
〔註188〕見《周易述》，卷三，頁 96。
〔註189〕見《周易述》，卷四，頁 103。
〔註190〕見《周易述》，卷四，頁 134。
〔註191〕見《周易述》，卷六，頁 180。
〔註192〕見司馬遷《報任安書》。引自《漢書·司馬遷傳》，卷六十二，頁 2736。

文王演六十四卦、三百八十四爻，並作卦爻辭，同時也認定《易傳》爲孔子所作。作爲史官的陳述，當有所根據，絕非空穴來風，肆意妄言。史遷的易學風格，上承田何、楊何之風，重在義理之闡發，書中載錄其對《易傳》的詮解，而滲透的人生觀中，也頗得《易傳》之沾溉。因此，史遷的易學觀，少就象數申言，多在思想之論述，與較爲純粹的象數《易》家有所不同。惠棟在引述史遷之言時，對於象數方面的引述也相對就減少了。

同樣地，班固身爲史學家，對於那個時代的天文歷法知識，也都能夠嫻熟專精，博通群經，尤其對於易學特有研究，將《易》置於群經之首，論述各類文獻，也都引《易》爲抒，強調《周易》在學術文化上的核心與鰲首地位。所以學者指出，「《漢志》論學術淵源變化反映出來通變的思想，是以《易》爲經籍之源，乃至諸子之源來把握的。他的辨章學術，考鏡源流，是建立在易學基礎之上的」〔註193〕〈儒林傳〉中，班固對易學經傳注疏、授受源流、學派演變之記載，可以視爲先秦至西漢在易學發展史上的彌足珍貴之參考文獻。以義理和象數二方面來看，班固對於漢代象數之學的描述記載尤豐，例如他在〈五行志〉中，引京房《易傳》之說，就高達六十餘次，並且藉由孟、京卦氣與災異之說，解釋歷史現象與人事禍福。此外，他對《易傳》與《易緯》的宇宙觀，也多有承繼發揮。呈現出漢代易學的主流內容與價值。所以成爲惠棟《周易述》中極爲重要的取材來源。又，漢章帝白虎觀經學會議，班固編集成《白虎通》，彙集今古文經與讖緯之風，在易學的內容上，多見陰陽災異之影子，亦處處呈顯《易緯》之學。融會諸家之說於大成，有其時代性的豐富學術史料。因此，研究漢《易》，文獻的取捨，此亦必要之徑，惠棟於此，至少引述十九條，可見重要之一斑。

引用先秦之子書，尚有如《管子》、《韓非子》、《呂氏春秋》、《列子》、《尸子》、《鬼谷子》、《尉繚子》等書，其中《呂氏春秋》與《管子》中的諸多主張，與易學思想多有交集或融通之處，包括陰陽五行之說、天道觀等等，除了有豐富深邃的義理內涵外，也有普遍可擬的象數材料，所以惠棟於二書的採用尤夥。又，兩漢儒者，不論賈誼、桓寬、王充、桓譚、應劭、荀悅等人，除了在漢代學術史上，扮演了極爲重要的角色外，也都與易學相涉，皆是釋《易》取材之對象。

詳覽惠棟引書述義，其學殖深厚，而能廣蒐群籍、巧爲運用，足爲後學

〔註193〕見吳懷祺〈漢《易》與《漢書》〉，引自《齊魯學刊》2001 年第 3 期。

所崇敬探訪，雖少下己意，但用群書之義，已著實呈現出自己對《易》義的主張，似無創見，卻已綜取諸說而成新的見解。在文義的考證上，惠棟用功頗深，引據有典，符合科學實證的精神，如「其子」一解即是。整體而言，引書釋義論證上，大多能夠詳明而得體。至於神道讖緯之書的引用，惠氏都能排除災異神怪的部份，而純取文義詁訓的內容與兩漢象數之說的材料，所以大無缺失。

第三節　《易緯》作爲述《易》之重要來源

惠棟《周易述》在述說《易》義的過程中，廣引緯書之文，特別是《易緯》作爲闡發經傳大義的重要材料，成爲其治《易》的主要特色之一。由於引述極爲頻繁，也成爲歷來批評者的非議焦點。因此本節討論的內容，在於瞭解惠棟引用緯書述《易》的質實現況，特別是引用緯文中的那些內容，以及用來闡論或詮釋的主要內容，瞭解其引用的正當性與合理性。

一、《易緯》在易學發展史上的學術地位

讖緯之起源，複雜分歧，可溯及周秦時期，與鄒衍所代表的齊學之風有密切的關係。而從學術發展與歷史背景的角度來看，由於學術與政治的高度糾葛，在政治需要陰陽災異，與陰陽災異因政治而鼎沸，陰陽五行、災異告讁的經學內容，成爲勢必發展的方向。政治主導了經學的發展，經學家們通過推演災異，期望追求政治上的穩定與認同，大量的將陰陽災異之說，滲透於經學論著與主張中。並爲強化其權威性與神聖性，在形式上每每以「孔子曰」作爲其種種理論觀點的表達，在《易緯》中，我們就可以常常看的到。

西漢武帝時期，今文經學家普遍論述陰陽五行、感應災異之說，讖緯之學由是興焉，而哀平之際達到了鼎盛。緯書之內容，大抵不離陰陽五行、符命、災異、釋經典、解文字、傳古史、述地理、天文歷法，乃至仙方道術，〔註194〕內容博雜，無所不包，與數術占卜、神仙方技、原始宗教、儒家經說，以及自然科學知識皆有密切的相關。讖緯之學，曾於漢代學術發展史上，籠罩四方，蔚爲風尚，特別是在經學的發展上，有深遠的影響，經學家倡論經義，莫不引

〔註194〕參見呂凱《鄭玄之讖緯學》，臺北：嘉新水泥公司文化基金會，1977年11月初版，頁20～40。

讖緯以依附經義。讖緯的內容，雖不乏欺世罔俗、妖妄附會之說，然亦多有「立言於前，有徵於後，故智者貴焉」〔註195〕的成份，以及寶貴的先賢遺說和文化思想的內涵，特別是具有一定的科學性與時代性的學術價值。論述經書古義，採緯書之說，仍爲必要之途。

　　考索《周易》古義，評論漢《易》，不能不參照緯書，特別是在《易緯》的部份。《易緯》之說，推衍經義，發揮《易》理，爲漢代易學思想之重要主流代表，具有高度的翼經價值，所以研究漢代易學，不能不通《易緯》。從董仲舒的天人思想，莫不與之相涉，至多數易學家如孟喜、京房、鄭玄、虞翻等人理論主張的相融，探析漢代易學思想，絕不能排除《易緯》，讓他置身事外。歷來專主《易緯》者，如鄭玄、宋衷爲之作注，張惠言、莊忠棫爲之略義，皆援據經義，疏通緯文。孔穎達《周易正義》序論，李鼎祚《集解》，李善《昭明文選》注文，皆廣徵緯文。《四庫全書》視爲要籍，次列經類。是以《易緯》之配經、助文，乃至概觀漢代易學，有其一定的崇高地位，不能因爲對陰陽災異的喜惡，而決定其價值的高低或存在的與否，更不能無視而漫加詆諆。

　　考索與探述漢代古《易》，倘若去《易緯》而不論，則文獻運用恐有不夠周全之慮；且揚棄寶貴的論述材料與排拒當然的重要論述對象，也非研究者研究漢代易學應有的態度和策略運用。因此，惠棟易學重在復原漢《易》，探究漢代古《易》的主要內涵，以《易緯》作爲引用的對象，並無不當，不能視爲大錯。

二、惠氏援《易緯》說《易》之概況

　　惠棟疏通漢學，遵尚古《易》，援緯書爲說，勢在必行。《周易述》中，惠氏疏解經傳古義，明白引用緯書並述明其名者，包括：

圖表 5-3-1　《周易述》引用緯書情形概計表

緯書名稱	引用次數	緯書名稱	引用次數	緯書名稱	引用次數
《易緯乾鑿度》	137	《易緯稽覽圖》	1	《易緯通卦驗》	3
《易緯是類謀》	2	《尚書帝命驗》	1	《詩推度災》	2
《禮斗威儀》	1	《樂緯動聲儀》	1	《春秋元命包》	3
《春秋保乾圖》	1	《春秋說題辭》	1	《春秋緯》	1
《孝經援神契》	2				

〔註195〕見《後漢書・張衡列傳》，卷五十九，頁1912。

惠氏所引，大都以《易緯》爲主，明白指名者，至少有一百四十餘處，特別是引用《乾鑿度》，佔其主要的部份。以下將惠氏引文，簡述如下：

圖表 5-3-2　《周易述》引用緯文內容與說明

引述出處	引文內容〔註196〕	簡要說明
乾卦初九	《乾鑿度》曰「易氣從下生」，鄭元注云「易本無形，自微及著，故氣從下生」。	惠氏引《乾鑿度》之說，主要在於說明元氣從下而生，同《說卦》所謂「易，逆數也」之義，於爻位而言，則以下爻爲始，所以引以述說乾卦初爻。
乾卦九二	大人者，聖明德備，五也。其說本《乾鑿度》。	《乾鑿度》云「大人者，聖明德備也」。九二「利見大人」，即利見九五之位。惠氏以「九二陽不正，故當升坤五，五降二體离，《說卦》曰相見乎离，故离爲見」，〔註197〕所以說「利見大人」。
乾卦九五	《乾鑿度》曰：「三畫已下爲地，四畫已上爲天。物感以動，類相應也。動於地之中，則應於天之中；動於地之上，則應於天之上。初以四，二以五，三以上，此之謂應。」〔註198〕是言六爻相應之義也。《易》重當位，其次爲應。	惠氏引《乾鑿度》此文，在於說明「應」與「敵應」之義。今乾卦九五與九二敵應而卻稱「利見大人」者，乃「乾二升五而應坤，坤五降二而應乾」，〔註199〕所以云「利見大人」。「應」與「不應」爲釋《易》之普遍《易》例，早在《乾鑿度》就已有明文。
乾卦用九	《乾鑿度》曰：陽動而進，變七之九，陰動而退，變八之六。	《乾鑿度》原文云：「陽動而進，變七之九，象其氣之息也。陰動而退，變八之六，象其氣之消也。」惠氏藉以說明「九六者，爻之變」。九爲陽爻之變，六爲陰爻之變。凡卦皆有九六，獨乾坤二卦言「用九」、「用六」者，以其爲純陽純陰之卦。九六陰陽變化，而成六十四卦、三百八十四爻。
坤卦上六	《乾鑿度》曰：陽始於亥，形於丑。乾位在西北，陽祖微據始。	坤位本在十月亥，亥居西北。而惠氏引《乾鑿度》以說明乾陽始於西北十月亥位，與坤同，所以坤卦上九爻辭爲「龍戰于野」。荀爽則認爲坤「下有伏乾，爲其兼于陽，故稱龍也」。〔註200〕

〔註196〕本欄位所引之文，皆原本惠棟《周易述》之原文，不作任何改易。
〔註197〕見《周易述》，卷一，頁5。
〔註198〕惠棟斷引其中，引文不全。《乾鑿度》原文云：「乾坤相並俱生，物有陰陽因而重之，故六畫而成卦。三畫已下爲地，四畫已上爲天。物感以動，類相應也。易氣從下生，動於地之下，則應於天之下，動於地之中，則應於天之中；動於地之上，則應於天之上。初以四，二以五，三以上，此之謂應。」惠氏缺「易氣從下生，動於地之下，則應於天之下」。
〔註199〕見《周易述》，卷一，頁7。
〔註200〕見李鼎祚《周易集解》，卷二，頁31。

坤卦上六	《乾鑿度》曰「乾坤氣合戌亥」，故曰合居。	藉《乾鑿度》以述「天地之雜，言乾坤合居」。〔註201〕鄭康成注緯文，指出「乾御戌亥，在於十月而漸九月也」，〔註202〕乾坤所合居者，於乾之都，也就是以戌亥爲乾之都。
屯卦六三	《乾鑿度》九三爲「君子」，三變之正，故曰「君子」。	《乾鑿度》明白指出陽三爲「君子」，而以虞氏之義，釋云屯卦六三，三變而爲君子，乃三變爲陽而爲君子。
蒙卦卦辭	《乾鑿度》曰「坎離爲經，震兌爲緯」。	惠氏藉引《乾鑿度》此文，以證明坎爲經。二至五有師象，二又爲坎，符合其引虞說「二體師象，坎爲經，謂二爲經師」〔註203〕之義。
蒙卦九二	《乾鑿度》曰「二爲大夫」。	藉以述明「二稱家」：《乾鑿度》「二爲大夫」，而鄭注《禮記》「大夫稱家」，又在內，且《雜卦》云「家人，內也」，是「二稱家」。
師卦九二	《乾鑿度》說此爻曰：「師者，眾也。言有盛德，行中和，順民心，天下歸往之，莫不美命爲王也。行師以除民害，賜命以長世，德之盛。」	九二陽剛統群陰，有將德之才，處下卦之中，二升於五，則可行中和之道，並爲王，故與《乾鑿度》所言相合。此惠氏引文表達的主要意義。
師卦上六	《乾鑿度》曰「大君者，君人之盛者也」。	說明「大君」爲五位。惠氏並引「荀氏曰：大君謂二，故知二升五爲大君。」〔註204〕所以師上六「大君有命」之「大君」，即指聖人、天子之位。
師卦上六	《春秋保乾圖》曰：「咮謂鳥陽，七星爲頸。」宋均注云：「陽猶首也。柳謂之咮。咮，鳥首也。」故知陽爲首也。	比卦上六爻辭「比之无首」，惠氏爲解釋「陽爲首」，引緯書爲訓，此非《春秋保乾圖》之文，而當是《春秋文耀鉤》。〔註205〕南方七宿共爲朱鳥之形，而「柳」爲朱鳥之口，所以名爲「咮」。「鳥陽」，「陽」即「首」，所以「鳥陽」即鳥首。〔註206〕
履卦初九	《乾鑿度》曰：「太素者，質之始。」	惠氏釋初九「素履」之「素」，而引《乾鑿度》爲詁。「初爲履始，故云素」，〔註207〕故「素」亦即「始」義。

〔註201〕見《周易述》，卷一，頁12。
〔註202〕見《易緯乾鑿度》，卷上，頁480。
〔註203〕見《周易述》，卷一，頁21。
〔註204〕見《周易述》，卷二，頁39。
〔註205〕見安居香山、中村璋八輯《緯書集成》，河北：河北人民出版社，1994年12月1版1刷，頁665～666。
〔註206〕除了參見《春秋文耀鉤》與宋均之注外，另參見《爾雅》云：「咮謂之柳。柳，鶉火也。」疏：「南方七宿，共爲朱鳥之形，柳爲朱鳥之口，故名咮。」《漢書》云：「柳爲鳥喙，主木草。」
〔註207〕見《周易述》，卷二，頁50。

泰卦九二	《易乾鑿度》於師之九二曰「有盛德，行中和，順民心」。于臨之九五曰「中和之盛，應于盛位，浸大之化，行于萬民」。	強調「中和莫尙于五」，〔註208〕二居中處於陰位，當上居五位，其各得其正，則可行中和之道。爻辭「尙于中和」之「尙」，與「上」通。
泰卦六五	《乾鑿度》曰：「泰，正月之卦也。陽氣始通，陰道執順，故田此見湯之嫁妹，能順天地之道，敬戒之義。」〔註209〕	六五爻辭「帝乙歸妹」之「帝乙」當爲何人，歷來眾說紛歧，惠氏舉「虞氏據《左傳》以爲紂父」，而「秦漢先儒皆以爲湯」，〔註210〕惠氏引《乾鑿度》爲詁，認爲此「帝乙」即成湯。
泰卦六五	父子兄弟相繼爲君，合十二世，而正世唯六，故《乾鑿度》曰「殷帝乙六世王，不數兄弟爲正世也」。	惠氏所引《乾鑿度》言爲非，原文當爲「《易》之帝乙，爲《湯書》之帝乙。六世王名同，不害以明功」。〔註211〕《易》與《尙書》俱載「帝乙」，雖同名，但不相害其各成之功蹟。殷自成湯至帝乙共爲十二君，其父子世六易，則兄弟不爲正世。惠氏所引，即在明此。
否卦六二	《乾鑿度》遯初爲小人。觀、遯皆消卦，故觀初亦爲小人。否之小人，指初也。荀氏以二爲小人。案：二得位，故《乾鑿度》以遯二爲君子，荀氏非也，或傳寫之訛耳。	引《乾鑿度》爲說，主要在說明觀初爲小人，而否之初亦指小人。另外，也證明荀爽以二爲小人，爲錯誤之說，二得位，當爲君子。
隨卦卦辭	上六拘係之，乃從維之。《乾鑿度》謂「上六欲待九五，拘繫之，維持之」，是上係五也。	引《乾鑿度》之言，在於證說隨卦上六拘繫、維持於九五。所以《乾鑿度》進一步闡述，「明被陽化，而陰欲隨之也。譬猶文王之崇至德顯，中和之美，拘民以禮，係民以義」。〔註212〕
隨卦上六	「《易》說者」，《乾鑿度》文也。隨于消息爲二月卦，故云二月之時。云隨德施行，藩決難解者，案鄭彼注云：大壯九三爻主正月，陰氣猶在，故羝羊觸藩而……	惠氏所引此《乾鑿度》「《易》說者」之文，即「二月之時，隨德施行，藩決難解，萬物隨陽而出，故上六欲待九五，拘繫之，維持之，明被陽化而陰欲隨之。」〔註213〕在說明隨卦上六窮而無所隨，故從而維五。
隨卦上六	「王」謂夏商之王，《乾鑿度》謂文王，非也。	上六爻辭「王用亨于西山」之「王」，惠棟認爲《乾鑿度》指爲「文王」〔註214〕是錯誤的，當指夏商之王。

〔註208〕見《周易述》，卷二，頁 55。
〔註209〕惠氏引文末句「敬戒之義」，非《乾鑿度》原文，當爲「立教戒之義」。
〔註210〕見《周易述》，卷二，頁 56。
〔註211〕見《易緯乾鑿度》，卷下，頁 487。
〔註212〕見《易緯乾鑿度》，卷上，頁 483。
〔註213〕見《周易述》，卷三，頁 79。
〔註214〕見《乾鑿度》云：「譬猶文王之崇至德顯，中和之美，拘民以禮，係民以義。」以「王」譬作「文王」，並非明確指爲「文王」。（見《易緯乾鑿度》，卷上，頁 483。）

隨卦上六	《乾鑿度》謂「崇至德顯，中和之美」，「當此之時，仁恩所加，靡不隨從，咸悅其德，得用道之王，故言王用亨于西山」。	引《乾鑿度》此說，來輔說虞義。虞云：「否乾為王，謂五也。有觀象，故亨。兌為西，艮為山，故用亨于西山。」否乾為君，故為王。五為天子，故「謂五也」。否初至五體觀☷☳，隨二至上亦體觀。觀卦卦辭云「觀，盥而不薦」，此祭享之象，故言「用亨」。「亨」讀如「享」。體兌為「西」，互「艮為山」，故為「西山」。義同《乾鑿度》。
臨卦六五	《乾鑿度》曰：「臨者，大也。陽氣在內，中和之盛，應于盛位。浸大之化，行于萬民。故言宜處王位，施大化，為大君矣。臣民欲被化之辭也。」又曰：「大君者，與上行異也。」	惠氏引《乾鑿度》文，以說明臨卦六五爻義，並引鄭玄彼注加以說明：「臨之九二，有中和美異之行，應于五位，故曰百姓欲其與上為大君。」〔註215〕強調二當升五，二升五為「上行」，此二為「大君」。二、五皆中，所以六五《象傳》云「大君之宜，行中之謂也」，亦是其義。
觀卦九五	《乾鑿度》剝五為小人。消觀成剝則有咎矣。今五正位處中，故君子无咎也。	以《乾鑿度》指出剝五是小人，而今觀九五居中得正，為君子之道，所以合爻辭所言「觀我生，君子无咎」。
噬嗑六三	《乾鑿度》曰：「陰陽失位，皆為不正，其應實而有之皆失義。」	藉《乾鑿度》強調六三無應之義，所以引鄭氏於彼注為闡論：「陰有陽應，陽有陰應，實者也。既非其應，設使得而有之，皆為非義而得也，雖得之，君子所不貴也」。〔註216〕
剝卦六五	《乾鑿度》所謂「陰貫魚而欲承君子」是也。	以《乾鑿度》言釋六五爻辭。五失位，動而成觀☷☳，所以「无不利」。
剝卦上九	《乾鑿度》曰剝「當九月之時，陽氣衰消而陰終不能盡陽，小人不能決君子」。	乾為木果，即此剝卦上九乾爻。此時「陽氣衰消而陰終不能盡陽」，小人無以決君子，即碩果所以不食。
復卦卦辭	《易稽覽圖》曰：甲子卦氣起中孚，六日八十分日之七。鄭彼注云：六以候也，八十分為一日，日之七者，一卦六日七分也。又《易是類謀》曰：冬至日在坎，春分日在震，夏至日在離，秋分日在兌。四正之卦，卦有六爻，爻主一氣，餘六十卦，卦主六日七分，八十分日之七。歲有十二月，三百六十五日四分日之一。六十而一周。〔註217〕	引《稽覽圖》、《是類謀》言卦氣說。主要包括卦氣起中孚，六日七分說，以及六十四卦除四正卦外，各主六日七分。中孚至復卦，為六日七分，在七日之限內，舉其成數而言之，所以卦辭言「七日」。

〔註215〕見《周易述》，卷三，頁88。
〔註216〕見《周易述》，卷三，頁96。
〔註217〕見《周易述》，卷四，頁106～107。

坎卦六三	《乾鑿度》坤三不正爲小人，小人勿用，應在上，故誡上勿用也。	引《乾鑿度》說明三爻不正爲小人，互艮爲止，坎爲險，故「小人勿用」。
遯卦九四	《乾鑿度》觀四爲君子，否三爲小人。	觀☷卦四卦爲陰，然得位，故可謂「君子」。否☷三陰處陽位，失位爲「小人」。所以惠棟云，「故知陰得位爲君子，失位爲小人」。至於遯☶卦九四，本爲失位，倘初陰之四，仍可得吉。故惠氏云「四失正，動之四，得位、承五，故君子吉」。〔註218〕
大壯卦上六	藩決難解，《乾鑿度》文。四之五，故藩決難解。不變之巽，得位應三，故艱則吉也。	引《乾鑿度》作此爻爲「藩決難解」。上正應在三，此上不應三，故同三爻爲「羝羊觸藩，羸其角」。應三隔四，不能進退。四已之五，其體爲坎。震巽特變，此上能變之巽，而《說》云「巽爲進退」，則仍能「難則吉」。
明夷卦六二	爻辰三在辰，《孝經援神契》曰：清明後十五日，斗指辰爲穀雨，後十五日，斗指巽爲立夏。是辰近巽，巽爲股，故云得巽氣爲股。〔註219〕	引《孝經援神契》以解釋爻辭「左股」之義。
解卦卦辭	乾鑿度曰：坤位在西南，故坤西南卦。	惠棟以此卦自臨卦而來，爲「臨初之四」。以《乾鑿度》說明坤爲西南之卦。並指出「四體坤，坤爲眾，初之四得坤眾」，所以卦辭云「利西南」，而《象傳》也云「利西南，往得眾」。〔註220〕
解卦六五	鄭注《乾鑿度》曰：「三十二君之率，陽得正爲聖人，失正爲庸人；陰失正爲小人，得正爲君子。」故知此君子謂五與初也。	此鄭注《乾鑿度》「代聖人者仁，繼之者庸人，仁世滔，庸世狠」。得正爲聖人、君子，失正爲庸人、小人。惠氏特別指出君子是就五與初而言。此六五爻辭稱「君子」，即「陰得位爲君子」。
益卦初九	《乾鑿度》曰「坤變初六復曰正，陽在下，爲聖人」，故體復。……震四正，方伯卦。鄭注《易通卦驗》云「春分於震直初九」，「清明於震直六二」，「穀雨於震直六三」，故震三月卦。……所以證大作耕播之時也。	引《乾鑿度》文，說明益卦初九體復，「初得正，復崩來，无咎」。又引鄭注《易通卦驗》文，說明「震爲三月卦」，爲耕播大作之時；初九體震，即此義。〔註221〕
益卦六二	孟喜《卦圖》：益，正月之卦。《易乾鑿度》曰：「孔子曰：益者，正月之卦也。天氣下	引孟喜與《乾鑿度》之說，表明益卦爲正月之卦，而爻辭「王用亨于帝」者，言祭天之禮。三王之郊，皆用夏正。惠棟也特別指出，此「三王」非

〔註218〕見《周易述》，卷五，頁143。
〔註219〕見《周易述》，卷五，頁153。
〔註220〕參見《周易述》，卷六，頁168。
〔註221〕見《周易述》，卷六，頁180。

	施，萬物皆盛，言王者法天地，施正教，而天下被陽德，蒙王化，如美寶莫能違害，永貞其道，咸受吉化，德施四海，能繼天道也。王用亨于帝者，言祭天也。三王之郊，一用夏正，天氣三微而成一著，三著而成一體，方此之時，天地交，萬物通，故、泰益之卦皆夏之正也。此四時之正，不易之道也。」	文王，而是夏商之王。〔註222〕
益卦六三	《乾鑿度》曰「三爲三公」，故知公爲三，坎爲孚，三動體坎，故有孚。	以《乾鑿度》「三爲三公」之說，〔註223〕知三爻爲三公，動而體坎，爲爻辭所云「有孚」。
萃☷☱卦卦辭	陸氏謂王五廟上。《乾鑿度》曰「上爲宗廟」，義亦通也。	萃☷☱卦卦辭「王假有廟」，惠氏云「鄭氏謂艮爲鬼門，又爲宮闕，鬼門宮闕，天子宗廟之象」，並引陸氏與《乾鑿度》以釋之。〔註224〕
困卦九二	需九五需于酒食謂坎也故坎爲酒食二爲大夫爻例也坤田爲采地二之上坤變爲坎故爲酒食。古者分田制祿，采地祿所入，故《乾鑿度》曰：困於酒食者，困于祿也。鄭彼注云：因其祿薄，故无以爲酒食。云初變坎，體壞，故困于酒食，以喻采地，薄不足已用也者……鄭說本《乾鑿度》，唯釋酒食以初辰在未，未上値天厨，酒食象，此據爻辰二十八宿所値而言，今不用也。	引《乾鑿度》之說，以釋酒食之義。惠氏認爲「需九五，需于酒食，謂坎也。故坎爲酒食，二爲大夫，爻例也。坤田爲采地。二之上坤，變爲坎，故爲酒食」。〔註225〕引《乾鑿度》與鄭注說明酒食之義。
困卦九五	《乾鑿度》曰：「其位在二，故以大夫言之。」	惠氏透過《乾鑿度》文，說明「赤紱謂二者」。《乾鑿度》原文云「九二，大人之行將錫之，朱紱也。其位在二，故以大夫言之」。惠氏並云「乾爲大赤，故爲赤。二未變應五，五无據无應，故倪倪不安，爲二所困，故困于赤紱也」。〔註226〕

〔註222〕參見《周易述》，卷六，頁181。惠棟以虞溥《江表傳》說明「無文王郊天之事」。

〔註223〕《乾鑿度》云：「以初爲元士，二爲大夫，三爲三公，四爲諸侯，五爲天子，上爲宗廟。凡此六者，陰陽所以進退，君臣所以升降，萬人所以爲象則也。在位卑下，宗廟人道之終。」六爻配位，以象其貴賤之別。

〔註224〕見《周易述》，卷六，頁193。

〔註225〕見《周易述》，卷七，頁207。

〔註226〕見《周易述》，卷七，頁208。

革卦上六	《乾鑿度》曰：「一聖，二庸，三君子，四庸，五聖，六庸，七小人，八君子，九小人，十君子，十一小人，十二君子。」鄭彼注云：陽得正，爲聖人；失正，爲庸人。陰失正，爲小人；得正，爲君子。若然，一聖，復也，得正故曰聖人。《乾鑿度》云「正陽在下，爲聖人」是也。	惠氏藉《乾鑿度》云君子、小人之別。並特別以鄭玄之言，指出「陽得正，爲聖人；失正，爲庸人。陰失正，爲小人；得正，爲君子」；一聖爲復卦，二庸爲臨卦，三君子爲泰卦，四庸爲大壯，五聖爲夬卦，六庸爲乾，七小人爲遘卦，八君子爲遯卦，九小人爲否卦，十君子爲觀卦，十一小人爲剝卦，十二君子爲坤卦。至於革卦，上六得正，所以爲君子〔註227〕
乾卦《象傳》	《乾鑿度》曰「《易》始于一」，謂太極也。「分于二」，謂兩儀也。「通于三」，謂三才也。故三才之道，兼之爲六畫，衍之爲大衍，合之爲太極。太極函三爲一，故一不用，其用四十有九也。	惠氏以《乾鑿度》言，說明大衍之數。一切的變化，歸於元始，歸於一，亦即歸於太極。所以《乾鑿度》以《易》始于一。大衍之數五十，其一不用，「一」者，即此元始之一，也就是太極。
乾卦《象傳》	乾二五之坤成坎，……坤二五之乾成离，則有日月象。「离爲日」已下，《乾鑿度》文。……日月之道，陰陽之經，所以終始萬物。日月謂坎离，坎离爲經，故曰陰陽之經也。	惠氏云「离爲日」以下之文，爲《乾鑿度》文，即「离爲日，坎爲月，日月之道，陰陽之經，所以終始萬物，故曰大明終始」，〔註228〕故以坎离爲終，爲陰陽變化之終始。
坤卦《象傳》	地稱一者，亦謂天地皆始于一。《說文》曰：至，從高下至地，從一，一猶地也。故乾稱大，坤稱至，乾坤相並俱生。《乾鑿度》文。《易》有太極，極即一也，是生兩儀，兩儀天地也，故云相並俱生。……天地既分，而下亦約。《乾鑿度》而爲言彼文云：太極分而爲二，故生天地，輕清者上爲天，濁重者下爲地。〔註229〕是天地既	坤卦《象傳》云「至哉坤云，萬物資生，乃順承天」，惠氏釋云「坤爲地。至從一，一亦地也。故曰至哉，乾坤相並俱生，合于一元」。〔註230〕所言「乾坤相並俱生」，即《乾鑿度》文。天地之始，始於元氣，「合於一元」，〔註231〕所以乾坤天地皆爲一，是就其相合而言。太極分爲二氣而生天地，而有升降之理，坤以順承於天，其質性爲下降爲地。由《乾鑿度》與鄭注，可明《象傳》之義。

〔註227〕參見《周易述》，卷七，頁217。

〔註228〕見《周易述·象上傳》，卷九，頁219。惠氏引《乾鑿度》之末句云「故曰大明終始」，《乾鑿度》原文當爲「故以坎离爲終」，此惠氏之誤。

〔註229〕《乾鑿度》本文爲「易始於太極，太極分而爲二，故生天地，氣象未分之時，天地之所始也。」又云「輕清者上爲天，濁重者下爲地」。鄭注云「輕清者上爲天，重濁者下爲地」。鄭氏作「濁重」。

〔註230〕見《周易述·象上傳》，卷九，頁224。

〔註231〕參見惠氏引何休《公羊》注云：「元者氣也，天地之始也。故云合於一元。」（《周易述·象上傳》，卷九，頁224。）

	分之初，即具升降之理，坤之所以順承天也。	
屯卦《象傳》	《春秋說題辭》曰：「《易》者氣之節，〈上經〉象天，〈下經〉計厤，《文言》立符，《象》出期節，《象》言變化，《繫》設類跡。」	引《春秋說題辭》以說明「《象》言變化，故《象傳》皆言之卦」。所言變化者，爻位升降即是；「自坎九二降初，坎險震動，故動乎險中」。「三變之正，成既濟，故大亨貞」。〔註232〕合於屯卦《象傳》「剛柔始而難生，動乎險中，大亨貞」之義。
蒙卦《象傳》	《乾鑿度》九五爲聖人。陰反爲陽，猶蒙反爲聖，故曰聖功。	舉《乾鑿度》以明五爲聖人。五多功，五之正爲聖人，所以爲「聖功」。
泰卦《象傳》	《乾鑿度》以泰三爲君子，謂陽得位也。剝五爲小人，以陰失位也。泰五失位，與剝五同，故亦爲小人。	泰卦《象傳》云「內君子而外小人」，惠氏引《乾鑿度》言，以論明泰三（內卦）爲君子，而五失位（外卦）爲小人。
否卦《象傳》	《乾鑿度》曰：天地不變，不能通氣。鄭彼注云：否卦是也。	以緯文與鄭注明否卦之義。強調「天地之氣合則能生物，不變則不能生物，故萬物不通也」。〔註233〕否卦以其天地之氣，不能相互通變，所以《象傳》云「天地不交而萬物不通」。
豫卦《象傳》	《乾鑿度》曰：「孔子曰：坤變初六曰復，正陽在下爲聖人。」〔註234〕四利之初，復初龍德而隱，故爲聖人。清，猶明也。……坤爲民，乾爲天。《乾鑿度》曰「輕清者上爲天」，故乾爲清。	以《乾鑿度》復初爲聖人，來闡明《象傳》所云之「聖人」。以「清」釋清明之義。舉《乾鑿度》「輕清者上爲天」文，以言乾有「清」德，並進一步云「豫下體坤，動至三成乾，是乾據坤之象。坤爲民，故民服也」。〔註235〕所以豫卦《象傳》云「刑罰清而民服」。
隨卦《象傳》	《乾鑿度》曰「形變之始，清輕者上爲天，濁重者下爲地」，是陽升陰降，易之理也。……虞氏注《文言》曰：乾坤六爻，成兩既濟是也。「陽唱而陰和，男行而女隨」，《乾鑿度》文。乾爲陽，坤爲陰，乾成男，坤成女。既濟六爻，陰皆承陽，女皆隨男隨家，有此義，故云隨之時義大矣哉。	透過《乾鑿度》之言，說明陰陽二氣的陽升陰降，爲《易》之定理。然而，隨卦，「今陽來降初，陰往升上，陽降陰升，非理之常，故嫌於有咎。而云大亨貞，无咎者，以三四易位，六爻皆正，成既濟定」。〔註236〕如此之說，合《象傳》「大亨貞，无咎」之義。惠氏並指出《乾鑿度》云「陽唱而陰和，男行而女隨」，合兩既濟陰皆順承陽、女皆順隨男之義，所以《象傳》云「隨之時義大矣哉」。

〔註232〕見《周易述・象上傳》，卷九，頁226。

〔註233〕見《周易述・象上傳》，卷九，頁234。

〔註234〕《乾鑿度》原作「孔子曰：坤變初六，復曰正陽在下爲聖人。」「復曰」惠氏作「曰復」，爲誤。

〔註235〕見《周易述・象上傳》，卷九，頁240。

〔註236〕見《周易述・象上傳》，卷九，頁241。

觀卦 《彖傳》	《乾鑿度》乾九五爲聖人，故聖人謂乾。	《彖傳》云「聖人神道設教」，其「聖人」，惠氏認爲其指稱乾陽，所以引《乾鑿度》「乾九五爲聖人」來說明。
剝卦 《彖傳》	陰外變五，……五爲天子，故曰至尊。五爲陰所變，《乾鑿度》云「剝之六五，言盛殺萬物，皆剝墮落」，故云剝也。	剝卦《彖傳》述義，惠氏云「陰外變五，五者至尊，爲陰所變」，所以爲「剝」。引《乾鑿度》爲訓，專主五爻，陰侵於陽位，「譬猶君子之道衰，小人之道盛，侵害之行興，安全之道廢」，〔註237〕所以剝削墮落。
復卦 《彖傳》	《易緯是類謀》曰：「冬至日在坎，春分日在震，夏至日在離，秋分日在兌」。……《繫上》曰：《易》有太極，是生兩儀。虞氏注云：兩儀，謂乾坤也。太極生兩儀，故《乾鑿度》曰「乾坤相並俱生」。……	惠氏引《易緯是類謀》文，實非是文，當爲《易緯稽覽圖》文，此惠氏誤。引此文之目的，重在「冬至日在坎」這句話上，坎卦與復卦用事日相序，是「冬至復加坎」。而坎爲「極心」，即《彖傳》所言之「復，其見天地之心乎」的「心」。太極生兩儀，兩儀爲乾坤、爲天地，二者是相並俱生，相互運作，不可分割，是《乾鑿度》所說的「乾坤相並俱生」。冬至之時，極於天地之心，此復與坎者，萬物資始，所以又爲乾坤之元。〔註238〕
坎卦 《彖傳》	《乾鑿度》曰三畫以下爲地，四畫以上爲天。天險地險，故曰重險也。……需《彖傳》曰「位乎天位」。大壯四之五，位乎天位，故知五爲天位。《乾鑿度》曰五爲天子也。乾五之坤五，故五從乾來。〔註239〕	惠氏引虞說云重險，爲內外兩象。惠氏並引《乾鑿度》言天地皆險爲重險。又以《乾鑿度》之說，言五爲天子之位；《彖傳》所言之「天險」即五位。
乾卦 《象傳》	《乾鑿度》有「一聖、二庸、三君子」之目。一聖，初九也，得正故聖人。二庸，九二也，失正故庸人。三君子，九三也，得正故君子也。〔註240〕	乾卦《象傳》「天行健，君子以自強不息」，惠棟認爲此「君子」專指九三，引《乾鑿度》文，以說明初九爲聖人，九二爲庸人，九三爲君子。
乾卦 《象傳》	《乾鑿度》曰：陽動而進，故樂進。居五得中，故无咎也。……《乾鑿度》曰「三爲三公」，上失位，當下居坤三，故云降爲三公。……虞彼注云	《象傳》「或躍在淵，進无咎也」，惠氏注明「陽道樂進，故進无咎」。並且以《乾鑿度》言，闡釋陽動而進爲樂進，居五得中，所以无咎。又舉《乾鑿度》「三爲三公」爲釋，上九亢極失位，當下居坤三，所以說「降爲三公」。

〔註237〕見《易緯乾鑿度》，卷上，頁484。
〔註238〕參惠氏云：「《彖傳》曰「大哉乾元」，又曰「至哉坤元」，故云乾坤合于一元。乾爲天，坤爲地，冬至天地之中，故云天地之心，心即中也。知天地之心，即天地之中者，以成十三年《春秋傳》曰：民受天地之中以生，所謂命也。天地之中，即乾坤之元，萬物資始，乾元資生坤元，所謂民受之以生，故知天地之心即天地之中，不曰中，而曰心者，陽尚潛藏，故曰心也。」（見《周易述・上傳》，卷九，頁250。）
〔註239〕見《周易述・彖上傳》，卷九，頁256。
〔註240〕見《周易述・象上傳》，卷十一，頁287。

	「乾盈上虧，之坤三」，故虧盈是其義也〔註241〕	
坤卦《象傳》	《乾鑿度》「六二爲君子」，坤主二，故君子謂二。坤爲地，地廣厚，故爲厚。〔註242〕	以《乾鑿度》言，指稱六二爲君子，所以《象傳》「君子以厚德載物」之「君子」，即就二爻而言。
屯卦《象傳》	《乾鑿度》曰「乾三爲君子」。君子謂陽，三已正，故云三陽爲君子。〔註243〕	以《乾鑿度》言，釋《象傳》「君子以經論」之「君子」，是就三爻而言。惠棟特別指出，君子專就陽爻而言，然而上欄釋坤卦《象傳》，以君子爲六二爻，此運用標準不一致。
蒙卦《象傳》	《禮斗威儀》曰：君乘土而王，其政太平，則蒙水出於山。宋均注云：蒙，小水也。出可爲灌注，無不植也。小水可以灌注，猶童蒙可以作聖，此實象也。……《乾鑿度》「九二爲庸人」，今九居二，而稱君子者，二以亨行時，中變之正，六居二爲君子，故謂君子爲二也。〔註244〕	《象傳》云「山下出泉」爲蒙，惠氏特別以《禮斗威儀》與宋均之注作說明。蒙水出於山，而爲灌注，猶培育童蒙仍可成聖。又提出《乾鑿度》「九二爲庸人」，進一步說明六二爲君子，是《象傳》所言「君子以果行育德」之「君子」，也就是蒙卦的六二爲「君子」。
泰卦《象傳》	二升五爲聖人，故《乾鑿度》以夬五爲聖人。离爲光，乾爲大，故以光大也。……中謂五，五爻之義發於四者，上體以五爲主也。《說卦》曰「坎爲極心」，中心猶極心也。「陰性欲承」，《乾鑿度》文。《九家易》曰「乾升坤五，各得其正」，陰得承陽，皆陰心之所欲是也。〔註245〕	釋《象傳》「光大」之義，以《乾鑿度》言，指就二位升五爲「聖人」而論，其「光大」者，即在聖人之位。又引《乾鑿度》「陰性欲承」，說明陰承陽之性；四陰得以承五陽，而能各得其正，爲「陰心（坎爲心）之所欲是」者。
隨☷卦《象傳》	《乾鑿度》乾上九爲庸人。今云「君子」者，以其居初得位，故稱君子。〔註246〕	「君子」主要針對初九而言，以乾之上九，來入坤初，而成震。坤初升於兌，如此，雷在澤中，猶君子日出治事，小寢以時燕息。
臨卦《象傳》	《乾鑿度》九二爲庸人。今以君子謂二者，二當升五得位，故稱君子也。〔註247〕	九二原本爲庸人，今以升降之法，二升五而居中得位，故稱「君子」。

〔註241〕見《周易述・象上傳》，卷十一，頁289。
〔註242〕見《周易述・象上傳》，卷十一，頁290。
〔註243〕見《周易述・象上傳》，卷十一，頁292。
〔註244〕見《周易述・象上傳》，卷十一，頁296。
〔註245〕見《周易述・象上傳》，卷十一，頁309～310。
〔註246〕見《周易述・象上傳》，卷十二，頁321。
〔註247〕見《周易述・象上傳》，卷十二，頁324。

大畜 《象傳》	《乾鑿度》乾三爲君子。艮爲多節，故爲多。坎爲心，故爲志。志，古文識也。乾爲言〔註248〕	《象傳》「君子以多志言往行」，惠氏認爲此「君子」即指乾三。以乾爲君子、爲言，艮爲多，坎爲心、爲志，以訓此言。
大過卦 《象傳》	二已老，故過而與初。初梯尚少，故云過以相與。虞氏謂二過，過二也。初與五，初過二與五也。五過，過五也。上與二，上過五與二也。《易乾鑿度》初與四，二與五，三與上，謂之應。今初應五，上應二，故云獨大過之爻得過其應。〔註249〕	據《乾鑿度》乃至一般論「應」，皆以初與四、二與五、三與上言，而今《象傳》云「過以相與」，惠氏引虞翻之說訓解，初爻越二而與五，而上爻亦越五而與二應，此即「過以相與」之義。而此種方式，僅大過有之。
咸卦 《象傳》	初、四不當位而相應，《乾鑿度》謂之失義。失義則有害，悔且吝是也。初、四易位，爻皆得正，貞吉而悔亡，故未感害也。〔註250〕	咸卦初爲陰，陰據陽位；四爲陽，陽居陰位，此不當位而相應，即《乾鑿度》所說之「失義」。雖是如此，仍可如《象傳》所云「貞吉，悔亡，未感害也」，以其初、四易位，使之相應而得位，所以致之。
恆卦 《象傳》	《乾鑿度》曰：地靜而理曰義。故坤爲義。以乾制坤，是制義也。〔註251〕	《象傳》云「制義」，惠氏引《乾鑿度》言，以坤有「義」象；乾制坤，則爲「制義」。
壯大卦 《象傳》	謂九二中而不正。其言貞吉者，以其變之正，故吉也。《乾鑿度》曰：九二陽不正，是也。〔註252〕	九二陽居陰位，爲不正，即《乾鑿度》所說的「九二陽不正」。雖不正，仍可貞吉，在於使陽變陰而爲正。
明夷卦 《象傳》	离日爲照，虞義也。离《象傳》曰：大人以繼明照於四方。故爲照也。坤爲國，《乾鑿度》曰：陽三陰四，故坤爲四國。离日在上，故照四國。〔註253〕	《象傳》云「初登於天，照四國也」，惠氏以虞氏逸象云「离日爲照」，又引《乾鑿度》云「坤爲四國」，所以即《象傳》云「照四國」之義。
升卦 《象傳》	《乾鑿度》曰天道三微而成著。故云地中生木，以微至著，升之象也。〔註254〕	《象傳》云「地中生木，升」，惠氏注云「地謂坤，木謂巽。地中生木，以微至著，升之象」。〔註255〕惠氏引《乾鑿度》云三陰居天位，由微而顯，所以有升之象。

〔註248〕《周易述·象上傳》，卷十二，頁337。
〔註249〕《周易述·象上傳》，卷十三，頁341。
〔註250〕《周易述·象下傳》，卷十三，頁348。
〔註251〕《周易述·象下傳》，卷十三，頁350。
〔註252〕見《周易述·象下傳》，卷十三，頁353。
〔註253〕見《周易述·象下傳》，卷十三，頁356。
〔註254〕見《周易述·象下傳》，卷十三，頁371。
〔註255〕見《周易述·象下傳》，卷十三，頁371。

《繫辭上傳》	《傳》首言天尊地卑，是天地既分之後。輕清者，上爲天，故乾升也。濁重者，下爲地，故坤降也。《乾鑿度》曰：「乾坤相並，俱生天地。」既分乾升、坤降，故乾坤定矣。卑坤高乾者，《下傳》云：「崇效天，卑法地。」故知卑謂坤，高謂乾。坤自上降，乾自下升，故先言卑，而後言高也。虞注云：「乾高貴五，故乾二升五；坤卑賤二，故坤五降二。」《下傳》云：「列貴賤者，存乎位。」故貴賤位矣。必知乾二升五，坤五降二者。案：《乾鑿度》曰：「陽爻者，制於天也；陰爻者，繫於地也。天動而施曰仁，地靜而理曰義。仁成而上，義成而下。上者專制，下者順從。」故荀、虞說《易》，「乾二例升五，坤五例降二也」。若然，乾升坤降，爲天地之合。而云「別」者，卑高陳，貴賤位，仍是天地之別也。〔註256〕	惠棟引《乾鑿度》「乾坤相並，俱生天地」，以說明天地由乾坤相並而生，其「輕清者，上爲天，故乾升也。濁重者，下爲地，故坤降也」。乾升坤降爲天地生成的本然之性。惠氏又引左欄《乾鑿度》之言，以說明乾天坤地有其高卑、貴賤、動靜、專制順從之別，此乃宇宙自然現象或人事規範的常性。人們當效法此宇宙天地之常性，循宇宙之道而行。因此，惠氏此二引緯文，在於論述宇宙之道、陰陽之性。這種宇宙之道、陰陽之性，合於《繫傳》之言，也合於《易》道，更合於兩漢思想家的普遍認識。至於《乾鑿度》所言，更可以視爲論述兩漢宇宙論的重要代表。引《乾鑿度》輔訓，著實恰宜。
《繫辭上傳》	陽據陰則盛，故可大。陽稱大也。《乾鑿度》坤二爲君子，乾五爲聖人。今皆稱賢人者，乾二升坤五，坤五降乾二，由不正而變之正，故稱賢人也。……天地之德，謂易簡也。「《易說》」者，《乾鑿度》文。一名者，一字也。古曰名，今曰字。鄭《易贊》曰：易一名而含三義：易簡，一也；變易，二也；不易，三也。易者，易簡也。變易者，天地之合也。不易者，天地之別也。易簡，天地之德，故云易者以言其德也。〔註257〕	依《乾鑿度》之說，坤二爲君子，乾五爲聖人，但《繫辭》於此，皆謂「賢人」者，以升降之法而致之，使不正皆能之正，所以二、五皆稱賢之。惠氏又引《乾鑿度》（即《易說》之文）云：「易，一名而合三義：易也，變易也，不易也。」〔註258〕義與鄭玄《易贊》的「三義說」同，特別是《乾鑿度》所說旳「易也」，惠氏認爲即鄭氏「易簡」之義。並且肯定「易簡」爲天地之德。由此段訓文，可以看出惠氏對「易含三義」的見解，根本於《乾鑿度》，也同於鄭說，別無不同。

〔註256〕見《周易述・繫辭上傳》，卷十五，頁383～384。
〔註257〕見《周易述・繫辭上傳》，卷十五，頁386。
〔註258〕見《周易述・繫辭上傳》，卷十五，頁383。

《繫辭上傳》	《乾鑿度》曰：陽動而進，陰動而退。故陽變爲進，陰化爲退也。〔註259〕	《繫上》「變化者，進退之象也」，惠氏訓作「陽變爲進，陰化爲退」，合於《乾鑿度》之說。
《繫辭上傳》	《乾鑿度》曰：《易》爲道苞籥。故云《易》在天下，包絡萬物。「以言乎天地之間，則備矣」。下傳文。《易》之爲書，廣大悉備，言該備三才，故云備矣。是「與天地準」之義也。……幽明，雌雄也。《三朝記》文。彼文云：虞史伯夷曰：明，孟也。幽，幼也。明幽，雌雄也。《詩推度災》及《乾鑿度》曰：雄生酉仲，號曰太初。雌生戌仲，號曰太始。雄生物魂，號曰太素。俱行三節。宋均注云：節，猶氣也。俱行，自酉、戌行至亥。雌雄俱行，故能含物魂而生物也。《推度災》又曰：陽本爲雄，陰本爲雌，物本爲魂。宋均注云：本，即原也。變陰陽爲雄雌魂也。乾知大始，故始謂乾初。坤道代終，故終謂坤上。〔註260〕	以《乾鑿度》之言，輔訓《繫上》所云「《易》與天地準，故能彌綸天下之道」之義；《易》盡天下之義，無所不包，無所不容。惠氏又引《詩推度災》與《乾鑿度》，以及宋均之注，釋「知幽明之故」。雄雌俱行，歷「太初」而「太始」而「太素」，三者皆具「氣」之質性，即宇宙生成的最初元質，即是「氣」，氣爲宇宙的本原。然而，在「太初」與「太始」之狀，尚不能生物，至「太素」時，「雄生物魂」，含物魂而能生物。《易》道尙「雄」而又不離「雌」，雄雌相應變化，亦即陰陽之變化，更是乾坤之道。
《繫辭上傳》	《乾鑿度》曰：三微而成著，三著而成體。《易》隱初入微，故无體也。〔註261〕	以《乾鑿度》文，強調《易》稱无體，以其隱初而入微。
《繫辭上傳》	《易說》者，《乾鑿度》文。彼文云：陽以七，陰以八，《易》一陰一陽，合于十五，之謂道。陽變七之八，陰變八之六，亦合于十五。《參同契》曰：七八數十五，九六亦相應，……又曰：日合五行精，月受六律紀，五六三十度，度竟復更始。《三統曆》曰：十一而天地之數畢。十一者，五六也。五六三十，而天地之數畢。故云七八九六，合天地之數，乃謂之道。《太元》曰：陰陽該極，乃	《繫上》「一陰一陽之謂道」，惠氏引《乾鑿度》（即其注文所云《易說》）云：「一陰一陽，合于十五之謂道。七八九六，合天地之數，乃謂之道。」七八與九六皆合爲十五，是謂之道。天地變化之道，即陰陽變化之道，以數代之，即七八九六之數，故四數爲天地之數，爲陰陽變化之數，爲宇宙變化之道。

〔註259〕見《周易述・繫辭上傳》，卷十五，頁390。

〔註260〕見《周易述・繫辭上傳》，卷十五，頁396～397。

〔註261〕見《周易述・繫辭上傳》，卷十五，頁400。

	道之合，是也。〔註262〕	
《繫辭上傳》	天地之數，五十有五，而五在地十之中，故大衍之數五十，五爲虛也。五五爲十，而五爲虛，故伏羲衍《易》數止五十。五五爲十，而十爲虛，故箕子陳範數，止于九。《易乾鑿度》曰：大衍之數五十，日十，辰十二，星二十八，凡五十。京氏于此傳之注，亦云五十者，謂十日、十二辰、二十八宿。據《乾鑿度》先師之法也。〔註263〕	天地之數爲五十有五，而大衍之數爲五十，惠氏判明其別，以五在地十之中而爲虛，虛而不用，所以大衍之數只取五十。五十之組成數值內容，惠氏引《乾鑿度》云「日十，辰十二，星二十八」，合爲五十。京房亦據此說，爲兩漢五十之數的重要說法。
《繫辭上傳》	《易說》者，《乾鑿度》文。天有四時，地有四方，人有四德，无非四也。推爻之法，亦以四求之，故揲之以四。……謂分揲其蓍皆以四，四爲數以象四時也。〔註264〕	此《乾鑿度》（即《易說》者）文，即「文王推爻，四乃術數」，故揲之以四，四數以象四時，而爲大衍術之用。
《繫辭上傳》	（《易說》之文）皆《乾鑿度》文。二卦十二爻而期一歲，即上乾坤之筴也。其消息之月亦十二爻而期一歲。歷以三百六十五日四分度之一爲一歲，《易》以三百六十析當期之日，舉大數而言，而揲蓍之法，有扐數以象閏，故五歲再閏，故再扐而後掛也。消息則以七分爲閏餘矣。……《乾鑿度》孔子曰：陽三陰四，位之正也。故《易》卦六十四，分而爲上下。陽道純而奇，故上篇三十。陰道不純而偶，故下篇三十四。乾、坤者，陰陽之本始，故爲上篇之始。坎、离終始萬物，故爲上篇之終也。咸、恒者，男女之始，故爲下篇之始。既濟、未濟爲最終。是上下二篇，文王所定，故知二篇爲上下《經》也。〔註265〕	《乾鑿度》文，即：「二卦十二爻，而期一歲，故云當期之日」。又云：「歷以三百六十五日四分度之一爲一歲，《易》以三百六十析，當期之日，此律歷數也。」此以緯文合《易》數與歷律之數，乃至大衍法之義。惠氏又以《乾鑿度》言，以附合六十四經卦分上下《經》之義，雖是強說，仍小有道理。

〔註262〕見《周易述‧繫辭上傳》，卷十五，頁401。
〔註263〕見《周易述‧繫辭上傳》，卷十六，頁427。
〔註264〕見《周易述‧繫辭上傳》，卷十六，頁427。
〔註265〕見《周易述‧繫辭上傳》，卷十六，頁432。

| 《繫辭上傳》 | 《易》變而爲一,《乾鑿度》文。易有太易,有太初,有太始,有太素。易變而爲一,當太初時,易无形畔。太易者,未見氣;太初者,氣之始,寒溫始生,故云易也。三變成爻,四營者止一變耳。而云易者,易本乎氣,故不言變而言易,象天地之始,故云象氣變也。若鄭氏之義,以文王推爻,四乃術數,則以四營爲七、八、九、六。單則七也,拆則八也,重則九也,交則六也。四營而成,由是而生四七、四八、四九、四六之數,如是備爲一爻,七、八、九、六皆三變而成,故十有八變而成卦,八卦而小成也。……一變而爲七,七變而爲九,九者氣變之究,乃復變而爲一者,皆《乾鑿度》文。物有始,有壯,有究。一,始也;七,壯也;九,究也。一、七、九,三氣相承。太極元氣,函三爲一,故乃復變而爲一,則三揲蓍而成一爻也。……《乾鑿度》曰:三畫而成乾,乾坤相並俱生。鄭彼注云:夫陽則言乾成,陰則言坤成。可知謂乾坤各三爻,故云六爻。三六十八,故十有八變而成卦。乾坤與六子俱名八卦,而小成謂天三爻,故云小成也。陽變成震、坎、艮;陰變成巽、离、兑。故云觀變于陰陽而立卦也。〔註266〕 | 引《乾鑿度》諸文,說明大衍法「四營而成《易》」之義。《乾鑿度》認爲「易」「有太易,有太初,有太始,有太素。太易者,未見氣;太初者,氣之始;太始者,形之始;太素者,質之始」,〔註267〕從宇宙生成的概念上觀之,以「氣」爲本,並由未見而氣形質成,然後化生萬物。所以,惠棟強調「易者,易本乎氣」。「太易」爲「氣」形之前置狀態,尚未見氣,而真正始有「氣」狀者,則是由「太初」始見,所以「太初者,氣之始」,是「易變而爲一」者,也就是「一」,這時候的「氣」,是「易无形畔」的狀態。「易」從最初的元氣狀態,發展到天地之始,是一種氣變的過程,所以,從「易變而爲一」,然後「一變而爲七,七變而爲九,九者氣變之究,乃復變而爲一者」;由一而七、而九,並復變爲一,是太極元氣「函三爲一」的變化規律。在大衍法裡,這種規律化的歷程,則成一爻;三爻而成卦,也就是成一自然物象,是「乾坤相並俱生」的結果。因此,引用《乾鑿度》文,除了表述大衍成卦之法外,也呈現了宇宙自然生成變化的法則。 |
| 《繫辭上傳》 | 《易》氣從下生,以下爻爲始,故云卦從下升。《乾鑿度》曰:《易》始于一,分于二,通于三,□于四,盛于五,終于上。是從下升。故錯綜其數,錯爲六畫,綜爲三才,六畫數之所倚,故云易則參天兩地而倚數者也。〔註268〕 | 引《乾鑿度》文,說明《易》氣從下而生,是一種「逆數」的現象,不論三才或六畫,皆是由下而上的「錯綜其數」的原則。另外,「□于四」之缺字,惠氏云「或作壯于四」。 |

〔註266〕見《周易述‧繫辭上傳》,卷十六,頁434～435。
〔註267〕見《易緯乾鑿度》,卷上,頁481。
〔註268〕見《周易述‧繫辭上傳》,卷十六,頁441。

《繫辭上傳》	《乾鑿度》曰「虛无感動」，鄭氏謂，惟虛无也，故能感天下之動。〔註269〕	以「虛无感動」，釋《繫上》「感而遂通天下之故」。
《繫辭上傳》	《乾鑿度》曰：《易》者以言其德也。藏神无內，天下之至神，即无思无爲之《易》也，故云神謂《易》也。《易》有天道焉，有地道焉，有人道焉。日合于天統，月合于地統，斗合于人統，六爻之動，三極之道，故日、月、斗以言神之用也。〔註270〕	《易》之德以「神」爲言，乃《易》若日、月、星斗周圍運行之道。《易》道以陰陽變化不測，其神妙莫之能窺，所以其德以神。
《繫辭上傳》	《說文》曰：叡，深明也，古文作睿。陽伏坤下，深不可測。《乾鑿度》以中央爲知，故睿知謂坤。〔註271〕	《繫上》「古之聰明睿知，神武而不殺者夫」，惠氏以乾爲神，乾陽剛武，故「神武」謂乾。而「睿知」，惠氏引緯文，以中央爲知，所以坤爲「睿知」。
《繫辭上傳》	太極，太一者，馬氏云《易》有太極，謂北辰也。《乾鑿度》曰：太一取七、八、九、六之數，以行九宮。鄭彼注云：太一者，北辰之神名也。居其所曰太一，主氣之神，京氏注大衍之數云：其一不用者，天之主氣，將欲以虛來實，故用四十九。《禮運》曰：夫禮必本于太一，分而爲天地。《呂氏春秋》曰：太一出兩儀。太一者，極大曰太，未分曰一。太極者，極中也，未分曰一。故謂之太一。未發爲中，故謂之太極。在人爲皇極，其實一也。兩儀，天地也，分而爲天地，故生兩儀，此上虞義也。儀，匹也。《釋詁》文。天地相匹，故稱兩儀。《乾鑿度》曰：《易》始于一，分于二，通于三。鄭氏謂陰陽氣交，人生其中，故爲三才。太極函三爲一，相並俱生，故太極生兩儀，三才具焉。〔註272〕	太極即太一，於數皆取未分之「一」，並以七、八、九、六之數行於其中。此陰陽氣交，相並俱生，以成萬物。

〔註269〕見《周易述・繫辭上傳》，卷十六，頁441～442。
〔註270〕見《周易述・繫辭上傳》，卷十六，頁442。
〔註271〕見《周易述・繫辭上傳》，卷十六，頁448。
〔註272〕見《周易述・繫辭上傳》，卷十六，頁455。

《繫辭上傳》	春夏爲變，秋多爲化，荀義也。《乾鑿度》云「八卦成列，大地之道立，雷、風、水、火、山、澤之象定，其布散用事也」。「震生物于東方」，「巽散之于東南方」，「离長之于南方」，「坤養之于西南方」，兌取之于西方」，「乾制之于西北方」，「坎藏之于北方」，「艮終始之于東北方」。「八卦之氣終，則四正四維之分明，生長收藏之道備」。聖人法之以立明堂。离在南方，故南面而聽天下，明堂月令順時布令，所以效天地之變化，故云聖人效之也。〔註273〕	《繫上》「天地變化，聖之效之」，惠氏注云：「春夏爲變，秋多爲化。聖人南面而聽天下，順時布令，是效天地之變化。」〔註274〕天有晝夜之別，四時有變化之道，惠氏取荀爽之義，以明「春夏爲變，秋多爲化」，並進一步以《乾鑿度》作闡釋，八卦成列，示其定象，並以布散用事。聖人效法天地四時情狀爲《易》之變化，以天象吉凶而示之人事。所以，惠氏特別指出聖人效法此四時之道而以立明堂，君王南王而聽天下，人事政令亦順時適用，此聖人效法天地變化之道。
《繫辭上傳》	鄭氏《易》注據《春秋緯》云：河以通乾，出天苞，是天不愛其道，故河出圖也。又云：洛以流坤，吐地符，是地不愛其寶，故洛出書也。「河圖」、「洛書」爲帝王受命之符。聖人則象天地以順人情，故體信以達順，而致太平，爲既濟定也。……四象生八卦。「卦者，掛也，掛示萬物者」。《乾鑿度》文。縣掛物象，以示于人，故云所以示也。〔註275〕	《繫上》「河出圖，洛出書，聖人則之」，惠氏引鄭氏據《春秋緯》指出，由於「天不愛其道」，所以河出圖；「地不愛其寶」，所以洛出書。君王以此爲受命之符，使政治清明而太平康樂，所以爲既濟定。此「河圖」、「洛書」者，爲符命之屬，非宋人所言之圖書之學。惠氏據《乾鑿度》云「卦者，掛也，掛示萬物者」，「掛示萬物者」句，《乾鑿度》原文作「掛萬物視而見之」。此即以《易》象而示之萬物之理。
《繫辭上傳》	《易說》：「易无形畔，易變而爲一，一變而爲七，七變而爲九，九者氣變之究也，乃復變而爲一，一者形變之始者。」皆《乾鑿度》文。易无形畔者，謂太易也。易變而爲一者，謂太初也。一變而爲七者，七主南方，謂太始也。七變而爲九者，九主西方，謂太素也。九者氣變之究也者，鄭氏謂西方陽氣所終究之始也。乃復變而	引《乾鑿度》文，以釋其《易》道，釋其萬化之終始，已如前述。《乾鑿度》云「清輕者上爲天，濁重者下爲地」，惠氏特別指出「乾息至二則升坤五，故清輕者上爲天。乾爲道，故形而上者謂之道，坤消至五則降乾二，故濁重者下爲地」，以乾升坤降以明「清輕者上爲天，濁重者下爲地」之義，並且專指二五之升降。同時，惠氏指出，乾升之道，爲「形而上者謂之道」，而坤降爲器，爲「形而下者謂之器」。這樣的說法，爲用卦象強作附合，失卻了原有的高度哲學性意涵，同時將乾坤爲道器之分，除了肯定乾陽的優越性外，也將乾坤的質性，作了嚴格的區別，似乎認爲氣在始

〔註273〕見《周易述・繫辭上傳》，卷十六，頁460。

〔註274〕見《周易述・繫辭上傳》，卷十六，頁453。

〔註275〕見《周易述・繫辭上傳》，卷十六，頁460～461。

	爲一者，鄭氏謂此一則元氣，形見而未分者。一者形變之始者，即乾之初也。「清輕者上爲天，濁重者下爲地」，亦《乾鑿度》文。乾息至二則升坤五，故清輕者上爲天。乾爲道，故形而上者謂之道，坤消至五則降乾二，故濁重者下爲地，坤爲器，故形而下者謂之器也。〔註276〕	成之時，以乾陽爲主，此即「復變而爲一」之前的狀態，然後形變之後，化生萬物，而後有坤器之成。
《繫辭下傳》	「陰動而退」，《乾鑿度》文。陰體卑柔，故動而退，退然之象，臣道也。〔註277〕	惠氏釋《繫下》「夫坤，退然示人簡矣」，以坤陰有「動而退，退然之象」，此臣民順退之道。
《繫辭下傳》	《易通卦驗》曰：甲子卦氣起中孚。案孟喜，卦氣中孚至復，六日七分；咸至遘，亦六日七分。故云六日七分時也。〔註278〕	此六日七分的卦氣之說，爲兩漢《易》家普遍的說法。
《繫辭下傳》	虞上注云：陰息陽消，從遘至否。陰詘陽信，從復至泰。此言寒暑往來，故止據內卦。其坤消乾，當從遘至剝，乾息坤，當從復至夬。《乾鑿度》曰：乾坤二卦，十二爻而朞一歲。乾息坤消，故消息十二爻而朞一歲。〔註279〕	以消息之說，論述《繫下》「寒暑相推而歲成焉」之義。乾坤消息十二爻爲十二卦，而期一歲，所以爲「歲成」。
《繫辭下傳》	乾純粹精，故陽稱精。《周書》曰：地道曰義。《乾鑿度》曰：地靜而理曰義。故陰爲義。……《乾鑿度》曰「物有始、有壯、有究」，坤消至上，故陰升上究。戌亥，乾之都，故乾伏坤中。〔註280〕	以《乾鑿度》言，說明地道有靜有義之性。同時，惠氏又引《乾鑿度》文，進一步說明《繫下》「利用安身，以崇德也」之義。「乾爲利，坤爲用，爲安身」，從表面字義言，是乾利用坤而安身，而就《乾鑿度》言，則是陽伏於坤中之義。乾體崇德，潛隱坤中，體卑而德高。
《繫辭下傳》	《乾鑿度》曰：二陰之精射三陽，當卦是嗞。知陰陽動出，皆爲射也。〔註281〕	陰陽動出，皆具射器。射禽之權在人，而善其功，其器必備，而動以時，乃能有獲。陰陽動，則射器備，射備而動，則乃有利。

〔註276〕見《周易述·繫辭上傳》，卷十六，頁 466～467。
〔註277〕見《周易述·繫辭上傳》，卷十七，頁 475。
〔註278〕見《周易述·繫辭上傳》，卷十七，頁 498。
〔註279〕見《周易述·繫辭上傳》，卷十七，頁 499。
〔註280〕見《周易述·繫辭上傳》，卷十七，頁 500～501。
〔註281〕見《周易述·繫辭上傳》，卷十七，頁 504。

《繫辭下傳》	《樂緯動聲儀》曰：風雨動魚龍，仁義動君子，財色動小人。故不見利不動。〔註282〕	惠氏引《樂緯》以說明《繫下》「不見利不動」之義。「動」字，俗本作「勸」字。
《繫辭下傳》	辯，別也。陽出復初，尚小，始于坤別，故復小而辯于物。震爲言。《乾鑿度》曰：坤變初六，復正，陽在下，爲聖人。〔註283〕	以一陽復初，而論其「正」義，一陽聖人，亦「正」者。又復內爲震，震爲言，故爲「正言」，此合《繫下》文。
《繫辭下傳》	《乾鑿度》曰：陰陽失位，皆爲不正。鄭彼注云：初六陰不正，九二陽不正是也。若然，乾二居坤五，乾四居坤初，乾上居坤三，坤五居乾二，坤初居乾四，坤三居乾上，則六爻得位，成兩既濟。〔註284〕	惠氏引《乾鑿度》之說，以明「乾六爻，二、四、上失位，故非正。坤六爻，初、三、五失位，故非正」。欲使之皆居正位，則乾坤升降，各位其適當之所，則乾坤十二爻皆可得位，並成兩既濟，體現中和之道。
《繫辭下傳》	六爻以二五爲中和。卦二五兩爻，又以五爻爲主。乾五爲功，故凡言功，皆指五，或以二四同在陰位，三五同在陽位，故同功，非易之例也。「二爲大夫，四爲諸侯」，《乾鑿度》文。言二四皆有承五之功，而位則異也。〔註285〕	論爻位之性，或卦主之位。並引《乾鑿度》說明「二四同功」，以其承五之故。二四位異而同功。
《繫辭下傳》	功者五之功，而三佐之，故同功。「三爲三公，五爲天子」，亦《乾鑿度》文。〔註286〕	惠氏釋「三與五，同功而異位」，五居天子尊位，而三佐之。同功者，同於五之功。
《繫辭下傳》	陽居陰，陰居陽，爲不當位。《乾鑿度》曰：陽失位爲庸人，陰失位爲小人也。吉凶者，言乎其得失也。故得位則生吉，失位則生凶。〔註287〕	引《乾鑿度》文，以釋當位或不當位。處庸人、小人之位爲失位，是凶；處聖人、君子之位爲得位，則吉。位之得失，關乎吉凶。
《繫辭下傳》	凡二爻相比不相得者，皆爲陰陽失位。而凶雖不當位，而剛柔相應，近爻猶有害之者，乃悔吝小疵矣。《乾鑿度》所云：其應實而有之，皆失	陰陽雖失位，而剛柔相應，雖有害，則僅爲悔吝之小害。所以相應而不當位，有失其義。《乾鑿度》於十二辟卦，皆稱作「表」，以其表人形體之章識，故可以「人」爲稱。

〔註282〕見《周易述‧繫辭上傳》，卷十七，頁505。
〔註283〕見《周易述‧繫辭上傳》，卷十八，頁518。
〔註284〕見《周易述‧繫辭上傳》，卷十八，頁532。
〔註285〕見《周易述‧繫辭上傳》，卷十八，頁533。
〔註286〕見《周易述‧繫辭上傳》，卷十八，頁533。
〔註287〕見《周易述‧繫辭上傳》，卷十八，頁536。

	義也。……六子稱人者,《乾鑿度》十二辟卦皆稱表。鄭彼注,謂表者人形體之章識也。故復表日角,臨表龍顏,稱復人、臨人,知六子亦稱人也。〔註288〕	
《繫辭下傳》	《乾鑿度》曰:离爲日,坎爲月。日月之道,陰陽之經,所以終始萬物。故以坎、离爲終,既濟、未濟亦坎离也。故上經終坎、离,則下經終既濟、未濟也。〔註289〕	以坎、离爲日、月之象,爲陰陽變化之重要準據。「所以終始萬物」,故六十四,上經終於坎、离,下經終於既濟、未濟,亦坎、离之合象。
《文言傳》	《易》有三才,故舉君子以備三才之道也。初九,震也。《乾鑿度》曰:震東方之卦。陽氣始生,故東方爲仁。復六二以下仁,謂下於初,故知初九,仁也。……元,首也。故爲體之長。震爲諸侯,爲人之長。君子體仁,故足以長人也。〔註290〕	以《乾鑿度》云,震位東方爲仁,且震又爲陽氣始生者,爲諸侯,爲元長,故初九之位,爲「君子體仁」而足以長人者。
《文言傳》	《京房易傳》曰:乾爲龍德,龍以見爲功,今尙隱藏,故隱者也。《中庸》曰:君子依乎中庸,遯世不見,知而不悔,唯聖者能之。揚子曰:聖人隱也。《乾鑿度》曰:正陽在下爲聖人,故曰聖人隱也。〔註291〕	《文言傳》云乾卦初九「潛龍勿用」爲「龍德而隱者也」。惠氏引《京氏易傳》、《中庸》與《乾鑿度》以釋其爲「隱者」之義。初陽在下,爲聖人之象,此時潛隱而未見其功。
《文言傳》	《乾鑿度》曰:陰陽失位,皆爲不正。鄭注云:初六陰不正,九二陽不正。蓋九二中而不正,今升坤五,故曰正中,謂正上中也。〔註292〕	《乾鑿度》明白指出「陰陽失位,皆爲不正」,今乾卦九二居中而不正,然《文言傳》云「龍德而正中者也」,何以爲「正中」?以陽二升五則可爲正。
《文言傳》	虞註云:幾謂陽也。陽初在復,初稱幾,初尙微,故曰動之微。君子知微知彰,故可與幾也。上爲一卦之終,故終謂上。《乾鑿度》曰:地	惠氏以虞說云一陽復,以初陽稱幾,故《文言傳》云「可與幾也」。又以《乾鑿度》言,以坤陰稱義。知存亡之道,故可以與存義。

〔註288〕見《周易述・繫辭上傳》,卷十八,頁543～544。
〔註289〕見《周易述・繫辭上傳》,卷十八,頁544。
〔註290〕見《周易述・文言傳》,卷十九,頁547。
〔註291〕見《周易述・文言傳》,卷十九,頁548～549。
〔註292〕見《周易述・文言傳》,卷十九,頁550。

	靜而理曰義，故陰稱義。亡者保其存者也。知存知亡，故可與存義也。〔註293〕	
《文言傳》	知賢人爲九三者上傳云在下位而不憂故知三也《乾鑿度》有「一聖、二庸、三君子」之目，謂復初陽正爲聖人，臨二陽不正爲庸人，泰三陽正爲君子。乾爲賢人，故又稱賢人也。〔註294〕	《文言傳》云「賢人在下」，則就內卦而言。今就九三爻而言。惠氏引《乾鑿度》言初陽正爲聖人，二陽不正爲庸人，而三陽正爲君子。因此，九三原稱君子，然屬乾卦九三，乾有賢人象，故九三又可稱賢人。
《文言傳》	《春秋元命包》曰：「天不深正其元，不能成其化。」九者變化之義，以元用九，六爻皆正，王者體元建極，一以貫之，而君臣上下各得其位，故天下治也。〔註295〕	惠氏引《元命包》，強調「王者體元建極」，正其本元，君臣上下各得其位，天下方能得治。
《文言傳》	六爻皆正，謂既濟也。剛柔正而位當，行事皆合於天，故曰天之法。《參同契》曰「用九翩翩，爲道規矩」是也。《易說》者，《乾鑿度》文。……君將出政，亦先於朝廷度之，出則應於民心，故云王度見矣。〔註296〕	惠氏引《易說》爲《乾鑿度》者，云「《易》六位正，王度見矣」，此六爻皆正，「剛柔正而位當，行事皆合於天」，此如合於正道以治其國，則可應乎天而順乎民，王度可見。
《文言傳》	《乾鑿度》曰：乾道純而奇。鄭彼註云：陽道專斷，兼統陰事，故曰純。純，全也。〔註297〕	引《乾鑿度》與鄭注說明乾卦剛健純粹之義。
《文言傳》	德必三而成者，《乾鑿度》曰：《易》始於一，分於二，通於三，至三而天、地、人之道備。……《春秋元命包》曰：陽起於一，成於三。今陽在初，故隱而未見。體震，震爲行，行而未成，謂德未成。……初德未成，故弗用也。〔註298〕	《文言傳》云「君子以成德爲行」，惠氏引《乾鑿度》說明「德必三而成」，也就是天、地、人三才之道兼備而能「成德」。又引《春秋元命包》以說明乾陽成於三而爲君子，但今處初陽之位，隱而未見，又體震爲行，行又不成，故「初德未成，故弗用也」。

〔註293〕見《周易述‧文言傳》，卷十九，頁552。
〔註294〕見《周易述‧文言傳》，卷十九，頁556。
〔註295〕見《周易述‧文言傳》，卷十九，頁557。
〔註296〕見《周易述‧文言傳》，卷十九，頁559。
〔註297〕見《周易述‧文言傳》，卷十九，頁561。
〔註298〕見《周易述‧文言傳》，卷十九，頁562。

《文言傳》	此《易》孟京說，及《乾鑿度》文。大人謂二、五，執中含和，而成既濟之功者也。〔註299〕	所謂「孟京說，及《乾鑿度》文」者，即「聖明德備曰大人」。坤卦陰五退二，是聖明德備，而成既濟者。
《文言傳》	貞於六月未，間時而治六辰者，《乾鑿度》文。彼文云：乾貞於十一月子，左行，陽時六。坤貞於六月未，右行，陰時六，以奉順成其威。即承天時行之義也。〔註300〕	引《乾鑿度》說明乾坤十二爻各治六辰，陽左行，陰右行，乾六爻由初至上，主子、寅、辰、午、申、戌；坤六爻由初至上，主未、巳、卯、丑、亥、酉。乾坤貞辰，並治而交錯行，此即《文言傳》所說的「承天而時行」。
《文言傳》	《易》曰：「差以毫釐，繆以千里。故曰臣弒君，子弒父，非一朝一夕之故，其漸久矣。」蓋古文《周易》，太史公猶見其全，而大小戴《禮》、《察保傳》、《經解》，及《易通卦驗》亦引之，或遂以爲緯書之文，非也。〔註301〕	惠氏說明「《易》曰」之文，爲古文《周易》所有，史遷當見其實，而後世多有引之，特別是《易通卦驗》所引，後人常視爲緯書之文，實未察其正。
《文言傳》	《乾鑿度》曰：天動而施曰仁，地靜而理曰義。故知坤爲理也。地色黃而居中，是下中也。乾來通坤，故稱通理。〔註302〕	引《乾鑿度》文，說明坤有「爲理」之象。坤地爲黃，又居中位，故爲黃中。乾二來居坤五，所以《文言傳》稱「君子黃中通理」。
《文言傳》	乾坤氣合戌亥，《乾鑿度》文。消息，戌亥爲坤之月。亥，乾本位。《乾鑿度》曰：乾漸九月。故云氣合戌亥。……地者陰，始於西南。西南坤位，故色黃。《考工記》曰：天謂之元，地謂之黃。〔註303〕	引《乾鑿度》文，說明乾坤氣合戌亥，所以即《文言傳》所說的「天地之雜」。又以《乾鑿度》文，說明天乾始於東北爲色元，而地坤始於西南爲色黃，所以《文言傳》又云「天元而地黃」。
《說卦傳》	《乾鑿度》曰：《易》始於一，分於二，通於三。大衍之數五十，三才之合，效三才爲	引《乾鑿度》之始一、分二、通三，以說明易兼天、地、人三才。其陰陽之化，是天道。剛柔者，則爲地道。仁義者，則是人道。〔註305〕坤爲

〔註299〕見《周易述・文言傳》，卷十九，頁565。
〔註300〕見《周易述・文言傳》，卷十九，頁568。
〔註301〕見《周易述・文言傳》，卷十九，頁570。
〔註302〕見《周易述・文言傳》，卷十九，頁574。
〔註303〕見《周易述・文言傳》，卷十九，頁576。
〔註305〕見《說卦傳》云：「是以立天之道，曰陰與陽。立地之道，曰柔與剛。立人之道，曰仁與義。」

	六畫。爻辭有仁義，故立人之道曰仁與義。陰陽相應爲和。坤，順也。故和順謂坤。乾爲道，爲德，故道德謂乾。以坤順乾，是和順於道德。《乾鑿度》曰「天動而施曰仁，地靜而理曰義」。以乾通坤，故謂之理義也。〔註304〕	和順，乾爲道德，以坤順乾，是「和順於道德」。《乾鑿度》所謂天動施仁，地靜理義，而坤六五又云「君子黃中通理」，是以乾通坤，所以稱之理義。此即《說卦傳》云「和順於道德而理於義」之義。
《說卦傳》	《易說》者，《乾鑿度》文，所以釋二篇諸卦之次，正與此合，故引之。彼文云：陽三陰四，位之正也，故《易》六十四分而爲上下，象陰陽也。陽道純而奇者，鄭注謂：陽道專斷，兼統陰事，故曰純也。三法天，故上篇三十，所以象陽也。陰道不純而偶者，陰制於陽，故不純。四法地，故下篇三十四，所以法陰也。上篇象陽，乾陽坤陰，故乾爲首，坤爲次。《乾鑿度》又云：乾坤者，陰陽之本始，萬物之祖宗，故爲上篇始者，尊之也。泰，陽息卦；否，陰消卦，故先泰而後否。鄭注謂先尊而後卑，先通而後止者，所以類陽事也。下篇法陰，鄭注謂咸則男下女，恒則陽上而陰下，故以咸爲始，恒爲次，先陰而後陽者，以取類陰事也。《乾鑿度》曰：損者陰用事，益者陽用事，故先損而後益。鄭注謂損象陽用事之時，陰宜自損以奉陽者，所以戒陰道以執其順者也。益當陰用事之時，陽宜自損以益陰者，所以戒陽道以弘其化者也。〔註306〕	惠氏引《易說》者，爲《乾鑿度》文，云「陽道純而奇，故上篇三十，所以象陽也。陰道不純而偶，故下篇三十四，所以法陰也」。「《上經》象陽，故以乾爲首，坤爲次，先泰而後否」。「《下經》法陰，〔註307〕故以咸爲始，恒爲次，先損而後益」。「离爲日，坎爲月，日月之道，陰陽之經，所以終始萬物，故以坎、离爲終」。「既濟、未濟爲下篇終者，〔註308〕所以明戒愼而存王道」。〔註309〕惠氏引此諸文，只要說明經分上下二篇，以及諸卦之次，正與《說卦》之言合，《說卦》所謂「天地定位」，相映之卦有乾、坤、泰、否；「山澤通氣，雷風相薄」爲咸、恒、損、益；「水火不相射」，爲坎、离、既濟、未濟。「八卦相錯」，而成上下二篇。惠氏並引《乾鑿度》論損、益二卦的陰陽用事，強調「先損而後益」之道，使能「戒陰道以執其順」，「戒陽道以弘其化」。

〔註304〕見《周易述·說卦傳》，卷二十，頁581。
〔註306〕見《周易述·說卦傳》，卷二十，頁584～585。
〔註307〕「《下經》法陰」，原《乾鑿度》作「《下經》以法陰」。惠氏缺「以」字。
〔註308〕「既濟、未濟爲下篇終者」，原《乾鑿度》作「既濟、未濟爲取終者」。惠氏易「取」字爲「下篇」。

《說卦傳》	坤消自午，右行至亥，從上而下，故順。乾息自子，左行至巳，從下而上，故逆。《易》氣從下生，《乾鑿度》文。鄭彼注云：《易》本无形，自微及著。氣從下生，以下爻爲始。故十二辰之法，坤雖自上而下，然消遝及遝，亦自下生，故云「《易》，逆數也」。〔註310〕	惠氏引緯文與鄭注，說明《說卦傳》「《易》，逆數也」之義。《易》氣從下生，所以由下而上，以下爻爲始，故稱「逆數」。
《說卦傳》	《援神契》亦謂五精之神，實在太微，故知五帝在太微之中。……《尚書帝命驗》曰：帝者承天，立五府，以尊天重象。注云：象五精之神也。天有五帝，集居太微，降精以生聖人，故帝者承天，立五帝之府，是爲天府。〔註311〕	《說卦傳》所云「帝出乎震」之「帝」，惠氏注作上帝，即五帝，「在太微之中，迭生子孫，更王天下」。惠氏並引《孝經援神契》與《尚書帝命驗》，說明「五帝在太微之中」、「立五帝之府，是爲天府」的漢人說法。
《說卦傳》	凡九謂之九宮，一、二、三、四，得五爲六、七、八、九，故《乾鑿度》曰：太一取其數以行九宮，四正四維，皆合于十五〔註312〕	引《乾鑿度》言，以論述「明堂九宮」之法。
《說卦傳》	《乾鑿度》曰：坤位在未。《參同契》曰：土王四季，羅絡始終，青黑赤白，各居一方，皆稟中宮戊己之功，未在西南。〔註313〕	引《乾鑿度》以說明坤位在未，位屬西南。
《說卦傳》	《繫下》云：「庖犧氏近取諸身，遠取諸物，於是始作八卦。」乾爲首已下皆近取諸身也故《乾鑿度》「孔子曰：八卦之序成立，則五氣變形，故人生而應八卦之體，得五氣以爲五常」是也。〔註314〕	《繫下》云：「庖犧氏近取諸身，遠取諸物，於是始作八卦。」惠棟引《乾鑿度》言，主要在說明「人生而應八卦之體」，也就是「近取諸身」，如「乾爲首」、「坤爲腹」、「震爲足」、「巽爲股」等等。

〔註309〕見《周易述‧說卦傳》，卷二十，頁582～583。
〔註310〕見《周易述‧說卦傳》，卷二十，頁585。
〔註311〕見《周易述‧說卦傳》，卷二十，頁591～592。
〔註312〕見《周易述‧說卦傳》，卷二十，頁592。
〔註313〕見《周易述‧說卦傳》，卷二十，頁597～598。
〔註314〕見《周易述‧說卦傳》，卷二十，頁605。

《說卦傳》	兌爲羊者，兌正秋也。《易是類謀》曰：太山失金雞，西嶽亡玉羊。羊是西方之畜，故兌爲羊。〔註315〕	引《易是類謀》文，說明羊爲西方之畜，而兌正秋又位西方，所以兌爲羊。

三、惠氏引述內容之討論

惠棟引用緯書作爲論述《周易》經傳的重要內容，其引用上大抵不涉及災異告譴或荒誕不經的部份，而是主要用於輔翼虞翻等漢代諸家《易》說，以及以卦、爻象釋義，乃至藉以擴充《易傳》的宇宙生成觀，甚至其它有關兩漢易學上的重要議題如「大衍之數」、「卦氣說」等之引述。

（一）輔翼虞翻等漢代諸家《易》說

惠氏引《易緯》爲釋，主要用以輔翼虞翻、荀爽、鄭玄等諸家之說。如解 ䷧ 卦卦辭「利西南」，惠棟注云：

臨初之四。坤西南卦，初之四得坤眾，故利西南，往得眾也。〔註316〕

惠棟取虞義爲說，以此卦從二陽四陰之例，自臨 ䷒ 卦而來，爲「臨初之四」。並引《乾鑿度》曰「坤位在西南」，說明坤爲西南之卦。且「坤爲眾，初之四得坤眾」，所以卦辭云「利西南」，《彖傳》也云「利西南，往得眾」。〔註317〕此引《乾鑿度》以輔說虞義。又如師卦上六「大君有命」，惠氏注作「二升五，爲大君」，並疏云：

《乾鑿度》曰：大君者，君人之盛者也。荀氏曰：大君謂二。故知二升五爲大君也。〔註318〕

二升五爲荀氏之升降法，荀氏以二爲大君，升五亦爲大君，引《乾鑿度》釋「大君」，在輔荀說。師上六「大君有命」之「大君」，即指聖人、天子之位，當以五位最專，五位有命於上六。這種用來輔助兩漢《易》家之說的例子甚多，可以看出《易緯》用來輔翼諸家易學的重要地位，同時我們也可以瞭解《易緯》所包絡的思想，多有與兩漢《易》家相融之處，其中甚多主張，並不違背兩漢易學家的共同認識或是普遍的認識，在論述兩漢主流的象數思想，《易緯》佔有的地位，是不容忽視的。

〔註315〕見《周易述‧說卦傳》，卷二十，頁606。
〔註316〕見《周易述》，卷六，頁168。
〔註317〕參見《周易述》，卷六，頁168。
〔註318〕見《周易述》，卷二，頁39。

（二）以卦、爻象釋義

惠氏慣取《易緯》中論述卦象、爻象之文，且多取自《乾鑿度》之說。在卦象方面，如：坤上六引云「乾位西位」；解卦卦辭引云「坤位西南」；乾卦《象傳》引云「离為日，坎為月」；恆卦《象傳》引云「地靜而理曰義」，說明「陰為義」或「坤為義」；《繫上》引云「震生物于東方」，「巽散之于東南方」，「离長之于南方」，「坤養之于西南方」，兌取之于西方」，「乾制之于西北方」，「坎藏之于北方」，「艮終始之于東北方」；《繫下》引云「离為日，坎為月」；《文言傳》引云「震，東方之卦」；又引云「地靜而理曰義」，故以「坤為理」；又引云「离為日，坎為月」；又引云「坤位在未」。在爻象方面，如屯卦六三引云「乾九三為君子」；蒙卦九二引云「二為大夫」；否卦六二引云「遘初為小人，遘二為君子」；觀卦九五引云「剝五為小人」；坎卦六三引云「坤三為小人」；遯卦九四引云「觀四為君子，否三為小人」；解卦六五引云「陽得正為聖人，失正為庸人；陰失正為小人，得正為君子」；益卦初九引云「陽在下（初九）為聖人」；益卦六三引云「三為三公」；萃卦卦辭引云「上為宗廟」；困卦九五引云「其位在二，故以大夫言之」（二為大夫）；革卦上六引云「一聖，二庸，三君子，四庸，五聖，六庸，七小人，八君子，九小人，十君子，十一小人，十二君子」；革卦上六引云「正陽在下，為聖人」；蒙卦《象傳》引云「九五為聖人」；泰卦《象傳》引云「泰三為君子」；豫卦《象傳》引云「正陽在下為聖人」；觀卦《象傳》引云「乾九五為聖人」；乾卦《象傳》引云「一聖、二庸、三君子」；乾卦《象傳》引云「三為三公」；坤卦《象傳》引云「六二為君子」；屯卦《象傳》引云「乾三為君子」；蒙卦《象傳》引云「九二為庸人」；泰卦《象傳》引云「央五為聖人」；隨卦《象傳》引云「乾上九為庸人」；大畜卦《象傳》引云「乾三為君子」；《繫上》引云「坤二為君子，乾五為聖人」；《繫下》引云「陽在下為聖人」；《繫下》引云「二為大夫，四為諸侯」；《繫下》引云「三為三公，五為天子」；《繫下》引云「陽失位為庸人，陰失位為小人」；《文言傳》引云「正陽在下為聖人」；《文言傳》引云「地靜為理曰義」，故「陰稱義」；《文言傳》引云「一聖、二庸、三君子」；《文言傳》以《乾鑿度》義，指出「大人謂二、五」。舉卦、爻象為釋，其繁富可見一斑。

在這裡，惠棟特別強調爻位的貴賤等別，初爻為聖人，二爻為庸人，三爻為君子，四爻為庸人，五爻為聖人，上爻為庸人；因為陰陽得位與否而有不同位品之人的差別，即「陽得正為聖人，失正為庸人；陰失正為小人，得正為君

子」。惠棟這種因不同爻位而作君子、小人、聖人、庸人之分，使爻位用象有了嚴謹的區別。然而，這種嚴謹區別的爻象，用來詮釋某一家所述之卦爻義，未必合於該家之說。特別是虞翻，其用象大都就卦象而言，其以「君子」、「小人」作爲逸象之用，未必設定就某一爻而論，所以惠棟若強以《乾鑿度》的爻象，加諸於某家卦象之說上，反而弱化了卦義詮釋上的彈性，也未必符合該家的說法。前面章節論述到虞氏逸象時，已提到這方面的問題，此不再贅述。

以爻位的不同，表示不同的貴賤等級，初爲元士、二爲大夫、三爲三公、四爲諸侯、五爲天子、上爲宗廟，各有不同的尊卑地位，地位雖是固定，但吉凶則是依實際的爻位關係而有差異，《易緯》乃至惠棟，特別強調相應與得位的關係，初與四、二與五、三與上必須相應，初、三、五須陽爻居陽位而爲得位，二、四、上須陰爻居陰位而爲得位。惠氏側重於此象數下的爻位關係，而對背後的義理內涵，則較少形諸筆墨，特別是《易緯》透過這種爻位關係，表達出君臣尊卑的等級關係，希望藉由爻與爻間的有機組合，實現其中和的理想，也就是所謂「上下流通聖賢昌，厥應帝德鳳皇翔，萬民喜樂無咎殃」〔註319〕的最佳狀態。

（三）擴充《易傳》的宇宙生成觀

《易傳》作爲釋經的產物，開展了一套有系統的宇宙生成理論，成爲易學思想中的重要代表，後人述《易》詮義，也都本於《易傳》。作爲後於《易傳》的《易緯》諸作，其理論的建構，雖未必原本於《易傳》，但或多或少也會受到影響。特別是在宇宙生成理論這方面，可以視爲《易傳》擴充與進一步地的完整化。

惠棟深察二家在這方面的同質性，所以引《易緯》詮釋《易傳》，大體合理恰當，並且提供我們對這兩個系統的對照認識。《繫辭上傳》開宗明義提出「天尊地卑，乾坤定矣。卑高以陳，貴賤位矣。動靜有常，剛柔斷矣」，惠氏云：

> 《廣雅》曰：太初，氣之始也。生于酉仲，清濁未分也。太始，形之始也。生于戌仲，清爲精，濁者爲形也。太素，質之始也。生于亥仲，已有素樸而未散也。三氣相接，至于子仲，剖判分離，輕清者上爲天，濁重者下爲地。《傳》首言天尊地卑，是天地既分之後。輕清者，上爲天，故乾升也。濁重者，下爲地，故坤降也。《乾鑿度》

曰：「乾坤相並，俱生天地。」既分乾升、坤降，故乾坤定矣。卑坤高乾者，《下傳》云：「崇效天，卑法地。」故知卑謂坤，高謂乾。坤自上降，乾自下升，故先言卑，而後言高也。虞注云：「乾高貴五，故乾二升五；坤卑賤二，故坤五降二。」《下傳》云：「列貴賤者，存乎位。」故貴賤位矣。必知乾二升五，坤五降二者。案：《乾鑿度》曰：「陽爻者，制於天也；陰爻者，繫於地也。天動而施曰仁，地靜而理曰義。仁成而上，義成而下。上者專制，下者順從。」故荀、虞說《易》，「乾二例升五，坤五例降二也」。若然，乾升坤降，爲天地之合。而云「別」者，卑高陳，貴賤位，仍是天地之別也。〔註320〕

惠棟首先點出易氣發展的階段，有「太初，氣之始也」，「太始，形之始也」，「太素，質之始也」，這種氣始而形質生的狀態，即《易緯》強調的宇宙發展理論，當然在這「三易」之前，尚有一「太易」，其階段是宇宙處於最原始狀態，氣尚未出現的情形；合爲「四易」的主張，惠棟在詮釋《繫傳》是屢屢引述。惠棟引《乾鑿度》「乾坤相並，俱生天地」，以說明天地由乾坤相並而生，其「輕清者，上爲天，故乾升也。濁重者，下爲地，故坤降也」。乾升坤降爲天地生成的本然之性。惠氏並以《乾鑿度》之言，以說明乾天坤地有其高卑、貴賤、動靜、專制順從之別，此乃宇宙自然現象或人事規範的常性。人們當效法此宇宙天地之常性，循宇宙之道而行。惠氏以《乾鑿度》之說，論述宇宙之道、陰陽之性。這種宇宙之道、陰陽之性，合於《繫傳》之言，也合於《易》道，更合於兩漢思想家的普遍認識。

《繫上》論述「大衍之法」時，惠氏多舉《乾鑿度》爲釋，如：

《易》變而爲一，《乾鑿度》文。易有太易，有太初，有太始，有太素。易變而爲一，當太初時，易无形畔。太易者，未見氣；太初者，氣之始，寒溫始生，故云易也。……一變而爲七，七變而爲九，九者氣變之究，乃復變而爲一者，皆《乾鑿度》文。物有始，有壯，有究。一，始也；七，壯也；九，究也。一、七、九，三氣相承。太極元氣，函三爲一，故乃復變而爲一，則三撰著而成一爻也。……《乾鑿度》曰：三畫而成乾，乾坤相並俱生。鄭彼注云：夫陽則言乾成，陰則言坤成。〔註321〕

〔註320〕見《周易述・繫辭上傳》，卷十五，頁383～384。
〔註321〕見《周易述・繫辭上傳》，卷十六，頁434～435。

《易緯》以宇宙的演化過程表現在奇偶之數的變化規律之中。從一而七而九，再復變為一，這種奇偶之數，就是天地之數，這種有次序的脈理，同樣表現在宇宙演化的過程裡。「易變而為一」，是由太易變為太初，即「一」這個數字。「一變而為七」，是由太初變為太始。「七變而為九」，是由太始變為太素。「九」為氣變之終，而後又復變為「一」，形成一個有序的演化歷程。萬物皆有開始、壯大與究極的發展階段，而《易》卦的陰爻與陽爻，乾與坤，皆代表著彼此聯繫而又相互對立的兩個方面，所以八卦的重卦，象徵著有形的天地，三畫以下為地，四畫以上為天。這種象數模式，蘊涵著深刻而豐富的思想內容，反映出宇宙展與演化的過程，又顯示出天地萬物的有序結構和功能，是《易傳》宇宙生成觀的擴充與開展。有關的思想，除了前面統計表欄內有片斷的說明外，後面章節論述惠棟的宇宙觀時，再作詳述。

（四）其它有關思想之論述

有關大衍數五十的來源，《繫上》所謂「大衍之數五十，其用四十有九」，惠氏疏云：

> 天地之數，五十有五，而五在地十之中，故大衍之數五十，五為虛也。五五為十，而五為虛，故伏羲衍《易》數止五十。五五為十，而十為虛，故箕子陳範數，止于九。《易乾鑿度》曰：大衍之數五十，日十，辰十二，星二十八，凡五十。京氏于此傳之注，亦云五十者，謂十日、十二辰、二十八宿。據《乾鑿度》先師之法也。〔註322〕

天地之數為五十有五，而大衍之數為五十，惠氏判明其別，以五在地十之中而為虛，虛而不用，所以大衍之數只取五十。五十之組成數值內容，惠氏肯定《乾鑿度》的說法，以「日十，辰十二，星二十八」而合為五十，也就是「大衍之數五十」，是本於天文、歷法和音律的自然合體。京房亦據此說，為兩漢五十之數的重要說法。

關於緯書所言乾坤十二爻辰之說，惠氏釋明夷卦時云「爻辰三在辰」；釋困卦九二時云「初辰在未」，此皆爻辰之說。論述《繫下》「寒暑相推而歲成焉」之義，惠氏引《乾鑿度》云：

> 乾坤二卦，十二爻而暮一歲。乾息坤消，故消息十二爻而暮一歲。

〔註323〕

〔註322〕見《周易述・繫辭上傳》，卷十六，頁427。
〔註323〕見《周易述・繫辭上傳》，卷十七，頁499。

乾坤消息十二爻爲十二卦，而期一歲，所以爲「歲成」。釋《文言傳》「承天而時行」時，以十二爻辰爲承天之時，引《乾鑿度》云：

> 乾貞於十一月子，左行，陽時六。坤貞於六月未，右行，陰時六，
> 以奉順成其歲。即承天時行之義也。〔註324〕

以《乾鑿度》爻辰說，說明乾坤十二爻各治六辰，陽左行，陰右行，乾六爻由初至上，主子、寅、辰、午、申、戌；坤六爻由初至上，主未、巳、卯、丑、亥、酉。乾坤貞辰，並治而交錯行，此即。又於釋《說卦傳》「《易》，逆數也」時，由爻辰之法，推衍「逆數」之義，云：

> 坤消自午，右行至亥，從上而下，故順。乾息自子，左行至巳，
> 從下而上，故逆。《易》氣從下生，《乾鑿度》文。……故十二辰
> 之法，……亦自下生，故云「《易》，逆數也」。〔註325〕

《易》氣從下生，所以由下而上，以下爻爲始，故稱「逆數」。

　　另外，關於九宮之數，九宮的思想，可以推求於《禮記・月令》與《大戴禮記・明堂》的明堂陰陽說。明堂九室，其形上圓下方，象徵天圓地方，天覆地載，其數爲二、九、四、七、五、三、六、一、八。這九個數目爲五行生成之數，《易緯》將之引入，使九宮與四正四維的八卦方位結合起來，其序爲乾一、坤二、震三、巽四、中五、坎六、兌七、艮八、離九。九宮的陰陽運行律則爲「陽動而進，陰動而退」的逆行方向交錯而進，陽變是由七到九，陰變是由八到六。這樣的觀念，惠氏在述《易》的過程中，也屢次採用。例如，惠氏在釋《繫上》「一陰一陽謂之道」時，引《乾鑿度》云：

> 一陰一陽，合于十五之謂道。七八九六，合天地之數，乃謂之道。
>
> 〔註326〕

陽以七爲少陽，陰以八爲少陰，爲爻之不變者；又九爲老陽，六爲老陰。七八與九六皆合爲十五，亦即四正四維皆合於十五，是一陰一陽之謂道。天地變化之道，即陰陽變化之道，以數代之，即七八九六之數，故四數爲天地之數，爲陰陽變化之數，爲宇宙變化之道。在以八卦方位釋明堂方面，惠氏詮釋《繫上》「天地變化，聖之效之」，注云：

> 春夏爲變，秋冬爲化。聖人南面而聽天下，順時布令，是效天地之

〔註324〕見《周易述・文言傳》，卷十九，頁568。
〔註325〕見《周易述・說卦傳》，卷二十，頁585。
〔註326〕見《周易述・繫辭上傳》，卷十五，頁401。

變化。〔註327〕

並進一步疏解：

> 春夏爲變，秋冬爲化，荀義也。《乾鑿度》云「八卦成列，大地之道
> 立，雷、風、水、火、山、澤之象定，其布散用事也」。「震生物于
> 東方」，「巽散之于東南方」，「离長之于南方」，「坤養之于西南方」，
> 兌取之于西方」，「乾制之于西北方」，「坎藏之于北方」，「艮終始之
> 于東北方」。「八卦之氣終，則四正四維之分明，生長收藏之道備」。
> 聖人法之以立明堂。离在南方，故南面而聽天下，明堂月令順時布
> 令，所以效天地之變化，故云聖人效之也。〔註328〕

天有畫夜之別，四時有變化之道，惠氏取荀爽之義，以明「春夏爲變，秋冬
爲化」，並進一步以《乾鑿度》作闡釋，八卦成列，示其定象，並以布散用事。
聖人效法天地四時情狀爲《易》之變化，以天象吉凶而示之人事。所以，惠
氏特別指出聖人效法此四時之道而以立明堂，君王南王而聽天下，人事政令
亦順時適用，此聖人效法天地變化之道。

　　此外，尚有針對卦氣說的論述，如釋《繫下》「《易》曰：憧憧往來，朋從
爾思」時，指出此爲咸卦九四爻辭，並引《易通卦驗》云「甲子卦氣起中孚」。
也下案語，「孟喜，卦氣中孚至復，六日七分；咸至遘，亦六日七分。故云六日
七分時也」。〔註329〕又如釋復卦卦辭「七日來復」時，引緯書與鄭注云，

> 《易稽覽圖》曰：甲子卦氣起中孚，六日八十分日之七。鄭彼注云：
> 六以候也，八十分爲一日，日之七者，一卦六日七分也。又《易是類
> 謀》曰：冬至日在坎，春分日在震，夏至日在离，秋分日在兌。四正
> 之卦，卦有六爻，爻主一氣，餘六十卦，卦主六日七分，八十分日之
> 七。歲有十二月，三百六十五日四分日之一。六十而一周。〔註330〕

甲子卦氣起中孚，六日七分法，皆爲兩漢卦氣說的重要主張，特別是表現爲
孟喜易學的特色，而《易緯》在這方面也不遑多讓。在這裡，六十四卦除四
正卦外，各主六日七分。中孚至復卦，爲六日七分，在七日之限內，舉其成
數而言之，所以卦辭言「七日」。

〔註327〕見《周易述·繫辭上傳》，卷十六，頁453。
〔註328〕見《周易述·繫辭上傳》，卷十六，頁460。
〔註329〕見《周易述·繫辭上傳》，卷十七，頁498。
〔註330〕見《周易述》，卷四，頁106～107。

　　惠氏引述《易緯》諸說，都是漢代易學思想的重要主張。從《易緯》中，可以窺得漢代易學的重要面貌，也可以反映出漢代的學術文化意識，特別是陰陽五行、天文歷法與易學融合的學術思想，一種科學與神學的雙重韻味。惠氏採用的大都是那些較具科學性的或是那個年代易學家普遍的共同主張或是認識。不論是大衍法的周邊思想，乃至卦氣、爻辰的範圍，都包含在內。

　　惠氏治漢《易》，循著漢代象數易學的步伐蒐羅組合，在引用《易緯》的過程中，也側重象數上的解釋。但是，針對《易緯》中較具哲學性的主張，雖然淡化了其思想上的表現，但不因此而隱沒其原有的思想，從宇宙論的角度推入，仍可見其宇宙論的主要內涵和主張。並且，在融入論述的建構過程中，不論是象數的或是義理的範疇，我們也可以深刻地看出其中引述上的邏輯性，以及其詮釋中的合理性，仍不失其哲學的意義。

　　從《易緯》的本身來看，雖然《易緯》被歸類入讖緯的範圍，被貼上高度神學化的標籤，但有識者並不全然迷失於其神學的意識中，相對地能客觀的審視其中的學術與文化價值，歷來專門研究《易緯》的人，大都採取一種正面價值的見待，尤其其中所代表著時代性的諸多學術主張與文化內涵，也都持肯定的態度。惠棟對於《易緯》，在釋《易》的過程中，大量的引用有關主張，基本上他是肯定《易緯》的價值，肯定《易緯》中的諸多觀點與材料，有其正當性可以互補於漢代《易》家的學說，甚是《易緯》正爲漢代易學的重要代表。從審視漢代易學的角度看，本人認同《易緯》所扮演的角色和價值；並且，從體會乾嘉時期學術發展的客觀現況，以及惠棟的學術研究傾向，對於惠棟的認同，也如同認同《易緯》一般。

　　歷來批判者，從引用緯書的角度去嚴厲的批判惠棟，這個方面，應予以公允合理的對待。惠棟撥開了緯書神性的面紗，過濾了神性的內容，而採取了科學性或哲學性意義的材料，在本人前面所羅列的內容當中，可以清晰的看到。當我們要批判惠棟在這方面的缺失時，對於惠棟引述的實質內容，應該審慎的認識，才不致於厚誣前儒。

第四節　改易經文以釋《易》

　　惠棟畢生致力於漢學，探尋《周易》古義，深知原本古義，也必當還原古字，以原始的本字，才能得經義之眞。他於《九經古義》中特別指出，「自

唐人爲《五經正義》，傳《易》者止王弼一家，不特篇次紊亂，又多俗字」；〔註331〕唐代以降，漢學殞落，所傳《周易》皆本諸王弼一家，「輔嗣《易》行無漢學」，除了認爲王氏在內容上「以假象說《易》，根本黃老」，使漢代經師之義，「蕩然無復有存者」之外，〔註332〕很重要的就是王氏所本多有俗字，多有非原始之經字，以致扭曲了《周易》的本來面貌。因此，惠氏詁訓《周易》本義，必先行校勘以正其本字，改易經文也就成爲必然之途。

《周易》傳述於漢代宣、元時期，官學與私學並立，而以施、孟、梁丘、京氏等官學爲盛，民間則有費、高二家；並有今、古文之別，故支系旁出，版本蕪雜。〔註333〕到了東晉永嘉之亂後，施、孟等諸家之學亡，或無人傳，「唯鄭康成、王輔嗣所注行於世」，〔註334〕二家注本以費氏爲重，卻未必全屬古文之說，而傳佈久遠，鄭氏之說也未是完整的版本，多爲後人所輯佚。《周易》版本於漢代已呈紛亂叢出之象，歷經時空之流轉，傳述文字亦多有更易，所以研究《周易》本義，必當先行校勘本字，使不致穿鑿附會，扭曲古義。

一、經文改易之概況

惠棟廣蒐群說，考證殷勤，力圖探尋古字以得古義，並且針對王弼所本，舛誤之字，希望都能予以改正。對照惠棟《周易述》經傳所本，與王弼《周易注》原文，二家所異甚夥，如下表所列；由於《彖傳》、《象傳》傳文經文多有相同，故未另作對照表，同時《序卦》、《雜卦》二傳，《周易注》未著，故並無。二家差異，參照如下：

〔註331〕見《九經古義・周易古義》，卷二。引自臺灣商務印書館《景印文淵閣四庫全書》本，經部易類第 191 輯，頁 367。

〔註332〕括弧引文，見《易漢學・自序》。

〔註333〕參見《漢書・藝文志》：「及秦燔書，而《易》爲卜筮之事，傳者不絕。漢興，田何傳之，訖于宣、元，有施、孟、梁丘、京氏列於學官，而民間有費、高二家之說。劉向以中古文《易經》校施、孟、梁丘經，或脫去『無咎』、『悔亡』，唯費氏經與古文同。」（卷三十，頁 1 1704。）

〔註334〕參見《後漢書・儒林傳》云：「京兆陳元、扶風馬融、河南鄭眾、北海鄭玄、潁川荀爽，竝傳費氏《易》。沛人高相治《易》與費直同時，其《易》亦無章句，專說陰陽災異。自言出丁將軍，傳至相，相授子康及蘭陵毋，將永爲高氏學。漢初立《易》楊氏博士，宣帝復立施、孟、梁丘之《易》，元帝又立京氏《易》，費、高二家不得立。民間傳之後漢費氏興而高氏遂微。永嘉之亂，施氏、梁丘之《易》亡，孟、京、費之《易》人無傳者，唯鄭康成、王輔嗣所注行于世。」（引自陸德明《經典釋文》，卷一，頁 362～363。）

圖表 5-4-1　王弼與惠棟《周易》經文對照差異情形

卦名	王弼《周易注》原文〔註335〕	惠棟《周易述》原文
乾卦	九三，夕惕若厲，无咎。	九三，夕惕若夤，厲无咎。
乾卦	上九，亢龍，有悔。	上九，忼龍，有悔。
屯卦	初九，磐桓，利居貞，利建侯。	初九，般桓，利居貞，利建侯。
屯卦	六二，屯如邅如，乘馬班如，匪寇婚媾。女子貞不字，十年乃字。	六二，屯如亶如，乘馬驙如，匪寇昏冓。女子貞不字，十年乃字。
屯卦	（六三）君子幾，不如舍。往吝。	（六三）君子機，不如舍。往吝。
屯卦	六四，乘馬班如，求婚媾。	六四，乘馬班如，求昏冓。
屯卦	上六，乘馬班如，泣血漣如。	上六，乘馬班如，泣血㦄如。
蒙卦	九二，包蒙，吉。納婦吉。	九二，包蒙，納婦吉。
蒙卦	六三，勿用取女。	六三，勿用娶女。
需卦	九二，需于沙。	九二，需于沚。
訟卦	上九，或錫之鞶帶，終朝三褫之。	上九，或錫之縏帶，終朝三扡之。
比卦	九五，顯比。王用三驅，失前禽。	九五，顯比。王用三敺，失前禽。
小畜	九三，輿說輻。	九三，䡞說腹。
小畜	（上九）月幾望，君子征凶。	（上九）月近望，君子征凶。
履卦	六三，眇能視，跛能履。	六三，眇而眄，跛而履。
履卦	上九，視履，考祥；其旋，元吉。	上九，眂履，考詳；其旋，元吉。
泰卦	初九，拔茅茹以其彙，征吉。	初九，拔茅茹，以其菒，征吉。
泰卦	九二，包荒。	九二，苞㡡。
泰卦	六四，翩翩不富以其鄰。	六四，偏偏不富以其鄰。
泰卦	上六，城復于隍。	上六，城復于堭。
否卦	初六，拔茅茹以其彙，貞吉。	初六，拔茅茹以其菒，貞吉。
否卦	六二，包承，小人吉，大人否亨。	六二，苞承，小人吉，大人否亨。
否卦	六三，包羞。	六三，苞羞。
否卦	九四，有命无咎，疇離祉。	九四，有命无咎，翯离祉。
同人	九四，乘其墉，弗克攻，吉。	九四，乘其庸，弗克攻，吉。
大有	九二，大車以載，有攸往，无咎。	九二，大轝以載，有攸往，无咎。
大有	九四，匪其彭，无咎。	九四，匪其尪，无咎。

〔註335〕句讀之法，根據樓宇烈校釋《王弼集校釋》，北京：中華書局，1999年12月
　　　　1版北京3刷。

大有	上九，自天祐之，吉，无不利。	上九，自天右之，吉，无不利。
謙卦	謙，亨。	嗛，亨。
謙卦	初六，謙謙君子，用涉大川，吉。	初六，嗛嗛君子，用涉大川，吉。
謙卦	六二，鳴謙，貞吉。	六二，鳴嗛，貞吉。
謙卦	九三，勞謙，君子有終，吉。	九三，勞嗛，君子有終，吉。
謙卦	六四，无不利，撝謙。	六四，无不利，撝嗛。
謙卦	上六，鳴謙，利用行師。	上六，鳴嗛，利用行師。
豫卦	九四，由豫，大有得。勿疑，朋盍簪。	九四，由豫，大有得。勿疑，朋盍戠。
噬嗑	初九，屨校滅趾，无咎。	初九，屨校滅止，无咎。
噬嗑	六三，噬腊肉，遇毒。小吝，无咎。	六三，噬昔肉，遇毒。小吝，无咎。
賁卦	初九，賁其趾，舍車而徒。	初九，賁其止，舍車而徒。
賁卦	六四，賁如皤如，白馬翰如，匪寇婚媾。	六四，賁如皤如，白馬翰如，匪寇昏冓。
剝卦	六三，剝之无咎。	六三，剝无咎。
剝卦	（上九）君子得輿，小人剝廬。	（上九）君子德車，小人剝廬。
復卦	（復）朋來无咎。反復其道。	（復）崩來无咎。反復其道。
大畜	九二，輿說輹。	九二，輹說腹。
大畜	（九三）日閑輿衛。	（九三）日閑輿衛。
大畜	六四，童牛之牿，元吉。	六四，童牛之告，元吉。
頤卦	六四，顛頤，吉。虎視眈眈，其欲逐逐，无咎。	六四，顛頤，吉。虎眂眈眈，其欲湵湵，无咎。
大過	九二，枯楊生稊，老夫得其女妻。	九二，枯楊生梯，老夫得其女妻。
習坎	六四，樽酒、簋貳、用缶，納約自牖，終无咎。	六四，尊酒、簋貳、用缶，內約自牖，終无咎。
習坎	九五，坎不盈，祗既平，无咎。	九五，坎不盈，褆既平，无咎。
習坎	上六，係用徽纆。	上六，繫用徽纆。
離卦	離。利貞，亨。	离。利貞，亨。
離卦	六二，黃離，元吉。	六二，黃离，元吉。
離卦	九三，日昃之離，不鼓缶而歌，則大耋之嗟，凶。	九三，日昃之离，不擊缶而歌，則大耋之差。
離卦	九四，突如其來如。	九四，充如其來如。
離卦	六五，出涕沱若，戚嗟若，吉。	六五，出涕沱魼，戚差魼，吉。
咸卦	初六，咸其拇。	初六，咸其母。
恆卦	初六，浚恆，貞凶，无攸利。	初六，濬恆，貞凶，无攸利。

恆卦	上六，**振**恆，凶。	上六，**震**恆，凶。
遯卦	**遯**。亨，小利貞。	**逯**。亨，小利貞。
遯卦	初六，**遯**尾，厲。勿用有攸往。	初六，**逯**尾，厲。勿用有攸往。
遯卦	九三，係**遯**，有疾厲；畜臣妾吉。	九三，係**逯**，有疾厲；畜臣妾吉。
遯卦	九四，好**遯**，君子吉，小人否。	九四，好**逯**，君子吉，小人否。
遯卦	九五，嘉**遯**，貞吉。	九五，嘉**逯**，貞吉。
遯卦	上九，肥**遯**，无不利。	上九，**飛逯**，无不利。
大壯	初九，壯于**趾**，征凶，有孚	初九，壯于**止**，征凶，有孚
大壯	九四，貞吉，悔亡。藩決不羸。壯于大**輿**之**輹**。	九四，貞吉，悔亡。藩決不羸。壯于大**轝**之**腹**。
晉卦	**晉**。康侯用錫馬蕃庶。	**瑨**。康侯用錫馬蕃庶。
晉卦	初六，**晉**如摧如，貞吉。	初六，**瑨**如，摧如，貞吉。
晉卦	六二，**晉**如愁如，貞吉。	六二，**瑨**如愁如，貞吉。
晉卦	九四，晉如**鼫鼠**，貞厲。	九四，晉如**碩鼠**，貞厲。
晉卦	六五，悔亡。**失**得勿恤。往，吉。	六五，悔亡。**矢**得勿恤。往，吉。
晉卦	上九，**晉**其角，維用伐邑。	上九，**瑨**其角，維用伐邑。
明夷	六二，明夷，**夷**于左股，用**拯**馬壯吉。	六二，明夷，**睇**于左股，用**抍**馬壯吉。
明夷	九三，明夷于南**狩**，得其大首。	九三，明夷于南**守**，得其大首。
明夷	六五，**箕子**之明夷，利貞。	六五，**其子**之明夷，利貞。
家人	九三，家人**嗃嗃**，悔厲，吉。婦子**嘻嘻**，終吝。	九三，家人**熇熇**，悔厲，吉。婦子**喜喜**，終吝。
睽卦	六三，見輿曳，其牛**掣**。	六三，見輿曳，其牛**觢**。
睽卦	（上九）先張之弧，後說之**弧**。匪寇**婚媾**。往，遇雨則吉。	（上九）先張之弧，後說之**壺**。匪寇**昏冓**。往，遇雨則吉。
蹇卦	**蹇**。利西南，不利東北。	**蹇**。利西南，不利東北。
蹇卦	初六，往**蹇**，來譽。	初六，往**蹇**，來譽。
蹇卦	六二，王臣**蹇蹇**，匪躬之故。	六二，王臣**蹇蹇**，匪躬之故。
蹇卦	九三，往**蹇**，來反。	九三，往**蹇**，來反。
蹇卦	六四，往**蹇**，來連。	六四，往**蹇**，來連。
蹇卦	九五，大**蹇**，朋來。	九五，大**蹇**，朋來。
蹇卦	上六，往**蹇**，來碩，吉。	上六，往**蹇**，來碩，吉。
解卦	九四，解而**拇**，朋至斯孚。	九四，解而**母**，朋至斯孚。
解卦	上六，公用射隼于高**墉**之上。	上六，公用射隼于高**庸**之上。

益卦	六四，中行告公從，利用爲依遷國。	六四，中行告公從，利用爲依遷邦。
夬卦	初九，壯于前趾，往不勝，爲咎。	初九，壯于前止，往不勝，爲咎。
姤卦	姤。女壯。	遘。女壯。
姤卦	初六，繫于金柅，貞吉。有攸往，見凶。羸豕孚蹢躅。	初六，係于金鑈，貞吉。有攸往，見凶。羸豕孚蹢躅。
姤卦	九二，包有魚，无咎，不利賓。	九二，苞有魚，无咎，不利賓。
姤卦	九四，包无魚，起凶。	九四，苞无魚，起凶。
姤卦	九五，以杞包瓜，含章，有隕自天。	九五，以杞苞瓜，含章，有隕自天。
姤卦	上九，姤其角，吝，无咎。	上九，遘其角，吝，无咎。
萃卦	萃。亨。王假有廟。	萃。王假有廟。
萃卦	六三，萃如嗟如，无攸利。往无咎。	六三，萃如嗟如，无攸利。往无咎。
升卦	初六，允升，大吉。	初六，䩅升，大吉。
困卦	九四，來徐徐，困于金車，吝，有終。	九四，來徐徐，困于金轝，吝，有終。
困卦	上六，困于葛藟，于臲卼。	上六，困于葛藟，於倪仉。
井卦	羸其瓶，凶。	累其瓶，凶。
井卦	九二，井谷射鮒，甕敝漏。	九二，井谷射鮒，雍敝漏。

圖表 5-4-2　王弼與惠棟《繫辭傳》原文對照差異情形

王弼《周易注》原文	惠棟《周易述》原文
是故，剛柔相摩，八卦相盪。	是故，剛柔相摩，八卦相蕩。
天下之理得，而成位乎其中矣。	天下之理得，而易成位乎其中矣。
聖人設卦觀象。繫辭焉而明吉凶，剛柔相推而生變化。	聖人設卦觀象。繫辭焉而明吉凶悔吝，剛柔相推而生變化。
是故，君子所居而安者，易之序也；所樂而玩者，爻之辭也。是故，君子居則觀其象而玩其辭，動則觀其變而玩其占，是以自天祐之，吉，无不利。	是故，君子所居而安者，易之象也；所變而翫者，爻之辭也。是故，君子居則觀其象而翫其辭，動則觀其變而翫其占，是以自天右之，吉，无不利。
精氣爲物，遊魂爲變。	精氣爲物，游魂爲變。
百姓日用而不知，故君子之道鮮矣。	百姓日用而不知，故君子之道眇矣。
效法之謂坤，極數知來之謂占，通變之謂事，陰陽不測之謂神。	爻法之謂坤，極數知來之謂占，通變之謂事，陰陽不測之謂神。
夫坤，其靜也翕，其動也闢，是以廣生焉。	夫坤，其靜也脅，其動也辟，是以廣生焉。
知崇禮卑。崇效天，卑法地。	知崇體卑。崇效天，卑法地。
聖人有以見天下之賾，而擬諸其形容。	聖人有以見天下之嘖，而儗諸其形容。
而觀其會通，以行其典禮。	而觀其會通，以行其等禮。

言天下之至賾而不可惡也，言天下之至動而不可亂也。擬之而後言，議之而後動，擬議以成其變化。	言天下之至嘖而不可惡也，言天下之至嘖而不可亂也。儗之而後言，儀之而後動，儗儀以成其變化。
勞謙，有終吉。子曰：勞而不伐，有功而不德，厚之至也。	勞嗛，君子有終吉。子曰：勞而不伐，有功而不置，厚之至也。
德言盛，禮言恭。謙也者，致恭以存其位者也。	德言盛，禮言恭。嗛也者，致恭以存其位者也。
亢龍有悔。子曰：貴而无位。	忼龍有悔。子曰：貴而无位。
子曰：作《易》者，其知盜乎。	子曰：爲《易》者，其知盜乎。
上慢下暴，盜思伐之矣。慢藏誨盜，冶容誨淫。	上嫚下暴，盜思伐之矣。嫚藏悔盜，野容悔淫。
乾之策，二百一十有六；坤之策，百四十有四。凡三百六十，當期之日。二篇之策，萬有一千五百二十，當萬物之數也。	乾之筴，二百一十有六；坤之筴，百四十有四。凡三百六十，當期之日。二篇之筴，萬有一千五百二十，當萬物之數也。
引而伸之，觸類而長之，天下之能事畢矣。	引而信之，觸類而長之，天下之能事畢矣。
是故可與酬酢，可與祐神矣。	是故可與酬酢，可與右神矣。
《易》有聖人之道四焉，以言者尚其辭，以動者尚其變，以制器者尚其象，以卜筮者尚其占。是以君子將有爲也，將有行也。問焉而以言，其受命也如響。无有遠近幽深，遂知來物。非天下之至精，其孰能與於此？參伍以變，錯綜其數。	《易》有聖人之道四焉：以言者尚其辭，動者尚其變，制器者尚其象，卜筮者尚其占。是故君子將有爲也，將有行也，問焉而以言，其受命也如嚮。无有遠近幽深，遂知來物。非天下之至精，其孰能與於此？參五以變，錯綜其數。
夫《易》，聖人之所以極深而研幾也。唯深也，故能通天下之志；唯幾也，故能成天下之務。	夫《易》，聖人之所以極深而挈機也。唯深也，故能通天下之志；唯機也，故能成天下之務。
夫《易》，開物成務，冒天下之道，如斯而已者也。	開物成務，冒天下之道，如斯而已者也。
六爻之義，易以貢。聖人以此洗心，退藏於密，吉凶與民同患。……古之聰明叡知，神武而不殺者夫？	六爻之義，易以工。聖人以此先心，退藏於密，吉凶與民同患。……古之聰明睿知，神武而不殺者夫？
是故闔戶謂之坤，闢戶謂之乾，一闔一闢謂之變。	是故盍戶謂之坤，辟戶謂之乾，一盍一辟謂之變。
是故，易有太極，是生兩儀。	是故，易有大極，是生兩儀。
探賾索隱，鉤深致遠，以定天下之吉凶，成天下之亹亹者，莫大乎蓍龜。	探嘖索隱，鉤深致遠，以定天下之吉凶，成天下之娓娓者，莫善乎蓍龜。
《易》曰：自天祐之，吉，无不利。子曰：祐者，助也。……是以自天祐之，吉，无不利也。	《易》曰：自天右之，吉，无不利。子曰：右者，助也。……是以自天右之，吉，无不利也。
舉而錯之天下之民，謂之事業。	舉而措之天下之民，謂之事業。
是故，夫象，聖人有以見天下之賾，而擬諸其形容。象其物宜，是故謂之象。聖人有以見天下之動，而觀其會通，以行其典禮。繫辭焉，以斷其吉凶，是故謂之爻。極天下之賾者存乎卦，鼓天下之動者存乎辭。……默而成之，不言而信，存乎德行。	是故，夫象，聖人有以見天下之嘖，而儗諸其形容。象其物宜，是故謂之象。聖人有以見天下之動，而觀其會通，以行其等禮。繫辭焉，以斷其吉凶，是故謂之爻。極天下之嘖者存乎卦，鼓天下之動者存乎辭。……默而成，不言而信，存乎德行。

繫辭正而命之，動在其中矣。	繫辭正而明之，動在其中矣。
夫坤，隤然示人簡矣。爻也者，效此者也；象也者，像此者也。	夫坤，退然示人簡矣。爻也者，效此者也；象也者，象此者也。
天地之大德曰生，聖人之大寶曰位。	天地之大德曰生，聖人之大保曰位。
古者包犧氏之王天下也，仰則觀象於天，俯則觀法於地。	古者庖犧氏之王天下也，仰則觀象于天，俯則觀法于地。
作結繩而爲罔罟，以佃以漁，蓋取諸離。	作結繩而爲罟，以田以魚，蓋取諸离。
包犧氏沒，神農氏作。	庖犧氏沒，神農氏作。
是以，自天右之，吉，无不利。	是以，自天右之，吉，无不利。
刳木爲舟，掞木爲楫，舟楫之利以濟不通，致遠以利天下，蓋取諸渙。	挎木爲舟，掞木爲楫，舟楫之利以濟不通，致遠以利天下，蓋取諸渙。
服牛乘馬，引重致遠，以利天下，蓋取諸隨。重門擊柝，以待暴客，蓋取諸豫。斷木爲杵，掘地爲臼，臼杵之利，萬民以濟，蓋取諸小過。弦木爲弧，剡木爲矢，弧矢之利，以威天下，蓋取諸睽。	犕牛乘馬，引重致遠，以利天下，蓋取諸隨。重門擊㯩，以待虣客，蓋取諸豫。斷木爲杵，闕地爲臼，臼杵之利，萬民以濟，蓋取諸小過。弦木爲弧，掞木爲矢，弧矢之利，以威天下，蓋取諸睽。
是故，易者，象也。象也者，像也。	是故，易者，象也。象也者，象也。
往者，屈也；來者，信也。屈信相感而利生焉。尺蠖之屈，以求信也；龍蛇之蟄，以存身也。	往者，詘也；來者，信也。詘信相感而利生焉。尺蠖之詘，以求信也；龍虵之蟄，以存身也。
動而不括，是以出而有獲。	動而不桰，是以出而有獲。
不見利不勸，不威不懲，小懲而大誡，此小人之福也。《易》曰：屨校滅趾，无咎，此之謂也。	不見利不動，不威不徵，小徵而大誡，此小人之福也。《易》曰：屨校滅止，无咎，此之謂也。
故惡積而不可掩，罪大而不可解。	故惡積而不可揜，辠大而不可解。
子曰，德薄而位尊，知小而謀大，力小而任重，鮮不及矣。《易》曰：鼎折足，覆公餗，其刑渥，凶。	子曰，德薄而位尊，知少而謀大，力少而任重，尟不及矣。《易》曰：鼎折足，覆公餗，其刑屋，凶。
君子見幾而作，不俟終日。	君子見幾而作，不竢終日。
君子知微知彰，知柔知剛，萬夫之望。	君子知微知章，知柔知剛，萬夫之望。
天地絪縕，萬物化醇；男女構精，萬物化生。	天地壹壺，萬物化醇；男女覯精，萬物化生。
其稱名也，雜而不越。	其稱名也，雜而不⿺辶戉。
夫易，彰往而察來，而微顯闡幽。	夫易，章往而察來，而微顯闡幽。
開而當名辨物，正言斷辭，則備矣。	開而當名辯物，正言斷辭，則備矣。
謙，德之柄也。……困，德之辨也。……謙，尊而光，復，小而辨于物。……謙，以制禮。	嗛，德之柄也。……困，德之辯也。……嗛，尊而光，復，小而辯于物。……嗛，以制禮。
《易》之爲書也不可遠，爲道也屢遷。	《易》之爲書也不可遠，爲道也婁遷。
初率其辭，而揆其方。	初帥其辭，而揆其方。

初辭**擬**之，卒成之終。	初辭**儗**之，卒成之終。
能說諸心，能**研**諸侯之慮，定天下之吉凶，成天下之**亹亹**者。是故，變化云爲，吉事有有祥。	能說諸心，能**挈**諸侯之慮，定天下之吉凶，成天下之**娓娓**者。是故，變化云爲，吉事有有**詳**。
是故，**爰**惡相攻而吉凶生。	是故，**悉**惡相攻而吉凶生。
失其守者其辭**屈**。	失其守者其辭**詘**。

圖表 5-4-3　王弼與惠棟《說卦傳》原文對照差異情形

王弼《周易注》原文	惠棟《周易述》原文
雷以動之，風以散之，雨以潤之，日以**烜**之。	雷以動之，風以散之，雨以潤之，日以**晅**之。
帝出乎震，齊乎巽，相見乎**離**。	帝出乎震，齊乎巽，相見乎**离**。
離也者，明也，萬物皆相見。	**离**也者，明也，萬物皆相見。
橈萬物者莫疾乎風。	**撓**萬物者莫疾乎風。
坎，陷也。**離**，麗也。……**離**爲目。……**離**爲雉。……**離**再索而得女。	坎，陷也。**离**，麗也。……**离**爲目。……**离**爲雉。……**离**再索而得女。
爲駁馬，……爲**均**，爲子母牛，爲大**輿**。	爲駁馬，……爲**旬**，爲子母牛，爲大**輿**。
震爲雷，爲**龍**，爲玄黃，爲**旉**。	震爲雷，爲**駹**，爲玄黃，爲**專**。
其於人也，爲寡髮，……爲矯**輮**，……爲**亟**心，……**离**爲火，……爲甲冑，……其於木也，爲科上**槁**，……其於木也，爲堅多節，……爲**妾**，爲羊。	其於人也，爲宣髮，……爲矯**揉**，……爲**極**心，……**離**爲火，……爲甲冑，……其於木也，爲**折**上**槀**，……其於木也，爲多節，……爲**妾**，爲**羔**。

圖表 5-4-4　王弼與惠棟《文言傳》原文對照差異情形

王弼《周易注》原文	惠棟《周易述》原文
不易**乎**世，不成**乎**名。**遯**世无悶，不見是而无悶。樂則行之，憂則違之，**確**乎其不可拔。	不易世，不成名。**遂**世无悶，不見是而无悶。樂則行之，憂則違之，**寉**乎其不可拔。
君子終日乾乾，夕惕若，**屬**无咎。	君子終日乾乾，夕惕若**夤**，**屬**无咎。
水流**濕**，火就燥。	水流**溼**，火就燥。
亢龍有悔，何謂也？	**忼**龍有悔，何謂也？
亢龍有悔，窮之災也。	**忼**龍有悔，窮之災也。
亢龍有悔，與時偕極。	**忼**龍有悔，與時偕極。
剛健中正，純**粹**精也。	剛健中正，純**晬**精也。
亢之爲言也，知進而不知退。	**忼**之爲言也，知進而不知退。
陰疑於陽必戰，爲其嫌於无陽也，故稱龍焉。猶未離其類也，故稱血焉。夫玄黃者，天地之雜也，天玄而地黃。	陰凝於陽必戰，爲其兼於陽也，故稱龍焉。猶未離其類也，故稱血焉。夫玄黃者，天地之**襍**也，天玄而地黃。

此外，惠棟於《九經古義・周易古義》中，言之鑿鑿的指出七十餘字皆當改正而無疑者，以下列舉如下：

圖表 5-4-5　《九經古義》易字統計表〔註 336〕

惠氏指出當改正者	惠氏主要根據
晉當為㬜。	从《說文》。
巽當為𢄖。	从《說文》。
垢當為遘。	从古文。
乾（《文言》）「確乎其不可拔」；《繫辭》「確然示人」。《易》皆當作「寉」。	从《說文》，或作碻。見《鄭烈碑》周伯琦曰：寉，胡沃切。鶴字从此，俗用為鶴字，非。
坤初六《象》「陰始凝也」，「凝」乃俗「冰」字，古「冰」字作「仌」。	見《說文》「凝，俗冰字」。
（坤）六二「直方大」，鄭注云「直也，方也」，……《象傳》、《文言》皆不釋「大」，疑「大」字衍。	鄭注與《象傳》、《文言》。
屯初九「盤桓」；漸六二「鴻漸于磐」，皆當作「般」。	《仲秋下旬碑》作「股桓」。《釋文》云「本亦作盤」。案古「盤」字皆作「般」，與「股」同。《尚書・盤庚》蔡邕《石經》作「般」。
（屯）六二「乘馬班如」，當作「般」，古文「班」。	从鄭本。《左傳》「班馬之聲，役將班矣」，古皆作「般」。
（屯）「匪寇婚媾」，當作「昏冓」。	从鄭本。
（屯）上六「泣血漣如」，「漣」本「瀾」別字，當作「㦁」，或省文作「連」。	《說文》引作「㦁」，或古从立心。《淮南子》作「連」。
蒙《象》「匪我求童蒙，童蒙求我」，一本有「童蒙來求我」。	高誘引云「童蒙來求我」，《釋文》云「一本有來字」。
（需）九二「需于沙」，當作「沚」。棟案：「沚」當作「沚」，與「沙」同。	鄭本「沙」作「沚」。潭長說「沙」或作「沚」。
訟上九「終朝三褫之」，「褫」當作「拕」。	鄭康成作「三拕之」。《淮南子・人間訓》「遇盜拕其衣被」。楊慎同作「拕」。
師九二《象》「承天寵也」，當作「龍」，古文「寵」。與「邦」協韻。	从王肅。《毛詩・蓼蕭》云「為龍為光」，《左傳》作「寵」。《商頌》「何天之龍」，鄭箋云「龍當作寵」。「邦」讀為「牛」。
比初六「終來有他吉」，當作「它」。	《釋文》、宋本皆然。
（比）九五「王用三驅」，當作「毆」，古文「驅」。	鄭本作「毆」。《說文》「古文毆，从支」。《漢書》皆以「毆」為「驅」。

小畜九五「有孚攣如」，當作「孌」，古「戀」字。	《子夏傳》作「戀」。《隸釋》中〈景君碑〉等皆以「孌」為「戀」。古文「戀」字作「孌」。
履上九「視履考祥」，本作「詳」，古「祥」字。	見《釋文》。古文「祥」作「詳」，又見蔡邕《尚書石經》，《左傳》、《公羊》猶然。《丙子學易編》作「詳」。《晁氏易》云「荀作詳，審也」。
泰初九「以其彙」，古文作「曹」。	《釋文》。
（泰）九二「包荒」，本作「忼」。	《說文》同。
（泰）六四「翩翩」，古文作「偏偏」。	王弼本作「篇篇」，今本與《子夏傳》同。
否九四「疇離祉」，當作「禼」，古文「疇」。	從鄭本。見《說文》。
（謙）「謙亨君子有終」，「謙」當為「嗛」，餘字皆同。	《子夏傳》作「嗛」。《漢書‧藝文志》云「《易》之嗛」。師古曰「嗛，古謙字」。《史記‧樂書》及《馮煥殘碑》皆以「嗛」為「謙」。
豫六二「介于石」，古文作「砎」。	《釋文》「晉孔坦書云：砎石之易悟」。
（豫）九四「朋盍簪」，古文「貸」，或作「戠」。	陸德明曰：「古文作貸，京作撍，馬作臧，荀作宗，虞翻作戠。」
隨《象》「君子以嚮晦」，當作「鄉」，古「嚮」字。	從王肅。《說卦》「嚮明而治」同。《左傳》皆以「鄉」為「嚮」。
无妄《象》「天命不祐」，當作「右」，古「祐」字。	從馬融，《繫辭》「可與祐神」同。
大畜六四「童牛之牿」，當作「告」。或作「梏」。	從《說文》、《九家》。從鄭本。
坎六三「險且枕」，古文「枕」作「沈」。	從《說文》。
（坎）六四「樽酒」，當作「尊」。	從《說文》。
離九三「日昃之離」，當作「昗」。	從《說文》。今作「昃」，亦譌。豐《象》「日中則昃」，同。
睽六三「其牛掣」，當作「觢」，或作「挈」。	從《說文》。從鄭氏。
（睽）上九「後說之弧」，當作「壺」。	諸家皆然。
明夷六二「用拯馬」，當作「抍」。	從子夏、《說文》。渙初六，同。
解《象》「甲坼」，當作「甲宅」。	從馬、鄭、陸諸家。
損「二簋可用享」，當作「軌」，古文「簋」。	從蜀才。據此則諸「簋」字，皆當作「軌」。見《儀禮》注。
損《象》「懲忿窒欲」，當作「徵」，古「懲」字。	《釋文》「懲」作「徵」。鄭康成「徵，猶清也」。
夬九三「壯于頄」，當作「頯」。	從鄭氏，《說文》無「頄」字。
姤《象》「后以施命誥四方」，當作「告」，古文「誥」。	從《說文》、京房。見鄭氏《禮記》注。
（姤）初六「羸豕孚蹢躅」，古文作「蹢跾」。	「啻」與「商」通，「逐」與「蜀」，古今字。
萃《象》「聚以正」，當作「取」，古「聚」字。	荀爽本。

困六三「據于蒺藜」，當作「棃」。	从《唐石經》。
（困）上六「臲卼」，當作「槷杌」。	「槷」古文。「臲卼」，見薛、虞本。
豐初九「遇其配主」，當作「妃」。	从鄭、虞。
既濟六四「繻有衣袽」，古文作「襦」。	《釋文》。
《繫辭》「八卦相盪」，當作「蕩」。	从諸家。
「藏諸用」，「退藏於密」，「知以藏往」，皆當作「臧」。	从鄭、劉諸本。
「聖人有以見天下之賾」，凡「賾」字皆當作「嘖」。	从《釋文》。
「乾之策」，當作「筴」。下同。	从《釋文》。
「引而伸之」，當作「信」。古伸字。	見《釋文》。又《詩正義》亦引作「信士相見」。《禮》注云「古文伸作信」。范甯《穀梁解》云「信，伸字古今所共用」《律歷志》云「引者，信也」。見韋昭《外傳》注。
「聖人以此洗心」，《漢石經》作「先心」。	諸家皆同，唯韓伯作「洗」，非。
「乾坤其易之縕邪」，當作「韞」。	从虞翻。
「象也者，像也」，「像」當作「象」。	从諸家。
「以佃以漁」，「佃」當作「田」。「漁」當作「魚」。	从虞翻。見《釋文》。何休《公羊傳》亦云「田魚，讀如《論語》之語」。
「斲木爲耜」，當作「梠」。	从《說文》。
「天地絪縕」，當作壹「壺」。	从《說文》。《朱龜碑》作「壹絪」，或作「氤氳」，亦俗字。張有《復古編》云：壹从壺吉，於悉切，壺从壺凶，於云切。吉凶在壺中，不得渫也。別作「氤氳」，又作「絪縕」，並非。
「因貳以濟民行」，當作「弍」。古文「二」。	从鄭義。「貳」本「副貳」字。見《說文》。
「爲道也屢遷」，當作「婁」。	《說文》無「屢」字。《漢書》皆以「婁」爲「屢」。
「噫亦要存亡吉凶」，當作「意」。	毛萇曰「意，歎也」。
「兼三才」，當作「材」。下同。	《石經》，又宋本。
《說卦》「參天兩地」，當作「𠂤」。	从《說文》，「兩」本「斤兩」字。
「妙萬物而爲言」，當作「眇」。	从王肅、董遇。
「震爲專」，當作「尃」。	从延篤。
「爲的顙」，當作「旳」。	从《說文》。又作「馰」。
「巽爲寡髮」，「寡」當作「宣」。	从《釋文》、鄭玄、虞翻。
「離爲乾卦」，「乾」當作「幹」。	从鄭氏、董遇作「幹」。《列子》云「木葉幹殼」，注云「幹，音乾」。

上列前四表取自《周易述》之說，末表 5-3-5 則引自《九經古義·周易古義》。二書雖同爲惠棟之作，但可能因爲爲不同時間之作，《周易述》爲未完成全書的著作較《九經古義》爲後，改易之經文，雖粗略相近，卻亦有諸多不同的地方。例如今本乾卦九三「夕惕若，厲无咎」，《周易述》中作「夕惕若夤，厲无咎」，增「夤」字，此一說法，《周易古義》中並未舉出。乾卦上九「亢龍有悔」，《周易述》作「忼龍有悔」，《古義》中亦無。屯卦六二「屯如邅如」作「屯如亶如」；蒙卦六三「勿用取女」作「勿用娶女」；訟卦上九「或錫之鞶帶」作「或錫之槃帶」，等等，《九經古義》中亦皆無舉出，類似的例子非常的多。可見《九經古義》涵攝九經，數量龐大，惠氏僅以重點就說，而單述《周易》的著作如《周易述》者，則更爲詳細周密，所以校考的不同處自然就多了；且前後著作的時間上之不同，後出轉精也是自然的道理。故在這方面的差異，毋須置疑。但是，也有一種現象，是即校勘易字的認定上的差異，前出之《九經古義》，其所有者，但至《周易述》所無者，則當是惠氏修正前說而形成的現象，例如《九經古義》中指出「巽當爲顨」，然而在《周易述》並無此說，並皆作「巽」字。又，二書論述上的明顯不同，並且難以擇定何說爲主者，如屯卦六二「乘馬班如」，《九經古義》中，惠氏言之鑿鑿指出「班」字當作「般」，從鄭玄之說，並且指出《左傳》有所謂「班馬之聲，役將班矣」，等諸「班」字，古皆作「般」。〔註337〕然而，惠氏復於《周易述》中作「乘馬驙如」，也就是改易今本「乘馬班如」以及不同於其《古義》所說「乘馬般如」，而校作「乘馬驙如」。惠氏並釋「驙如」義，引《說文》云「驙者，馬重難行」，指出「震爲馬鼻足，故驙如也」。〔註338〕作此「驙如」解釋，卻未說明何以改易「班如」或「般如」爲「驙如」的理由，所據何在，未能得知。同時，《古義》以九二「班如」爲「般如」，那六四與上六亦皆有「乘馬班如」文，也當改爲「乘馬般如」，但《古義》於此則無交待。至於《周易述》，對於今本六四與上六作「乘馬班如」，並無如九二改作「乘馬驙如」，而且還訓「班，別也」，〔註339〕仍原本今說，肯定「班」爲正字無誤，也就是同王弼本之文；如此看來，《周易述》中的看法，似乎將今本九二與六四、上六同樣的爻辭「乘馬班如」，改易作了不同的二說，九二改作「乘馬驙如」，

〔註337〕見《九經古義·周易古義》，卷二，頁376。
〔註338〕見《周易述》，卷一，頁18。
〔註339〕見《周易述》，卷一，頁18。

六四與上六則同於今本。這樣諸多的差異，也引人疑惑者，惠棟並未作交待。而且，既重視訓解文義前的校勘工作，對於改易的文字，應當作詳實合理的說明，但類似「乘馬驙如」的「驙」字，惠棟不論是《九經古義》，或是《周易述》，乃至其它易學論著，皆無作交待。改易古文，本是一件極其慎重的事，此種有失嚴謹的例子，實在是不應該存在的。另外，身爲一位負責任的作著者，或是一個著述謹慎的漢學家、樸學家，前後論著上出現不同的情形，當然可能是一種正常的現象，畢竟人的一生治學，總會成長改變，尤其考證的歷程中，隨著文獻的發現與取得，以及論證的修補等等，觀念見解上當會有改變，然而，對於何以改變，改變的依據爲何，則是應該交待說明的，這方面，惠氏並無，誠其可惜。不過，《周易述》也是一部未竟之作，既是未竟，則宜寬度待之。

從二家的對照，可以看到惠棟的改易甚多，雖然多，也非無所根據而無端亂改。經文異字的確定，是屬於經學上嚴密的校勘工作，校勘的論斷，必須根據最直接有效的文獻資料，作合理而可靠的審慎評詁。而這些最直接有效的文獻資料之認定，從時間點上言，則以早出者之可信度尤高，先秦必勝於兩漢，而後魏晉、隋唐以降；孟喜、京房（西元前 77～前 37 年）早於鄭玄（西元 127～200 年）、荀爽（西元 128～190 年）、虞翻（西元 146～233 年），而鄭氏等又早於王弼（西元 226～249 年）、韓康伯（西元 332～380 年）者，前者與王弼等之差，至少有百年左右。所以單從時間的角度言，孟、京、鄭、虞之說，從文獻的取用上，較王弼接近原典，也就是可信度較王弼爲高。並且，隨著時空的改變，文字語言也會隨著鈔錄傳述的過程中而改變，惠棟認定王弼多采俗字，事實上，以漢魏文字改變急遽變化下，這是可能存在的。不過，一切仍需回歸實證的推求，而惠棟對王氏的批評，也非全然偏見或無的放矢。

二、從文獻校勘看其改易

校勘文字的論定，必須建立在可驗證的可靠根據上，也就是文獻的論證，而校勘方法的運用，亦與文獻有密切的關係。以傳統校勘方法運用的角度觀之，校勘的方法，各家說法不一，大抵一般傳統上，有所謂的「對校法」、「本校法」、「他校法」與「理校法」等四種。〔註340〕「對校法」即以校勘的祖本與他本的

〔註340〕對校法即「以同書之祖本或別本對校。遇不同之處，則注于其旁。劉向《別錄》所謂『一人持本，一人讀書，若怨家相對』者，即此法也。此法最簡便，

對校；就《周易》而言，最原始的《周易》祖本爲何，已不能確定，而純粹的今文經版本或是古文經版本，也無完整的存在，所以恐怕不易進行「對校法」了。因此，校勘方法上，則采用其它三種方式。透過「本校法」可以進行上下文或前後文的互證對勘；或者采取前人或後之書的校勘之「他校法」；更可以藉由諸家異文、或是古書中有關文字的正誤情形的推理考正之「理校法」行之。惠氏在考校經傳文字時，三者方法均有涉及，尤廣爲運用者，則是「他校法」與「理校法」。至於從校勘改易文字的內容觀之，包括有改字、刪字、增字、句讀之校定等等，其中以易字的情形最多。以下舉列說明：

（一）改字方面

　　惠棟文字之校勘，十之八九以上皆作改字。如比䷇卦九五，今本作「王用三驅」，惠氏則作「王用三敺」，《九經古義》中特別指出：

> 鄭本作「敺」。案：《說文》「驅，馬馳也，古文作敺，从攴」。《漢書》皆以「敺」爲「驅」。康成傳《費氏易》，費直本皆古字，號《古文易》，當从之，是正。〔註341〕

鄭玄作「敺」，出於《釋文》之說，同時《周易集解》引虞翻之注，亦以「三敺」爲訓；此見漢代《易》家之說，其證一。惠氏又引《說文》云「驅」之古文作「敺」；此其證二。又指出《漢書》皆以「敺」爲「驅」，如《漢書・郊祀志》「先敺失道」、《漢書・韓信列傳》「敺市人而戰之也」等，「敺」與「驅」

最穩當，純屬機械法。其主旨在校錄異同，不校是非。故其短處在不負責任，雖祖本或別本有訛，亦照式錄之；而其長處則在不參己見，得此校本，可知祖本或別本之本來面目。故凡校一書，必須先用對校法，然後再用其他校法」。通對對校，以發現版本間的不同，發現問題所在，並進一步解決問題。本校法即「以本書前後互證，而抉摘其異同，則知其中之謬誤」，「此法於未得祖本或別本以前，最宜用之」。所以本校是據上下文來校正古書文字訛誤的一種校勘方法。他校法者，則「以他書法本書。凡其書有采自前人者，可以前人之書校之，有爲後人所引用者，可以後人之書校之；其史料有爲同時之書所並載者，可以同時之書校之。此等校法，範圍較廣，用力校勞，而有時非此不能證明其訛誤」。理校法，即「段玉裁曰：『校書之難，非照本改字不訛不漏之難，定其是非之難。』所謂理校法也。遇無古本可據，或數本互異，而無所適從之時，則須用此法。此法須通識爲之，否則鹵莽滅裂，以不誤爲誤，而糾紛愈甚矣。故最高妙者此法，最危險亦此法」。參見陳垣《校勘學釋例》（臺北：學生書局，1970 年初版，頁 144～149。）與管錫華《校勘學》（安徽：安徽教育出版社，1991 年 7 月 1 版 1 刷，頁 135～181。）。

〔註341〕見《九經古義・周易古義》，卷一，頁 364。

同，並爲古今字；〔註342〕此其證三。惠氏並推論鄭玄以傳費氏古《易》爲主，鄭氏用字，也以古字爲先；此亦推論之證。因此，惠氏認爲《周易》用字，當以「毆」字爲古爲正，所以予以改易。惠氏此一校改之文，主要採取「他校法」與「理校法」行之，堪稱合理。

如履☰☱卦上九，今本作「考祥」，惠氏則作「考詳」，直云「詳，古文祥」，〔註343〕並且進一步指出：

> 《丙子學易編》云「考祥，古本或作考詳」。晁氏曰「荀作詳，審也」。
> 文意尤順。棟謂古「祥」字皆作「詳」。《石經尚書》及《左傳》、《公羊》猶然。〔註344〕

惠氏取宋代李心傳《丙子學易編》指出古本作「考詳」，並以《晁氏易》轉引荀爽之說，亦作「詳」字，同時更指出蔡邕《石經》作爲輔證，以肯定作「考詳」爲古爲正。惠氏引證有據，此亦理校兼他校之法而論。但是，是否能夠完全肯定作「詳」爲正，或是作「詳」爲古呢？或許從漢代官方的立場或是漢儒的普遍用字，「詳」確爲主，但不見得「詳」字爲正爲古。事實上，詳勘此文，引據尙多，如《釋文》云「祥本亦作詳」，基本上肯定作「詳」字是合理存在的，但並不否定「祥」字，特別是「祥」字在陸德明的認定上更具優先性。而《晁氏易》指出「鄭、荀作詳」，再加上《集解》本虞翻作「詳」，以及具有官方權威性的《石經》也作「詳」，可以看出漢代以用「詳」字爲主。但又看《書經‧呂刑》云「告爾祥刑」，《後漢書‧劉愷傳》則引作「詳刑」，《書經》爲早，是先秦舊書，具優先性，而《後漢書》則是後引者，於此，後將「祥」易作「詳」。此外，《孟子‧公孫丑下》「申詳」，而《禮記‧檀弓》則作「申祥」；《左傳‧成十六年》正義云「詳，祥也」。蓋眾說紛紜，以二字音同義近，故古多通用，但欲定何者爲先難成定說。但知家法不同而別，不必以誰爲先爲古。

如豫☷☳卦九四，今本作「朋盍簪」，惠氏作「朋盍戠」，並詳云：

> 《九家‧說卦》曰：坎爲叢棘，故爲聚。坤爲合，故曰戠，聚合也。
> 戠猶植也。鄭氏《禹貢》曰「厥土赤戠墳」，今本作「埴」。《考工記》
> 用土爲瓦，謂之摶埴之工。《弓人》云：凡昵之類，不能方先。鄭云

〔註342〕見《漢書‧郊祀志》，卷二十五下、《漢書‧韓信列傳》，卷三十四。顏師古並注云「『毆』與『驅』字同」。是漢代以二字通用，並爲古今字。
〔註343〕見《周易述》，卷二，頁51。
〔註344〕見《九經古義‧周易古義》，卷一，頁365。

故書昵作櫼。杜子春云：櫼，讀爲不義不昵之昵，或爲黐。黐，黏也。鄭氏謂櫼，脂膏。敗膱之膱，膱亦黏也。《說文》引《春秋傳》曰不義不黐，黐猶昵也。故先鄭讀膱爲昵。若然，櫼讀爲戠，膱讀爲埴，《易》作戠，《書》作埴，《考工》作櫼，訓爲膱，字異而音義皆同。《易》爲王弼所亂，都無戠字。《說文》戠字下缺鄭氏。《古文尚書》又亡，《考工》故書偏傍有異，故戠字之義，學者莫能詳焉。以土合水爲培，謂之搏埴。坤爲土，坎爲水，一陽倡而眾陰應，若水土之相黏著，故云「朋盍戠」。京房作「撍」，苟氏作「宗」，故云舊讀作「撍」作「宗」。王弼從京氏之本，又訛爲簪，後人不識，字訓爲固冠之簪。

爻辭作于殷末，已有秦漢之制，異乎吾所聞也。〔註345〕

惠氏首先以虞說爲訓，作「戠」字，並有「聚合」之義。其次以鄭本《禹貢》作「赤戠」，而今本作「赤埴」；以及引《考工記》、《弓人》、《說文》等等之說，以述明「櫼讀爲戠，膱讀爲埴，《易》作戠，《書》作埴，《考工》作櫼，訓爲膱」，諸字雖字異而音義皆同，皆有「黏合」、「聚會」之義。所以《集韻》訓「戠爲黏土」，實有識。是以「闔戶謂之坤」，坤爲盍；一陽倡而眾陰應，若水土之相黏著，稱爲「朋盍戠」。惠氏並進一步說明諸家異本，京氏作「撍」，苟氏作「宗」，除此之外，王肅作「貸」，馬融作「臧」，或作「宣」，莫衷一是，但終爲前述之義。惠氏特別強調王弼從京氏之本，將京氏「撍」字訛爲「簪」，後人不識，字訓爲固冠之簪，然而，古有笄而无簪，至秦漢始有之，禮制不合，所以作「簪」爲誤。惠氏詳考此文，引據分明，言之成理，此校勘詁訓之典範。

如大畜䷙九三，今本作「曰閑輿衛」，惠氏則作「日閑輿衛」，《周易述》中特別指出：

「曰」讀爲「日」，离爲日，坎爲閑習，坎爲車輿，乾人在上，震爲驚衛，講武閑兵，故「日閑輿衛」也。〔註346〕

並且明白指出「曰讀爲日，虞、鄭讀也」。戰鬥不可不習，備戰習兵爲爲用兵之要，即「鄭氏所謂日習車徒是也」。〔註347〕因此，從虞、鄭諸家所釋文義推之，則確作「日」爲正。又從文獻記載，《釋文》指出「鄭，人實反，云日習車徒」；

〔註345〕見《周易述》，卷三，頁76。
〔註346〕見《周易述》，卷四，頁116。
〔註347〕二括弧文，見《周易述》，卷四，頁117。

《集解》本與虞注皆作「日」。吳澄《易纂言》也提到「『日』舊本作『曰』，鄭、虞皆作『日』，晁氏曰『陸希聲謂當作日』，程、朱併從之」。〔註 348〕是取離日為象而言。

如大畜䷙六四，今本作「童牛之牿」，惠氏則作「僮牛之告」，《周易述》中特別指出：

> 萃坤為牛。《說文》曰：告从牛从口，牛觸人，角著橫木所以告。故云告謂以木楅其角也。《周禮·封人》曰：凡祭祀，飾其牛牲，設其楅衡。鄭彼注云：楅設于角。《詩，閟宮》曰：夏而楅衡。《毛傳》云：楅衡，設牛角以楅之，所謂木楅其角也。「告」，俗作「牿」，今從古。大畜之象，取象牛豕，義取畜養，豕交獸畜，亦有畜義，故云畜物之家。牛觸觝人，故惡其觸害。巽為木，鄭義也。五之正，四體巽，故施木于牛角，防其觸害也。〔註 349〕

《九經古義》亦云：

> 劉歆曰「牿之言角」。案：「牿」為牛馬牢，非角也。《九家》作「告」。《說文》引云：「僮牛之告，告者，牛觸人角，著橫木所以告也。从口从牛。」鄭本作「梏」，謂施梏於前足，是也。《鄭志》冷剛問大畜六四「童牛之梏，元吉」，注：巽為木，互體震，震為牛之足，足在艮體之中，艮為手持木以就足，是施梏。又蒙初六注云：木在足曰桎，在手曰梏。今大畜六四施梏于足，不審桎梏手足定有別否，荅曰：牛無手，以前足言之。棟案：《釋名》曰：牛羊之無角者曰童。《大玄》云：童牛角，馬明童牛者，無角之稱，童牛無角，是施梏於前足。許鄭二說近之，今作「牿」者非也。〔註 350〕

惠棟以《說文》釋義作為主要的論述依據，首先否定劉歆云「牿之言角」，認為依《說文》之釋，「牿」當為牛馬牢，並非為角；其次，指出防牛角觸人，於其角著橫木者為「告」，《說文》並且明白指出《易》作「僮牛之告」。《釋文》並指出《九家易》作「告」，此皆為作「僮牛之告」之直證。此外，《鄭志》作「童牛之梏」，《周禮·秋官司寇》賈公彥疏引鄭氏注作「梏」，並解作

〔註 348〕見吳澄《易纂言》，臺北：成文出版社《無求備齋易經集成》第三十五冊，據康熙十九年通志堂原刊本影印，1976 年臺 1 版，頁 106。
〔註 349〕見《周易述》，卷四，頁 117。
〔註 350〕見《九經古義·周易古義》，卷一，頁 367。

施梏。是「牿」與「梏」、「告」之義不同，而「梏」、「告」則義近。若以爻義推之，巽爲木，五之正，四體巽；牛觸牴人，惡其觸害，所以施木于牛角，以防其觸害，所以合於云六四「童牛之告，元吉」之義。

惠氏勘易文字，其數量最夥，大抵本諸漢儒舊說，以及《說文》、《釋文》等典籍所載爲依據，評斷異文，而作改易。改易說明，有詳有略；有考正周全，合理恰當，亦有一己之偏，強作定說。僅舉此數例，不一一詳明。

（二）刪字方面

惠棟刪字者，排除《彖傳》與《象傳》未作詳細統計外，大略有以下六例：

如萃 ䷬ 卦卦辭，今本作「亨，王假有廟」，惠棟作「王假有廟」，缺「亨」字。惠棟於《增補鄭氏周易》中，考訂鄭玄佚文，以《釋文》爲據，認爲「亨」字疑衍，以「疑」言之，未敢輕言作斷論。然而《周易述》中，則明確不用「亨」字，於萃卦卦名下直言「王假有廟」，可見惠棟明白主張刪除「亨」字。由惠氏諸著作中檢視其校勘此文，僅《增補鄭氏周易》言及，取《釋文》所說爲定論；《釋文》所記，大體純眞，《釋文》所本有「亨」字，並指出「王肅本同。馬、鄭、陸、虞等，並無此字」，〔註351〕也就是說陸氏之本與王肅同，但漢代如馬融、鄭玄、陸績、虞翻等人所本，則無「亨」字。此外，《帛書周易》卒（萃）卦卦辭亦無「亨」字，蓋可旁證漢代所本，大都以無「亨」字者。然今《集解》本及所引虞、鄭之文，皆有「亨」字，或陸氏所見版本與李氏所見不同。

如《繫傳》，今本作「作結繩而爲罔罟」，惠氏則缺「罔」字，作「作結繩而爲罟」。惠氏《周易述》明白指出「罟」字，古讀作「网古」，而「『罟』讀爲『网古』者，古文二字併，故誤也。鍾鼎文皆然」；〔註352〕也就是說，先秦古文，「罟」字本爲「网古」二字所併，若再增一「网」字，則成「网网古」了，此複字爲非，當去「网」字，作「罟」爲正。查《易緯乾鑿度》作「結繩而爲網罟」，《風俗通・三皇》亦作「結繩爲網罟」。然而，《釋文》去「网」作獨「罟」字，云「罟，馬、姚云：猶网也。黃本作『爲网罟』，云：取獸曰网，取魚曰罟」。〔註353〕此外，《周易集解》及所引《虞氏易》亦無「网」字。

〔註351〕見陸德明《經典釋文》，卷二，頁389。
〔註352〕見《周易述・繫辭下傳》，卷十七，頁479～480。
〔註353〕見陸德明《經典釋文》，卷二，頁396。下引，亦同此注。

是漢似有二本，一有「网」字，一則無。然以惠氏所考，鍾鼎文爲古，「罟」字確已概括「网古」二字，若視之爲古，尚稱合理。

如剝 ䷖ 卦六三，今本作「剝之，无咎」，惠棟作「剝，无咎」，刪「之」字。惠氏作此，並無作校正說明。然而，查馬王堆帛書《周易》、《漢石經》、敦煌唐寫本《周易》皆同惠氏作「剝，无咎」。又，陸氏《釋文》云「『剝，无咎』。一本作『剝之，无咎』，非」；陸氏肯定原本當作「剝，无咎」爲是。此外，《集解》本，荀爽作「剝，无咎」，《晁氏易》亦云「京、劉、荀爽、一行，皆無『之』字」。因此，《周易》原文當作「剝，无咎」；後人作「剝之，无咎」者，當據《象傳》而增。惠氏所用爲正，可惜並未詳明其由。

如《繫傳》，今本作「易有聖人之道四焉：以言者尚其辭，以動者尚其變，以制器者尚其象，以卜筮者尚其占」，惠氏則作「易有聖人之道四焉：以言者尚其辭，動者尚其變，制器者尚其象，卜筮者尚其占」；惠氏刪三「以」字。惠氏作此刪字，並無說明其由。查《釋文》於「以言者」句下云「下三句無以字，一本四句皆有」，知陸氏本無三「以」字者，但同時也見他本有三「以」字者，知其時已有二本。另外，《漢石經》，以及今本《集解》與所引陸績、荀爽、虞翻之說，皆有三「以」字。又，《後漢書·方術傳》引「卜筮者尚其占」，亦無「以」字。由上引文獻所見，並不能斷定古本是無三「以」字者，但就文辭敘述的流暢度言，確實以無三「以」字爲佳。

如《繫傳》，今本作「夫易，開物成務，冒天下之道，如斯而已者也」，惠氏刪「夫易」二字，爲「開物成務，冒天下之道，如斯而已者也」。惠氏刪此二字，並無說明其由。查《釋文》之本有「夫易」者，並云「一本無夫易二字」，而今本《周易集解》亦有二字。是陸氏時已傳二本，並難以證言何者爲正。惠氏所作，僅一家之言，未必爲古爲正。

如《繫傳》，今本作「默而成之，不言而信，存乎德行」；惠氏缺「之」字作「默而成，不言而信，存乎德行」。惠氏無「之」字，並無說明其由。查《釋文》作「默而成」，並指出「本或作『默而成之』」。《集解》本亦作「默而成」；《晁氏易》云「《九家》本無『之』字」。因此，依文獻所見，漢代似以無「之」字本爲勝。然而觀上下文氣，上句「神而明之，存乎其人」，下句作「默而成之，不言而信」，似乎尤佳；此無據。

（三）增字方面

惠棟刪字者，《彖傳》與《象傳》未作詳細統計外，大略有三例：

如乾☰卦九三，今本作「夕惕若，厲无咎」，惠氏作「夕惕若夤，厲无咎」，
並指出：

> 乾爲敬也。「寅」本訓「敬」，今從「夕」，敬不衰於夕，夕惕之象。
> 俗本皆脫「夤」字。《說文・夕部》引《易》曰「夕惕若夤」，案許
> 慎敘曰「其稱《易》，孟氏古文也」。是古文《易》有「夤」字。虞
> 翻傳其家五世孟氏之學，以乾有夤敬之義，故其《易》以乾爲。俗
> 本脫「夤」，今從古增入也。〔註354〕

以《說文》爲據，〔註355〕以古本有「夤」字，且用「夤」字，有終日以敬之
義，尤是更增顯其爻義。然而，果是如此，歷來多有爭論，特別是王引之、
乃至王樹枏《費氏古易訂文》皆以惠氏所言爲乖。〔註356〕又查《淮南子・人
間訓》與《漢書・王莽傳》均作「夕惕若厲，無咎」，並無「夤」字。且，《說
文》作「名惕若夤」，或將俗本「厲」作「夤」解，並非增一「夤」字。因此，
馬宗霍《說文解字引易考》明白指出「王弼訓厲爲危，許訓夤爲敬惕，危懼
與敬惕之義亦近，故厲夤二字得通用」，所以，惠氏所用有待商榷。今觀士奇
《易說》改「厲」爲「夤」，而惠氏於「厲」上增「夤」字，於此未勝乃父。

如《繫辭傳》，今本作「天下之理得，而成位乎其中矣」，惠氏作「天下
之理得，而易成位乎其中矣」，增「易」字；未明其由。觀《釋文》作「而成
位乎其中」，亦無「易」字，然云「馬、王肅作『而易成位乎其中』」，〔註357〕
是陸氏時有二本。惠氏校勘《集解》，李氏無「易」字而亦增之。王樹枏《費
氏古易訂文》案云：

> 荀注云「陽位成於五，陰位成於二，五爲上中，二爲下中，故曰成
> 位乎其中矣」。「成位其中」亦指「易」言。李鼎祚本蓋妄刪荀注「易」
> 字。〔註358〕

雖是如是說，然無「易」字，並不失其言「易」之位，也就是有無「易」字，
皆不損其義。因此，有無「易」字，何者爲古本，實難查證。

〔註354〕見《周易述》，卷一，頁6。

〔註355〕《說文・夕部》「夤」字訓義，全文爲「夤、敬惕也。從夕寅聲。《易》曰：
　　　　夕惕若夤」。

〔註356〕見王樹枏《費氏古易訂文》，卷一，臺北：文史哲出版社，1990年11月景印
　　　　初版，頁22。

〔註357〕見陸德明《經典釋文》，卷二，頁394。下例引文，同此注。

〔註358〕見王樹枏《費氏古易訂文》，卷一，頁385～386。

如《繫辭傳》，今本作「聖人設卦觀象，繫辭焉而明吉凶」，惠氏作「聖人設卦觀象，繫辭焉而明吉凶悔吝」，增「悔吝」二字，但未明其由。查《釋文》作无「悔吝」者，但云「虞本更有『悔吝』二字」。又觀《集解》本無「悔吝」，引荀爽之注「因得明吉，因失明凶也」，亦無涉「悔吝」二字，但知荀爽當作「繫辭焉而明吉凶」，並無「悔吝」。因此，古本是否有「悔吝」二字，並無直接證據而爲斷言，惠棟所用，爲一己主申虞說而爲之。

其它《象傳》有者，如升卦《象傳》原作「君子以愼德積小成高大」，惠氏則作「君子以愼德積小，以成高大」，增一「以」字，但未說明增字所據。吳澄《易纂言》指出「陸德明、王昭素皆云『一有成字』」，〔註359〕依所言，舊本當亦有無「成」字者，何本爲先，何本爲後，難作明斷，但從文氣觀之，以有「成」字爲順。

（四）句讀之校定

古書文義的詁訓，往往與句讀有密切的相關。句讀的不同，直接影響文義的解釋；並且，對文義理解上的差異，也同時影響句讀的斷定。因此，王引之在《經義述聞》中指出「經文數句平列，義多相類；其類而解之，則較若畫一，否則，上下參差而失其本指矣」；〔註360〕句讀與文義有著高度之關聯性。惠棟《周易述》中，特別標明句讀之文，有十一處，其中有二處是同文而重複者，故實際上爲九處。惠棟之所以標明句讀，當在強調前儒或有誤者，故特別標明示之爲正。以下舉數例作簡要說明：

其一、坤䷁卦卦辭「先迷後得主利」，惠氏作「先迷後得主句利」，〔註361〕可以視爲「先迷，後得主，利」。《周易正義》讀作「先迷後得，主利」；又，朱駿聲《六十四卦經解》以「利」屬下文，讀爲「先迷後得主，利西南」云云。可見此文，歷來多有不同之讀法。惠氏訓解其義云：

> 坤爲迷，《九家說卦》文。剝上體艮，消剝爲坤。剝上九曰「小人剝
> 廬」，虞注云「上變滅艮，坤陰迷亂，故小人剝廬」，是消剝爲迷，
> 復先迷之象也。《序卦》曰「主器者莫若長子，故受之以震」，是震
> 爲主也。剝窮上反下爲復，故反剝。復初體震，震爲主，故後得主，

〔註359〕見吳澄《易纂言》，卷六，頁311。
〔註360〕見《經義述聞·通說下》，卷三十二，「經文數句平列上下不當歧異」條下，
　　　　臺北：臺灣商務印書館，1979年1月臺1版，頁1297。
〔註361〕見《周易述》，卷一，頁9。

乃利也。〔註362〕

從辟卦貞辰之說云，坤貞十月亥，先坤者，爲九月剝䷖卦，而後坤者，則爲十一月復䷗卦。剝上體艮，消剝爲坤，即虞翻所說的「上變滅艮，坤陰迷亂，故小人剝廬」；坤爲迷，消剝爲坤，即「消剝爲迷」，也是其後面的卦（十一月卦）復卦之前的先迷之象。復卦體震，《序卦》所謂「主器者莫若長子，故受之以震」，所以震爲主；震主一陽，群陰以一陽爲主。剝卦所謂「不利有攸往」，以其迷亂之故；而復卦所以「利有攸往」，以其得一陽之主。坤卦由剝至復，是先來自剝爲迷，後出震爲復，是後得主，也就是「君子有攸往」，是「利」的。所以說，「後得主，乃利也」。因此，惠氏斷句作「先迷，後得主，利」，義即在此。另外，《集解》引盧氏訓此文，云「坤，臣道也，妻道也，後而不先。先則迷失道矣，故曰『先迷』。陰以陽爲主，當後而順之，則利，故曰『後得主，利』」。〔註363〕所訓之義，亦合「先迷，後得主，利」之斷法。惠氏宗主虞說，並輔采諸家言象而爲訓，故作此句讀，言之合理適恰。

其二、需䷄卦卦辭與《彖傳》「需有孚光亨」，惠氏作「需有孚光句亨」，〔註364〕可以視爲「需，有孚光，亨」。惠氏訓云：

> 大壯四之五，與比旁通。需，須也。乾陽在下，坎險在前，乾知險，故須。四之五，坎爲孚，离爲光，故有孚光。坎爲雲，雲須時欲降，乾須時當升，三陽旣上，二位天位，故亨。〔註365〕

惠氏採虞翻卦變之說云，然不全依虞說，句讀之法亦與虞氏不同。虞氏釋此辭云：

> 大壯四之五。「孚」謂五。離日爲「光」，四之五得位正中，故「光亨」。〔註366〕

可以明顯看出虞翻斷句與惠氏不同，虞合「光亨」爲句，惠氏則否。雖斷句不同，然義訓皆可。大壯䷡四之五爲需䷄卦，需卦上坎下乾；坎爲孚，故陽在二五稱「孚」，所以惠氏直云「坎爲孚」，而虞氏云「孚謂五」。三至五互離，離爲日爲光。「四之五」，惠棟所釋，重在「四之五」後變成上坎下乾的需卦，整體的卦象坎孚離光，以「四之五」而「有孚光」；然而，虞氏對「四之五」

〔註362〕見《周易述》，卷一，頁10。
〔註363〕見李鼎祚《周易集解》，卷二，頁25。
〔註364〕見《周易述》，卷一，頁25；卷九，頁228。
〔註365〕見《周易述》，卷一，頁25～26。
〔註366〕見李鼎祚《周易集解》，卷二，頁47。

所關注的是四爻之五爻後，五爻從原先大壯六五變成需卦的九五（因大壯四之五而成），此時九五陽爻居中得位，而四互離光，所以說「四之五得位正中，故『光亨』」。二說所重雖異，句讀亦有別，然大義皆近。惠氏參考虞說，別作解釋，句讀也不從虞氏，然整體象說，惠氏尤明、尤爲言之成理。

其三、訟☵☰卦卦辭與《彖傳》「訟有孚窒惕中吉」，惠氏作「訟有孚句窒惕句中吉」，〔註367〕可以視爲「訟，有孚，窒惕，中吉」。對此文義，惠氏作詳細的闡釋：

> 卦自遯來，亦四陽二陰之例。九三來之二，體坎，坎爲孚。虞注夬卦曰「陽在二、五稱孚」。坎陽在二、五，故孚謂二。《說文》曰「窒，塞也」，塞有「止」義，故云塞止也。坎心爲悔，又爲加憂，故爲惕。九二陽不正，故不言貞。遯陰消二及三，故將成否。三來之二，得中，有孚，窒惕，故中吉。〔註368〕

惠氏採虞翻之說爲釋。訟☵☰卦自遯☶☰卦而來，遯九三來之二爲訟，使下體爲坎，坎爲孚，得中，所以稱「訟，有孚」。坎二爲陽而不正，此坎則又有塞止、悔憂而惕懼之義，故云「窒惕」。然而九二得中，故「中吉」。此惠氏斷句詁訓合宜。王弼、孔穎達所釋，其句讀亦同於惠說：

王氏《注》云：

> 窒，謂窒塞也，皆惕，然後可以獲中吉。

孔氏《正義》云：

> 窒，塞也。惕，懼也。凡訟者，物有不和，情相乖爭而致其訟。凡訟之體，不可妄興，必有信實，被物止塞，而能惕懼，中道而止，乃得吉也。〔註369〕

二家之說，並無殊異，句讀可以視爲與惠氏同。然而惠氏於此卦辭，特別標明句讀，當有鑑於前儒之釋說不恰（釋說不恰當然於句讀有關），細觀名家之言，以朱子所作爲異。朱子於《周易本義》作「有孚窒，惕中吉」，並云：

> 九二中實，上無應與，又爲加憂；且於卦變自遯而來，爲剛來居二，而當下卦之中，有有孚而見窒，能懼而得中之象。〔註370〕

〔註367〕見《周易述》，卷一，頁30；卷九，頁229。
〔註368〕見《周易述》，卷一，頁30。
〔註369〕王、孔二家注疏，見《周易注疏》，卷二，頁32。
〔註370〕見朱熹《周易本義》，引自臺北：新文豐出版公司《大易類聚初集》第二輯，影印《四庫全書》本，1983年10月初版，頁749。

朱子以「有孚窒」，即「有有孚而見窒」爲人當下之處境，也就是人身處實信窒塞之境；此時人當有「惕中吉」的面對態度，「能懼而得中」，即能惕懼必能得中吉。雖然斷法不同，然本旨略同。漢儒以象數釋卦，又引象義爲訓，倘句讀不同，則象義引用，則或有不同。惠氏明此句讀，意或又在此。

其它，惠氏特別標明句讀者，尚包括：

訟䷅卦九二「不克訟歸而逋其邑人三百户无眚」，一般普遍作「不克訟，歸而逋，其邑人三百户，无眚」，惠氏則作「不克訟歸而逋其邑句人三百户无眚」，〔註371〕可以標明爲「不克訟，歸而逋其邑，人三百户无眚」。

師䷆卦卦辭「師貞丈人吉无咎」，一般可以作「師，貞，丈人吉，无咎」，惠氏則作「師句貞丈人句吉无咎」，〔註372〕可以標明爲「師，貞丈人，吉，无咎」。

師䷆卦九二「在師中吉无咎王三錫命」，一般可標作「在師，中吉，无咎；王三錫命」，惠氏則作「在師中句吉无咎王三錫命」，〔註373〕可以標明爲「在師中，吉，无咎。王三錫命」。

頤卦六二「顛頤拂經于丘頤征凶」，一般可標作「顛頤。拂經，于丘頤，征凶」。惠氏作「顛頤句拂經于丘句頤征凶」，〔註374〕可以標明爲「顛頤，拂經于丘，頤征凶」。

无妄《象傳》「先王以茂對時育萬物」，此一般標作「先王以茂對時育萬物」者，文中不添句讀，如韓康伯、朱子者。〔註375〕惠氏作「先王以茂對句時育萬物」，〔註376〕可以標明爲「先王以茂對，時育萬物」。

另外，《繫辭下傳》「凡易之情近而不相得則凶或害之悔且吝」，一般標作「凡易之情，近而不相得則凶。或害之，悔且吝」，如韓康伯、孔穎達者。〔註377〕

〔註371〕見《周易述》，卷一，頁31。
〔註372〕見《周易述》，卷二，頁35。
〔註373〕見《周易述》，卷二，頁36。
〔註374〕見《周易述》，卷四，頁119。
〔註375〕韓康伯注云：「茂，盛也。物皆不敢妄，然後萬物乃得各全其性，對時育物，莫盛於斯也。」（見《周易注疏》，卷三，頁66。）朱子《本義》則云：「天下雷行震動，發生萬物，各正其性命，是物物而與之以无妄也。先王法此，以對時育物，因其所性而不爲私焉。」（見《周易本義》，卷五，頁785。）推二家之義，句讀蓋可連作「先王以茂對時育萬物」，文中不作句讀，或可強作「先王以茂，對時育萬物」。
〔註376〕見《周易述》，卷十二，頁334。
〔註377〕韓康伯《周易注》於「凡易之情，近而不相得則凶」下注云：「近，況比爻也。

惠氏作「凡易之情近而不相得則凶句或害之悔且吝」，〔註378〕可以標明爲「凡易之情，近而不相得則凶。或害之，悔且吝」。惠氏所明句讀，與諸家之說，並無特異，故特別作標明，沒有特殊的意義。

論述經義，諸家各有其偏重取向，惠棟重於漢儒《易》說，取象以說《易》，引象推陳，必謀合其言之成理，句讀所斷處，直接影響其以象述義。惠氏所斷，大抵通恰，而特作標讀，主要在體現此方爲漢儒之正宗，也表明其復原漢《易》之心跡。

三、校勘改字之商榷

（一）主要缺失

1. 好用古字，未明其由

惠棟好用古字，如六十四卦諸卦之名，易「謙」爲「嗛」、易「遯」爲「遁」、易「晉」爲「晉」、易「離」爲「离」等等。又卦辭爻與《傳》辭中，也每每可見，改易長久以來《易》家普遍通用之字，如乾卦上九「忼龍有悔」之「忼」；屯卦六二「屯如亶如」之「亶」；屯卦六三「君子幾，不如舍」之「幾」；蒙卦六三「勿用娶女」之「娶」；小畜九三「輿說腹」、大有卦「大輿以載」，以及大壯九四「大輿之輹」之「輿」字；履卦六三「眇而眡，跛而履」之「眡」；泰卦上六「城復于隍」之「隍」；同人九四「乘其墉」之「墉」等等，數量頗多，未及細數。采用古字，往往直接改用而未加述明其由，視之爲當然，此未必適切。

2. 改用異字，未予統一

改易未統一者，如今本小畜九三「輿說腹」、大有卦「大輿以載」，以及大壯「大輿之輹」之「輿」字，惠氏皆改作「輦」字，然而，今本剝卦上九

易之情剛柔相摩，變動相適者也。近而不相得，必有乖違之患。或有相違而无患者，得其應也。相順而皆凶者，乖於時也。存事以考之，則義可見矣。」復於「或害之，悔且吝」下注云：「夫无對於物而後盡全順之道，豈可有欲害之者乎？雖能免濟，必有悔吝也。或欲害之辭也。」孔穎達《正義》於「凡易之情，近而不相得則凶」下注云：「近謂兩爻相近而不相得，以各无外應則致凶咎。若各有應，雖近不相得，不必皆凶也。」並於「或害之，悔且吝」下注云：「言若能弘通不偏，對於物盡竭順道，物豈害之。今既有心於物，情意二三其外物，則或欲害之，則有凶禍。假令自能免濟，猶有悔及吝也，故云或害之，悔且吝也。」（見《周易注疏》，卷八，頁177。）

〔註378〕見《周易述‧繫辭下傳》，卷十八，頁541。

「君子德輿」之「輿」字，惠氏卻作「車」；又困卦九四，今本作「困于金車」，惠氏則作「困于金轝」。類似這種改易未統的例子較少，此一特例，算是小疵。

3. 說明簡略，不夠周詳

如小畜䷈卦上九，今本作「月幾望」，惠氏則作「月近望」，指出「近讀爲既，謂既望」。〔註379〕惠棟改「幾」爲「近」字，雖未詳加說明，也當有所根據。《漢石經》作「近」字。《釋文》指出「幾，《子夏傳》作近」；中孚卦之「月幾望」，《釋文》亦指出「京作近」。《晁氏易》引京、劉、一行本亦同。《爾雅·釋詁》云「幾，近也」。因此漢儒或有用「幾」或「近」者，而依今文獻所示，早出者作「近」，且可見者也大都作「近」字。故以「近」字當爲古。然而，惠氏雖改用「近」字，卻未詳作考明，不合校勘應有之態度。

4. 未作深察，以致誤說

例如小畜䷈卦九三爻辭與大畜䷙卦九二爻辭，王弼本作「輿說輻」，惠氏則作「轝說腹」。指出「腹讀爲輹，豫坤爲轝，爲輹」，並進一步云：

> 腹，古文輹，故讀爲輹。坤爲大轝，車轝同物。子夏曰：輹，車下伏菟。虞氏以爲車之鉤心，夾軸之物，故坤爲大轝，爲輹。〔註380〕

並於釋大畜卦九二又云：

> 旁通萃，故萃坤爲轝，爲腹。……轝說腹，與小畜同義也。腹讀爲輹，腹古文，輹今文，故云腹，或爲輹也。〔註381〕

在這裡，「輿」字，與「車」同義同物，《周易集解》虞翻作「車」字，《釋文》亦作「車」，馬融同。故「車」、「輿」爲古來二異文。然而並無另作「轝」字者，此惠氏無據而自爲改用。至於「輻」字，惠氏作「腹」字，並且認爲是「古文輹，故讀爲輹」；顯然惠氏作「腹」字爲古文，並又認同今文作「輹」字，而否定作「輻」字。至於惠氏作「腹」字，主要根據虞翻之說，即《周易集解》虞翻注大畜九二云「車脫腹，腹或作輹也」。既然是根本於虞說作「腹」字，則前「轝」字也當改作虞說之「車」字，此陷入個人之好惡，無合理之依據可以言之成言。事實上，按照舊說，大都作「輹」字，如《說文》云：「輹，車軸縛也，从車复聲，《易》曰輿脫輹。」《釋文》也指出「輻」字「音福，本亦作輹」，不論子夏或鄭之說，也都傾向作「輹」字。因此，作「輹」字爲

〔註379〕見《周易述》，卷二，頁47。
〔註380〕見《周易述》，卷二，頁45～46。
〔註381〕見《周易述》，卷四，頁116。

古爲正，虞氏作「腹」僅是孤說，並無實證爲明其爲古。此亦惠氏之誤。

5. 考校異文，過於武斷

《周易古義》中，惠氏明白指出：

> 《釋文》所載古文，皆薛、虞、傅氏之説，必有據依。鄭康成傳費
> 直《易》多得古字，《説文》云其稱《易》、孟氏皆古文。虞仲翔五
> 世傳《孟氏易》，故所采三家説爲多。諸家異同，動盈數百，然此七
> 十餘字皆卓然無疑當改正者。〔註382〕

其所言七十餘字者，參見前表「《九經古義》易字統計表」所示，但是，是否
眞如其所說「七十餘字皆卓然無疑當改正」者，仍有其可議者。惠氏所持論
據，主要是根據《説文》以及孟喜《易》説，認爲所用字皆是古文；採用陸
德明《經典釋文》所記載的漢儒諸家異字，以其皆有古《易》文。並且，認
爲鄭玄傳費氏古《易》，多得古字，然鄭氏異字，是否大都爲古，事實上流傳
至今，眞要以「無疑」斷言，誠有十足證據、勇氣與把握才可；鄭氏之學，
雖存古意，但雜揉今古爲不爭之事實，既是雜揉，取字用義全憑一己，必非
全作一說，非全作一說，或非全作一古說，則綜采必不純，當然不純於古，
也必不全作古文，取以爲古文定說，未必全然恰當。事實上，文字語言隨著
時空的轉變，必然產生變化，從先秦至兩漢，文字字形的幾經變化，甲金文
字乃至出土簡帛文字，與今日文字駭然有別，可見一斑。況且，兩漢百家叢
出，何本果是最純古本，實難以確斷無疑者，或可考知一時通用之字或訛誤
之字，但對於諸家異文，要作全般考訂以擇取其一作爲定本，事實上也是一
件困難的事，所以所作之校訂，附作備參，或較允當。文獻引據有限，若強
作武斷之說，恐自陷於泥淖。

（二）擅改經文之商榷與反省

皮錫瑞《經學歷史》批評宋人擅改經文，曾云：

> 宋人不信注疏，馴至疑經；疑經不已，遂至改經、刪經、移易經文
> 以就己說，此不可爲訓者也。世譏鄭康成好改字；不知鄭《箋》改
> 毛，多本魯、韓之說；尋其依據，猶可微驗。注《禮記》用盧、馬
> 之本，當如盧植所云「發起紕繆」；注云「某當爲某」，亦必確有憑

〔註382〕見《九經古義‧周易古義》，卷二。引自臺灣商務印書館《景印文淵閣四庫全
書》本，經部易類第 191 輯，頁 377。

依。《周禮》故書，不同《儀禮》；今古文異，一從一改，即以《齊》、
《古》考《魯論》之意。《儀禮》之〈喪服傳〉，《禮記》之〈玉藻〉、
〈樂記〉，雖明知爲錯簡，但存其說於注，而不易其正文。先儒之說
經，如此其慎，豈有擅經字者乎！〔註383〕

皮氏認爲宋人好以己意以改動經文，肆無忌憚，顛倒割裂，使無完膚，不論是
形式上或內容上，皆已大肆破壞了經書原有的面貌，對於宋人的作法極不以爲
然。同時，他也澄清一般人批評鄭玄好改經字的錯誤認知，鄭玄的改易經文，
並不在經文本身下手，而是透過注疏來校正，其勘定之說，也都有徵驗，絕非
但憑一己之意而爲臆測。基本上，皮氏反對隨意的改易經典的正文，但是對於
經文的校勘工作，是有必要做的；漢代離古猶近，尚重勘訓，何況明清以降，
經書流傳久遠，種種的時空因素，導致經書原文的舛誤，求古義也當勘正古書
原文。然而校勘經典，必須審慎謹嚴，徵驗詳明，有確實的論證作爲依據才可。
至於惠棟，皮氏述其經學史上的定位時，並無對此改易經文而作出批評，反而
肯定其校勘循漢之功，認爲「古書漸出，經義大明」，惠棟可以視爲「漢學大宗」。
〔註384〕事實上，惠棟的改易經文，與宋儒大家之改易，差別迥異，惠棟本諸實
證有據的校勘態度，也起因於宋儒的惑亂經義而求復歸原本，所以惠棟的改易
是可以理解的。但是，雖是如此，基本上，皮氏在形式作法或方式上，仍反對
直接地改易正文。於此，阮元於《周易注疏校勘記序》中云：

國朝之治《周易》者，未有過於徵士惠棟者也。而其挍刊雅雨堂李
鼎祚《周易集解》與自著《周易述》，其改字多有似是而非者，蓋經
典相沿已久之本，無庸突爲擅易，況師說之不同，他書之引用，未
便據以改久沿之本也，但當錄其說於考證而已。〔註385〕

認爲惠棟不宜將行年久遠的經典，擅作改易，而且師說的不同，版本支系分
立，何者爲正，難爲定說，所以不宜改易久沿之本，在校勘考證上，則另作
立說即可。事實上，這是一種運用動機在認知上的不同，惠棟所識者，並不
以王弼本或是某一本視爲不可移改的聖人原始傳本，他所認定的是距古愈
近，且又可徵驗者，即是最爲恰當的，至於類似王弼本所示者，往往錯用古

〔註383〕見皮錫瑞《經學歷史‧經學變古時代》，頁287～288。

〔註384〕見皮錫瑞《經學歷史‧經學復盛時代》，頁343。

〔註385〕見《周易注疏‧周易注疏校勘記序》，引自臺北：藝文印書館《十三經注疏》
　　　　本，卷一，頁25。

字，曲解古義，非爲至當之本，又何必循之必然，而不能予以動搖呢？況且，惠氏雖於正文改易經字，又於注疏中予以詳細述明改易之理據，作了明確的交待，而非直用自所認定的經字以訓說，對於諸家用字之異用，並有所言，並無揚棄避說。因此，阮元諸儒，執守尊經傳統，而惠棟重在言之有據、論之成理的實學考證、推求眞古上，而探尋經義本眞，則殊途同歸了。

　　惠棟畢生致力於漢學，探尋《周易》古義，深知原本古義，也必當還原古字，以原始的本字，才能得經義之眞。他於《九經古義》中特別指出，「自唐人爲《五經正義》，傳《易》者止王弼一家，不特篇次紊亂，又多俗字」；〔註386〕唐代以降，漢學殞落，所傳《周易》皆本諸王弼一家，「輔嗣《易》行無漢學」，除了認爲王氏在內容上「以假象說《易》，根本黃老」，使漢代經師之義，「蕩然無復有存者」之外，〔註387〕很重要的就是王氏所本多有俗字，多有非原始之經字，以致扭曲了《周易》的本來面貌。因此，惠氏詁訓《周易》本義時，否定了王弼傳本作爲釋《易》的典型化版本，在詁訓經義前，必先正其字。在尋求原始本義的角度作爲出發，惠棟的想法是正確的，畢竟經典的流傳的過程中，必當受到時空因素而有所缺誤，特別是《周易》歷經漢代這樣特殊的學術背景，有今古文之爭的對抗，有讖緯之學的滲透，《周易》從原本具有主流價值的象數易學，轉眼間爲王弼一系所取代，到了唐代以後，完整的象數學說呈現支離不全的現象，爾後，王弼所屬的《周易注》本版，幾乎躍居正統的地位，成爲最根本的價值與標準。從經典詮釋的角度言，惠棟考索經文，端正本字，是值得肯定的。面對古聖經典的態度，改易經文未必代表挑戰經典的崇高地位，對於使用長久延續的錯誤文本，才是有違聖人之意，此又何能稱之尊聖尊經，所以，惠氏治經所本，重在實事求事，重在那份原始純眞的價值，也就是回歸原來最眞實的古籍，從這考求的眞實古籍中，進一步認識古籍的本義。

　　考正經典古字後，面對的就是改易經文的作法，將行年久遠的經典版本文字作改易，內心必須面對種種的掙扎，畢竟惠棟也瞭解尊經的道理，斷改經典是歷來儒者之忌諱，他說「凡經字誤者，當仍其舊，作某字讀若某，所以尊經也。漢時惟鄭康成不輕改經文，後儒無及之者」；鄭氏治經合今古文爲說，或有改字，爲後儒所嗤，然惠氏以爲鄭玄所易，亦有所本，非妄改而是不輕改易經

〔註386〕見《九經古義‧周易古義》，卷二。引自臺灣商務印書館《景印文淵閣四庫全書》本，經部易類第 191 輯，頁 367。
〔註387〕括弧引文，見《易漢學‧自序》。

文，其所改爲誤者，尚爲王弼所用，如「機」、「幾」二字之判別，惠氏認爲「古《易》皆作機，鄭云『機當爲幾。幾，微也』。今王弼本直作鄭所訓字，失其本矣」。何以鄭玄遭斥，而王弼本鄭氏之文，而未得同樣之對待？所以惠氏深深感受其曲直，而云「後儒謂鄭氏好改字，吾未之敢信也」。〔註388〕在惠棟的意識中，肯定是非的標準本在古字的正確性與否，導誤爲正，去非求是，不能說是好改經字，也就是說，經過考證而確定的錯誤經文，是應該挺身糾正予以改易的。詮釋古義的本來面貌，不當存在著某一不可撼動的標準規範，除非那個規範那個標準，是確定爲最原始而無任何改易的版本，否定拿一個後來的範本要來主導之前的說法，從科驗證的角度言，是一種錯誤的作法，就類似惠氏探賾《周易》漢學古義一樣，不能以後來的王弼之本，視爲不能改變的說法，所以惠棟苦心孤詣的校勘作法，是值得去理解的。

　　惠棟考校異字，改易經文，用功極深，卻也有諸多啓人疑議批評者。雖是如此，惠氏所易，也給予研《易》者寶貴而重要的文獻資料。同時，惠氏之述說，對於唐代以降《易》家執守王、韓或孔氏之本，乃至程朱一系之說，給予一種反思與參校的機會。惠氏所作，並不在於打破傳統，更不在顚覆傳統，在惠氏的心裡，他期盼再現那最實在的傳統的本眞，那個傳統的本眞，他認爲不是王弼價值下的傳統，而是回歸原始漢儒的軌跡，從那裡才能得到眞實，得到最原始的答案，所以惠棟試圖以科學的文獻考證態度，去揀選最佳的原來。但是，惠氏並沒有想到，要去找那最原古的定位，是一件高難度或是不可能的任務，因爲，此去可能乏善可陳，可能嚴厲的對抗曾經的過去或現在或未來的主流價值，也可能舖陳出或引發出更多議異的質疑，結果或確如此。惠氏稽古，考訂經傳文字，也確實面對到這種結果。但是，從另外一個側面看，惠氏提供了我們另外一種參考選擇，讓我們在面對傳統經典的時候，除了瞭解文字詁訓的重要之外，也讓我們認識到一家之言外或許仍有不同的別的說法，這些說法也是值得去參照的，因爲它或許能夠導正那一家之言的長期錯誤，不一定要刻意去糾正這「長期錯誤」，但瞭解這「長期錯誤」，也是身爲一個研究者應該具有的知識。

〔註388〕括弧諸文，見《九經古義・周易古義》，卷二，頁378。

第六章　惠棟專述《周易》經傳之特色（下）

　　本章主要針對卦變說、卦爻象的運用、互體取象、爻位主張、以及其它漢儒常用的象數之說等方面，討論惠氏述《易》的主要特色，最後並作一個簡要之小結。

第一節　之卦作爲解釋卦義的重要方法

　　惠棟釋卦，慣以漢儒卦變說爲論，而「卦變」之詞，漢儒稱爲「之卦」，至宋代普遍以「卦變」爲名，出於朱子援用王弼之說。因此，惠棟仍依漢儒作「之卦」，並且肯定虞翻的之卦主張，爲漢儒中最爲詳備者。惠棟作了概括性的說明，指出：

> 之卦之說，本諸《象傳》，而雜見于荀慈明、姚元直、范長生、侯果、盧氏諸人之註。惟虞仲翔之說尤備，而當今從效之。乾坤者，諸卦之祖。乾二五之坤，成震、坎、艮；坤二五之乾，成巽、離、兌。所謂兩儀生四象，四象生八卦也。復、臨、泰、大壯、夬，陽息之卦，皆自坤來。遯、遘、否、觀、剝，陰消之卦，皆自乾來。⋯⋯其後李挺之作六十四卦相生圖，用老子一生二，二生三之說，至于三而極。朱子又推廣之，而用王弼之說，名曰卦變，且以己意增益，視李圖而加倍，至作本義，又以二爻相比者而相易，不與卦例相符，故論者謂不如漢儒之有家法也。〔註1〕

〔註1〕　見惠棟《易例》，卷一，頁944～946。又《周易述》，卷一，頁15～16，所言略同。

認爲之卦之說，本於《彖傳》，而爲漢儒普遍釋卦的易例。惠氏專宗虞說，並廣泛運用於其《周易述》的釋卦之中。惠氏循《易》以「太極生兩儀，兩儀生四象，四象生八卦」，而後產生其它眾卦的原理原則，強調乾坤二卦爲諸卦之祖，諸卦之變，起於乾坤二卦，由乾坤而後生六子，此爲卦變的重要方式。並且，透過乾坤的消息變化，而有十二消息卦的形成，此亦卦變的另一重要模式，可以視爲虞翻卦變說的主要骨幹。然後，經由十二消息卦而再產生其他各卦，有本諸二陽四陰者、四陽二陰者、三陽三陰者，亦有從他例而成者。以下針對惠棟以卦變釋卦之情形作進一步述評。

一、乾坤二五相摩而生六子

在《周易》的思想體系中，乾坤二卦佔有舉足輕重的地位，乾坤爲眾卦之首，亦象徵著天地、陰陽等宇宙生成變化的最重要元質，因此，歷代易學家建構其思想主張，莫不持重於乾坤二卦所扮演的角色。早在《易傳》所陳述的易學見解中，特別肯定乾坤二卦所表現的易學內涵。例如《彖傳》提到乾坤二卦的重要意義，云「大哉乾元，萬物資始，乃統天。雲行雨施，品物流形」；「至哉坤元，萬物資生，乃順承天。坤厚載物，德合无疆」。是以乾元之大，可以統天而無所不被，氣魄浩大而變化出神。乾道之大，坤厚承之，乾之所至，坤亦至之。天有無疆之德，而坤合之，其包孕之德至厚，載華嶽而不重，振河海而不洩，可與天同量。《繫辭上傳》也特別提到「天尊地卑，乾坤定矣」，「天地設位，而《易》行乎其中矣」，「乾坤成列，而《易》立乎其中矣」，所以「乾坤，其《易》之門邪」，爲萬化之源。

乾坤既可視爲宇宙萬化的本源，乾坤當然也就必是產生諸卦之根本。《繫辭上傳》所云「《易》有太極，是生兩儀，兩儀生四象，四象生八卦」，隱含著乾坤兩儀成生八卦。同時，也提到「乾道成男，坤道成女」，乾坤能化成男女；因此《說卦》進一步指出「乾，天也，故稱乎父。坤，地也，故稱乎母。震一索而得男，故謂之長男。巽一索而得女，故謂之長女。坎再索而得男，故謂之中男。離再索而得女，故謂之中女。艮三索而得男，故謂之少男。兌三索而得女，故謂之少女」。此乾坤爲父母，生三男三女等六子。乾坤生六子成八卦，「八卦成列」，「因而重之」，〔註2〕而衍化爲六十四卦。因此，乾坤生

─────────────────────

〔註2〕 參見《繫辭下傳》云：「八卦成列，象在其中矣。因而重之，爻在其中矣。」

六子的思想，在《易傳》中已成定論，只不過其衍化的方式或是過程，則歷來易學家或有不同的見解，並且將此衍化的思想，普遍作爲釋《易》的重要理論。兩漢時期，不論是京房、荀爽，乃至虞翻等人的易學主張中，皆可見其對此思想所作的論述，特別是虞翻，其完整的卦變思想由此開啓。惠棟以復原漢《易》爲職志，其「述」《周易》在於希望呈現原始易學的面貌——漢《易》面貌，因此，其《周易述》中，闡釋經傳意蘊，每以乾坤生六子之法爲言，並可以視爲其卦變思想的重要一環。

惠棟注《繫辭上傳》「天尊地卑，乾坤定矣；卑高以陳，貴賤位矣」，云：

> 天地既分，乾升坤降，故乾坤定矣；卑坤高乾也，乾二升五，坤五降二。列貴賤者，存乎位，故貴賤位矣。〔註3〕

「剛柔相摩，八卦相蕩；鼓之以雷霆，潤之以風雨；日月運，行一寒一暑。乾道成男，坤道成女；乾知大始，坤化成物」，惠注：

> 乾以二五摩坤，成震、坎、艮；坤以二五摩乾，成巽、離、兌。故剛柔相摩，八卦相蕩。鼓，動；潤，澤也。雷震、霆艮、風巽、雨兌、日離、月坎、寒乾、暑坤也。男：震、坎、艮；女：巽、离、兌。〔註4〕

> 乾以二五摩坤成坎，而互震、艮，故云「成震、坎、艮」。坤以二五摩乾成離，而互巽、兌，故云「成巽、離、兌」。二五相摩而成八卦，故剛柔相摩，八卦相蕩也。〔註5〕

又引荀爽之言云：

> 男謂乾，初適坤爲震，二適坤爲坎，三適坤爲艮，以成三男也。女謂坤，初適乾爲巽，二適乾爲离，三適乾爲兌，以成三女也。〔註6〕

惠氏又云：

> 八卦相摩而成者，變化之義，天之道也。相索而得者，父母之義，人之道也。〔註7〕

乾坤十二爻，陰陽相摩而生六子之法，即其所謂「乾以二五摩坤成坎，而互震、艮」而生此三男；「坤以二五摩乾成離，而互巽、兌」而生此三女。此處，

〔註3〕 見《周易述·繫辭上傳》，卷十三，頁381。
〔註4〕 見《周易述·繫辭上傳》，卷十三，頁382。
〔註5〕 見《周易述·繫辭上傳》，卷十三，頁385。
〔註6〕 見《周易述·繫辭上傳》，卷十三，頁385。
〔註7〕 見《周易述·繫辭上傳》，卷十三，頁385。

惠棟主要依循虞翻之說，惟引荀爽之言，云適坤爲震、坎、艮，適乾爲巽、離、兌，六子產生之法，與虞氏不同；並二家之說而言，除了反映出乾坤生六子在兩漢時期的普遍性外，並無實質的意義，且混淆二家，反而不易釐正細節，故荀氏之言，不宜舉引。乾升坤降，爲天地之定位，尚於二五中位；而其陰陽相薄，亦起於二五，以此二五中氣，相摩而成八卦。八卦所象，「雷震、霆艮、風巽、雨兌、日離、月坎、寒乾、暑坤」者，此天地自然之象，「日月運行，一寒一暑」，〔註8〕自然推行，皆乾坤六子之功。乾元入於坤卦之中，成坎水而爲雲雨，坤元入於乾卦之中，成離火而爲大明，並且變化爲震、艮、巽、兌等卦，陰陽寒暑、自然萬化由是成焉。

《繫辭上傳》「通其變，遂成天地之文」，惠棟引虞文注云：

> 變而通之，觀變陰陽始立卦。乾坤相親，故成天地之文。物相襍，故曰文。

並進一步疏云：

> 化而裁之謂之變，推而行之謂之通。通其變，謂變而之通也。卦謂八卦，陽變成震、坎、艮；陰變成巽、离、兌；故觀變陰陽始立卦也。〔註9〕

此即以陰陽變化，乾坤生六子，立爲八卦，以成天地之文。

《繫辭下傳》「剛柔者，立本者也」，惠棟引虞翻之說云：

> 乾剛坤柔，爲六子父母。乾天稱父，坤地稱母。本天親上，本地親下。故立本者也。

並進一步疏解：

> 乾陽金堅，故剛；坤陰和順，故柔。六子索于乾坤而得者，故爲六子。父母，乾天稱父，坤地稱母。約《說卦》文。震、坎、艮皆出乎乾，而與乾親，故曰「本天親上」。巽、离、兌皆出乎坤，而與坤親，故曰「本地親下」。天尊故上，地卑故下。此亦約《文言》。而言乾坤立六子之本，故立本者也。〔註10〕

本於乾坤生六子的觀念釋此《傳》辭。六子索於乾坤，乾陽爲天爲父，震、坎、艮皆出乎乾，而親於乾，所以此三子「本天親上」。坤陰爲地爲母，巽、

〔註8〕 見《繫辭上傳》文。
〔註9〕 二段引文，見《周易述・繫辭上傳》，卷十四，頁437～438、441。
〔註10〕 引文見《周易述・繫辭下傳》，卷十五，頁470、473。

离、兌皆出乎坤，而觀於坤，所以此三子「本地親下」。乾坤生六子，爲六子之生，亦爲宇宙萬化之本，此亦陰陽剛柔變化之道。

　　乾坤相交而生坎離二子，坎離以出入二五而生，具有高度的重要性與主導性的意義，與乾坤互爲體用，在求既濟定之中和的終極理想。這是惠棟陳述兩漢易學思想體系的主要內涵。坎離以外的四子，其地位並不在坎離之上，主要是其產生的次第及方式與坎離不同而有分別。震、艮、巽、兌四子，皆因互體而生；坎卦互體出震、艮，而離卦互體而出巽、兌。因此，乾坤生六子，在卦變的意義上，六子的產生方式，採取的是二階段的不同模式，與傳統《易傳》的說法不同。

　　惠棟釋坎☵卦時，引虞翻之言指出「乾二五之坤，與离旁通。于爻，觀上之二」；「坎爲心，乾二五旁行流坤，陰陽會合，故亨」。並且進一步闡釋，認爲「坎離自乾坤來，乾二五之坤成坎，與离旁通，若從四陰二陽之例，則觀之上爻之二，故云于爻觀上之二」。「《說卦》坎爲極心，故爲心。乾二五之坤成坎，坎水流坤，故旁行流坤，乾交于坤，陰陽會合故亨也」。〔註11〕在這裡，惠棟以乾坤生六子的生成模式與基本原則觀念，來論述坎卦的卦義。坎☵離☲二卦由乾坤來，乾卦二五之坤而爲坎卦，坤卦二五之乾而爲離卦，坎離二卦互爲旁通。如果從十二消息卦之四陰二陽的卦變例言，則由觀☶上之二而成。

　　惠棟釋離☲卦卦辭「离，利貞亨，畜牝牛吉」，注云：
　　　　坤二五之乾，與坎旁通。于爻，遯初之五。四五上失正，利出离爲
　　　　坎，故利貞亨。畜，養也，坤爲牝牛。乾二五之坤成坎，體頤養，
　　　　故畜牝牛吉。
並進一步疏云：
　　　　此虞荀義也。离自坤來，坤二五之乾成离，與坎旁通。若從四陽二
　　　　陰之例，則遯初爻之五，故云于爻，遯初之五。离外三爻失位，利
　　　　變之正，與坎旁通，出离爲坎，則成既濟，故利貞亨。坤爲牝，《九
　　　　家》《說卦》文；又《說卦》「坤爲子母牛」，故爲牝牛。與坎旁通。
　　　　乾二五之坤成坎，二至上體頤養象，故畜牝牛出离爲坎，「重明以麗
　　　　乎正，乃化成天下」，故吉也。〔註12〕

〔註11〕見《周易述》，卷四，頁126～127。
〔註12〕二段引文，見《周易述》，卷四，頁131。

惠棟注文本諸虞翻之說，並無參之荀爽言，故作「此虞荀義也」為不恰。離卦之形成方式，在乾坤生六子方面，離女自坤母而來，是坤二五交乾而為離，同樣地，坎男自乾父而來，也就是乾二五之坤成坎，坎離二卦旁通。就消息卦變言，離卦是由遯 ䷠ 卦而來，虞氏以「于爻」為言，即此四陽二陰之卦，為遯卦初爻之五，可以視卦中爻變而為離卦。惠氏注文中另增「四五上失正，利出離為坎，故利貞亨」，此非虞文，而惠氏藉以述明成既濟而為亨通之象，以離外卦三爻皆失位，所以出離為坎，與坎旁通，使之皆正而吉；此即體離伏坎，能兼離日坎月，因此為「重明」。五位因之為陽為正，是由坤來化乾，《繫上》所謂「坤化成物」，坤化乾故為「以成萬物」而「化成天下」，所以為吉。又，坤為牝牛，此逸象為虞氏所用，虞氏反對漢代俗說以離為牝牛，指出「俗說皆以離為牝牛，失之矣」，〔註13〕認為這是一種錯誤的說法，根本不瞭解離卦的內在質性。離卦並非純陰，無牝牛至順之象，此「牝牛」之象由坤卦而生，是坤二五之乾，坤陰入於陽而生之象。坎 ䷜ 卦二至四體頤（䷚），如此坤牛頤養，故「畜牝牛吉」。因此，解釋離卦卦義，本於乾坤生六子的觀念詁詮，並參之以旁通、互體、逸象等說，而能獲得疏解。

乾坤生六子，成此八純卦，附於十二消息卦中，則消息無坎離。惠棟指出「復、臨、泰、大壯、夬、乾，陽息之卦。遘、遯、否、觀、剝、坤，陰消之卦。復已上，乾之六位；遘已上，坤之六位。列貴賤者，存乎位，故成列也。消息无坎、離。坎為月，晦夕朔旦；坎象流戊，日中則離。離象就己，戊己土位，象見于中，故居中央」。十二消息卦之上下體，含坎、離以外之八純卦，唯坎、離二卦無，以坎、離「為乾坤二用」，處月體納甲之戊己中宮之位，王四方之功。〔註14〕陰陽元氣相交，乾元入於坤中，而坤元入於乾中，成坎離而為日月之明；此坎獨得乾之中氣，離獨得坤之中氣，不偏不倚，超出於六子之中，以神其用。是消息無坎離，非但不減殺坎離二卦之地位，反而提高了坎離二卦之重要性與主導性意義。坎離立乎中而行乎四方，為乾坤二體之用；坎離也由旁通而成既濟定，達到《易》道中和之境。這種思想，為兩漢易學家特別是虞翻的實質主張，惠棟更極力舖陳，使之周延而傳承於後。

〔註13〕見李鼎祚《周易集解》，卷六，頁153。
〔註14〕括弧引文，見《周易述‧繫辭上傳》，卷十四，頁466。

二、乾坤盈虛生十二消息卦

十二消息卦爲歷代《易》家普遍使用的易例，特別爲漢代易學家所慣用。至於十二消息卦的起源問題，歷來學者的說法不一，但大體肯定在漢代以前已產生了。尚秉和《周易尚氏學》云：

> 清儒毛西河等，動以月卦屬之漢人，此大誤也。干寶《周禮》注引《歸藏》云：復子、臨丑、泰寅、大壯卯、夬辰、乾巳、姤午、遯未、否申、觀酉、剝戌、坤亥。是月卦已見於二《易》。故坤《彖》及上六爻辭，非用月卦不能解，明以坤居亥也。《左傳》得復卦曰：「南國蹙，射其元王中厥目。」以復居子，尤爲顯著。後漢人注《易》，往往用月卦而不明言，以月卦人人皆知，不必揭出，其重要可知已。〔註15〕

肯定十二消息卦早在《歸藏》中已見，且《左傳‧成十六年》記載晉侯筮與楚之例，「以復居子」，以復卦代表十一月，出於十二消息之說，也就是說，春秋戰國時期，十二消息卦已然盛行。朱彝尊《經義考》引徐善《四易》云：

> 子復、丑臨、寅泰、卯大壯、辰夬、巳乾、午姤、未遯《歸藏》本文作遂。、申否、酉觀、戌剝《歸藏》本文作僕。、亥坤。此《歸藏》十二辟卦，所謂《商易》也。〔註16〕

干寶引《歸藏》言十二消息，清初學者或作《商易》者，也就是以十二消息卦起源於商代。又，《緯書》提到：

> 夏以十三月爲正，息卦受泰初之始，其色尚黑，以寅爲朔。殷以十二月爲正，息卦受臨物之牙，其色尚白，以雞鳴爲朔。周以十一月爲正，息卦受復，其色尚赤，以夜半爲朔。〔註17〕

由於三代建月之不同，所以消息卦配月即有所異，至於兩漢所述，皆本諸夏

〔註15〕見尚秉和《周易尚氏學‧總論‧第十論消息卦之古》，北京：中華書局，2003年12月北京1版8刷，頁8。

〔註16〕見朱彝尊《經義考‧易二》，卷三，北京：中華書局，影印《四部備要》本，1998年11月北京1版1刷，頁29。

〔註17〕《緯書》提到此說者，見《春秋元命苞》、《樂緯稽耀嘉》。惠棟《易漢學》，卷一云「春秋緯樂緯」者，蓋指此二者。劉玉建《兩漢象數易學研究》論述子夏易學時，則作「《春秋緯樂緯》」是一誤引（見《兩漢象數易學研究》，頁35。），殊不知惠棟所引，實指《春秋元命苞》與《樂緯稽耀嘉》之言。王興業〈試論十二辟卦〉，作「《春秋緯‧樂緯》」，（見《周易研究》，1997年第1期，頁3。）亦誤。

歷。〔註 18〕消息卦之說，由來甚早，至兩漢時期已爲成熟而普遍的釋卦之易例。

消息卦形成的原理，透過以陰陽進退、盈虛變化之觀念而來，同《繫傳》所云「剛柔相推而生變化」，「變化者，進退之象也」，十二消息卦是以陰陽的運動變化而產生的。這種消息盈虛的原理原則，早已滲透在《易傳》之中。陰陽二者爲宇宙變化規律的基本元素，《繫辭上傳》所謂「動靜有常，剛柔斷矣」，惠棟注云「乾剛常動，坤柔常靜，分陰分陽，故剛柔斷矣」；〔註 19〕乾陽坤陰，剛柔相推而產生變化，也就是乾坤的相互交感而化生萬物，這種相互交感也就是陰陽的此消彼長的現象，陰進則陽退，陽進則陰退，以乾坤等十二個卦來體現，剛好成爲其有規律變化的週期。《繫上》「一盍一辟謂之變」，惠氏認爲「陽變盍陰，陰變辟陽。剛柔相推，而生變化也」。「陽變爲陰，故盍陰。陰變爲陽故辟陽。剛推柔生變，柔推剛生化，故剛柔相推而生變化也」。又，《繫上》「往來不窮謂之通」，惠氏則又云，「十二消息，陰陽往來无窮已，推而行之故謂之通也」。「復、臨、泰、大壯、夬、乾，陽息之卦。姤、遯、否、觀、剝、坤，陰消之卦。是爲十二消息，即乾坤十二畫也。否、大往小來，泰、小往大來，故陰陽往來无窮已。一往一來推而行之，故謂之通也」。〔註 20〕是以乾坤十二畫，陽息陰消，盈虛變化，一往一來，循環無已，十二消息卦由是生焉。同時，十二消息也代表著一年四時之變，「泰、大壯、夬配春；乾、姤、遯配夏；否、觀、剝配秋；坤、復、臨配冬。十二消息相變通，而周于四時，故趣時者也」。〔註 21〕十二消息剛柔相推之變化之道，構成了宇宙萬物生存消亡，生息反復之規律，也形成宇宙生化的基本圖式，所以惠棟認爲「乾息坤消，六位時成故成列。坎月離日居中央，王四方，故易立乎其中矣」；「復已上，乾之六位；姤已上，坤之六位。列貴賤者，存乎位，故成

〔註18〕《後漢書‧魯恭王傳》云：「五月姤卦用事，言君王夏至之日施命令，止四方
　　　　行者，所以助微陰也。」以消息用卦，五月爲夏至之月，亦用夏歷。漢代諸
　　　　《易》家，也大抵用夏歷言十二消息。虞翻釋姤卦《象傳》「后以施命誥四方」，
　　　　云：「震二月，東方；姤五月，南方；巽八月，西方；復十一月，北方。皆總
　　　　在初，故以誥四方也。孔子行夏之時，經用周家之月，夫子傳《彖》、《象》
　　　　以下，皆用夏家月，是故復爲十一月、姤爲五月矣。」（見李鼎祚《周易集解》，
　　　　卷九，頁 217～218。）亦主夏歷之用。
〔註19〕見《周易述‧繫辭上傳》，卷十三，頁 381。
〔註20〕引文見《周易述》，頁 245～246、449。
〔註21〕見《周易述‧繫辭下傳》，卷十五，頁 473。

列也」。此即《繫上》「乾坤成列，而易立乎其中矣」之義蘊所在。〔註22〕

　　十二消息卦由乾坤所衍，並且由十二消息卦再衍生出其餘五十二卦，惠棟統以「之卦」爲言，視之爲「之卦」之範疇，而張惠言視之爲「十二消息卦變說」。〔註23〕不管是作「之卦」或「卦變」來說，其質性不變，以十二消息卦爲中心，並進一步推衍爲六十四。這種思想在虞翻之前已普遍存在，而今存文獻所及，以虞翻最詳。因此，惠棟釋《易》過程中，述及諸十二卦，仍以參照虞翻之說爲主。以下簡要列舉諸卦爲釋：

（一）復　卦

　　復☷☳卦，惠棟指出爲消息十一月，並云「陽息坤，與姤旁通，剛反交初，故亨」，也就是說：

> 復，陽息之卦，而自坤來，故云陽息坤。與姤爲旁通，一陽自上而反，而交于坤初。〔註24〕

說明十二消息卦中，「剛反交初」，乾陽復反於坤初，復歸於一年之始。復☷☳姤☰☴旁通，即陽氣由下而下升，是逆數之法，一陽升於六而復方於初，所以「交于坤初」。

　　惠棟進一步解釋，特別提到：

> 出震成乾，入巽成坤。坎爲疾，十二消息不見坎象，故出入无疾。
> 〔註25〕

「出震成乾」爲乾之消息始於一陽，也就是「出震」，並繼續衍爲消息六卦；一陽出復☷☳而二陽歷臨☷☱，至三陽泰☷☰卦而反觀☴☷，成剝☶☷而入坤☷☷，此即乾之消息六卦。「入巽成坤」爲一陰入姤☰☴而二陰歷遯☰☶，三陰爲否☰☷而反於大壯☳☰，成夬☱☰而盈乾☰☰，此即坤之消息六卦。〔註26〕乾坤消息十二卦，本乾者六卦，本坤者六卦，此虞氏之說。十二消息不見坎象，因而「出入无

〔註22〕括弧內引文，見《周易述》，卷十四，頁463、466。

〔註23〕張惠言《周易虞氏消息》云：「卦變消息，蓋孟氏之傳也，荀氏亦言之，而不能具，其他則多舛矣。其法有爻之有旁通，有消息卦，有消息所生之卦，注雖殘闕，考約求之，蓋乾坤十二辟卦爲消息卦之正。」（見《大易類聚初集》，第十九輯，臺北：新文豐出版公司，1983年10月初版，頁402。）認爲此種十二消息卦變之說，以虞翻之說爲詳。

〔註24〕見《周易述》，卷四，頁104、105。惠氏「陽息坤，與姤旁通，剛反交初，故亨」此一注文，實爲虞翻注復卦《象傳》之文。

〔註25〕見《周易述》，卷四，頁104。惠氏此文，亦爲虞翻注復卦卦辭之文。

〔註26〕參見李道平《周易集解纂疏》，卷四，頁260。

疾」，惠棟解釋云：

> 陽出于震，至巳而乾體就，故「出震成乾」。至午入巽，至亥成坤。
> 「出震，震也」，息至二體兌，至三成乾。「入巽」，巽也，消至二體
> 艮，至三成坤。十二消息，謂乾坤十二畫有震、有兌、有乾、有巽、
> 有艮、有坤，獨无坎離者。〔註27〕

十二消息，息卦由子復 ䷗、丑臨 ䷒、寅泰 ䷊、卯大壯 ䷡、辰夬 ䷪至巳而乾 ䷀體就，故云「乾息爲盈」；消卦由午姤 ䷫、未遯 ䷠、申否 ䷋、酉觀 ䷓、戌剝 ䷖至亥而成坤 ䷁，故云「坤消爲虛」。此十二消息卦（合內外卦爲二十四卦）中，乾 ☰坤 ☷之卦各八，震 ☳、巽 ☴、艮 ☶、兌 ☱之卦各二，不見坎 ☵離 ☲二卦；又《說卦》「坎爲心病」，故「爲疾」。所以說，「坎爲疾，十二消息不見坎象，故出入无疾」。

復卦卦辭「朋來，无咎，反復其道」，今本作「朋」字，虞翻同，而惠棟本於京房之說作「崩」，並解釋云：

> 自上下者爲崩，剝艮反初得正，故无咎。反復其道，有崩道也。虞
> 氏作「朋來」，云：兌爲朋，在內稱來，五陰從初，初陽正，息而成
> 兌，故「朋來无咎」。乾成坤反于震，陽爲道，故復其道。〔註28〕

又云：

> 京剝《傳》曰：小人剝廬，厥妖山崩。復《傳》曰：崩來无咎。自
> 上下者爲崩厥，應大山之石，顛而下陽，極于艮，艮爲石。剝之上
> 九，消艮入坤，山崩之象。

在消息變化的過程中，復卦確是從剝卦而來，如同《序卦》所言「物不可以終盡，剝窮上反下，故受之以復也」的道理，物極則反於初，剝窮於上，即復反於初，這是符合自然變化之道。但重反的歷程如何，可以有不同的方式爲之。惠棟認爲那是一種「消艮入坤，山崩之象」，是由上而下的「崩」的方式，也是「消艮入坤出震」的歷程，所以「復卦乾息坤，乾爲道，故云反復其道，有崩道也」。〔註29〕因此，惠棟於此卦辭作「崩來」，認爲本於京房之說爲釋，才是正確的，也才是符合古《易》之本義。至於虞翻作「朋」則非正解。他指出：

〔註27〕見《周易述》，卷四，頁105。
〔註28〕見《周易述》，卷四，頁104～105。
〔註29〕括弧內文見《周易述》，卷四，頁106。

虞氏作朋來，兌二陽同類故爲朋；在外曰往，在內曰來，初爲卦主，故五陰從初。初得正，陽息在二，成兌，故云初陽息正而成兌，朋來无咎也。乾成于上，坤消自初，故云乾成坤。滅藏于坤，從下反出，體震，故反出于震。乾爲道，陽即乾也，出震成乾，故復于道。虞以朋來爲陽息兌，今知不然者。下云「七日來復」，則方及初陽，何得先言息二成兌，至「利有攸往」，乃可云息臨成乾，虞氏非是，當從京氏作「崩來」也。〔註30〕

虞氏以初陽得正爲復䷗卦，息二成兌爲臨䷒卦，內卦爲兌☱，二陽同類所以爲朋，在內又爲「來」，故云「朋來」。同時，虞氏認爲剝䷖消乾成坤，故云「乾成坤」；陽出入純坤，然後成復，是「陽不從上來反初，故不言剛自外來」。〔註31〕陰陽消息氣化之轉變，虞氏以陽極而重返於初，並不言陽從上而來，也不言剛自外來；不作「崩來」，自然無須作此等解釋，至於作「朋來」，則於返初而至息二成兌時作訓解。對此，惠棟並不認同虞翻的說法，他採用京氏用「崩來」而立說，從上而下的崩象，才是正解。因爲，虞氏的「朋來」，是就陽息爲兌之臨言，初陽之復卦，要言「朋來」，也當就復卦之前的象義而言，怎能就復卦之後的臨卦言？所以「虞氏非是」，而當從京氏作「崩來」爲合宜。惠棟之說，當然有其理據，但是惠棟是站在已認定京氏作「崩來」作爲標的，來評論虞氏之非，倘無另作「崩來」者，惠棟是否可以重新思考「朋來」的意義，或是採納虞氏之說呢？

諸家之說，混而並言，折衷採用，仍可見其相左者，這是一種自然而普遍的情形，大可不必過度心儀某家，而斷然指非，除非能夠完全確認所心儀者，爲其思想體系傳承的源頭，也就是肯定京氏「崩來」爲原本，後來者當然以依準原本爲主，離原本之旨，當然就不對了；但是，京氏之「崩來」，是否確是古本之眞，則又是考證上的問題了。況且，各家之說，自成體系，混雜並言，基本上已割裂了各家思想上的完整性，再加上從割裂甚至拼湊的眾家主張中再去評斷比較，本身就已存在著複雜性與困難度的問題。尤其，惠棟述《易》，大抵宗主虞說，但此處嗅覺上更具古義的京房「崩來」之言，反而揚棄了所本，以京氏非虞氏，否定虞氏此尚稱言之成理者，惠棟未必眞的

〔註30〕見《周易述》，卷四，頁106。
〔註31〕此即復卦《象傳》「剛反動而以順行」，虞氏之注文。見李鼎祚《周易集解》，卷六，頁130。

理出最眞確的古義，仍是一種可供參考的相對亦言之成理者。

（二）臨　卦

　　臨䷒卦，惠棟直接述明爲「消息十二月」，並於卦辭「元亨利貞」下，注云「陽息至二，與遯旁通」；又於「至于八月有凶」下注云，臨消于遯，六月卦也。于周爲八月。遯弑君父，故至于八月有凶」。〔註32〕此皆引自虞翻之說。惠棟並進一步解釋云：

> 臨，陽息之卦。息初爲復，至二成臨，故云陽息至二，與遯旁通。……臨與遯旁通，遯者，陰消之卦，于消息爲六月，于殷爲七月，于周爲八月，故鄭氏注云：臨卦斗建丑而用事，殷之正月也。當文王之時，紂爲无道，故于是卦爲殷家著興衰之戒，以見周改殷正之數云。臨自周二月用事，訖其七月，至八月而遯卦受之。是其義也。若然，周後受命而建子，其法于此乎，陰消至遯，艮子弑父，至三成否，坤臣弑君，故云遯弑君父。遯于周爲八月，故至于八月有凶也。〔註33〕

臨䷒卦於十二消息卦中，爲陽息之卦，適於陰消之卦的遯䷠卦旁通。遯卦消息爲六月，此夏歷（建子爲始）之月，於殷（建丑）爲七月，於周（建寅）爲八月。引鄭說「臨卦斗建丑而用事，殷之正月也」，於十二消息建子而言，臨卦十二月卦，是建丑之月，而於殷則爲正月，也就是夏之十二月，爲殷之正月。因此，臨旁通於遯，二卦所建之月，三代互異；於陰陽之消息，陰消不久，終而復始，此自然之道。周知殷家之戒，法於此道，改易殷正，受命而建子，以臨道治民，不違其正，否則成遯則弑君父，終致滅亡。《繫下》云「《易》之興也，其當殷之末世，周之盛德邪。當文正與紂之事邪」；紂爲無道，文王作《易》，特於殷正用事之卦，著興衰之戒，以見周改殷正之有定數。於此，惠棟所解，本於十二消息而附之以旁通之說而言。

（三）泰　卦

　　泰䷊卦，惠棟指明其「消息正月」，云「陽息坤，反否也」，「泰息卦，卦自坤來」，〔註34〕本於虞氏之說。惠氏並進一步解釋云：

〔註32〕見《周易述》，卷三，頁86。
〔註33〕見《周易述》，卷三，頁86～87。
〔註34〕見《周易述》，卷二，頁52。

《雜卦》曰：否泰反其類也。虞注云：否反成泰，泰反成否，故云
「反否」。在他卦則云旁通是也。息卦坤詘乾信，陰爲小，陽爲大，
坤在外，故坤陰詘外爲小往，乾在內，故乾陽信內爲大來，交在外
曰往，在內曰來也。二五失位，二升五，五降二，天地交，萬物通，
成既濟定，故吉亨。〔註35〕

泰卦爲息卦，兩漢諸家皆作「反否」而言，主要是根據《雜卦》之說而來，
所以惠棟特別引《雜卦》之言。十二消息卦，自姤至否，坤成乾滅，則陽息
而反泰；自復至泰，乾成坤滅，則陽消而反否，故「否泰反其類」。此「反否」、
「反泰」之說，其性質於它卦言，則爲「旁通」。十二消息卦兩兩旁通，惟否
泰二卦順應《雜卦》之說，而作「反」言。因此，可以看出，兩漢《易》家
釋《易》，雖建立了其思想學說體系的脈絡，但基本上仍受到《易傳》的強力
制約。至於小大、內外、往來之言，坤陰稱「小」，陰本居下，且自內而出爲
「往」，「往」者又爲「詘」，此《繫下》之言，所謂「往者，詘也」。所以說
「坤陰詘外爲小往」。又，乾陽稱大，陽本居上，自外而返爲「來」，此又《繫
下》所謂「來者，信也」之言，故「乾陽信內爲大來」。泰卦並且透過升降之
變，而能成既濟定，所以能亨吉。蓋以乾下坤上，乾二之坤五，坤五降乾二，
二五相應爲「上下交」，而成坎離，也就是天地以坎離交陰陽，故爲「天地交」，
而這種天地上下之交，終能交成既濟而一切亨通吉祥。是以泰卦屬十二消息
之陽息之卦，與否卦準爲旁通，二五升降之變，而爲既濟卦。

（四）夬　卦

以夬☱☰卦言，惠棟指明爲「消息三月」，並本虞翻和鄭玄之說云：

陽決陰，息卦也。剛決柔，與剝旁通。揚，越也。乾爲王，剝艮爲
庭，陰爻越其上，故「揚于王庭」矣。〔註36〕

〔註35〕見《周易述》，卷二，頁52。《雜卦》注云：「否反成泰，泰反成否，故反其類，
終日乾乾，反復之道。」（見李鼎祚《周易集解》，卷十七，頁444。）《集解》
中並無注明虞翻之注，蓋李鼎祚之自注，惠棟云爲虞氏之注，是誤。

〔註36〕見《周易述》，卷六，頁184。惠棟此文，乃綜采虞翻與鄭玄之說，斷湊而成。
虞翻原文云：「陽決陰，息卦也。剛決柔，與剝旁通。乾爲揚爲王，剝艮爲庭，
故揚于王庭矣。」鄭玄原文云：「夬，決也。陽氣浸長，至於五，五，尊位也，
而陰先之，是猶聖人積德說天下，以漸消去小人，至於受命爲天子，故謂之
決。揚，越也。五互體乾，乾爲君，又居尊位，王庭之象也。陰爻越其上，
小人乘君子，罪惡上聞於聖人之朝，故曰夬，揚于王庭也。」（見李鼎祚《周
易集解》，卷九，頁211。）

並加以闡明，云：

> 此虞、鄭義也。五陽決一陰。兌爲附決，故陽決陰。復、臨、泰、
> 大壯、夬、乾皆陽息之卦，故云息卦也。陽息坤，坤爲柔，乾爲剛，
> 故剛決柔。……乾君爲王，夬旁通剝，故云剝艮爲庭。上六一陰爻
> 逾于五陽之上，故揚于王庭矣。〔註37〕

夬卦乾下兌上，《說卦》以「兌爲附決」，五陽決一陰，故爲「陽決陰」。於十二
消息爲陽息之卦，漸入盛陽之際，爲「剛決柔」。且剝䷖息於夬，而夬消於剝，
故云「與剝旁通」。乾爲君爲王，而夬卦上伏剝艮，艮爲門闕，故爲「庭」；以
乾居艮，故爲「王庭」。此夬卦，小人陰柔在上，乘君王之上，故「揚于王庭」。

惠棟於卦辭「告自邑，不利即戎」下注云：

> 陽息動復，剛長成夬。夬從復升，坤逆在上，民衆消滅。震爲告，坤
> 爲自邑，故告自邑。二變离爲戎，故不利即戎，所尚乃窮也。〔註38〕

此說原自虞文，並詳云：

> 陽息初復亨，剛反故陽息動復。復利有攸往，剛長也，故剛長成夬。
> 震善鳴爲告，坤爲自爲邑，故爲自邑。陽息自復，故夬從復升。陰
> 逆不順而乘陽，故坤逆在上。復時，坤有民衆，乾來消坤，故民衆
> 消滅。二變體离，离、甲胄戈兵，故爲戎。復上六用行師，終有大
> 敗，故不利即戎。卦窮于上，故所尚乃窮也。〔註39〕

陽息之卦，初動爲一陽之復卦，此即從陰長至極而復返於陽剛，所以「剛反
故陽息動復」。夬爲陽息陰消之卦，此順「君子道長」〔註40〕之勢，「道長」
即言「陽長」，「陽長」則「利有攸往」；剛長至上，以成乾卦，而由一陽之復
爲始，此初剛長而漸及者；所以復卦《象傳》云「利有攸往，剛長也」。夬爲
陽息之卦，即剛長至五成夬。復內體震，震善鳴爲「告」；復外體坤，坤爲自，
亦爲土爲邑，故爲「自邑」。陽息初爲復，升至五爲夬，夬卦以五陽而惟剩坤
道一陰在上，一陰乘陽在上而不順，故「坤逆在上」。

惠棟又於「利有攸往」下，指出「陽息陰消，君子道長，故利有攸往，
剛長乃終也」。〔註41〕此亦引自虞文。惠氏解釋云：

〔註37〕見《周易述》，卷六，頁184。
〔註38〕見《周易述》，卷六，頁184。
〔註39〕見《周易述》，卷六，頁185。
〔註40〕「君子道長」見泰卦《象傳》文。
〔註41〕見《周易述》，卷六，頁184。

夬，陽息陰消之卦，陽為君子，君子道長，故利有攸往。剛長成乾，
上為終，故剛長乃終也。〔註42〕

此一釋文與前段互為表裡，皆就陽息而言，陽剛漸長，象君子之道長，〔註43〕
至亢極為乾，則剛長乃終。因此，觀此夬卦之形成演變、與諸卦之關係，乃
至卦辭卦義，惠棟大都本於虞翻之說，並主要以陰陽消息作為陳述之內容。

（五）姤　卦

以姤☰☴卦言，〔註44〕惠棟直指其「消息五月」，並於卦辭「女壯」下注
云：

消卦也，與復旁通。巽，長女；女壯，傷也。陰傷陽，柔消剛，故
「女壯」也。

此原本於虞翻之說。惠棟並進一步解釋云：

遘始消乾，故云消卦也。下體巽，巽為長女。壯，傷也。故云「女
壯，傷也」。陰傷陽，柔消剛，是傷之義，故女壯也。〔註45〕

十二消息，乾陽為息，坤陰為消，乾息之卦始於復，而坤消之卦則自姤始，
故「遘始消乾」為「消卦」。復☷☳姤☰☴各為陽息與陰消之初，陰陽互伏，故
姤卦「與復旁通」。姤卦內卦為巽，巽一索得女為長女；一陰遇五陽，猶一女
敵五男，一陰又在初，未得正位，以陰傷陽，以柔消剛，故「女壯，傷也」。
惠棟以陰陽之變、爻位質性釋義，實屬恰當。

（六）遯　卦

以遯☰☶卦言，〔註46〕惠棟指為「消息六月」，並云：

陰消遘二也。艮為山，巽為入，乾為遠，遠山入藏，故遯。五陽當
位，正應在二，故亨。

又疏云：

遯，陰消之卦，消遘及二，故云「陰消遘二也」。艮為山，巽為入，
乾為遠，遠山入藏，故遯。皆虞義也。陽長為進，陰消為退，遯有
退義，故《序卦》曰：「遯者，退也。」以陽居五，故五陽當位，與

〔註42〕見《周易述》，卷六，頁185。
〔註43〕見泰卦《象傳》云「君子道長」。
〔註44〕姤卦之「姤」字，惠棟作「遘」。
〔註45〕二段引文，見《周易述》，卷六，頁188。
〔註46〕「遯卦」，惠棟作「遘卦」。

二正應。乾坤交通，故亨。消至三則天地否隔不能通矣。故二利居
正，與五相應。此荀義也。〔註47〕

陰始消姤，及二為遯，與臨卦旁通。艮山、巽入皆緣於《說卦》象義。天道遠，
故「乾為遠」。入藏於遠山，所以為「遯」。遯卦本為陰消而陽退之象，陰消為
退，故遯卦又有「退」之義。陰消至二，二與五得位而有應，守其正道，故「乾
坤交通」為亨。陰消陽而利正居二，與五相應，有利貞亨通之義。惠棟指稱「此
荀義也」，實荀氏之言，為「陰消至二，其勢浸長，將欲消陽成否。二與五為正
應，固志守正，遯不成否，利貞之義也」。〔註48〕此亦本消息之說以釋《易》。

（七）大壯卦

以大壯䷡卦言，惠棟指為「消息二月」，並注疏云：

陽息泰也。壯，傷也。大，謂四，失位為陰所乘。兌為毀折，故傷。
與五易位乃得正，故利貞也。

此虞義也。陽息泰成大壯，馬氏亦云：壯，傷也。《方言》曰：「凡草
木刺人，北燕朝鮮之間謂之策，或謂之壯。」郭璞註云：「今淮南亦
呼壯為傷。」是也。陽大陰小，故大謂四，以九居四為失位，五陰乘
之，陰氣賊害，又體兌，兌為毀折，故名大壯。《太玄》準之，以夷
夷亦傷也。四當升五，與五易位，則各得其正，故利貞也。〔註49〕

惠棟以虞翻之說為釋，以陽息至三為泰後，續而升四為大壯，其卦義也就特
別針對九四而言。以「壯」作「傷」解，並引馬融、揚雄、郭璞等人之說為
證。「壯」字之義，漢魏時期除有作「傷」之解外，大多以「壯」有盛大之義。
如鄭康成作「壯，氣力浸強之名」，《集解》引荀爽云「乾剛震動，陽從下升，
陽氣大動，故壯也」，〔註50〕孔穎達《正義》云「陽爻浸長已至於四，是大者
盛壯」。是以陽息三陽為泰，至四則陽盛為傷；為呼應卦辭「利貞」，九四失
位，互兌又有折毀之象，必援用升降之說，陽四升五，與五易位，而後得正，
故能「利貞」。在升降說的主張上，惠棟特別站在荀爽的立場上，堅持陽二升

〔註47〕二引文，見《周易述》，卷五，頁141。「陰消遯二也。艮為山，巽為入，乾為
遠，遠山入藏，故遯」段，原本於虞翻之說，惠棟並未明確述明，僅於疏解
中，含糊指為「皆虞義也」，失之嚴謹。

〔註48〕見李鼎祚《周易集解》，卷七，頁167。

〔註49〕二段引文，見見《周易述》，卷五，頁143～144。

〔註50〕見李鼎祚《周易集解》，卷七，頁170。

五的觀念，然而此處惠棟以陽四升五，然後能夠得以「利貞」。因此，升降說並不僅限於二五的升降，四升五仍可得正。

（八）否　卦

以否 ䷋ 卦言，惠棟指明「消息七月」，並於卦辭「否之匪人，不利君子貞，大往小來」下，作了注疏，其注云：

> 陰消乾，又反泰也。謂三，比坤滅乾。以臣弒君，以子弒父，故曰匪人。君子謂五，陰消陽，故不利君子貞。陽詘陰信，故大往小來。

其疏云：

> 此虞義也。否消卦，卦自乾來，故云陰消乾。泰反成否，故云反泰，與泰旁通也。匪人，謂三陰消至三成坤，故云比坤滅乾。臣謂坤，子謂逢艮也。弒父弒君，人道滅絕，故曰匪人。虞氏謂與比三同義，尋比乃坤歸魂也，六三爲鬼吏，故曰匪人。否乾世以三爲財，其謂匪人以消乾也。義各有取，虞氏非是。外體三爻，唯五得正，故君子謂五，陰消至五，故不利君子貞。爻辭「其亡，其亡」是也。五，大人而稱君子者，陰陽消息之際，君子小人之辯宜明，故稱君子也。陽詘在外故曰大往，陰信在內故曰小來。〔註51〕

惠氏指明所注，是取虞義；虞氏之注爲：

> 陰消乾，又反泰也。謂三，比坤滅乾。以臣弒其君，子弒其父，故曰匪人。陰來滅陽，君子道消，故不利君子貞。陽詘陰信，故大往小來。則是天地不交，而萬物不通，與比三同義也。〔註52〕

大致引虞說爲言，然多有改易虞文，特別是虞作「陰來滅陽，君子道消」，惠棟改云「君子謂五，陰消陽」，以「君子」專就九五爻而言，此惠棟之言，未必合虞氏本義，虞氏所指「君子道消」，當泛指陽爻而言，非必僅指五爻。是消息變化，於否之時，陰道日長，而陽道日消，陰來滅陽，陽道日盡，此「君子道消」，而「不利君子貞」。所謂「大往小來」者，亦含此「君子」、「小人」之義，「陽詘在外」者三爻，均可爲「君子」者。

否卦爲消卦，虞氏作「陰消乾，又反泰也」，惠棟則云「泰反成否，故云反泰，與泰旁通也」，對虞氏之言「反」，惠棟似視之與「旁通」同義。虞氏是否

〔註51〕注疏二文，見《周易述》，卷二，頁 58。
〔註52〕見李鼎祚《周易集解》，卷四，頁 80。

將反卦與旁通等同，仍有進一步釐清的必要。〔註53〕這一部份移於後文論及旁通時再說明。虞氏云此否卦天地不交、萬物不通之狀，「與比三同義」，所以爲「謂三，比坤滅乾」。是比☷☵卦六三爻辭「比之匪人」，虞云「失位无應，三又多凶，體剝傷象，弒父弒君，故曰匪人」；〔註54〕此三陰失位，上無正應，《繫下》又云「二多凶」，所以失位无應又多凶；又，初至五體剝，剝有傷義，故云「體剝傷象」。虞氏以此比卦六三與否卦同義，皆有「弒父弒君」之凶象，也可云「匪人」。然而，惠棟取虞說亦有所捨，對虞說提出批評，透過京房八宮卦次說爲釋，提到「虞氏謂與比三同義，尋比乃坤歸魂也，六三爲鬼吏，故曰匪人。否乾世以三爲財，其謂匪人以消乾也。義各有取，虞氏非是」；比卦爲坤宮之歸魂卦，六三乙卯，爲坤之鬼吏，所以稱「匪人」；〔註55〕至於否卦則爲乾宮三世卦爲財，消乾而爲「匪人」，取義不同，虞氏並言，並非恰當。虞氏之立論，有其理據，並不一定以京氏或《火珠林》之法爲必要。惠棟既以虞氏爲據，則不宜以不同之理論混言，並以之評斷是非，否則淆亂原說者之言，也誣詆原說者之是，實非允恰。

（九）觀　卦

惠棟於觀☴☷卦下注明「消息八月」，並云：

觀，反臨也。以五陽觀示坤民，故稱「觀」。〔註56〕

觀☴☷卦與臨☷☱卦相反，同屬十二消息卦。此二卦互爲反卦，惠棟特別指出「乃反卦，非旁通也」，與前述否☴☷泰☷☱之反類，兼有旁通之義不同。這一議題，移於後文再述。觀卦以五陽爲君，下坤爲民，所以「五陽觀示坤民」；惠棟又略作說明，認爲「《象傳》曰：中正以觀天下。中正謂五，坤爲民，故五陽觀示坤民，民爲觀也」。〔註57〕陰消至四，而五陽居於正位，雖群陰臨下，仍可

〔註53〕李道平《周易集解纂疏》本原於惠說，作「與泰旁通，故云反泰」。（見是書，卷三，頁173。）將虞氏所云之「反卦」與「旁通」作了等同。

〔註54〕見李鼎祚《周易集解》，卷三，頁63。

〔註55〕干寶注比卦六三《象傳》云：「六三乙卯，坤之鬼吏，在比之家，有土之君也。周爲木德，卯爲木辰，同姓之國也。爻失其位，辰體陰賊，管蔡之象也。比建萬國，唯去此人，故曰比之匪人，不亦傷王政也。」（見李鼎祚《周易集解》，卷三，頁63。）惠棟認爲此同《火珠林》之法：坤六三乙卯，木干。比者，坤宮歸魂卦，坤爲土，土以木爲官，木魁土，故云「坤之鬼吏」。（參見《周易述》，卷二，頁42。）鬼吏，故稱「匪人」。

〔註56〕見《周易述》，卷三，頁89。

〔註57〕見《周易述》，卷三，頁90。

得以無咎。

（十）剝　卦

以剝☷☶卦言，惠棟指爲「消息九月」，並於卦辭「不利有攸往」下作注疏，其注云：

> 陰消乾也，與夬旁通。以柔變剛，小人道長。上往成坤迷復，故不
> 利有攸往。

疏云：

> 剝本乾也，陰消至五成剝，故云陰消乾也。夬陽決陰，剝陰剝陽，
> 故與夬旁通。「柔變剛」，《象傳》文。「小人道長」，否《象傳》文。
> 此《傳》亦云「小人長也」。陰消之卦，大往小來，不利有攸往，謂
> 上也。剝上反初爲復，復剛長，故「利有攸往」。坤爲迷，上往成坤
> 爲迷，復小人道長，故不利有攸往也。此兼虞義。〔註58〕

剝卦本於乾陽之體，因陰消乾至五而成剝。「夬陽決陰，剝陰剝陽」，即自夬剛長，即伏剝消；剝又伏夬，故二卦旁通。「柔變剛」，即陰消陽；「小人長也」，即陰長至五；陰氣侵陽，上至於五，五陰一陽，此陰氣極盛、小人極盛久時，所以《象傳》說「小利有攸往，小人長也」。惠棟言「此兼虞義」，實大體本諸虞義。

除了以上諸消息卦之釋義外，《周易》經傳之中，惠氏來廣以消息說爲釋，如《繫辭上傳》「居其室，出其言不善，則千里之外違之，況其邇者乎」，惠氏云：

> 坤初爲不善，消二成遯，弒父弒君，故千里之外違之，況其邇者乎。

並引虞文疏云：

> 《文言》曰「積不善之家，必有餘殃」。虞彼注云：坤積不善，故知
> 坤初爲不善，謂遯時也。遯消二成遯，艮子弒父，至三成否。坤臣
> 弒君，故千里之外違之，況其邇者乎。〔註59〕

惠氏此注，原本於虞義。坤初爲不善，即陰消乾之姤☰☴卦；消至二陰成遯☰☶卦，下體艮，艮子弒父；消至三陰爲否☰☷卦，下體坤，坤臣弒君。陰消至五爲剝☷☶卦，內消陽爲陰，不順於初，而又與三四互坤，二與互坤違初而上承於五；初體本坤，與四敵應，是「千里之外」謂四。四與互坤，承五而不應初，故「千

〔註58〕二引文，見《周易述》，卷四，頁101。
〔註59〕二引文，見《周易述》，卷十四，頁413、414。

里之外違之」。四且違初，而況二乎，此言坤臣逆道，故云「千里之外違之，況其邇者乎」。惠棟於此辭，本於消息卦之說以釋其義，其辭之義彰，由消息卦入。有關之釋例，不勝枚舉，知惠棟重於以消息卦說作爲釋《易》之法。

由以述諸消息卦之釋例可以看出，惠棟主要以虞翻的主張來申論，並且綜之以互體、逸象、旁通等法，儼然爲虞氏思想的延續，對於虞氏思想的建構，以及後人對虞說的認識，皆有極大的幫助與貢獻。然而，部份引據他說，而支離了虞說之完整性。當然這代表了惠棟對《易》卦的認識與理解，而對虞氏之說作了取捨與批評，但部份主觀的認識，不但未能對虞說作有系統的再造，反而割裂了虞說之整體思想。

十二消息卦中，乾坤二卦於消息義涵上，惠棟並無過多之著力，畢竟二卦爲眾卦之父母，含涉之有關思想主張甚繁，以及虞翻並無於此二卦從消息的角度去詮釋，惠棟無以援用，所以所言消息之義不多，但不因此破壞從卦變說的角度去觀照十二消息卦可能呈現的內在理路。而且，惠棟雖無於二卦之中述及消息之義，但《周易述》中仍可廣見其以乾坤消息爲論者，如釋《繫上》「乾坤毀，則无以見易」，惠氏云：

乾成則坤毀，謂四月也。坤成則乾毀，謂十月也。

天道虧盈，故言毀，謂消息也。陽息陰，故乾成則坤毀，乾成于己，

故謂四月；陰消陽，故坤成則乾毀，坤成于亥，故謂十月。〔註60〕

從乾坤消息的觀點上來論「乾坤毀，則无以見易」的意涵，「毀」有「消」意，是乾毀則陰盛爲坤，值十月亥時；坤毀則陽息道長爲乾，值四月己時。惠氏雖於此釋意有附會之嫌，〔註61〕但仍可知其重用乾坤消息以釋《易》。

十二消息卦之間的關係，除了陽息陰消的發展關係外（復䷗、臨䷒、泰䷊、大壯䷡、夬䷪、乾䷀、姤䷫、遯䷠、否䷋、觀䷓、剝䷖、坤䷁），從惠棟注疏之文也可以看到，卦以復䷗爲首，「陽出于震，至巳而乾體就，故出震成乾」，也就是十二消息卦首以陽出震而爲復卦。陽息至二成臨䷒卦，此息二而下卦爲兌。息卦至三，坤詘乾信，乾在內而爲泰䷊卦，並與否䷋卦反其類，進而由泰卦而反於觀䷓卦。再上往於剝䷖卦而入於坤䷁卦。姤䷫卦乾

<hr />

〔註60〕二引文，見《周易述・繫辭上傳》，卷十四，頁463、466。

〔註61〕《繫上》「乾坤毀，則无以見易」一文，如荀爽所釋云「毀乾坤之體，則无以見陰陽之交易也」爲恰。（見李鼎祚《周易集解》，卷十四，頁354。）陰陽交則易立，若乾坤體毀，則陰陽不交，則易道不彰，何以見易？

始消；消姤及二而爲遯☷☶，消三成坤爲否卦，此反泰之卦。至於大壯☳☰卦，「陽息泰成大壯」，也就是三泰後息四爲大壯。夬卦爲陽息至五之息卦。陽息六極而終至於乾☰卦。且復姤旁通、臨遯旁通、夬剝旁通、觀與臨反、否泰反其類，此兩兩二卦有極密切的關係，可以視爲卦變的伙伴。然而，詳細的聯繫關係，惠棟並未作說明。後繼者張惠言則云：

> 陽出震爲復，息兌爲臨，盈乾爲泰，泰反否，括囊成觀，終於剝而入坤。復反於震，陽虧於巽爲遘。消艮爲遯，虛坤爲否，否反泰，復成大壯，決於夬而就乾，復入於巽，是爲十二消息。〔註62〕

表明十二消息卦的發展關係，由復卦而臨卦至泰卦，然後轉至觀而剝入坤。進而爲遘爲遯爲否，再成大壯，入於夬，成就於乾。這樣的進程，前文論述復卦解釋「出入无疾」時，與所引李道平之說法相謀合，可見李氏或本於張說或同意張說。這樣的十二消息卦之發展關係，可以視爲虞翻所專有之較爲完整的說法。惠棟闡釋的過程中，比較肯定的是傳統上所說的陽息坤、陰消乾的卦序關係，於此並未作整合的論述，但大致上都分述於各卦之中。至於十二消息卦的其它重要內涵，參閱第二章孟喜易學考索的部份。

三、消息卦生雜卦的卦變系統

漢代易學家，稱十二消息卦以外之五十二卦爲雜卦，十二消息卦有其陰陽消息之統序，而雜卦則相對錯雜無序。在虞翻的卦變思想中，六十四卦的卦變體系，由乾坤而生十二消息卦後，再衍生其它諸雜卦。虞翻此六十四卦的卦變體系，以一卦六爻之陰陽爻數作爲分類，可以分爲一陽五陰之卦、一陰五陽之卦、二陽四陰之卦、二陰四陽之卦、三陽三陰之卦，以及變例之卦。黃宗羲《易學象數論》指出：

> 古之言卦變者，莫備于虞仲翔，後人不過踵事增華耳。一陰一陽之卦各六，皆自復、姤而變。二陰二陽之卦各九，皆自臨、遯而變。三陰三陽之卦各十，皆自否、泰而變。四陰四陽之卦各九，皆自大壯、觀而變。中孚、小過爲變例之卦，乾坤爲生卦之原，皆不在數中。其法以兩爻相易，主變之卦，動者止一爻。四陰四陽即二陰二陽之卦也，其變不收于臨、遯之下者，以用臨、遯生卦，則主變者

〔註62〕見張惠言《周易虞氏消息》，頁403。

須二爻皆動，而後餘卦可盡，不得不別起觀、壯。有四陰四陽而不用五陰五陽之夬、剝者，以五陰五陽之卦已盡於姤、復無所俟乎此也。中孚、小過爲變例之卦，何也？中孚從二陰之卦，則遯之二陰皆易位；從四陽之卦，則大壯三四一時俱上。小過從二陽之卦，則臨之二陽皆易位；從四陰之卦，則觀三四一時俱上。所謂主變之卦，以一爻升降者，至此而窮。故變例也，猶反對之卦，至乾、坤、坎、離、頤、大過、中孚、小過而亦窮也。〔註63〕

黃宗羲並進一步作了「古卦變圖」：〔註64〕

圖表 6-1-1　黃宗羲古卦變圖

一陰一陽之卦各六，皆自復、姤而變：

	復		姤
	師 初之二		同人 初之二
	謙 初之三		履 初之三
	豫 初之四		小畜 初之四
	比 初之五		大有 初之五
	剝 初之六		夬 初之六

二陰二陽之卦各九，皆自臨、遯而變：

	臨		遯
	升 初之三		无妄 初之三
	解 初之四		家人 初之四
	坎 初之五		離 初之五
	蒙 初之上		革 初之上
	明夷 二之三		訟 二之三

〔註63〕見黃宗羲《易學象數論・卦變二》，卷二。引自《黃宗羲全集》，第九冊，浙江：浙江古籍出版社，1992年12月1版2刷，頁57～58。

〔註64〕引自黃宗羲《易學象數論・卦變二》，卷二，頁62～66。

震二之四　　　　巽二之四

屯二之五　　　　鼎二之五

頤二之上　　　　大過二之上

三陰三陽之卦各十，皆自泰、否而變：

泰　　　　　　　否

恆初之四　　　　益初之四

井初之五　　　　噬嗑初之五

蠱初之上　　　　隨初之上

豐二之四　　　　渙二之四

既濟二之五　　　未濟二之五

賁二之上　　　　困二之上

歸妹三之四　　　漸三之四

節三之五　　　　旅三之五

損三之上　　　　咸三之上

四陰四陽之卦各九，皆自大壯、觀而變：

大壯　　　　　　觀

重大過初之五　　重頤初之五

重鼎初之上　　　重屯初之上

重革二之五　　　重蒙二之五

重離二之上　　　重坎二之上

兌三之五　　　　艮三之五

睽三之上　　　　蹇三之上

需四之五　　　　晉四之五

大畜四之上　　　萃四之上

變例之卦二：

中孚

小過

凡變卦皆從乾坤來：

乾

坤

　　黃宗羲很清楚地將虞氏之卦變說，作了有系統的分類與說明；同時特別指出虞氏的卦變系統，主要的卦變原則是「以兩爻相易，主變之卦，動者止一爻」，也就是行卦變者，只作一爻之變。因此，我們可以看出兩漢時期的卦變思想，虞翻所建構的理論，可以說是最爲龐大，而且具有高度的系統性。當然不存在著一些客觀上的侷限，而有變例的產生，形成整體上的缺陷。

　　惠棟述《易》，大體宗於虞說，雖旁及漢魏諸家，但仍以虞氏爲主，特別是在卦變的引論上，提出極爲詳細之闡述。對於卦變的分類，惠棟也作了說明：

　　　乾坤者，諸卦之祖。乾二五之坤，成震、坎、艮；坤二五之乾，成巽、離、兌。所謂兩儀生四象，四象生八卦也。復、臨、泰、大壯、夬，陽息之卦，皆自坤來。遘、遯、否、觀、剝，陰消之卦，皆自乾來。而臨、觀，二陽四陰；大壯、遯，四陽二陰；泰、否，三陽三陰。又以例諸卦，自臨來者四卦，明夷、解、升、震也。自遯來者五卦，訟、无妄、家人、革、巽也。自泰來者九卦，蠱、賁、恆、損、井、歸妹、豐、節、既濟也。自否來者九卦，隨、噬嗑、咸、益、困、漸、旅、渙、未濟也。自大壯來者五卦，需、大畜、暌、鼎、兌也。自觀來者四卦，晉、蹇、萃、艮也。自乾、坤來而再見者，從爻例也。卦无剝、復、夬、遘之例，故師、同人、大有、謙，從六子例，亦自乾坤來。小畜，需上變也。履，訟初變也。豫自復來，乃兩象易，非乾坤往來之謂也。頤、小過，晉四之初、上之二也。大過、中孚，訟上之三、四之初也。此四卦與乾坤坎離反復不衰，故不從臨觀之例。師二升五成比；噬嗑上之三，折獄成豐；賁初之四，進退无恆，而成旅；皆據傳爲說，故亦從兩象易之例。屯、

蒙從坎、艮來，屯剛柔始交，蒙以亨行時中，亦據傳爲說，不從臨觀之例。因《繫辭》、《彖傳》而復出者二，暌自无妄來，蹇自升來，皆二之五。其後李挺之作六十四卦相生圖，用老子一生二，二生三之說，至于三而極。朱子又推廣之，而用王弼之說，名曰卦變，且以己意增益，視李圖而加倍，至作本義，又以二爻相比者而相易，不與卦例相符，故論者謂不如漢儒之有家法也。〔註65〕

在惠棟的卦變主張，大體根本於虞翻，但或有誤解虞說，而成爲自己詮釋上的見解。惠棟以乾坤生震、坎、艮、巽、離、兌六子；並以十二消息卦皆自乾坤出：復、臨、泰、大壯、夬自坤來，姤、遯、否、觀、剝自乾來。合此十六卦，皆出自乾坤二卦。另外，從乾坤以外之其它辟卦所產生者，分別爲：

其一、二陽四陰之卦，出自消息卦臨、觀二卦者：自臨出者，明夷、解、升、震四卦；自觀出者，晉、蹇、萃、艮四卦。

其二、四陽二陰之卦，出自消息卦大壯、遯二卦者：自大壯出者，需、大畜、暌、鼎、兌等五卦；自遯卦出者，訟、无妄、家人、萃、巽等五卦。

其三、三陽三陰之卦，出自消息卦泰、否二卦者：自泰出者，蠱、賁、恆、損、井、歸妹、豐、節、既濟等九卦；自否出者，隨、噬嗑、咸、益、困、漸、旅、渙、未濟等九卦。

除此之外，卦無一陽一陰之例，亦即無出自消息卦中的剝、復、夬、姤之例，雜卦中一陰一陽者，師、同人、大有、謙、小畜、履、豫等七卦，皆自乾坤來。又，因反復不衰者，不從四陰二陽自臨觀之例者，有頤、大過、小過、中孚等四卦，皆不從臨觀出。又，據傳爲說，而爲變例者，比、豐、旅、屯、蒙，皆據傳爲說；暌、蹇二卦，因《繫辭》、《象傳》而出。

《周易述》爲惠棟未竟之作，鼎卦等十五卦未及付梓，因此，以下針對其見世之卦，按其自說而分類說明。

（一）自乾坤而來之卦者

1. 謙䷎卦〔註66〕

惠棟引虞說云謙䷎卦爲「乾上九來之坤」，指出「上九亢龍盈不可久，虧之坤三，故爲嗛。天道下濟，故亨。虞氏曰：彭城蔡景君說剝上來之三」。並

〔註65〕見惠棟《易例》，卷一，頁944～946。又《周易述》，卷一，頁15～16，所言略同。

〔註66〕惠棟作「嗛卦」。

且注卦辭「君子有終」，以「君子謂三，艮終萬物，故君子有終」。〔註67〕同時，進一進闡釋云：

> 用九之義，乾上九當之坤三。……卦名「嗛」者，正以上九一爻亢極失位，天道盈而不溢，虧之坤三，致恭以存其位，故以「嗛」名。卦盈者嗛之，反上之三，盈爲嗛，在人爲謙，故曰嗛，謙也。……乾爲天道來之坤，故下濟以乾通坤，故亨。蔡景君傳易，先師景君言「剝上來之三」，剝之上九即乾也，以消息言之，故云「剝上來之三」。案虞論之卦，无剝、復、夬、遘之例，景君之說，虞所不用也。……三于三才爲人道，故君子謂三。《說卦》曰「終萬物始萬物者，莫盛乎艮」，三體艮，故艮「終萬物」。……故君子有終也。
> 〔註68〕

惠氏作了詳盡的論述。其重要的意涵爲：

（1）首先他指出虞氏於謙卦的卦變說，主要爲「乾上九來之坤」，主要是根據乾卦的卦性而來，乾亢則必退之以謙，乾卦上九一爻亢極失位，所以上九當之坤三，以求謙道。至於爲何乾九要入於坤之三爻，主要本諸經傳文義，因爲三爲人道，又屬君子之象，「三」又爲艮體，合於《說卦》「終萬物始萬物者，莫盛乎艮」之義，更符合謙卦卦辭「君子有終」之義。但是，虞氏此一卦變說，並不合其一陽五陰之卦例，依正常的推斷，謙卦原來當從屬於十二消息卦復䷗卦下卦變之例，也就是復卦「初之三」者，然虞氏不用，而作此「乾上九來之坤」的變例（或爲違例），主要是受限於合理解說經文的需要。

（2）其次，惠氏認爲蔡景君以「剝上來之三」爲謙卦之說，虞氏並不用，此惠氏揣度虞意，主要認爲此不合虞氏卦變之原則，事實上虞氏此卦作「乾上九來之坤」，本不合其卦變的原則，所以蔡氏之說，虞氏基本上應當也持肯定的態度，至少有參考的價值，如此，虞氏才會列說備參。至於蔡氏「剝上來之三」的卦變之義，惠氏指出剝䷖卦之上九即乾陽，乾陽之坤陰，即乾爲「天道」，則是「天道下濟」；陰去陽中爲離，陽來陰中成坎，此乾九來之坤三，本體坎，亦伏離，坎月離日，有光明之象，所以謙卦《象傳》所謂「天道下濟而光明」，即合此「剝上來之三」之義。〔註69〕

〔註67〕見《周易述》，卷三，頁71。
〔註68〕見《周易述》，卷三，頁71～72。
〔註69〕荀爽於此《象傳》「天道下濟而光明」文，釋云：「乾來之坤，故下濟。陰去

（3）惠氏明白地指出「虞論之卦，无剝、復、夬、遘之例」，也就是說，惠氏認為虞氏的卦變說，為十二消息卦之後，續以消息卦進一步卦變為六十四卦，當中並無用剝▦、復▦、夬▦、遘▦作為進一步卦變的中介，這些卦是從乾坤而來，因此，不用一陰五陽或一陽五陰之卦例，所以其它一陰五陽或一陽五陰的卦，如師、同人、謙等，也都從乾坤而來。這樣的說法，是惠棟對虞氏卦變的看法，同本節開宗明義指出，惠棟對虞翻的之卦主張作了概括性的說明，也就是「自乾、坤來而再見者，從爻例也。卦无剝、復、夬、遘之例，故師、同人、大有、謙，從六子例，亦自乾坤來」。〔註70〕惠氏的看法，明顯與黃宗羲的認識不同，已如前述，黃氏認為「一陰一陽之卦各六，皆自復、姤而變」，復、姤確有作為虞氏之卦之例，而剝、夬皆從復、姤而來。二人見解互異，剎時間莫衷一是；細觀虞氏所述一陰五陽或一陽五陰之諸卦，師卦、同人卦、大有卦等三卦，虞氏並未說明，其餘如謙、比、履、小畜等諸卦，皆屬變例，惠棟因此一概認為虞氏無一陰五陽或一陽五陰之例。雖然惠棟深識虞氏諸變例之說，但不宜否定虞氏有一陰五陽或一陽五陰之例，如豫卦則是，後文詳述。是惠棟於此觀點，有商榷之必要。

2. 豫▦卦

惠棟釋豫▦卦卦辭「利建侯行師」，以虞說云「復初之四」，「震為諸侯，初至五體比象，四利復初，故利建侯。三至上體師象，故行師」。並指出：

> 一陰五陽，一陽五陰之卦，皆自乾坤來；師、嗛、大有、同人是也。此卦復四之初，乃從《繫辭》兩象易之例，非乾坤往來也。……震為諸侯，初至五體比象，比「建萬國，親諸侯」。二欲四復初，初為建，故利建侯。卦體本坤四之初，坤象半見，故體師象利行師也。
>
> 虞注晉上九曰動體師象例，與此同，半象之說易例詳矣。〔註71〕

惠棟此一釋文，有幾個重要意義：

（1）惠棟引虞說「復初之四」，惠棟並不將之視為一陰五陽自復▦卦而變之例，因為他根本認為一陰五陽或一陽五陰之卦，皆自乾▦坤▦而來，而非自復▦、姤▦而變者；但這些一陰五陽或一陽五陰之卦，從自乾坤而來者，

為離，陽來成坎。日月之象，故光明也。」（見李鼎祚《周易集解》，卷四，頁92。）可以作為「剝上來之三」的最佳注解。
〔註70〕見惠棟《易例》，卷一，頁944～946。又《周易述》，卷一，頁15～16，所言略同。
〔註71〕見《周易述》，卷三，頁74。

則又爲師☷☷、謙☷☶、大有☰☲、同人☲☰等卦，至於豫☳☷卦，則是從「兩象易」
例，而非乾坤往來而來。

（2）「兩象易」，是針對一個六畫卦來說，上體與下體易換位置後，則變爲
另一卦，虞翻稱爲「兩象易」或「上下象易」；虞翻雖有此易例之說，但並無廣
泛運用。在六十四卦的卦爻辭之釋義中，虞氏並無用此說，惟獨釋《繫辭下傳》
時，認爲大壯是无妄的上下象易、大過爲中孚的上下象易，夬卦爲履卦的上下
象易等三個例子。〔註72〕而惠棟於此豫卦虞氏所言「復四之初」，視爲兩象易之
例，也就是復卦上坤下震，反象而爲豫卦上震下坤。這樣的說法，實與虞說不
合，虞翻並不將豫卦作復卦之兩象易。因此，可以看出惠棟對虞翻卦變說的誤
解，虞翻確有一陽五陰由復卦而來者，此豫卦即「復四之初」。

3. 履☰☱卦

履卦卦辭「履虎尾，不咥人，亨，利貞」，惠棟注作「坤三之乾」，「以坤
履乾，故曰履」，「坤之乾成兌，兌爲虎，初爲尾以乾履兌，故履虎尾」。「乾
爲人，兌說而應虎口與上絕，故不咥人，亨。五剛中正，履危不疚，故利貞」。
並進一步指出：

> 此荀虞義也。荀注噬《象傳》曰「陰去爲离，陽來成坎」，陰去爲离
> 成履，陽來成坎爲噬，則履乃坤三之乾。虞于噬卦引彭城蔡景君說
> 「剝上來之三」此當自夬來。虞无一陰五陽之例，故不云自夬來也。
> 虞用需上變巽爲小畜之例，謂變訟初兌也。坤三之乾以柔履剛，故
> 名履。〔註73〕

惠棟認爲其說本諸荀虞義，實非如此。履卦由「坤三之乾」，非虞氏之義。
在虞氏卦變的理路上，一陰五陽本自姤卦來，則履卦也本當從姤卦來，但虞

〔註72〕《繫辭下傳》「上古穴居而野處，後世聖人易之以宮室，上棟下宇，以待風雨，
　　　　蓋取諸大壯」，虞翻以「无妄，兩象易也」，「无妄之大壯，巽風不見，兌雨隔震，
　　　　與乾絕體，故上棟下宇，以待風雨，蓋取諸大壯者也」。又《繫辭下傳》「古之
　　　　葬者，厚衣之以薪，葬之中野，不封不樹，喪期无數，後世聖人易之以棺槨，
　　　　蓋取諸大過」，虞翻云「中孚，上下象易也」。又《繫辭下傳》「上古結繩而治，
　　　　後世聖人易之以書契，百官以治，萬民以察蓋，取諸夬」，虞翻云「履上下象易
　　　　也」。「大壯、大過、夬，此三蓋取直兩象上下相易，故俱言易之。大壯本无妄，
　　　　夬本履卦，乾象俱在上，故言上古。中孚本无乾象，大過乾不在上，故但言古
　　　　者，大過亦言後世聖人易之，明上古時也」。（見李鼎祚《周易集解》，卷十五，
　　　　頁367～368。）此三「兩象易」例，虞氏皆因《繫傳》「易之」之言而爲釋。
〔註73〕惠氏注疏之文，見《周易述》，卷二，頁47～48。

氏爲了呼應履卦九二爻辭「幽人貞吉」，指出「訟時二在坎獄中，故稱幽人。之正得位，震出兌說，幽人喜笑，故貞吉也」。〔註74〕初未變時爲訟，訟二爲坎，坎陷爲獄，二在獄中，故稱幽人。履卦即由訟初六變之而來，所以作「變訟初爲兌」。因此，虞氏於此卦，違其卦變之例。虞氏於履卦雖是違例，但絕非作「坤三之乾」。同時，惠棟綜采荀、虞二家之言，以全虞氏之說，非但虞說未得釐清，反而混雜不同之二說，使虞說越是失眞，此惠氏之失。

4. 同人 ䷌ 卦

對於同人卦，惠棟指出「坤五之乾，柔得位得中而應乎乾」。「四上失位，變而體坎，故利涉大川」。惠棟並進一步解釋云：

> 蜀才謂自夬來。案：无一陰五陽之例，當是坤五降居乾二成同人，如坤二變之乾成師也。……坤五之乾，得位得中而應乎乾，故云同人于野，同性則同德，同德則同心，同心則同志。〔註75〕

惠棟始終堅持虞翻之說，並無一陽五陰或一陰五陽之例。對於同人 ䷌ 卦，同前面履 ䷉ 卦一樣，皆屬一陰五陽者，同六子卦一般，皆自乾坤而來，同人卦爲坤五降居乾二，如此一來，居中得位，二五相應，合於卦辭「利涉大川，利君子貞」，乃至《象傳》「柔得位得中而應乎乾」之義。虞翻雖無明言此卦卦變之情形，但依其卦變原則推，此卦當從 ䷫ 姤卦而來，即姤初之二。惠棟以從乾坤來，爲誤解虞氏之說。另外，惠棟指出「蜀才謂自夬來」，蜀才以同人 ䷌ 卦從夬 ䷪ 卦而來，取升降之法，認爲「九二升上，上六降二，則柔得位得中而應乎乾」。〔註76〕藉此，有必要再說明的是，前面章節提到惠棟論述荀爽的升降說，強調的是乾二升五，坤五降二的觀念，但蜀才於此卦所採的升降說，是以九二升至上爻，而上六降至二爻的方式，與惠氏所獨鍾的二、五兩爻之變不同，也就是說，漢魏易學家論述升降說，並不單指二、五兩爻的變換。此又惠棟個人的偏執與對荀爽升降說的誤解。

5. 大有 ䷍ 卦

惠棟對大有 ䷍ 卦卦變的認識，仍然以其卦爲一陰五陽者，虞氏並無此卦變之例，因此，卦之產生同前面履卦、同人卦一樣，卦自乾坤而來，與乾坤生六子法同。所以惠棟云此卦爲「乾五變之坤成大有」，乾卦的第五爻變成坤

〔註74〕見李鼎祚《周易集解》，卷三，頁 71。
〔註75〕惠棟注疏文，見《周易述》，卷二，頁 62。
〔註76〕見李鼎祚《周易集解》，卷四，頁 85。

爻而成大有。指出「此虞義也。虞例无一陰五陽之例，故云乾五變之坤成大有」。〔註77〕云爲出於虞義，虞氏豈有作「乾五變之坤成大有」之云者，此惠氏個人之見解，非虞氏本義。今存虞文，於此卦雖無作一陰五陽之言，但知依其原理原則云，此卦當由姤卦而變，爲初之五而成大有。

6. 小畜䷈卦

關於小畜卦的由來，惠棟引虞翻之說作「需上變爲巽」，並且重複指出：

> 凡一陰五陽、一陽五陰之卦，皆自乾坤來。故虞注嗛卦云「乾上九來之坤」；又注大有上九云「乾五動成大有」是也。卦无剝、復、夬、遘之例，此卦一陰五陽，故不云自夬、遘來，而云「需上變爲巽」也。〔註78〕

惠氏認爲小畜卦屬一陰五陽之卦，自乾坤而來，不從夬、遘而來之例。需䷄卦上坎下乾，「需上變爲巽」，即其上卦由坎變成巽，則成爲上巽下乾之小畜卦。虞翻作此違例之說，主要基於卦辭「密雲不雨」作合理解釋上的需要而改變；其釋《象傳》「密雲不雨，尚往也」，云：

> 密，小也，兌爲密。需坎升天爲「雲」，墜地稱「雨」。上變爲陽，坎象半見，故「密雲不雨，尚往也」。〔註79〕

需卦上爲坎，上坎爲雲，下乾爲天，故「升天爲雲」。至於「墜地稱雨」，乃以下坎爲雨而言，於此卦則不言，以其坎在上。今需卦上坎變爲巽而成小畜卦，巽爲陽，是坎象半見，故「密雲不雨」。

虞氏不作一陰五陽之正例，乃由於釋辭之需，然而惠氏概括「凡一陰五陽、一陽五陰之卦，皆自乾坤來」，殊不知小畜卦是如何從乾坤來，是不是要作「乾四來之坤」，或是作「乾四動成小畜」，但是虞氏並無作此言，而是指出從需卦而變，根本與「乾坤來」無涉，惠氏強作「皆自乾坤來」，並無理據。

7. 師䷆卦

對於師卦之由來，惠棟云「乾二五之坤成坎，坤二五之乾成离，故師、同人、比、大有皆從乾坤來」。反對「蜀才謂師自剝來」，並且直指「虞氏論之卦，无一陽五陰之例」，此師卦一陽五陰，當從乾坤而來。〔註80〕事實上，

〔註77〕括弧引文，見《周易述》，卷二，頁66。
〔註78〕見《周易述》，卷二，頁43～44。
〔註79〕見李鼎祚《周易集解》，卷三，頁66。
〔註80〕參見《周易述》，卷二，頁35。

虞翻釋師卦，並無詳明其卦變由來，此則惠棟一己臆測之說，未必合於虞意。

今《周易集解》雖無虞翻云師卦卦變，蜀才之言，可以作為重要之參考。查《集解》中蜀才言卦變者，約有十八處，且大多與虞氏同。以下列出二家之說略作對照：〔註81〕

圖表 6-1-2　虞翻蜀才卦變說對照表

卦　名	虞　氏　主　張	蜀　才　主　張
需　卦	大壯四之五	此本大壯卦
訟　卦	遯三之二	此本遯卦
師　卦		此本剝卦
比　卦	師二上之五得位	此本師卦
泰　卦	陽息坤，反否也。……天地交，萬物通，故吉亨。	此本坤卦。……天氣下，地氣上，陰陽交，萬物通，故吉亨。
否　卦	陰消乾，又反泰也。……陰信陽詘，故大往小來。則是天地不交，而萬物不通。	此本乾卦。大往，陽往而消；小來，陰來而息也。則是天地不，交而萬物不通也。
隨　卦	否上之初	此本否卦
臨　卦	陽息至二……	此本坤卦
觀　卦	觀，反臨也，以五陽觀示坤民……	此本乾卦
无妄卦	遯上之初	此本遯卦
大畜卦	大壯初之上	此本大壯卦
咸　卦	坤三之上	此本否卦
恆　卦	乾初之坤四	此本泰卦
晉　卦	觀四之五	此本觀卦
明夷卦	臨二之三	此本臨卦
損　卦	泰初之上	此本泰卦
益　卦	否上之初	此本否卦
旅　卦	否三之五	否三升五

由這一對照表，大致可以看到蜀才之說大體同於虞說；虞翻釋文相對於蜀才，則繁富詳明，蜀才簡約。蓋蜀才本於虞說。於師卦，虞氏並無明言，

〔註81〕表內二家之言，皆原本《周易集解》之說。

而蜀才作「師自剝來」，當有所據，可為重要之參考，然惠氏並不納用。惠氏除了否定虞氏有一陽五陰或一陰五陽之說外，此卦指從乾坤而來；為違例，亦未必合虞氏本義。

（二）反復不衰而為變例者

反復不衰者有頤、大過、小過、中孚等四卦，小過與中孚二卦，惠氏未及論述，故不作說明。

1. 頤☷☳卦

惠棟解釋頤卦，專以虞說為釋，以頤卦為「晉四之初」，「反復不衰，與乾、坤、坎、離、大過、小過、中孚同義，故不從臨、觀四陰二陽之例」，並備次說為「或以臨二之上」。虞氏「不從臨、觀四陰二陽之例」，主要本於頤卦初九爻辭「舍爾靈龜」所致。惠棟詳明云：

> 晉四之初者，初九舍爾靈龜，虞彼注云晉「離為龜」。四之初，故舍爾靈龜。是知卦自晉來。〔註82〕

晉☷☳卦四至上為離，離為龜，四與初應，晉四之初，故「舍爾靈龜」。由此見可，頤卦自晉卦出。不合卦變之正例。然而，虞氏並非全然否定四陰二陽之例自臨卦出的說法，指出「或以臨二之上」，臨兌為口，故有「自求口實」之象；此於義可通，故虞氏備作一說。但是，惠氏對此略而不言，有意捨免。

惠棟同時指出，虞氏之所以此卦不從臨觀四陰二陽之例，有一個重要的根本因素，即「反復不衰」。虞氏釋頤卦卦辭云「反復不衰，與乾、坤、坎、離、大過、小過、中孚同義，故不從臨觀四陰二陽之例」。〔註83〕惠氏進一步指出：

> 卦有反復，如泰反為否，否反為泰，故《雜卦》曰：否泰反其類也。反復不衰謂反復皆此卦也，故《繫上》曰：古之聰明睿知，神武而不殺者夫，殺讀為衰，虞彼注云：在坎則聰，在離則明，神武謂乾，睿知謂坤，乾、坤、坎、离，反復不衰，故而不殺者夫四卦，之外又有頤、大過、小過、中孚。故云反復不衰，與乾、坤、坎、离、大過、小過、中孚同義，頤與七卦同義，故不從臨、觀四陰二陽之例。〔註84〕

〔註82〕括弧內與此引文，見《周易述》，卷四，頁118。

〔註83〕見李鼎祚《周易集解》，卷六，頁141。

〔註84〕見《周易述》，卷四，頁119。

頤卦上下兩陽，中含四陰，本末皆剛，終則復始，上下如一，所以爲「反復不衰」。乾、坤等七卦亦取「反復不衰」，而有違其正例者。

2. 大過䷛卦

大過卦之卦變由來，惠棟引虞說云「大壯五之初，或兌三之初」，並進一步解釋云：

> 卦自大壯來，六五之初，又與乾坤坎离同義，反復不衰，不從四陽二陰之例，故云「或兌三之初」。〔註85〕

惠棟引虞氏之說爲訓。虞氏明言「大壯五之初」，乃大過四陽二陰之卦從大壯來，以大壯六五之初九，而爲大過卦，合卦變之正例。惠棟雖引虞言，但曲解虞氏卦變之說，否定虞氏用此「大壯五之初」，認爲虞氏「不從四陽二陰之例」，所以另云「兌三之初」。事實上，虞氏根本認同卦自大壯來，以六五之初，並爲四陽二陰之正例。虞氏另作「兌三之初」者，或以其說也爲當時一般之通釋，或自己的別一闡釋之說。大過卦上兌下巽，本有兌體，以「兌三之初」言，實無必要。至於惠棟取「兌三之初」爲大過卦變之法，並無關其釋卦，亦無特別與其卦義相涉；惠棟只強調由於「乾坤坎离同義，反復不衰」的因素而言。惠棟又於《易例》中，以及《周易述》釋屯卦裡強調虞氏卦變之法，提到「頤、小過，晉四之初、上之二也。大過、中孚，訟上之三、四之初也。此四卦與乾坤坎離反復不衰，故不從臨觀之例」。〔註86〕這裡所說的大過卦之卦變，卻是從「訟上之三」而來，由此看來，殊不知惠氏是認同「兌三之初」或「訟上之三」，或者兩者皆採，明顯淆亂。至於惠棟所言其卦是「乾坤坎离同義，反復不衰」者，可以看到，頤卦、小過卦從晉䷢卦而來，晉卦上離下坤；至於大過、中孚卦從訟䷅卦而來，上乾下坎。此離坤、乾坎，而言同義與反復不衰。至於「兌三之初」的兌卦，如何使之同義與反復不衰，則不明其義。

（三）據傳爲說而爲變例者

據傳爲說而爲變例者，有屯、蒙、比、豐、旅、睽、蹇等七卦，其中旅卦又爲三陽三陰者，睽卦又爲四陽二陰者，蹇卦又爲二陽四陰者，因此各歸其類而論；豐卦惠氏未及論述，故不作說明。

〔註85〕見《周易述》，卷四，頁122～123。
〔註86〕見惠棟《易例》，卷一，頁944～946。又《周易述》，卷一，頁15～16，所言略同。

1. 屯☲☷卦

惠氏釋屯卦云「坎二之初，六二乘剛，五爲上弇，故名屯」。並詳云：

> 卦自坎來，故云「坎二之初」。……當從四陰二陽，臨觀之例，而云
> 「坎二之初」者，因《象傳》「剛柔始交」，乃乾始交坤成坎，故知
> 自坎來也。屯，難也，規固不相通之義。卦二五得正，而名屯者，
> 以二乘初，剛五弇于上，不能相應，故二有屯如之難，五有屯膏之
> 凶，名之曰屯也。三變則六爻皆正，陰陽氣通成既濟之世，故云元、
> 亨、利、貞。卦具四德者七，乾、坤、屯、隨、臨、无妄、革皆以
> 既濟言也。〔註87〕

屯卦爲四陰二陽之例，原當自臨觀而來，然因《象傳》言「剛柔始交」，則「乾始交坤成坎」，屯當從坎出；《序卦》也提到「屯者，萬物之始生也」，萬物資始於乾坤之交，乾坤交而生坎，而屯又爲始生者，故屯自坎出。惠氏本虞說而云此變例，虞氏作此變例，主要基於經傳文義解釋之需，而節外生枝者。但是，雖是如此，卦由乾坤生六子中的坎離二卦而生，仍含屬於其卦變系統中。

惠氏這裡也提到，屯卦雖二五得正，但陰二乘陽初，而剛五又掩於上，並與三不能相應，所以有「屯如之難」、「屯膏之凶」而名爲「屯」。六爻惟三失位，「三變則六爻皆正」，陰陽氣通，而成既濟定，所以能夠具有「元、亨、利、貞」四德。

2. 蒙☲☷卦

蒙卦之產生，惠氏本諸虞說，以「卦自艮來，九三之二」；本原「當從四陰二陽，臨觀之例，而云艮三之二者，以六五『童蒙』」，「自艮來也。名蒙者，以六五童蒙體艮，艮爲少男。鄭氏云：蒙，幼小之貌，故名蒙。蒙，物之穉也者」。〔註88〕艮爲少男，屬蒙穉之時，有蒙穉之義。因此，基於卦義解釋之需，不從四陰二陽之卦，而作此違例，以蒙從六子卦之艮卦（少男）而生。

3. 比☷☵卦

惠棟釋比卦，引虞翻之說云，「師二上之五，得位，眾陰順從，比而輔之，故吉」。並進一進說明：

> 凡一陰一陽之卦皆自乾坤來。故《九家易》注坤六五曰：若五動爲
> 比，乃事業之盛。則比實自坤來。……師二上之五，九居二爲失位，

〔註87〕見《周易述》，卷一，頁16。
〔註88〕見《周易述》，卷一，頁22。

升五爲得位，二正五位，眾陰順從，《象》曰：比，輔也。下順從也。

以五陰比一陽，故曰比。以五陰順一陽，故曰吉也。〔註89〕

惠棟以一陰一陽之卦皆從乾坤而來，根本否定一陰一陽自復䷗、姤䷫而變，已如前述，虞翻未必如是認爲，如豫䷏卦，虞氏明白地指爲「復初之四」，合於一陰五陽之正例。至於此卦，原當亦自復卦而出，然虞翻卻作「師二上之五」，虞翻作此違例的重要原因，誠如惠氏所釋，師䷆、比䷇二卦多有相通相繫之處。虞釋師卦《象傳》「能以眾正，可以王矣」，云「謂二失位，變之五，爲比。故能以眾正，可以王矣」。〔註90〕此「可以王矣」的理想，就進一步在比卦實現，所以比卦才爲「師二上之五，得位，眾陰順從，比而輔之，故吉」。〔註91〕此外，從升降說言，荀爽的理想爲陽二升五或陰五降二，師卦九二不正，升居五位，則成爲比卦。

虞翻雖未明言師卦卦變之由，但大體一陽五陰之例從復卦而來；或已如前述，蜀才認爲師自剝來，剝從復卦一陽五陰一系，故蜀才之說，亦可視師卦間接出於復卦。就比卦而言，虞氏以其出自「師二上之五」，從師卦而出，而師卦又與復卦相繫，所以比卦亦可視爲間接出自復，如此也可勉強作爲一陽五陰自復卦出的正例。同時，虞氏釋比卦《象傳》「先王以建萬國，親諸侯」時提到「初陽已復」，〔註92〕蓋指比之一陽自復來，此比卦與復卦關係著實密切。

（四）二陽四陰之卦

二陽四陰自臨、觀出者有八卦，其中震卦與艮卦，惠氏未及論述，故在此不作說明。

1. 晉䷢卦〔註93〕

對於晉卦卦變由來，惠棟指出爲「觀四之五」，「卦自觀來，從四陰二陽之例，觀六四進居五，故曰晉，進也」。「爻例四爲諸侯，觀之六四『利用賓于王』，故觀四賓王。四之五而皆失位，五之正，以四錫初，謂初四易位也。

〔註89〕見《周易述》，卷二，頁 39〜40。

〔註90〕見李鼎祚《周易集解》，卷三，頁 56。

〔註91〕干寶亦認爲比、師二卦關係密切，二者義同。其釋比卦時云「息來在巳，去陰居陽，承乾之命，義與師同也」。（見李鼎祚《周易集解》，卷三，頁 61。）比卦消息爲四月卦，即「息來在巳」。乾用事四月，師亦四月，比又消息四月，故比卦「義與師同」。

〔註92〕見李鼎祚《周易集解》，卷三，頁 62。

〔註93〕惠棟「晉卦」作「瞀卦」。

初動體屯,謂初至五體屯也。屯下體震,震爲侯,卦辭曰利建侯。四爲諸侯,以四錫初,初震亦爲侯,康侯之象也」。〔註94〕晉卦由觀☷☶卦卦變而來,爲「觀四之五」,符合虞氏卦變正例。觀四進居五位,柔而上行,合晉卦《象傳》「晉,進也」之義。一般爻例以四爲諸侯,則觀卦六四「利用賓于王」,又合爻義。因此,用此卦變之例,正合卦辭之義。

2. 明夷☷☲卦

明夷卦,惠棟指出,「卦自臨來,亦從四陰二陽之例」,所以爲「臨二之三」。〔註95〕此合虞說卦變之正例。

3. 蹇☶☵卦

對於蹇卦之卦變,惠棟採取二說,一爲「升二之五」,一爲「觀上反三」。他解釋云:

> 卦自升來,升六五「貞吉升階」,虞氏謂「二之五」,故云升。此卦
> 二之五與師二上之五成比同義也。或說觀上反三,虞義也。此從四
> 陰二陽之例矣。坤西南卦,故西南謂坤。艮東北之卦,故東北艮也。
> 二往居坤得位得中,故利西南。卦有兩坎,兼互體也。坎陷爲險,
> 下坎在前。艮東北卦,正直其地,故不利東北。〔註96〕

以「升二之五」爲說,即升☷☴卦二爻升居五爻,而爲蹇卦。同時惠氏引升卦六五「貞吉升階」,與虞說「二之五」爲釋,以述明蹇卦爲「升二之五」的合理性。但惠氏於此,混同了虞氏以升降說作解釋升卦六五之義,虞氏的「二之五」並不在於卦變,而是透過「二之五」的爻位升降,來說明六五爻辭「貞吉升階」之義。這種升降說,如荀爽釋六五《象傳》「貞吉升階,大得志也」云:

> 陰正居中,爲陽作階,使升居五。己下降二,與陽相應,故吉而得
> 志。〔註97〕

陰居上中,爲二陽作階,使升居五,即《象傳》所謂「柔以時升」。五下降二,得中得位,正應五陽。陽爲大,體兩坎爲志,故「大得志」。其升降說運用的對象,是就升卦而言,倘如惠氏所言,以升卦之升降,移至論蹇卦,是有不恰。惠棟對升降說的目標認知,是使卦能得中得正,更臻於中和之境,而從

〔註94〕見《周易述》,卷五,頁147。
〔註95〕見《周易述》,卷五,頁150。
〔註96〕見《周易述》,卷六,頁165～166。
〔註97〕見李鼎祚《周易集解》,卷九,頁228。

升卦到蹇卦，雖蹇卦二、五是居中得正者，但卻帶來二坎之凶象，作此變易，著實不理想，有違升降之大義。卦有吉凶，前卦變爲後卦，在升降之說的前提上，是希望成就更具吉象之後卦，或是透過二、五之升降，使能合理釋說吉象之由。惠棟之說，升卦於前，變卦爲蹇卦於後，而二卦相較，似以升卦尤具吉兆。從卦變的角度云，蹇卦不宜作「升二之五」，惠氏採此說不恰。惠棟所云「坤西南卦，故西南謂坤。艮東北之卦，故東北艮也。二往居坤得位得中，故利西南」者，是以「升二之五」所作的解釋，是合於蹇卦卦辭「利西南，不利東北」之說。

　　至於惠氏又舉另一說，爲「觀上反三」者，此即虞氏卦變說之正例。蹇卦從四陰二陽之例，以觀☶☷卦上爻返至三爻，而成爲上坎下艮之蹇卦。至於蹇卦卦辭「利西南，不利東北」之義，虞翻則以納甲爲釋，同樣於卦辭之義，可得正解。〔註98〕

4. 解☳☵卦

　　解卦之卦義，惠棟從虞義解釋「利西南。无所往，其來復吉」云：

> 臨初之四。坤，西南卦。初之四得坤眾，故「利西南，往得眾也」。「无所往，其來復吉」，謂四本從初之四，失位於外，而无所應。故无所往。宜來反初，復得正位，故其來復吉。二往之五，四來之初，成屯體復象，故云復也。

並進一步說明：

> 卦自臨來，初九之四。《乾鑿度》曰：坤位在西南，故坤西南卦。四體坤，坤爲眾。初之四得坤眾，《象傳》曰「利西南，往得眾」是也。……四以陽居陰，而在外卦，故失位；於外進則无應，故无所應，失位无應，故无所往。宜來反初，而復正陽之位，故「其來復吉」也。二已往之五，故四來之初而成屯，屯初至四體復象，故云復。〔註99〕

此二陽四陰之卦由臨☷☱卦而來，臨初九之四而成解卦。八卦方位以坤位屬西南，四體坤，坤爲廣生而爲「眾」，而初之四卦變成解卦，故解卦「得坤眾」，並合於《象傳》所謂「利西南，往得眾」之義。四本臨初，之四而成

〔註98〕 參見虞釋「利西南」云：「觀上反三也。坤，西南卦，五在坤中，坎爲月，月生西南，故利西南。往得中，謂西南得朋也。」釋「不利東北」云：「謂三也。○，艮東北之卦，月消于艮，喪乙滅癸，故不利東北，其道窮也，則東北喪朋。」（見李鼎祚《周易集解》，卷八，頁191。）

〔註99〕 見《周易述》，卷六，頁168～169。

解卦，以陽居陰四之位，失位而无應，故「宜來反初，而復正陽之位」。惠棟採虞翻之說，以乾二升五之升降說與互體以求其復歸之象；二往之五，而四又反初，則得屯☳卦；屯初至四體復，故稱「其來復」。此惠棟以虞說為求「其來復吉」，則將原本由臨卦卦變而來的解卦，又復變為屯以得其吉象，有附會繁雜之嫌。

5. 萃☷卦

萃卦為二陽四陰之卦，依消息觀☷卦而變。惠棟專取虞翻之說為釋，其注「王假有廟」，云「觀上之四也。觀乾為王。假，至也。艮為廟，體觀享祀。上之四，『故假有廟，致孝享』也。指出萃卦是由觀卦「上九來之四」而來，此虞氏卦變之正例。並且以「觀者乾世，故觀乾為王」，即觀卦在京房八宮卦說中，為乾宮四世卦，「為王」者，當特別指五爻而言。〔註100〕

6. 升☷卦

惠棟以虞義釋升卦。闡釋卦辭「元亨，用見大人，勿恤。南征吉」一文，指出「臨初之三，又有臨象。剛中而應，故元亨」。升卦從「四陰二陽之例，故云臨初之三」，合於虞氏卦變之正例。「二至上體臨，故又有臨象」。臨☷卦與升卦，二卦多有相近處，「臨卦辭曰：元亨。《彖傳》云剛中而應，是以大亨，與升象略同，故亦云元亨也」。二卦卦辭義近，且升卦又從臨卦而來，所以關係尤為密切，皆以「元亨」為辭。

惠棟進一步指出，「二當之五為大人，離為見，坎為恤，二之五得正，故用見大人勿恤，有慶也」。「坤虛无君，故二當之五，為大人。二之五體離、坎，故離為見，坎為恤。二之五得正，坤為用，故用見大人，勿恤，有慶，陽稱慶也」。採乾二升五之升降說，使之居中得正，而致吉慶。所以，「離方伯南方之卦，二之五體離，自二升五，故南征吉」。〔註101〕

（五）二陰四陽之卦

二陰四陽之卦自大壯、遯出者有十卦，其中鼎卦、兌卦、巽卦等三卦，惠氏未及論述，故不作說明。

1. 需☵卦

對於需卦之由來，惠棟指出「大壯四之五」，「卦自大壯來，從四陽二陰

〔註100〕見《周易述》，卷六，頁 192～193。
〔註101〕括弧內引文，見《周易述》，卷六，頁 197～198。

之例」，合於虞氏卦變之正例。需卦上坎下乾，「乾陽在下，坎險在前，乾知險，故須四之五」。合於卦義取象。大壯䷡九四「貞吉，悔亡」，虞氏云「失位，悔也；之五得中，故貞吉而悔亡矣」。陽升至五，使之居中而正，如此吉來而悔去。由大壯而來之需卦，知其當升，以得其「亨」，得其「貞吉」，所以取「大壯四之五」以成需卦。

　　卦象取義，惠氏進一步闡明需卦之義，取《彖傳》云「需，須也」，坎險在前，不可妄涉，當須待以時，適時而後動。又引京房《易傳》云「需者，待也」，乃雲上於天，凝於陰而待於陽，所以「須亦待也」。又引《繫文》云「乾知險下」，乃乾體剛健，遇險能通，而通於吉；〔註102〕乾德之性，在於上升，遇險升則能吉，而其升作不可躁，仍當需時而升，待時而起。上升之道，為去險之法，所以惠氏認為「乾下坎上，乾當上升以知險，故需而不遽進。《彖傳》所謂剛健而不陷是也」。同時，惠氏指出：

> 大壯四之五體坎互离，坎信故有孚，离日故稱光。坎在上為雲，在下為雨，上下无常。是以荀注乾《彖傳》曰：乾升于坤曰雲行，坤降於乾曰雨施。是坎有升降之理。故此卦之義，坎當降，乾當升，升降有時，因名為需。〔註103〕

因此，透過卦變之法，大壯四之五而為需卦，並採取升降之說，使卦義能夠得以詳明。惠棟疏理甚詳，深得虞、荀之義。

2. 訟䷅卦

　　對於訟卦卦變由來，惠棟同虞義，認為是「遯三之二」，「二失位，故不言貞，遯將成否，三來之二得中，故中吉，六爻不親，故終凶」。惠棟並進一步解釋云：

> 卦自遯來，亦四陽二陰之例。九三來之二體坎，坎為孚，虞注夬卦曰：陽在二五稱孚；坎陽在二五，故孚，謂二。……九二陽不正，故不言貞。遯陰消二及三，故將成否，三來之二得中，有孚。……惟九五中正，餘皆失位，六爻不親，故訟。〔註104〕

此四陽二陰之例，皆由遯䷠卦而變，由九三來之二，而為上乾下坎之訟卦，合虞氏卦變之正例。九五居中得正則有孚，餘五爻皆失位則不親，故「終凶」。

〔註102〕《繫下》云：「乾，天下之至健也，德行恆易以知險」。此乃乾體之德行。
〔註103〕括弧引文與此引文，見《周易述》，卷一，頁25～27。
〔註104〕括弧引文與此引文，見《周易述》，卷一，頁30。

升降之說，可以視爲廣義的卦變之法，而虞氏此以消息卦爲基準的卦變說，其爻位的轉換，也準升降之義。惠氏論述荀氏升降說時，強調二、五互易，乾升坤降的乾二升五、坤五降二的原則；然而，已如該章節所言，陰陽本有升有降，以乾二升五、坤五降二爲法，爲一種理想的或企求的方式，並不代表乾陽不降、坤陰不升，也不代表二、五以外的諸爻不變，訟卦以遯卦九三之六二，即是一個明顯的例子，若訟卦可以視爲另類升降下所得之卦，則打破了惠棟所堅持的升降說之基本法則。

3. 无妄䷘卦

无妄卦之卦變，惠棟本諸虞說，云「遯上之初」，「卦自遯來，遯上九一爻來反于初，與後世卦變之例不同」。〔註105〕此四陽二陰之例，皆由遯䷠卦而變，合虞氏卦變之例。然而，對於虞氏之法，上九反於初，惠氏認爲與後世之卦變之例不同，當然也與其所堅持的升降說不同。

4. 大畜䷙卦

大畜卦卦變之由，此四陽二陰之卦，乃「卦自大壯來」，「大壯初之上」而爲大畜卦，合虞氏卦變說之正例。透過此卦變來釋大畜卦義，惠氏以虞說云「初九之上，《傳》謂其德剛上也」，〔註106〕即卦自大壯來，剛自初升，升居於上，合於《象傳》所云「剛健篤實」、「其德剛上」之義。

惠棟作「小畜」、「大畜」之分別，認爲「卦有小畜、大畜。陰稱小，陽稱大。小畜謂四，四陰故小。大畜謂上，上陽故大。上體艮，艮爲止；畜者斂聚有止義，以艮畜乾，謂之大畜也」。「三至上體頤，頤者，養也」，「又有畜養之義」。〔註107〕大畜卦由初升於上，有極大之義，又以上體艮與互爲頤象所得之象義，可合說大畜卦之卦義。

5. 家人䷤卦

家人卦之卦變，惠棟同虞說，云「遯四之初」，「卦自遯來，九四之初」，從四陽二陰之正例。惠氏同本虞說解釋卦辭「利女貞」，云「女謂离、巽，二四得正，故利女貞」。並疏云：

> 二稱家，离二正內，應在乾，乾爲人，故名家人。……离中女，巽長女，故女謂离巽。二體离，四體巽，二四得正，故利女貞。馬氏

〔註105〕見《周易述》，卷四，頁111～112。
〔註106〕括弧引文，見《周易述》，卷四，頁115。
〔註107〕括弧引文，見《周易述》，卷四，頁115。

云：家人以女爲奧主。長女中女各得其正，故特曰「利女貞」矣。〔註108〕

離二在內爲家，正應乾五爲人，所以名爲「家人」。離下巽上，皆以女爲居，且二、五正應，故「利女貞」。同時，惠氏注初九「閑有家，悔亡」，云「卦自遯來，陰消二體艮，故艮子弑父，四來閑初，弑道不行，故閑有家悔亡也」；〔註109〕初四正應，用四來防杜初之違行，則「悔亡」。惠氏所釋，與「遯四之初」相涉而言。

6. 睽☲☱卦

睽卦卦變由來，惠氏引虞說，「大壯上之三，在《繫》葢取无妄二之五也。小謂五，陰稱小。得中應剛，故小事吉」。並進一步疏云：

卦自大壯來上六之三，此從四陽二陰之例也。云在《繫》葢取者，繫，《繫詞》也，葢取謂十三葢取也。《繫下》曰：「弦木爲弧，剡木爲矢。弧矢之利，以威天下，葢取諸睽。」虞彼注云「无妄五之二」也。《象傳》謂「柔進上行」，故據《繫辭》葢取以明之。六五陰爻，故小謂五。陽大陰小，故陰稱小。五得中而應，乾五之伏陽得中應剛，故小事吉。〔註110〕

惠棟詳明睽卦卦辭「小事吉」之義，並闡釋「大壯上之三」與「无妄五之二」的意涵。惠氏大抵肯定虞以「大壯上之三」爲其卦變之正例。至於引虞氏另作「无妄二之五」者，當爲「无妄五之二」，主要針對《繫下》之言而論；《繫下》以「弦木爲弧」等言之義，葢取諸第十三睽卦。這裡值得一談的是，《繫下》以「无妄五之二」而爲睽卦者，无妄☲☳卦五爻爲陽爻，下降至二爻之陰位，此陽降爲陰之卦變說，與惠氏一貫堅持的陽升陰降的原則相異，因此，升降之法或一般所云之卦變，並不限於陽升陰降，陽降陰升亦有之，此爲證例。

7. 革☲☱卦

關於革卦的卦變由來，惠棟同採虞說云爲「遯上之初」，「卦自遯來，遯上九來之初」，〔註111〕從二陰四陽卦變之正例。革☲☱卦由遯☰☶卦卦變而來，遯卦上九降居初六，於爻變之性，則爲陽降而來所生之卦，與惠棟所認定之

〔註108〕見《周易述》，卷五，頁155。
〔註109〕見《周易述》，卷五，頁157。
〔註110〕見《周易述》，卷五，頁158。
〔註111〕見《周易述》，卷七，頁213～214。

升降說之陽升又不同。

（六）三陽三陰之卦

三陽三陰之卦自泰、否出者有十八卦，其中歸妹、豐、節、既濟、漸、旅、渙、未濟等八卦，惠棟未及論述，故在此不予說明。

1. 隨䷐卦

關於隨卦的卦變形成，惠氏云「否上之初」，「卦自否來，從三陽三陰之例，否上爻之坤初」，即隨卦自否來，合三陽三陰卦變之正例。上九降居初六而為隨卦，上、初二爻因而居處正位且相應。又「二係初，三係四，上係五，陰隨陽，故名隨。三四易位，成既濟」，〔註112〕故隨卦卦辭云「元亨利貞，无咎」。透過「否上之初」的第一次卦變，再因三、四本相隨之二爻，此二爻易位，並能成為「元亨利貞，无咎」的理想既濟之德。不論是「否上之初」成為隨卦的陰陽爻位之變，或是三四陰陽互易而為既濟者，皆因陰陽實際需要而作升降轉變，並無乾二升五與坤五降二而為中和之境或元亨利貞者，此處非以乾二升五或坤五降二，仍可得「元亨利貞，无咎」的最佳狀況。

2. 蠱䷑卦

蠱卦之形成，惠氏引虞義云「泰初之上」，「卦自泰來，亦從三陽三陰之例」，〔註113〕蠱卦自泰卦而來，合於虞氏卦變之正例。

3. 噬嗑䷔卦

關於噬嗑卦的形成，惠氏云「否五之初，頤中有物曰噬嗑。五之初，剛柔交，故亨」。並進一步解釋云：

> 卦自否來，九五之坤初，二陽四陰，外實中虛，頤象也。九四以不正間之，象頤中有物。《象傳》曰「頤中有物，曰噬嗑」。物謂四也。噬，齧也；齧而合之，故曰噬嗑。乾剛坤柔，乾五之坤初坤，初之乾五，剛柔交，故亨也。〔註114〕

此卦為二陽四陰由否卦卦變之正例。「否五之初」後，則二陽包四陰，外實而中虛，具「頤中有物」之象，合於《象傳》之說。「頤中有物」之「物」為不正之九四一爻，即九四爻辭所謂之「噬乾胏」。又，「否五之初」又有剛

〔註112〕見《周易述》，卷三，頁77～78。
〔註113〕見《周易述》，卷三，頁82～83。
〔註114〕見《周易述》，卷三，頁94。

柔交、具有亨通之性；否卦本乾剛坤柔。九五下降，是分乾之剛以降坤初。初六上升，是分坤之柔以升乾五。分則下震爲雷爲動，上離爲電爲明，雷動電照，合成天威，故《象傳》所謂「剛柔分，動而，明雷電合而章」，即合此義。

4. 賁☲☶卦

關於賁卦的卦變由來，惠棟本虞翻之說云「泰上之二」，「卦自泰來，上六之乾二，九二之坤上」，合三陰三陽之正例。惠棟並指出「自內曰來，上之二柔來文剛，乾陽坤陰，陰陽交故亨也」。〔註115〕上六之柔，來文九二之剛；文雖柔而質剛，又得中得正，所以亨通。

5. 咸☱☶卦

咸卦的卦變由來，惠氏引虞說云「坤三之上成女，乾上之三成男，乾坤氣交以相與，止而說，男下女，故通利貞，取女吉」。並進一步疏解云：

> 卦自否來，否三之上，三本坤也，故云坤三之上成女，成兌女也。
> 上本乾也，故云乾上之三成男，成艮男也。否三之上，乾坤氣交以
> 相與，止艮說兌，艮男下兌女，故，取女吉，謂五取上，三取二，
> 初四易位，初取四也。〔註116〕

惠氏以三陰三陽之卦自否而變，取否三之上，合於虞氏卦變之正例。關於「通利貞取女吉」，惠氏「謂五取上，三取二，初四易位，初取四也」，所釋過於繁瑣。二正乎內，而五正乎外，所以「利貞」；文爻陰陽相應，故「取女吉」。否六三升上爲柔上，而上九降三爲剛下，陰陽二氣相交感而爲咸卦，所以《象卦》云「咸，感也。柔上而剛下，二氣感應以相與」。此卦變可得其義。

6. 恆☳☴卦

恆卦卦變之由，惠氏云「泰初之四」，爲三陰三陽之卦由泰卦而來，即虞翻所說的「乾初之坤四」。〔註117〕惠氏並解釋卦辭「利貞。利有攸往」，認爲「初、四、二、五四爻失位，利變之正，故『利貞』。初利往之四，二利往之五，四五皆在外卦，故云之外曰往」。〔註118〕能夠「利有攸往」，虞氏認爲當

〔註115〕見《周易述》，卷三，頁 97〜98。

〔註116〕見《周易述》，卷五，頁 135。

〔註117〕惠氏言見《周易述》，卷五，頁 138。虞氏言見李鼎祚《周易集解》，卷七，頁 162。

〔註118〕括弧引文，見《周易述》，卷五，頁 138。

「初利往之四，終變成益，則初四二五皆得其正，終則有始，故利有攸往也」。
〔註119〕惟有變成益卦，才能「利有攸往」，此即《象傳》所謂「終變成益」者。
惠云「尋恆體震巽，八卦諸爻唯震巽變」，〔註120〕恆卦上震下巽，震巽相遇而
變爲爲上巽下震之益卦，以震巽特變之法，而得其吉象；也就是能夠得其正，
主要因震巽特變而有之。

7. 損☲卦

惠棟釋損卦云：

> 泰初之上，損下益上，其道上行而失位，故名損。二坎爻，坎爲孚，
> 故有孚。與五易位，故元吉无咎。

並疏云：

> 卦自泰來，泰初九之上，乾道上行而失位。《序卦》曰：緩必有所失。
> 損者，失也，故名損。二坎爻，坎信爲孚；二失位，咎也。與五易
> 位，各得其正，故元吉，无咎也。〔註121〕

於卦變言，卦自泰來，泰初之上而爲損，從三陽三陰之正例。損乾之下，以
益坤上，下據二陰，體象中孚，故爲「有孚」。外坤上六之乾三，內乾九三之
坤六，故爲「損下益上」。以九居上，陽德上行，而乾爲道，震爲行，故「其
道上行」。由其卦變之爻位關係，以釋其卦義。

8. 益☲卦

惠氏釋益卦云「否上之初」，「否上爻之初成益」，即卦自否來，從三陽三
陰之正例；然而，否☲卦上爻之初，並非爲益☲卦，上九之初六，則上爻則
當爲陰，何以仍以有上九之益卦？且四爻（陽爻）未變，又何以有爲六四陰
爻的益卦？於此，蜀才似有因之圓說者，釋《象傳》「損上益下」時，云「此
本否卦，乾之上九下處坤初，坤之初六上升乾四，損上益下者也」。〔註122〕
然二變仍無法合理地由否卦變成益卦，也不符合「以兩爻相易，主變之卦，
動者止一爻」的卦變原則。因此，益卦由否卦卦變而生之法，當爲「否初之
四」爲正。此黃宗羲改之，惠氏不察。

惠棟闡明卦義云，「損上益下，其道大光。二利往應五，故利有攸往，中

〔註119〕見李鼎祚《周易集解》，卷七，頁163。
〔註120〕括弧引文，見《周易述》，卷五，頁138。
〔註121〕二段引文，見《周易述》，卷六，頁172～173。
〔註122〕見李鼎祚《周易集解》，卷八，頁204。

正有慶也」。「乾爲大明，以乾照坤，故其道大光，五乾中正，二利往應之，故利有攸往。乾爲慶，故中正有慶也」。「三失正，動成坎體渙。坎爲大川，故利涉大川；渙，舟楫象，木道乃行也」。「三陰失位，動而成坎，有渙象。坎水爲大川，乾爲利，故利涉大川。舟楫之利以濟不通，蓋取諸渙，故渙舟楫象；巽木得水，故木道乃行也」。〔註123〕惠氏引虞翻之言，詳明益卦卦義，但所述與「否上之初」的卦變之法無涉。

9. 困䷮卦

關於困卦，惠氏首先指出其卦變由來爲「卦自否來」，「否上之二」，從三陽三陰之正例。並進一步陳述卦義云，「剛爲陰弇，故困。上之二乾坤交，故亨。《傳》曰困窮而通也」。「上九之二，二五之剛爲陰所弇，故困。否，天地不變不能通氣，上之二乾坤交，故亨」。「陽窮否上，變之二成坎，坎爲通，故窮而通也」。所陳述之卦義內容，與「否上之二」的卦變密切相關。〔註124〕

10. 井䷯卦

惠氏釋井卦，其卦變爲「卦自泰來」，「泰初之五」，從三陽三陰之例。「初九升五，六五降初，所以取象於井者，以坎爲水，巽木爲桔橰」。「桔橰引瓶下入泉口，汲水而出」，是「取象於井之義」。

惠氏釋卦辭「改邑不改井」，引虞翻之說云，「坤爲邑，乾初之五折坤，故改邑。初爲舊井，四應甃之，故不改井」。並詳釋云「泰坤爲邑，乾初之五折坤體，故『改邑』。初本乾也，乾爲舊，故初爲舊井。四井甃，故四應甃之四來脩初，故不改井也」。又本虞說釋「无喪无得，往來井井」云，「初之五，坤象毀壞，故无喪。五之初，失位無應，故无得。坎爲通，故往來井井。往謂之五，來謂之初」。〔註125〕坤滅于乙爲喪，泰初之五，坤象毀壞，所以爲「无喪」。五以陰來居初，與四敵應，爲失位无應，无應所以「无得」。初之五成坎，《說卦》以坎爲通，即往來不窮謂之通，所以云「往來井井」。所述卦辭之義，皆與「泰初之五」的卦變說相涉。

《周易》的理論核心，主要透過陰陽的變化、卦爻象和卦爻象的變化，來揭示和反映宇宙事物的發展規律與存在的意義。惠棟延續虞翻的卦變說，有系統地普遍運用於釋卦當中，建構出一套頗具規模的易學理論，提供探究

〔註123〕括弧引文，見《周易述》，卷六，頁177～178。
〔註124〕括弧引文，見《周易述》，卷七，頁203～204。
〔註125〕括弧引文，見《周易述》，卷七，頁209～210。

變化之道的新的論述視野。

惠棟釋卦廣採卦變之說，宗主虞氏之學，否定一陰一陽之卦自復、姤出者，而認為皆出自於乾坤二卦。又以因「反復不衰」而不從四陰二陽自臨、觀出者，有頤、大過、小過、中孚等卦。這些卦說，已如前述，未必符合虞氏本意，又有扭曲虞意，而創為己說者。至於虞氏作違例之述，惠氏推明其因，主要是因為附合經傳文義之需，如屯、蒙、比、豐等卦，可以見其對虞氏之說的認識，大抵周全。在論述卦義上，也能依循虞說，闡析詳明。然而，雜以他家之說，混同虞義，使不同的理論系統斷取並言，恐有支離蕪雜之嫌。

第二節　採用卦爻象以釋《易》

以象釋《易》為漢《易》極為重要的特色，早在《易傳》中不論是《說卦》、《象傳》或《彖傳》已可看到用象的情形，乃至《子夏易傳》、孟、京、虞翻、荀爽等人，皆專於用象，特別是虞翻，可以說是漢儒用象之集大成者。惠棟《周易述》，根本漢《易》，宗主虞說，掌握了用象的特色，處處可見象，較漢儒有過之而無不及。

一、取用卦爻象之情形

惠棟依賴卦爻象來闡述卦爻義，龐雜而繁富，可以視為其治《易》之主要特色之一。所用之象皆有所據，且巧妙純熟、用之適切，足稱漢《易》大師。用象布及《周易述》經傳釋義之中，以下特別針對其疏解六十四經卦的用象情形，簡略統計其所用之象。

圖表 6-2-1　惠氏六十四經卦疏解使用卦象情形

卦　名	卦　　象
乾　卦	為命、為天、為天道、為首、為馬、為良馬、為寒、為金、為圓木器、為木果、籠人、為冰、為直、為君、為大君、為父、為衣、為舊德、為武、為美、為畫、為易、為宗廟、為玉、為剛、為圓、為大人、為大赤、為赤、為福德、為道本、為天子、為龍、為先、為朱、為介福、為好、為遠、積善、為畫、為敬、為野、為郊、為人、為百、為久、為德、為王、為道、為武人、為大、為福、為君子、為宗、為歲、為門、為嘉、為利、為善、為良、為頂、為神、為老、為大明、為圭、為信、為舊、為清、為聖人、為賢人、為善人

坤䷁卦	爲藏、爲致役、爲黃、爲方、爲囊、爲裳、爲師、爲拇、爲地、爲子母牛、爲牝、爲牝牛、爲迷、爲血、爲牛、爲眾、爲寧、爲臣、爲臣道、爲兌虎、爲大輿、爲車輿、爲車、爲轝、爲腹、爲邱、爲帛、爲布帛、爲黑、爲西南、爲柔、爲器缶、爲不富、既死鬼、爲皿、爲母、爲弱、爲知、爲合、爲小、爲亡、爲消、爲羞、爲反震、爲虎刑、爲自邑、爲采地、爲萬國、爲階、爲虎變、爲夕、爲田、爲夜、爲用、爲形、爲喪、爲事、爲晦、爲自、爲土、爲虎、爲身、爲躬、爲輹、爲戶、爲安、爲尸、爲國、爲器、爲缶、爲邑、爲乙、爲積惡、爲恥、爲害、爲盍、爲死、爲冥、爲厚、爲裕、爲民、爲闔戶、爲至、爲亂、爲黃牛、爲虛、爲鬼、爲邦、爲我、爲終、爲聚、爲小人
震䷲卦	爲侯、爲阪、爲動、爲機、爲林、爲講論、爲音聲、爲聲、爲巽夫、爲萑葦、爲竹木、爲藩、爲馬、爲馬鼻足、爲緯、爲雷、爲善鳴、爲鳴、爲長子、爲子、爲長男、爲春、爲木、爲篿、爲驚、爲起、爲作足、爲足、爲後笑、大塗、爲反生、爲喜樂、爲元帝、爲道、爲方伯、爲開門、爲徵、爲鹿、爲麋鹿、爲主、爲夫、爲出、爲左、爲奔走、爲反、爲征、爲行、爲帝、爲兄、爲草莽、爲陵、爲興、爲後、爲笑、爲交、爲諸侯、爲生、爲逐、爲作、爲告、爲言、爲問、爲奔、爲趾
坎䷜卦	爲月、爲水、爲中男、爲蹇、爲坎窞、爲窞、爲陷、爲穴、爲小穴、爲酒食、爲閑、爲豕、爲通、爲亨、爲極心、爲心、爲隱伏、爲隱、爲約、爲律、爲車、爲車多眚、爲輿多眚、爲多眚、爲泉、爲泥、爲心病、爲加憂、爲憂、爲難、爲溝瀆、爲溝洫、爲寇、爲盜、爲叢棘、爲蒺棘、爲戚、爲思、爲馬美脊、爲血、爲桎梏、爲險、爲艱、爲械、爲曳、爲河、爲主人、爲耳、爲信、爲狐、爲聞、爲弓輪、爲弓、爲獄、爲經、爲惕、爲習、爲疾、爲災、爲疑、爲蒺、爲大川、爲雲、爲入、爲酒、爲孚、爲悔、爲恤、爲校、爲毒、爲平、爲涕、爲暴、爲志、爲三歲
艮䷳卦	爲山、爲子、爲反震、爲鬼門、爲宮闕、爲手、爲石、爲小石、爲狐、爲狐狼、爲少男、爲城、爲宮室、爲門闕、爲純、爲涘、爲革、爲豹、爲果蓏、爲止、爲膚、爲鼻、爲指、爲木果、爲園、爲多節、爲童蒙、爲徑路、爲居、爲求、爲童、爲多、爲碩果、爲舍、爲背、爲庭
巽䷸卦	爲風、爲蠱、爲女、爲長女、爲女妻、爲隆棟、爲老婦、爲婦人、爲入、爲贏、爲申命、爲杞、爲岐、爲株、爲桔槔、爲繡、爲蝦蟇、爲木果、爲蟲、爲紃、爲繩直、爲繩、爲舞、爲婦、爲妻、爲高、爲多白眼、爲貫魚、爲長、爲長木、爲白、爲股、爲告、爲號告、爲進退、爲呭號、爲草、爲木、爲楊、爲草莽、爲命、爲桑、爲同、爲庸、爲號、爲茅、爲牀、爲魚、草木、爲隨
離䷝卦	爲火、爲中女、爲日、爲雉、爲朱雀、爲目、爲乾肉、爲文、爲龜、爲眠、爲經、爲飲食之道、爲戈兵、爲折上槁、爲附、爲昔、爲睇、爲大腹、爲隼、爲折、爲夏、爲嚮明、爲巳、爲己、爲惡人、爲涕、爲瓶、爲見、爲甲冑、爲戎、爲明、爲光、爲矢、爲飛、爲甲（早）、爲黃

兌☱卦	爲少女、爲西、爲白虎、爲虎、爲和說、爲說、爲暗昧、爲有言、爲金、爲妻、爲暗、爲谷、爲用、爲妹、爲口、爲講習、爲緯、爲求、爲反巽、爲澤、爲雨、爲雨澤、爲水澤、爲毀折、爲折、爲輔煩、爲妾、爲羊、爲附決、爲密、爲刑人、爲小、爲朋、爲友、爲眇

　　從上列統計表，約略可以算出八卦用象之數：乾卦至少七十四個，坤卦至少九十二個，震卦至少六十三個，坎卦至少七十五個，艮卦至少三十六個，巽卦至少五十個，離卦至少三十六個，兌卦至少三十四個。總計至少有四百六十個，這樣的數據僅是一個粗略之值，可以只是《周易述》中，惠氏疏解六十四卦（實際上只有四十九卦）卦爻辭之用象，如果包括《彖》、《象》等《易傳》之注疏用象，則將遠遠超過這個數字。況且，又不包括一般爻例或是惠氏所引述的爻象，如此再加上這些，就更爲可觀了。前引這些卦象，惠氏重複運用，十分地頻繁，例如至少重複出現五次以上者，包括：

　　乾卦：爲王、爲人、爲敬、爲天、爲君、爲德、爲利、爲父等。

　　坤卦：爲土、爲用、爲田、爲迷、爲喪、爲事、爲身、爲大輿、爲眾、爲器、爲邑、爲牛、爲黃等。

　　震卦：爲行、爲侯、爲出、爲長子、爲足、爲反生、爲大塗等。

　　艮卦：爲手、爲石、爲宮室、爲門闕等。

　　坎卦：爲加憂、爲疾、爲災、爲險、爲信、爲水、爲大川、爲孚、爲恤等。

　　離卦：爲日、爲見、爲目、爲龜等。

　　巽卦：爲命、爲繩、爲股、爲木、爲進退、爲號等。

　　兌卦：爲口、爲毀折、爲朋。

這些卦象當中，又重複使用超過十次者，包括如乾爲王、爲人；坤爲用、爲土、眾；震卦爲行；艮爲手；坎爲孚、爲信、爲加憂等；離爲目等等。所以，從卦象頻繁出現的次數觀之，至少引述數千次。

　　至於以爻例或爻象來釋卦，如：

（一）以六爻取人身象

　　惠氏釋咸卦初六時，云：

　　　　伏羲作《易》，近取諸身。下經人事首「咸」，故一卦六爻皆取象于
　　　　人身。初爲足，二爲腓，三爲股，四爲心，五爲脢，上爲輔煩，舌

是也。〔註126〕

以伏羲作《易》於自人身爲象，六爻各有所指，初象足，二象腓，三象股，四象心，五象脢，上象舌。惠氏本諸咸卦六爻所象人身而爲言，這種爻象之說，並非惠氏所根據咸卦經文所推用，以人身爲象，事實上由來已早，漢儒用之頗繁，並以虞翻尤盛。惠氏用其六爻象身之說，其中初爻爲足，又爲趾、爲拇、爲履、爲尾；五爲脢，又爲耳；上爲舌、爲首，又爲角；此三爻所象，惠氏引用次數最多。

（二）以六爻貴賤而為說

惠棟以爻位貴賤爲象而用於釋卦上，主要是根據《易緯乾鑿度》之說，他在《易漢學》中特別提出來：

> 《乾鑿度》曰：初爲元士在位卑下。，二爲大夫，三爲三公，四爲諸侯，五爲天子，上爲宗廟宗廟，人道之終也。。凡此六者，陰陽所以進退，君臣所以升降，萬民所以爲象則也。〔註127〕

爻位之貴賤，即一卦六爻配以爵位等級，這種說法，依現有文獻所錄，孟喜爲先，京房則建立成熟而系統化的論述。馬國翰《玉函山房輯佚書》中《周易孟氏章句》輯錄至《五經異義》中孟氏之文，於訟卦六三「食舊德」下云：

> 《易》爻位，三爲三公，二爲卿大夫。曰食舊德，謂食父祿也。

「三爲三公」，事實上同於《易傳》之說，至於二爻爲卿大夫，則確是首見於孟氏。孟氏既舉二爻位爵釋《易》，餘四爻當亦有配位，這種爻位貴賤之說，在孟喜時期，當已是普遍的認識。到了京房的《易》說，其易學系統中，普遍將此爻位賤貴納入其八宮卦次的理論中。元士、大夫、三公、諸侯、天子、宗廟，這些爵號名稱，以及貴賤有別的爵等，在周秦時期已普遍流行，《禮記・王制》等文獻中均有詳細的記載。漢儒以一卦六爻，配合周行之爵等，以別貴賤，《易傳》乃至孟、京、《易緯》的時期，皆已成普遍化的爻例。惠棟詳審其由，體認漢代此等學說觀念的發展脈絡，所以視之爲釋《易》之重要準據。

（三）陰陽爻取象之說

1. 以鄭玄之說為象

惠棟指出「陽得正爲聖人，失正爲庸人；陰失正爲小人；得正爲君子」，

〔註126〕見《周易述》，卷六，頁136。
〔註127〕見《易漢學》，卷四，頁1159。

此爲鄭玄注《易緯乾鑿度》之說；〔註128〕惠棟於《易例》中特別引作「君子小人」之例，〔註129〕並且普遍運用於《周易述》的論述卦爻義之中。除了「陽得正爲聖人，失正爲庸人；陰失正爲小人；得正爲君子」外，惠氏並另增「九三亦爲君子」，〔註130〕並將此陰陽爻得位失位所象之聖人、君子、庸人、小人之說，廣泛運用於闡釋卦爻義。這樣的爻象用例，是否可以視爲漢儒解釋卦爻的普遍說法，事實上，不能一而概之，因爲就目前文獻所見，未必能夠全面成爲共識。如果根據「陽得正爲聖人，失正爲庸人；陰失正爲小人；得正爲君子」，以及「九三亦爲君子」的說法無誤，則像否卦六二陰得正，也應該是「君子」才對，但是，否六二爻辭卻作「小人吉，大人否」；又遯卦九四陽失正，當爲「庸人」，但爻辭卻作「君子吉，小人否」；又解卦六五陰失位，當爲「小人」，而爻辭卻作「君子維有解，吉，有孚于小人」；又大壯九三陽得正，依惠氏之說則當爲「君子」，可是爻辭卻作「小人用壯，君子用罔，貞厲」。這些例子，皆以「君子」與「小人」並言，從表面字義觀之，似乎於其所說爻象相左。雖是如此，惠氏仍作一番解釋，如以否六二「苞承，小人吉，大人否亨」爲例，惠棟訓云：

> 二得位，故二正承五。五苞桑，故爲五所苞也。苞二承五，故曰苞承。《乾鑿度》遯初爲小人，觀、遯皆消卦，故觀初亦爲小人。否之小人指初也；荀氏以二爲小人，案二得位，故《乾鑿度》以遯二爲君子，荀氏非也，或傳寫之訛耳。初惡未著，辨之早，故吉。大人者，君人五號之一，故謂五。否，不，虞義也。否亨，言不亨也。
>
> 〔註131〕

在這裡，惠氏似乎囿於前述爻象而過於自圓其說，認爲六二所說的「小人」，是就初六而言，並以初六「初惡未著，辨之早，故吉」，惡生而能辨，則逢凶化吉，雖似成理，卻難掩荀氏說法的不同，畢竟荀氏明白地指出二爲「小人」，縱使惠氏認爲「荀氏非也，或傳寫之訛耳」，但那也僅是惠氏的個人解釋罷了。

〔註128〕《易緯乾鑿度》云「一聖，二庸，三君子，四庸，五聖，六庸，七小人，八君子，九小人，十君子，十一小人，十二君子……」，此爲《乾鑿度》以乾坤十二消息循環以「推即位之術」，鄭氏並爲之注云：「三十二君之率，陽得正爲聖人，失正爲庸人；陰失正爲小人，得正爲君子。」（見《易緯乾鑿度》，卷下，頁492～493。）

〔註129〕見《易例》，卷下，頁1041。

〔註130〕見《易例》，卷下，頁1041。

〔註131〕見《周易述》，卷二，頁60。

而且，荀氏以六二爲小人，可以看出這樣前述「君子」、「小人」的爻象之用，荀氏並沒有視之爲當然，也就是說，兩漢時期這樣的爻象說，不見得普遍存在。因此，於此，或許只能說是惠氏的一家之言。

用陰陽爻取象以釋卦爻義，雖然不見得是漢儒的通例，但惠氏的陳述基本上仍有其一貫的條理，仍有其一致的邏輯性，能作此說，也誠屬不易；不見得能夠反映漢儒古義，但也可以視爲以《乾鑿度》作理據下的進一步開闡。

2. 陽為君子，陰為小人

「陽爲君子，陰爲小人」之爻象說，爲惠氏《周易述》中所慣用者，不下十餘次。「陽爲君子，陰爲小人」爲例，蓋始於泰、否《象傳》，而漢儒如虞翻、荀爽、崔憬等人，亦以之爲說，惠氏循漢儒之義，而廣爲引述。同時，惠棟並因此爻象，而進一步推說，云「陰，小人，變之正則爲君子」，「變之正爲聖人」，〔註132〕當然，這「變之正」涉及爻變的問題，但基本上，仍須有「君子」、「小人」的既定之爻象方可爲之。

「君子」、「小人」是對立的兩象，陰陽正適可爲其徵象，所以《周易》作者以之爲論，常見於經文之中。而就經文的「君子」、「小人」之用，後儒釋義普遍從良善與否的德性角度去看待，但是，原始之義，是否眞要全然由是觀，這是值得玩味的。張立文曾指出，「《易經》作者將奴隸主階級通稱爲『大人』或『君子』，把奴隸稱爲『小人』。『大人』、『君子』和『小人』完全處于對立之中」，「『大人』、『君子』和『小人』的利益是不相容的；不是『君子吉，小人否』；就是『小人吉，君子否』，兩者截然相反，不可相同」。〔註133〕如觀卦初六「童觀，小人无咎，君子吝」，又如大壯九三「小人用壯，君子用罔，貞厲」等，這種「君子」、「小人」從階級身份的角度看，知道「君子」不見得是「吉」，「小人」也不見得是「凶」，全視其處之「位」而見其優劣吉凶，因此，看卦爻辭中

〔註132〕惠氏釋解卦六五「君子維有解，吉，有孚于小人」，注云：「陰得位爲君子，失位爲小人。兩係稱維，謂五與初也。五之二，初之四，故君子維有解。變之正，故吉。小人謂三，二、四正，三出爲坎，故有孚于小人。」（見《周易述》，卷六，頁170。）此即，陰爲小人，變之正使爲君子之良例。又蒙卦六五「童蒙，吉」，疏云：「二之正，五變應之，蒙以養正，優入聖域，故吉也。應變者，由不正而之正也。二、五失位，二之正，五變應之，則各得其正。……是變應之義矣，《易》之例也。」（見《周易述》，卷一，頁26。）此乃陰變之正而爲聖人之例。又參見《易例》有作論述。（卷下，頁1042。）

〔註133〕見張立文《周易思想研究》，湖北：湖北人民出版社，1980年8月初版，63～64。

的「君子」、「小人」，倘能從這個「位」的角度認識，或許更可以見其原始義。張氏的歷史史觀的角度看，提供我們面對「君子」、「小人」意義上面對的一個側面。因此，面對「君子」、「小人」，不見得全然要從「德性」的意義上去詮解，《周易》的作者，以「君子」、「小人」爲用，或許主要在表達身份的問題。義理學家的詮釋，主要專注在「德性」的意義上去論述，而忽略了身份、「位」的重要意義。反過來，看待漢儒釋此諸義，則重於以「位」取義，如虞翻等人即是，而惠棟述義，亦重於此。

（四）自內曰往，自外曰來

往來之說，源於泰否二卦，泰卦卦辭云「小往大來」，而否卦卦辭則云「小往大來」。漢儒之詮解，對於泰卦之言，虞翻認爲「坤陰詘外，爲小往；乾陽信，內稱大來。天地交，萬物通，故吉亨」；蜀才云「小，謂陰也；大，謂陽也。天氣下，地氣上，陰陽交，萬物通，故吉亨」。〔註134〕朱熹本之，云「小謂陰，大謂陽。言坤往居外，乾來居內」。〔註135〕至於否卦之言，虞氏云「陰信陽詘，故大往小來，則是天地不交，而萬物不通」。蜀才云「大往，陽往而消；小來，陰來而息也」。〔註136〕朱子則云「蓋乾往居外，坤來居內」。〔註137〕惠棟則根據虞氏之說，於泰卦云「息卦坤詘乾信，陰爲小，陽爲大，坤在外，故坤陰詘外爲小往，乾在內，故乾陽信內爲大來。爻在外曰往，在內曰來也」；〔註138〕於否卦則云「陽詘在外，故曰大往；陰信在內，故曰小來」。〔註139〕其說原本於虞氏，並源至於消息說的概念。這種往來之說，延伸至爻位的變化而立說，「凡爻在內或由外而之內稱來，凡爻在外或由內而之外稱往」。〔註140〕惠棟釋卦爻義，每以「往來」爲訓，如明夷䷣卦初九「有攸往」，惠云「初正應四，自內曰往，故有攸往」；〔註141〕如損䷨卦上九「利有攸往」，惠云「自內曰往，三之上，故利有攸往」；〔註142〕如困卦六三「困於石」，惠云「自內曰往，謂三往

〔註134〕見李鼎祚《周易集解》，卷四，頁75。

〔註135〕見朱熹《周易本義》，卷一，頁751。

〔註136〕見李鼎祚《周易集解》，卷四，頁80。

〔註137〕見朱熹《周易本義》，卷一，頁751。

〔註138〕見《周易述》，卷二，頁52。

〔註139〕見《周易述》，卷二，頁58。

〔註140〕見徐芹庭《兩漢十六家易註闡微》，臺北：五洲出版社，1975年12月初版，頁60。

〔註141〕見《周易述》，卷五，頁153。

〔註142〕見《周易述》，卷六，頁177。

承四，爲四所困，故往不濟也」；又困卦九二「朱紱方來」，惠云「朱紱謂五，二五敵應，二變則與五相應，故朱紱方來，自外日來也」。〔註143〕「往來」之說，爲歷來釋《易》常例，惠氏用之，其來有自。

（五）其它爻象

六爻之爻象，惠氏尚有以：

1. 初　爻

　　爲隱：主要根以乾初九「龍德而隱」，又曰「隱而未見」而言，所以初有隱象。

　　爲潛、爲淵：此亦乾初九爻義，初九爲潛龍潛於淵而言。

　　爲微：主要根據《繫下》云「幾者動之微」；並且虞翻注云「陽見初成震，故動之微」。以及《易緯乾鑿度》云「天道三微而成著，謂一爻」。因此，以初九爲微。

　　爲幾：主要根據虞翻注《繫傳》云「幾謂初」而說。

　　爲賾：主要根據虞翻注《繫辭》「探賾索隱」云「賾謂初」而言。

　　爲始、爲本、爲深、爲女妻（巽初爲女妻）、爲善（初九善）、爲不善（初六不善）、爲小（初陽爲小）等。

2. 二爻：爲家、爲和（中和之說）、爲孚（孚謂二、五，乃坎卦之象，中滿爲孚）。

3. 三爻：爲人道，即三於三才爲人道。

4. 四爻：爲疑。根據四爲心而來。

5. 五爻：爲大君、爲大人（乾五爲大人。根據九五貴位，五爻爲天子而來）、爲貞（即坤五爲貞）、爲孚（同二爻爲孚之說）、爲中（中和之說）。

6. 上爻：爲末、爲角、爲終、爲老婦（巽上爲老婦）。

其它象例之運用，尚有：「巽之柔爻爲草，剛爻爲木」，此本諸虞氏逸象以巽爲「草木」，惠氏又將草木強作柔剛之區分，並廣用於闡釋《周易述》之諸爻義，不下八次，不知所據爲何。「初爲日出，二爲日中，三爲日昃」，本於荀爽釋離卦九三之文。〔註144〕「陽長爲進，陰消爲退」，此亦取消息之義。「陽爲左，陰爲右」，「陽爲實，陰爲虛」，此皆歷來陰陽對立，慣用之象。「神

〔註143〕困卦二文，見《周易述》，卷七，頁207。

〔註144〕離九三「日昃之離」，荀爽曰：「初爲日出，二爲日中，三爲日昃，以喻君道衰也。」（見李鼎祚，《周易集解》，卷六，頁155。）

爲陽，龜靈爲陰」，其「神爲陽」，爲兩漢所存之通說，晉范望注《太玄經》，頻引爲說；至於「龜靈爲陰」，天神而地靈，靈屬於地，爲《周禮》存在的普遍觀念，龜靈屬於地，地又爲坤陰，並作卜筮靈示之用，故屬陰。

二、惠氏卦象取象之主要依據

惠氏廣取卦象釋《易》，主要本於《說卦》的象說、虞氏逸象，以及《九家說卦》的逸象。

（一）《說卦》的八卦用象

在取用《說卦》的用象，已如前述，四十九個卦中，有二十八個卦，直引《說卦》之八卦用象以釋其義：

在乾象方面：乾爲首、乾爲馬、乾爲君、乾以君之（推而云「乾爲王」、「乾爲大君」）、爲積善（故乾爲福）、爲金、爲良馬、爲首、爲天、爲圓木器。

在坤象方面：坤致役（推而云「坤爲事」）、坤爲大輿、爲牛、爲黑、爲眾、爲母（拇）、爲腹。

在震象方面：爲阪、有馬象（震坎皆有馬象）、爲足、爲反生、爲善鳴、震內體爲專，外體爲躁、帝出乎震（所以震爲出）。

在兌象方面：爲小、爲眇。

在坎象方面：爲加憂（故坎爲恤）、坎爲盜、有馬象（同震）、爲溝瀆、坎爲血、爲隱伏、爲車多眚、坎爲曳、爲信（故坎爲孚）、爲極心、陷也、於馬也爲美脊、相見乎離（所以離爲見）。

在離象方面：離爲雉、爲折上槁、爲麗、爲中女、爲目、爲日、爲龜、子母牛、離南方卦。

在艮象方面：艮爲手、爲指、爲小石、止也、爲路徑、艮爲門闕。

在巽象方面：多白眼、爲股、爲高、爲進退、爲繩、爲木。

實際引用《說卦》用卦者，應遠遠不僅如此，只不過惠棟並未表明出自《說卦》所言。並且，惠氏之用象，也有很多是由《說卦》所延伸出來的，例如《說卦》以艮爲「不石」，所以艮又可爲「石」等。此外，關於《說卦》所用之象，惠氏也作了說明，〔註145〕例如乾爲「首」，惠云：

〔註145〕以下釋《說卦》用象之引文，見《周易述・說卦傳》，卷二十，頁605～606。

《周書・武順》曰：元首曰末。首謂上也，乾陽唱，故乾上為首。

坤爲腹：

　　腹謂四也。坤爲富，《釋名》曰：腹，富也，其中多品，似富者也。

震爲足：

　　足謂初也。震在下，能動，故爲足。

巽爲股：

　　股謂二也，下開似股。

坎爲耳與離爲目：

　　耳謂五也。《鴻範》：坎，北方屬聽，故爲耳。目亦謂五也。《鴻範》：南方屬視，故爲目。《淮南・精神》曰：耳目者，日月也。离日、坎月，离目、坎耳，故云耳目者，日月也。

艮爲手：

　　手謂三也。艮爲拘，以手拘物，故爲手。

兌爲口：

　　口謂上也，鄭云：上開似口。

以上八卦取人之象，惠氏亦附爻位以說明，即上爻爲首，四爻爲腹，初爻爲足，二爻爲股，五爻爲耳爲目、三爻爲手，上爻爲口等。又，釋乾爲馬，坤爲牛：

　　《鴻範五行傳》曰：王之不極時，則有馬禍。鄭彼注云：天行健，馬畜之疾行者也，屬王極。乾爲王，馬屬王極，故爲馬。又曰：思之不容時，則有牛禍。鄭注云：牛畜之任重者也，屬皇極。坤爲土，思心曰土，牛屬皇極，故坤爲牛。

震爲龍：

　　震初九也。《鴻範五行傳》曰：王之不極時，則有龍虵之孽。鄭注云：龍蟲之生於淵，行於无形，游於天者，屬天。乾爲龍，乾息自初，初九潛龍勿用，乾初即震初，故震爲龍。一曰：震，東方，歲星木，木爲青龍，故爲龍也。

巽爲雞：

　　巽爲木，《五行傳》雞屬木。《九家》據《易》生人曰：巽應八風也。風應節而變，變不失時。雞時至而鳴，與風相應也。二九十八，主風精爲雞，故雞十八日剖而成雛，二九順陽歷，故雞知時而鳴也。

坎爲豕：

> 坎爲耳，主聽。《五行傳》曰：聽之不聰時，則有豕禍。鄭注云：豕
> 畜之居閑，衞而聽者也，屬聽。《九家》曰：豕，污辱卑下也。六九
> 五十四，主時精爲豕。豕懷胎四月而生，宣時理節，是其義也。

离爲雉：

> 劉向《五行傳》說曰：《書序》高宗祭成湯，有蜚雉登鼎耳而雊。雉，
> 雊鳴者，以赤色爲主於《易》，离爲雉。雉，南方近赤祥也。劉歆視
> 《傳》以爲羽蟲之孽。又离爲文明，雉有文章，故离爲雉。

艮爲狗：

> 鄭氏云：艮卦在丑，艮爲止，以能吠守止人，則屬艮。《九家》云：
> 艮數三，七九六十三，三主斗，斗爲犬，故犬懷胎三月而生。斗運
> 行十三時日出，故犬十三日而開目。斗屈，故犬臥屈也。斗運行四
> 帀，犬亦夜繞室也。犬之精畏水，不敢飲，但舌舐水耳。犬鬥，以
> 水灌之則解也。斗近奎星，故犬淫當路不避人者也。

兌爲羊：

> 兌，正秋也。《易是類謀》曰：太山失金雞，西嶽亡玉羊。羊是西方
> 之畜，故兌爲羊。又兌爲剛鹵，鄭氏謂其畜好剛鹵也。

以上八卦取動物之象，惠氏作了極爲詳細的說明。惠氏在釋《說卦》「乾，健
也。坤，順也。震，動也。巽，入也。坎，陷也。离，麗也。艮，止也。兌，
說也」時疏云：

> 《說卦》先說蓍數、卦爻、重卦之義，二篇之次及消息六子，以明
> 《易》之爲逆數，然後敍明堂之法，而終之以既濟。聖人作《易》，
> 以贊化育，其義已盡。故自「乾，健也」已下，皆後師所益；後師
> 者，七十子之徒是也。必知非孔子所作者，「乾，健也」已下，或訓
> 《象傳》，或訓《繫辭》，或訓上下篇卦爻之象，皆爲訓詁之體。且
> 上陳大道，下厠義訓，其文不次。又如《歸藏易》亦云乾爲天、爲
> 君、爲父、爲天赤、爲辟、爲卿、爲馬、爲禾、爲血卦之類，亦是
> 訓卦爻之象，與此略同，故知非孔子作也。云訓《象傳》八卦之德
> 者，泰《象傳》曰「內健而外順」，「健順」是乾坤也。屯《傳》「動
> 乎險中」，「動」是震也。需《傳》「剛健而不陷」，「陷」是坎也。离
> 《傳》「重明以麗乎正，柔麗乎中正」，晉《傳》「順而麗乎大明」，「麗」，

是离也。蒙《傳》「險而止」，「止」是艮也。履《傳》「說而應乎乾」，「說」是兌也。獨巽卦之義，《彖傳》不易其文，其訓「入」者，唯見於《序卦》。則巽有「入」義，故不云「巽，巽也」。坎或訓「險」，离或訓「明」，《易》含萬象，言豈一端。其所訓之義，則虞注云：精剛自勝，動行不休，故健。純柔承天時行，故順。動者陽出動行，入者乾初入陰，陷者陽陷陰中，麗者日麗乾剛。陽位在上故止。震為大笑，陽息震成兌，震言出口，故說也。〔註146〕

在這裡，惠氏特別指出《說卦》的八卦用象之說，非孔子所作，此涉及到《十翼》的作者問題，惠氏肯定《彖傳》、《繫傳》等諸傳為孔子所作，而《說卦》則以訓詁的行文方式呈現，用於訓解《彖傳》、《繫傳》等諸傳中八卦之德，為其七十子之徒所為。《說卦》用象之說，既在訓解諸傳之德，則《說卦》所列之象，皆為諸傳所本有，而諸傳又為孔子所作，則可以說孔子時期，八卦的用象，已然普遍，畢竟《說卦》所列之象，為數亦夥。漢儒廣用逸象，如孟喜、虞翻、荀爽等人，乃至《九家說卦》所見三十一者，雖名為逸象，有別於《說卦》的八卦用象，然而大體皆根本《說卦》，更嚴謹地說，根本於《周易》的經文或其本義，以及《象》、《彖》、《繫傳》所說。至於惠氏對其它用象的釋義，不再一一列舉，而可以肯定的是，惠氏對八卦用象有精詳的認識，解釋諸象之由來或是卦象的實質意義，都能引據文獻加以佐證說明。一般人對於八卦用象的體驗瞭解，可以將惠氏針對《說卦傳》的述義內容，作為寶貴的參考資料。

（二）虞氏逸象

惠棟直接或間接采用虞翻逸象，而與虞翻逸象同者，至少包括如：

乾卦：為先、為朱、為介福、為好、為遠、積善、為晝、為敬、為野、為郊、為人、為百、為久、為德、為王、為道、為武人、為大、為福、為君子、為宗、為歲、為門、為嘉、為利、為善、為良、為頂、為神、為老、為大明、為圭、為信、為舊、為清、為聖人、為賢人、為善人。

坤卦：為田、為夜、為用、為形、為喪、為事、為晦、為自、為土、為虎、為身、為躬、為輿、為戶、為安、為尸、為國、為器、為缶、

〔註146〕見《周易述・說卦傳》，卷二十，頁604～605。

爲邑、爲乙、爲積惡、爲恥、爲害、爲盍、爲死、爲冥、爲厚、爲裕、爲民、爲闔戶、爲至、爲亂、爲黃牛、爲虛、爲鬼、爲邦、爲我、爲終、爲聚、爲小人。

震卦：爲麋鹿、爲主、爲夫、爲出、爲左、爲奔走、爲反、爲征、爲行、爲帝、爲兄、爲草莽、爲陵、爲興、爲後、爲笑、爲交、爲諸侯、爲生、爲逐、爲作、爲告、爲言、爲問、爲奔、爲趾。

坎卦：爲弓輪、爲獄、爲經、爲惕、爲習、爲疾、爲災、爲疑、爲蒺、爲大川、爲雲、爲入、爲酒、爲孚、爲悔、爲恤、爲校、爲毒、爲平、爲涕、爲暴、爲志、爲三歲。

艮卦：爲宮闕、爲狐、爲狐狼、爲宮室、爲門闕、爲木果、爲童蒙、爲居、爲求、爲童、爲多、爲碩果、爲舍、爲背、爲庭。

巽卦：爲草莽、爲命、爲桑、爲同、爲庸、爲號、爲茅、爲牀、爲魚、草木、爲隨。

離卦：爲瓶、爲見、爲甲冑、爲戎、爲明、爲光、爲矢、爲飛、爲甲（早）、爲黃。

兌卦：爲密、爲刑人、爲小、爲朋、爲友。

取用虞氏逸象，幾乎佔了其逸象的三分之二以上，而且這還只不過是其釋四十九個卦經文的用象，倘加上《易傳》的用象，則必超越此統計之數，所以，數量之多，著實驚人。關於虞氏之逸象，前面章節已作詳述，不再多言。

（三）《九家說卦》逸象

惠氏引用《九家說卦》爲訓，於六十四卦經文中，至少引用三十次，於《易傳》中則也最少引用五次以上，以下根據經文所引，各卦所象概略爲：

乾卦：爲龍、爲直、爲衣、

坤卦：爲牝、爲迷、爲方、爲囊、爲裳、爲黃、爲牛、爲虎、爲帛

艮卦：爲狐、爲膚、爲鼻

坎卦：爲叢棘、爲桎梏、爲律、爲河、爲蒺棘

巽卦：爲楊

兌卦：爲輔頰

《九家說卦》所見之逸象有三十一個，惠氏至少用了二十餘個來解釋卦爻義，運用之繁，可見一斑。《九家說卦》之逸象，前面章節已作說明，在此不再贅述。

惠棟所用八卦之象，除了根據《說卦》用象、虞翻逸象與《九家說卦》

之逸象外，也大量取用荀爽和《九家易》之逸象，這裡不再詳列。歷來學者普遍認爲釋《易》用象，以虞翻最夥，並成其爲易學的重要特色，而惠氏以述漢學爲志，並特重虞說，申明卦義，當然不能排拒《易》象而不用，所以本諸《說卦》與漢儒用象之說，巧妙而純熟的運用在《周易述》中，青出於藍而勝於藍，使用之量不輸虞氏等漢儒，所用之象由來有據，大體並無乖違漢儒之說而另創新象。由是可見其治漢《易》之功力，能爲其時代之翹楚，並非浪得虛名。

三、用象之檢討

惠棟用象，雖然極爲繁富，但不因此而顯其隨意或妄造，反而見其用象嫻熟而慎重。首先，惠氏的取象釋義，有直接取象與間接取象者，直接取象即直引《說卦》或虞翻等漢儒所用之象，進一步說明卦爻義；而間接取象，則他在用象的過程中，常會對所用之象，作簡要而清楚的解釋。例如，以乾爲「王」，他解釋「爲君故爲王」。〔註147〕又如以乾爲「木果」，以「木果」爲象，出自《說卦》，《說卦》認爲乾象爲「木果」，然而從《集解》中，也可以看到虞翻似乎同時以艮卦和巽卦爲「木果」，在惠棟的認識裡，他肯定「木果」爲艮卦所專主，從《周易述》中多次引用艮爲「木果」可以得知，而他以《說卦》之說，以乾爲「木果」，爲使之不相扦格，所以說「乾爲木果，謂上九也。艮之碩果，亦指上也」，〔註148〕也就是說，艮卦爲乾子，艮一陽在上，此碩實者爲木果，所以可以乾、艮通爲「木果」。又如坤爲「小」，解釋爲「坤陰詘外爲小，乾陽信內爲大」。〔註149〕兌爲「求」，解釋爲「艮兌同氣相求，故爲求」。〔註150〕坎爲「疾」，解釋爲「坎折坤體，故爲疾」。〔註151〕坎爲「械」，解釋云「坎爲桎梏，故爲校，校即械也」。〔註152〕坎爲「約」，惠氏釋云「坎信爲約」。〔註153〕乾爲「野」、爲「郊」，惠云「乾，西北之卦，故爲野」；「乾位西北之郊，故爲郊」。巽爲「同」，

〔註147〕見《周易述》，卷三，頁81。釋隨卦用之。
〔註148〕見《周易述》，卷四，頁104。釋剝卦用之。
〔註149〕見《周易述》，卷二，頁52。釋泰卦用之。
〔註150〕見《周易述》，卷一，頁21；釋蒙卦用之。又見《周易述》，卷三，頁80；釋隨卦用之。
〔註151〕見《周易述》，卷四，頁113。釋无妄卦用之。
〔註152〕見《周易述》，卷三，頁95。釋噬嗑卦用之。
〔註153〕見《周易述》，卷四，頁129。釋坎卦用之。

惠氏云「巽風同聲相應，故爲同」。巽爲「號咷」，惠氏云「巽申命行事，號告之象，故爲號咷」。〔註154〕類似這樣的簡要說明，惠氏於用象疏解中，每每可見，提供了用象上最直接而立即的認識。

《易》家用象，往往有不同的卦用同樣的象，或者是不同的易學家，將同樣的象名指稱不同的卦，關於這樣的情形，惠棟透滲論述卦爻義的過程中，也作出釐清或解釋。例如坎卦與艮卦同具有「狐」象，《九家易》即作此主張，惠氏舉項安世之說，以言其差別，云「坎爲狐，取其心之險也。艮爲狐，取其喙之黔也」。〔註155〕其《周易述》中又作二者之分別，云「坎爲狐，取其形之隱也，艮爲狐取其喙之黔也」。〔註156〕又指出「《九家說卦》曰：艮爲狐，狐狼皆黔喙之屬，故爲狐狼也」；〔註157〕「坎爲鬼，《說文》曰：狐者，鬼所乘，故爲狐。子夏曰：坎爲小狐。干寶亦云：坎爲狐也」。〔註158〕坎爲水，水性多變，符合狐多疑之性；且坎爲鬼，具隱沒之意，亦符狐性。故坎爲「狐」。漢魏《易》家，以坎爲「狐」者，包括孟喜、《子夏傳》、虞翻、《九家易》及干寶等人。至於以艮作「狐」象者，除了《九家易》外，虞翻也常用。至於以艮卦爲「狐」象，其義若在於「取其喙之黔」，「喙」形乃獸嘴長而突出者，可以如山形之凸，或合艮卦之象意，然而，此重點並不在於「喙」，而在於喙之「黔」，「黔」爲色黑者；取色黑爲象，作坎卦更爲適當，坎屬北方爲水，其色爲黑。這樣的解釋，大抵可通。

以「車」象爲例，歷來以坤爲「車」，爲用象的普遍認識，並無爭議，但若以乾爲「車」，則或有使人困惑者。惠棟釋小畜☲九三時指出，「坤爲大輿，車輿同物」，坤有「車」象，但在釋此乾爻時，惠氏認爲「馬君及俗儒以三體乾，而《漢書·王莽傳》有『乾文車坤六馬』之文，因謂乾爲車。《易》无乾爲車、坤爲馬之例，故云非也」。明白地指出，爲「車」象者僅坤卦，乾無「車」象，且爲「馬」者，坤則無此象。此爻言「輿說腹」者，「乾成坤毀，坤象不見，輿所以載者，說輹則不能載也」；〔註159〕坤毀輹說則輿不能載，所以「輿

〔註154〕上以乾爲「野」、爲「郊」，巽爲「同」、爲「號咷」之括弧引文，見《周易述》，卷二，頁64～65。釋同人卦用之。

〔註155〕見《易漢學》，卷七，頁1220。

〔註156〕見惠棟《周易述》，卷十八，頁614。

〔註157〕見惠棟《周易述》，卷一，頁20。

〔註158〕見惠棟《周易述》，卷十八，頁614。

〔註159〕見《周易述》，卷二，頁46。

說腹」。此處並無申明乾有「車」象之義。

　　惠氏釋同人☲☰九三「伏戎于莽」，云：

　　　巽爲草莽，亦虞義。虞此注謂震爲草莽，義並通也。离爲甲冑，爲
　　　戈兵，故爲戎。四上失位，當變之正，故四變三體坎，坎爲隱伏，
　　　是伏戎于莽。應在上，上剛敵應，故有是象也。〔註160〕

惠氏引虞氏爲「草莽」之逸象，含震、巽二卦；巽爲當然的草、本之象，《太
玄》即以巽爲「草」，而震屬東方，亦可象爲草木。於此，虞翻並無說明何以
巽、震皆可爲「草莽」，惠氏不能做更爲明確的說明，但在解釋此卦九三爻時，
不論是下卦爲震，可以爲「草莽」外，以三至五互巽，亦有「草莽」之象，
所以惠氏說在這裡，虞氏不論是以震或巽爲論皆通，即並通爲「草莽」。這也
是對震、巽同爲「草莽」的另類解釋。

　　以爲「王」之象爲例，乾爲「天子」、爲「君」，故又可爲「王」，爲一般
無爭議的普遍認識，但以震爲「王」，則有待斟酌。虞翻與《九家說卦》均有
以震爲「王」者，惠棟對此用象，無反對的說法，反而爲之解釋，惠棟引項
安世之言云「爲王者，帝出乎震」，〔註161〕也就是既稱「稱」，當然也就可以
爲「王」，所以《周易述》在釋《說卦》時，特別指出「帝出乎震，今之王，
古之帝，故震爲王」，以「帝」、「王」同義，也直接肯定震可以爲「王」。這
樣的解釋，前面論述「虞氏逸象」與「《九家說卦》逸象」時，已作說明，基
本上，個人仍不讚同震有爲「王」之象，畢竟兩漢《易》家，有以震爲「帝」、
爲「公」或爲「侯」之象，少有以震爲「王」而解釋卦義。雖然惠氏不否定
震爲「王」象，但也只有備而不用，在《周易述》中，惠氏並沒有嘗試以震
爲「王」象來釋《易》，這種備而不用的作法，或許也是一種行動上的否定，
否定震卦具有「王」象。

　　以「虎」象爲例，歷來用「虎」象者，有坤卦、兌卦及艮卦，前二卦爭議
少，而艮卦則有待商榷。惠氏在解釋虞氏逸象，以艮爲「虎」時，指出吳澄認
爲「艮不象虎」，但是項安世卻以「艮主寅，虎寅獸」。漢魏《易》家用象，「京
房以坤爲虎刑。陸績以兌之陽爻爲虎。先儒解《易》，皆取二象，不聞艮爲虎也。
虎當爲膚字之誤也。仲翔注《易》云：艮爲膚是也」。〔註162〕也就是說，歷來

────────────

〔註160〕見《周易述》，卷二，頁65。
〔註161〕見《易漢學》，卷七，頁1219。
〔註162〕見《易漢學》，卷七，頁1220。

作虎象者，大都以坤卦或兌卦，並不以艮卦象虎，虞翻爲「膚」者，可能是「膚」字之誤。惠棟於《周易述》中指出，「漢儒相傳以兌爲虎」，如「郭璞《洞林》曰『朱雀西北，白虎東起』。注云『离爲朱雀，兌爲白虎』。白虎西方宿，兌正西，故云虎」。〔註163〕惠氏認爲以兌卦爲「虎」象，從天文方位的角度云，兌屬西方之卦，而西方正是白虎星宿所處之位，同《說文》云「虎，西方獸」，故漢儒以兌爲「虎」，是一種可爲驗證的事實。至於京房、虞翻等以坤象「虎」，亦有理據；高誘注《淮南子》云：「虎，土物也」，〔註164〕坤爲土，故爲「虎」。又《月令》云「仲冬之月虎始交」，《大戴禮記・公冠》云「虎七月而生」，〔註165〕是交於復而生於姤。姤之一陰自坤來，故取坤卦爲「虎」。

又如，乾爲「道」，而震亦爲「道」，惠氏簡要地說明，云「乾爲道，震得乾之初，故爲道」。〔註166〕也就是震由乾出，爲乾之長子，父承子之道塗，則震亦爲「道」。由前引諸例之論述可知，惠棟取象釋卦的同時，對於取的是較具爭議性的象，如類似數卦同爲一象者，惠氏皆作一番解釋，以示其用象上的負責態度。可以看出惠氏用象，對八卦所代表之象，皆悉精熟，並能巧爲使用，而無含糊之意。

通覽《周易述》論述卦爻義的特殊風格上，其用象可以視爲典型，每一卦爻辭或是《易傳》傳文的闡釋上，惠氏大量的以卦象作舖陳，藉由卦象的有機組合，以具體的呈現卦爻義。例如，惠氏釋困 ䷮ 卦卦辭「困，亨」，指出「卦自否來，上九之二，二五之剛爲陰所弇，故困。否，天地不變，不能通氣，上之二，乾坤交，故亨」，即《繫下》所謂之「困窮而通者」。「謂陽窮否上，變之二成坎，坎爲通，故窮而通也」。以鄭氏義明之，「謂坎爲月，互體离，离爲日。兌爲暗昧，日所入。今上，弇日月之明，猶君子處亂世，爲小人所不容，故謂之困」。「兌，西方卦，故云日所入」。在這裡，惠氏以虞、鄭之義爲訓，在論述的過程中，廣引卦象或逸象爲釋，包括如坎爲通、坎爲月、离爲日、兌爲暗昧、兌爲西方卦等。又如卦辭「有言不信」下，惠注云「乾爲信，震爲言，折入兌，故有言不信，尙口乃窮也。荀氏謂陰從二升上成兌，爲有言，失中爲不信」。〔註167〕從小小的一段注文中，每一句體現的幾乎都是

〔註163〕見惠棟《周易述》，卷二，頁48。
〔註164〕轉引自惠棟《周易述》，卷四，頁122。
〔註165〕見戴德《大戴禮記，公冠》，卷十三。又《孔子家語・執轡》，卷六，同文。
〔註166〕見《周易述》，卷二，頁50。
〔註167〕括弧引文，見《周易述》，卷七，頁203～204。

卦象之說。

　　惠棟釋晉 ䷢ 卦卦辭「康侯用錫馬蕃庶，晝日三接」，云：

　　　　卦自觀來，從四陰二陽之例，觀六四進居五，故曰晉，進也。康讀
　　　　如《祭統》「康周公」之「康」，鄭氏註《禮》引此爲證，故讀從之。
　　　　又鄭註康侯云：康，廣也。謂襃廣其車服之賜也。坤廣生，故曰廣。
　　　　爻例四爲諸侯，觀之六四「利用賓于王」，故觀四賓王。四之五而皆
　　　　失位，五之正以四，錫初謂初四易位也，初動體屯，謂初至五體屯
　　　　也。屯下體震，震爲侯，卦辭曰利建侯。四爲諸侯，以四錫初，初
　　　　震亦爲侯，康侯之象也。坎爲馬美脊，坤爲用，故用錫馬。錫讀納
　　　　錫錫貢之錫。侯享王之禮，觀禮匹馬卓。上九馬隨之是其事也蕃多
　　　　也庶眾也。艮爲多，坤爲眾，故蕃庶。《雜卦》曰：晉，晝也。离日
　　　　在地上，故晝日。坤三陰在下，故三接。〔註168〕

晉卦之由來，爲「觀四之五」的卦變而成。下坤上坎，坤坎所象，大抵可以
明其卦辭之義。「康侯」之「康」爲「廣」，坤象「廣生」，所以爲「廣」。四
爻象「諸侯」，而觀卦六四又爲「賓王」之象。又震象「侯」，故初、四同有
「侯」象，所以總爲「康侯」之象。上坎爲「馬美脊」，而下坤爲「用」，所
以云「用錫馬」。又以艮爲「多」，坤爲「眾」，所以云「蕃庶」。又以離日在
坤地之上，所以云「晝日」。整段釋文中，可以看到惠氏皆以卦爻象作爲闡論
的主要依據，並且成夠言之成理。

　　其它如以乾 ䷀ 卦《象傳》「大明終始」爲例，惠氏云：

　　　　乾爲至終始。乾爲大明，虞義也。离，麗；乾离爲明。陽稱大，故
　　　　爲大明。上云乾二五之坤成坎，此云坤二五之乾成离，則有日月象。
　　　　离爲日。已下乾鑿度文。彼謂上經始乾坤，終坎离。乾始坎而終于
　　　　离，坤始离而終于坎，故曰日月之道，陰陽之經，所以終始萬物。
　　　　日月謂坎离，坎离爲經，故曰陰陽之經也。〔註169〕

細數所用之象，包括乾爲「大明」，源於離爲「明」、陽稱「大」，故合爲「大
明」。乾坤二五互爲坎離，坎月離日，亦爲明，又是陰陽之經，萬物之終始，
所以說「大明終始」。用了這樣幾個卦象，把「大明終始」一言說得清楚而明
白。又如釋履 ䷊ 卦九四「履虎尾」，直接以兌爲虎、初爲尾，所以「履虎尾」。

〔註168〕見《周易述》，卷五，頁147。
〔註169〕見《周易述·象上傳》，卷九，頁220～223。

〔註170〕因此，惠氏用象釋《易》，遠遠超越虞翻這位漢代用象的典型大師，很多卦爻之義，幾乎是以卦爻之象推陳而來。其用象之繁，雖未必使人感之無味，但卻似乎存在著強烈的機械化套用的韻味，但這種機械式的「組合」，仍須存在著靈活運用的思維，一種能夠集合成有意義的內容之邏輯組合，因爲卦爻象作爲某種符號或名象來運用於萬化之道的詮釋上，必然有其基本的邏輯理路，它的背後，必須考慮到組合後的合理性，是否能應合其原始的文字內容（即卦爻辭、《傳》辭），以及完整表達其組合後的意義，事實上，這是不容易做到的。但是，惠棟卻大體成功地建構出來，雖然很多人不喜歡，但他的完成是不爭的事實，他的完成也未必是不喜歡者所欲試而能成的。

　　《周易》「觀象繫辭」，並使「天下之理得」，用「象」示義，本是《周易》制作的重要模式。漢儒知象之用，因此，以象論《易》，爲漢代易學家釋《易》之普遍情形，論《易》無不言象，只是依賴的比重不同而已。惠氏以復原漢《易》爲重，運用繁富的卦爻象，以凸顯漢儒釋《易》的此一重要特性。對於具有爭議的卦象，惠氏也能適度的合理化解釋，某種角度上，可以視爲漢代用象的重整與再造。他綜合諸家之諸，卻也消融了諸家用象上的差異性；如果說他是以陳述虞翻的易學思想，那虞翻在這一方面上，就不能視爲純粹的虞翻了。因此，從卦爻象的運用上來看，惠棟在這裡的易學主張，所代表的是一種揀選後的漢代《易》家的共同思想，一種重視用象的易學的詮釋方法與詮釋內容。

第三節　互體得卦取象以釋文義

　　互體之說，爲漢代《易》家論《易》的重要體例。互體之運用，可以對本卦六爻作另外再組合的認爲，使取象能夠更爲靈活而有彈性。惠氏根本漢說，釋《易》多以象而述義，用象爲其釋《易》之主要特色，然而象得之於卦，由卦而生象，因此，惠氏採互體之說，以得卦生象而述義。

一、互體運用之情形

　　互體爲漢代易學家釋《易》上常用的重要體例，源起甚早，《左傳》已見其端倪，也就是秋春時期，應該已使用互體之法釋《易》。〔註171〕此外，歷來

────────────

〔註170〕見《周易述》，卷二，頁51。
〔註171〕《左傳‧莊二十二年》云：「陳厲公蔡出也，……生敬仲，其少也，周史有以

也有學者討論《易傳》（《繫傳》）、《子夏易傳》，乃至焦延壽的易學思想中，亦有互體的觀念或主張。然而眞正明確而有廣泛使用互體的，依文獻所見，大概以京房爲先。京房的互體主張，主要以三爻互體爲主，也就是以一卦中之三爻互體成爲一個三爻的純卦。《京氏易傳》論述渙䷺卦時，云：

　　　　互見動而上，陰陽二象，資而益也，風行水上，處險非溺也。〔註172〕

二、三、四互震爲動。至於「資而益也」的解釋，也就是何以爲「益」，則以二至四互體爲震，四至上爲巽，所以由二至上則五爻可以爻體爲上巽下震之益䷩卦。所以說，京氏亦有互體爲重卦者，並且以五爻爲互而成重卦，只不過在京氏的有關文獻中，這樣的例子僅此一說，且所說並不十分明確，虞翻時用之較爲清楚而頻繁，所以學者大都認爲五爻互體當成熟於東漢。京氏之後，馬融、鄭玄、荀爽亦皆有互體之說。馬融之說，文獻中僅一例，釋巽䷸卦九五「先庚三日，後庚三日」時云「巽互兌，而五在兌上」，〔註173〕巽二至四互兌，而巽卦九五爻在此互兌之上，所以云「五在兌上」。鄭玄佚文較夥，今見互體之說，材料亦豐，劉玉建統計其三爻互體者有三十三處，包括《易緯》中的七處；〔註174〕鄭氏釋大畜卦「不家食，吉」，云「自九三至上九，有頤象」，〔註175〕至三至五互震，四至上互艮，上艮下震爲頤䷚卦，所以說九三至上九具有頤象。是四爻互體爲重卦在鄭氏時已用之。至於荀爽的互體說，則專取

《周易》見陳侯者，陳侯使筮之，遇觀䷓之否䷋，曰：是謂觀國之光，利用賓于王。……坤，土也；巽，風也；乾，天也。風爲天於土上山也。有山之材，而照之以天光，於乎居土上，故曰觀國之光，利用賓于王。」杜預注云：「巽變爲乾，故曰風爲天。自二至四有艮象，艮爲山。」孔穎達《正義》則云：「六四之爻位在坤上，坤爲土，地山是土之高者，居於土上，是爲土上山也。又巽變爲乾，六四變爲九四，從二至四互體，有艮之象，艮爲山，故言山也。」（見藝文印書館《十三經注疏》本《左傳》，卷九，頁163〜164。）杜、孔二家之說，皆以觀、否二卦之有艮象，必以互體而成之。觀卦以三至五互艮，否卦以二至四互艮。王應麟《周易鄭康成注》中據《左傳》此一筮例，指出「以互體求《易》，左氏以來已有之」，（《周易鄭康成注》，引自《大易類聚初集》第一輯，頁4。）因此，遠在春秋時期，以互體之法釋《易》，應是可以確定的事實。

〔註172〕見《京氏易傳》，卷中。引自郭彧《京氏易傳導讀》，頁120。
〔註173〕引自明代熊過《周易象旨決錄》，卷四。臺北：新文豐出版公司《大易類聚初集》第八輯，1983年10月初版，頁780。
〔註174〕詳細內容參見劉玉建《兩漢象數易學研究》，廣西：廣西教育出版社，1996年9月1版1刷，頁388〜389。
〔註175〕引自惠棟《增補鄭氏周易》，卷上；輯自《禮記正義·表記》。

三爻互體爲三爻之純卦，並無作重卦的互體主張。互體的思想，發展到了虞翻，可以視爲最具規模者，虞翻除了一般之三爻互體爲純卦外，亦普遍運用四爻互體與五爻互體爲重卦，來呈現卦象與論述卦義。惠氏之學，多引虞說，故此不贅言。但知，漢儒釋《易》，以互體之法以見卦象，是一種普遍的現象。

惠棟治《易》的重要特色，即是廣取卦爻象以釋《易》，在釋《易》的過程中，不斷地從經文中鋪陳或開展卦爻象，而透過互體的方法，獲得新的卦，以呈現新的卦象，成爲必要的手段，所以繁富的卦象釋《易》之法，也必然形成另一種廣用互體的特色，因爲本卦以外的新卦象的形成，必須仰賴互體而來。因此，互體作爲闡述經文在卦爻象上的主要依據，以互體所反映出的卦爻象，可使《易》義之詮釋更爲便利與合理。

惠棟釋《易》，採虞說爲主，其次爲荀爽、鄭玄等漢儒《易》說，在互體的論述上，大抵也根本於虞翻等漢儒之說。虞翻有三爻互體、四爻與五爻互體，惠棟既以虞說爲主，當然也有三爻互體爲純卦，以及四爻互體與五爻互體爲重卦之說。所以，整體而言，惠氏之互體說，也可以視之爲準虞翻的互體說。

惠氏的互體之法，云作「互」者，或作「體」者，或連用爲「互體」者，其運用之繁，在《周易述》中可以說是蔚爲大觀。《周易述》中，惠氏訓注經傳文義，用於表達互體之法，出現「互」者有二次，出現「體」者有二百餘次，出現「互體」者亦有二次。在疏文中，出現「互」與「互體」，皆在表達互體之義者，有七十五次；出現「體」，並同樣在表達互體者，則高達七百餘次。這當中不包括未明言指爲互體者，但實際上是表達因爲互體而成其義者，其情形又極爲普遍，由於複雜而繁瑣，故未及統計。由這樣的引述數字觀之，遠較虞翻爲盛，而以互體之法釋《易》，當然爲惠氏治《易》的主要特色。

三爻互體是互體說中最爲基本，最具規則，且爲《易》家最常運用的互體方法。惠氏的互體說，主要是獨取三爻互體；在一個重卦中，除了上下二體外，二至四爻、三至五爻，亦可交互形成兩個新的純卦，並且可以得到上下二體的卦象外的另外兩個卦象，增加卦象的取用，使取象解《易》可以獲得更多的依據。惠棟對於本卦的上下二體，與其它二至四爻與三至五爻互體所增成的純卦，並無細作不同的名稱以加以區別，往往同稱爲「體」。因此，三爻所成的卦，惠氏皆作「體」，其「體」意味著三爻成爲一個純卦的卦體，本卦的上下卦如此爲名，二至四爻或三至五爻也是如此爲名——名爲「體」。

皆是「體」，所不同的是「體」的形成，在於位置的不同，也就是爻位的不同，或者是形成上的不同；形成上的不同，有以原來本卦取三爻爲一卦體，有以卦變或爻變而取變後的三爻爲一卦體。除了三爻互體爲一純卦外，亦有以四爻互體以及五爻互體，而形成新的重卦，藉由表彰此新的重卦卦義，進一步論述本卦之卦爻義。

　　以下僅將惠氏《周易述》上下經與《彖傳》、《象傳》、《繫傳》、《文言傳》、《說卦傳》的注文中所見互體之法，粗略統計如下表所示：

圖表 6-3-1　惠棟《周易述》注文互體統計表

經　傳　原　文	互　　　　　體
乾䷀卦九五：飛龍在天，利見大人。	五體离，离爲飛，五在天，故曰飛龍在天。二變應之，故利見大人。
坤䷁卦卦辭：先迷後得主，利。	坤爲迷，消剝艮爲迷，復故先迷。震爲主，反剝爲復，體震，故後得主利。
屯䷂卦六二：匪寇昏冓。	五體坎，坎爲寇；二應五，故匪寇。陰陽得正，故昏冓。
屯䷂卦六三：惟入于林中。	艮爲山，山足曰鹿，鹿，林也。三變體坎，坎爲叢木山下，故稱林中。
屯䷂卦上六：乘馬班如，泣血漣如。	乘，五也。上于五非昏，因之正，初雖乘馬，終必泣血。三變體离，离爲目，坎爲血，艮爲手，臬目流血，泣之象也。
蒙䷃卦：蒙，亨。	艮三之二，六五爲童蒙，體艮，故云蒙。蒙，物之穉也。五應二，剛柔接，故亨。
蒙䷃卦：匪我求童蒙，童蒙求我。	我，謂二。艮爲求，五應二，故匪我求童蒙，童蒙求我。禮，有來學，无往教。虞氏以二體師象，坎爲經，謂二爲經師也。
蒙䷃卦初六：發蒙，利用刑人。	發蒙之正體兌，兌爲刑人，坤爲用。故曰利用刑人。
蒙䷃卦九二：子克家。	五體艮，艮爲子，二稱家，故子克家也。
蒙䷃卦六三：見金夫，不有躬，无攸利。	兌爲見，陽稱金，震爲夫，坤身稱躬，五變坤體壞，故見金夫，不有躬，失位多凶，故无攸利。
蒙䷃卦上九：擊蒙，不利爲寇，利禦寇。	擊三也，體艮，爲手，故擊。謂五已變，上動成坎，稱寇。而逆乘陽，故不利爲寇。禦，止也。上應三，三體坎，行不順，故利禦寇。
需䷄卦初九：需于郊，利用恆，无咎。	乾爲郊，初變體恆，故曰利用恆。需極上升，得位承五，故无咎。

需 ䷄ 卦九二：需于沚，小有言，終吉。	沚謂坎五，水中之剛，故曰沚。二當升五，故需于沚。<u>四體兌</u>，兌為口、為小，故小有言。二終居五，故終吉。
需 ䷄ 卦九五：需于酒食。	<u>五互离坎</u>，水在火上，酒食之象。需者，飲食之道，故坎在需家為酒食也。
訟 ䷅ 卦初六：不永所事，小有言，終吉。	永，長也。坤為事，初失位而為訟，始變之正，故不永所事。<u>體兌</u>，故小有言。二動應五，三食舊德，故終吉。
訟 ䷅ 卦六三：食舊德，貞厲，終吉。	乾為舊德，三動得位，四變食乾，故食舊德。<u>體坎</u>，故貞厲。得位，故終吉。
訟 ䷅ 卦九四：不克訟，復即命渝，安貞吉。	二以惡德受服，九五中正，奪二與四，故不克訟，復即命。渝，變也。<u>四變體巽為命</u>，得位承五，故渝安貞吉。坤為安。
師 ䷆ 卦卦辭：貞丈人，吉，无咎。	乾二之坤，與同人旁通。丈之言長，丈人謂二，<u>二體震為長</u>子，故云丈人。二失位，當升五居正，故云貞丈人，吉，无咎。
比 ䷇ 卦九五：顯比。	五貴多功，得位正中。<u>初三已變體重明</u>，故顯比謂顯諸仁也。
小畜 ䷈ 卦卦辭：密雲不雨，自我西郊。	需坎為雲，上變為陽，坎象半見，故密雲不雨。我謂四，<u>四體兌</u>，兌為西，乾為郊，雲西行，則雨自我西郊。
小畜 ䷈ 卦九二：牽復吉。	變至二與初同復，故牽復至五，體需，二變應之，故吉。
履 ䷉ 卦九四：履虎尾，愬愬，終吉。	愬愬，敬懼貌。體與下絕，乾為敬，四多懼，故愬愬。<u>變體坎</u>得位，承五應初，故終吉。
履 ䷉ 卦九五：夬履，貞厲。	三上已變，<u>體夬象</u>，故夬履。四變五在坎中，故貞厲。
泰 ䷊ 卦九二：用馮河，不遐遺。	馮河，涉河。遐，遠。遺，亡也。失位變得正，<u>體坎</u>，坎為河，震為足，故用馮河。乾為遠，故不遐遺。
泰 ䷊ 卦九三：无平不陂，无往不復。	陂，傾也。應在上，平謂三，陂謂上，往謂消外，復謂息內，<u>從三至上體復象</u>，故无平不陂，无往不復。
泰 ䷊ 卦九三：艱貞无咎，勿恤其孚，于食有福。	艱，險；貞，正；恤，憂；孚，信也。二之五，<u>三體坎</u>，為險，為恤，為孚。乾為福，三得位，故艱貞无咎，勿恤其孚，于食有福也。
泰 ䷊ 卦上六：勿用師，自邑告命，貞吝。	<u>二動體師</u>，陰乘陽，故勿用師。邑，天子之居也。坤為邑，否巽為告，為命，政教不出於國門，故自邑告命，雖貞亦吝。
否 ䷋ 卦上九：傾否，先否後喜。	否終必傾，應在三，故先否。下反於初，<u>成益體震</u>，民說无疆，故後喜。
同人 ䷌ 卦卦辭：利涉大川。	四、上失位，<u>變而體坎</u>，故利涉大川。

同人☲卦九五：同人先號咷而後笑，大師克，相遇。	應在二。巽為號咷，乾為先，故先號咷。師震在下，故後笑。乾為大同，人反師，故大師。<u>二至五體遘遇</u>，故相遇。
大有☲卦九三：公用亨于天子，小人弗克。	三公，位也。天子謂五，小人謂四，<u>二變體鼎象</u>，故公用亨于天子。四折鼎足，覆公餗，故小人弗克。
嗛☷卦初六：嗛嗛君子，用涉大川，吉。	<u>變之正在下</u>，故嗛嗛君子謂陽。<u>三體坎為大川</u>，歷三應四，故用涉大川，吉。
嗛☷卦六二：鳴嗛，貞吉。	<u>三體震為善鳴</u>，故鳴嗛。三居五，二正應之，故貞吉。
嗛☷卦九三：勞嗛，君子有終，吉。	<u>體坎為勞</u>，故曰勞嗛。嗛尊而光卑，而不可踰君子之終，故吉也。
嗛☷卦上六：鳴嗛，利用行師，征邑國。	應在震，故鳴嗛。<u>體師象</u>，震為行，坤為邑國，五之正，已得從征，故利用行師，征邑國。
豫☷卦卦辭：利建侯行師。	復初之四，與小畜旁通。豫，樂也。震為諸侯，<u>初至五體比象</u>，四利復初，故利建侯。<u>三至上體師象</u>，故行師。
豫☷卦六五：貞疾，恆不死。	恆，常也。坎為疾，應在坤，坤為死，震為反生，位在震中，<u>與坤體絕</u>，故貞疾，恒不死也。
豫☷卦上六：冥豫，成有渝，无咎。	冥讀為瞑，應在三，坤為冥，冥豫，瀆也。渝，變也。三失位无應，多凶，變乃得正，<u>體艮成</u>，故成有渝，无咎。
隨☱卦六二：係小子，失丈夫。	小子謂初，丈夫謂五。<u>五體大過老夫</u>，故稱大夫。
蠱☶卦卦辭：先甲三日，後甲三日。	先甲三日，巽也。在乾之先，故曰先甲。後甲三日，兌也。在乾之後，故曰後甲。虞氏謂初變成乾，乾為甲，至三成離，離為日，謂乾三爻在前，故先甲三日，賁時也。<u>變三至四體離</u>，至五成乾，乾三爻在後，故後甲三日，无妄時也。
蠱☶卦六四：裕父之蠱，往見吝。	裕不能爭也，<u>四陰體大過</u>，本末弱，故裕父之蠱。兌為見，應在初，初變應四，則吝，故往見吝。
觀☴卦六二：闚觀，利女貞。	竊觀稱闚，二離爻，離為目，為中女。<u>互體艮</u>，艮為宮室，坤為闔戶，女目近戶，闚觀之象。二陰得正應五，故利女貞，利不淫視也。
觀☴卦六四：觀國之光，利用賓于王。	坤為國，<u>上之三體離</u>，離為光，故觀國之光。王謂五，四陽稱賓，變坤承五，坤為用，為臣，故利用賓于王。
觀☴卦上九：觀其生，君子无咎。	應在三，<u>三體臨震</u>，故觀其生。君子謂三，之三得正，故无咎。
噬嗑☲卦上九：何校滅耳，凶。	為五所何，故曰何校。<u>五體坎為耳</u>，上據坎，故何校滅耳。上以不正，陰終消陽，故凶。

賁 ䷕ 卦初九：賁其止，舍車而徒。	初爲止，坤爲車，應在坤。上之二，<u>坤體壞</u>，故舍車而徒。
復 ䷗ 卦上六：用行師，終有大敗，以其國君凶。	三復位，<u>體師</u>，故用行師。上行師而距于初，陽息上升，必消羣陰，故終有大敗。國君謂初也，受命復道，當從下升，今上六行師，王誅必加，故以其國君凶也。
无妄 ䷘ 卦卦辭：无亨，利貞。其匪正有眚，不利有攸往。	遯上之初。妄讀爲望，言无所望也。四已之正成益，利用大作。三、上易位，成既濟。雲行雨施，品物流形，故曰元亨，利貞。其謂三，三失位，故匪正。上動成坎，故有眚。<u>體屯難</u>，故不利有攸往。災及邑人，天命不右，卦之所以爲无望也。《雜卦》曰：无妄，災也。
无妄 ䷘ 卦六三：无妄之災，或繫之牛，行人之得，邑人之災。	應在上，<u>上動體坎</u>，故稱災。坤爲牛，乾爲行人，坤爲邑人牛，所以資耕蓄也。繫而弗用，爲行人所得，故災。天子所居曰邑，邑人災，天下皆災矣。
大畜 ䷙ 卦卦辭：不家食吉。	二稱家，<u>體頤養</u>，居外，是不家食吉而養賢。
大畜 ䷙ 卦卦辭：利涉大川。	<u>二變體坎</u>，故利涉大川。
大畜 ䷙ 卦初九：有厲，利已。	厲，危；已，止也。<u>二變四體坎</u>，故有厲，應在艮，艮爲止，故利已。
頤 ䷚ 卦卦辭：貞吉。	<u>卦互兩坤</u>，萬物致養，故名頤。
頤 ䷚ 卦六三：拂頤，貞凶，十年勿用，无攸利。	<u>三失位體剝</u>，故拂頤。不正相應，弑父弑君，故貞凶。坤爲十年，動无所應，故十年勿用，无攸利也。
大過 ䷛ 卦九二：枯楊生稊，老夫得其女妻，无不利。	稊謂初發孚也。巽爲楊，乾爲老，老楊故枯。<u>二體乾老</u>，稱老夫。巽，長女，生稊爲女妻，老夫得其女妻，得初也。過以相與，故无不利。
坎 ䷜ 卦卦辭：行有尚。	行謂二，尚謂五。<u>二體震</u>，爲行，動得正，故行有尚，往有功也。
坎 ䷜ 卦上六：繫用徽纆，寘于叢棘，三歲不得，凶。	繫，拘也。巽爲繩，坤爲黑，故爲徽纆。寘，示也。坎爲叢棘，艮爲門闕，門闕之內有叢木，是天子外朝，左右九棘之象也。應在三，<u>三體比</u>，匪人，故縛以徽纆，示于叢棘，而使公卿以下議之，害人者加明刑，任之以事，上罪三年而舍，中罪二年而舍，下罪一年而舍，不得者謂不能改，而不得出獄。艮止坎獄，乾爲歲，歷三爻，故三歲不得，凶。
离 ䷝ 卦卦辭：利貞，亨。畜牝牛，吉。	坤二五之乾，與坎旁通。于爻遯初之五，四、五、上失正，利出离爲坎，故利貞，亨。畜，養也。坤爲牝牛，乾二五之坤成坎，<u>體頤養</u>，故畜牝牛，吉。

离☲卦九三：日昃之离，不擊缶而歌，則大耋之嗟。	三不中，故曰日昃。艮手爲擊，坤爲缶，震爲音聲，兌爲口，故不擊缶而歌。乾老爲耋，<u>體大過</u>，故大耋之嗟。
离☲卦九四：突如其來如，焚如死如，棄如。	突，不順忽出也。四震爻失正，故突如。與初敵應，故來如。离燄宣揚，故焚如。<u>體大過</u>，死象，故死如。火息灰損，故棄如。不孝之罪，五刑莫大。燒殺棄之，不入于兆也。
离☲卦上九：王用出征，有嘉折首，獲匪其醜，无咎。	五已正，乾爲王，坤衆爲師，震爲出，故王用出征。乾上爲首，兌爲折，<u>上變體兌</u>，折乾，應在三，故有嘉折首。醜，類也。獲，獲四也。以上獲四，故匪其醜。爻皆得正，故无咎。
咸☱卦九四：貞吉，悔亡。憧憧往來，朋從爾思。	失位，悔也。應初動得正，故貞吉而悔亡矣。憧憧，往來貌。四之初爲來，初之四爲往，故憧憧往來矣。兌爲朋，四于位爲心，故云思。<u>初之四體坎</u>，亦爲思，故朋從爾思也。
恆☴卦九三：不恆其德，或承之羞，貞吝。	<u>三體乾爲德</u>，變失位，故不恆其德。坤恥爲羞，<u>變至四，體坤</u>，故或承之羞。三多凶，變失位，與上敵應，故貞吝。
遯☶卦九三：係遯，有疾厲，畜臣妾吉。	二係三，故係遯。三多凶，<u>四變三體坎</u>，爲疾，故有疾厲。遯陰剝陽，三消成坤，與上易位，坤爲臣，兌爲妾，上來之三，據坤應兌，故畜臣妾吉。
遯☶卦上九：飛遯，无不利。	應在三，<u>四變三體离</u>，爲飛，上失位，變之正，故飛遯。《九師道訓》曰：遯而能飛，吉孰大焉，故无不利，乾爲利也。
大壯☳卦九三：小人用壯，君子用罔，貞厲。	應在上也。三陽君子，小人謂上。<u>二變三體离</u>，离爲罔，上乘五，故用壯。三據二，故用罔。<u>體乾夕惕</u>，故貞厲。
大壯☳卦九四：貞吉，悔亡。藩決不羸，壯于大輿之腹。	失位，悔也，之五得中，故貞吉而悔亡矣。<u>體夬象</u>，故藩決。震四上處五，則藩毀壞，故藩決不羸。腹讀爲輹。坤爲大輿，爲腹，四之五折坤，故壯于大輿之腹。
晉☷卦卦辭：康侯用錫馬蕃庶，晝日三接。	觀四之五。晉，進也。康讀如康周公之康，廣也。坤爲廣，四爲諸侯，觀四實王，四、五失位，五之正，以四錫初，<u>初動體屯</u>，震爲諸侯，故康侯。坎爲馬，坤爲用，故用錫馬。艮爲多，坤爲衆，故蕃庶。离日在上，故晝日。三陰在下，故三接矣。
晉☷卦九四：晉如碩鼠，貞厲。	<u>四體坎艮</u>，艮爲碩鼠，在坎穴中，故晉如碩鼠。失位，故貞厲。
晉☷卦上九：晉其角，維用伐邑，厲吉，无咎，貞吝。	上爲角，坤爲邑，<u>動體豫</u>，利行師，故維用伐邑。失位，故危。變之正，故厲吉，无咎。動入冥豫，故貞吝。
明夷☷卦卦辭：利艱貞。	謂三也。<u>三得正體坎</u>，爲艱，故利艱貞。

明夷䷣卦初九：明夷于飛，垂其翼。君子于行，三日不食。	离爲飛鳥，故曰于飛。爲坤所抑，故垂其翼。陽爲君子，三者陽德成也。震爲行，离爲日，<u>晉初動</u>，<u>體噬嗑食</u>，明夷反晉，故曰君子于行，三日不食。
明夷䷣卦初九：有攸往主人有言。	應在四，故有攸往。<u>四體震</u>，爲主人，爲言，故主人有言。
明夷䷣卦六四：入于左腹，獲明夷之心，于出門庭。	左謂三，坤爲腹，四欲上，三居五，故入于左腹。<u>三獲五體坎</u>，爲心，故獲明夷之心。震爲出，<u>晉艮爲門庭</u>，故于出門庭，言三當出門庭，升五君位。
家人䷤卦九三：家人熇熇，悔厲，吉。婦子喜喜，終吝。	熇熇，盛烈也。乾盛，故熇熇。三多凶，故悔厲。得位，故吉。喜喜，喜笑也。巽爲婦，<u>動體艮子</u>，家人毀壞，故婦子喜喜，終吝。
家人䷤卦九五：王假有家，勿恤，吉。	乾爲王。假，大也。三變受上，<u>五體坎</u>，坎爲恤。五得尊位，據四應二，以天下爲家，故王假有家。天下正之，故勿恤，吉。
睽䷥卦初九：悔亡。喪馬，勿逐自復。見惡人无咎。	无應，悔也。四動得位，故悔亡。應在坎，坎爲馬，四失位之正入坤，坤爲喪，坎象不見，故喪馬。震爲逐，艮爲止，故勿逐。坤爲自，<u>二至五體復象</u>，二動震，馬來，故勿逐自復也。离爲見，惡人謂四，動入坤，初四復正，故見惡人无咎也。
睽䷥卦九二：遇主于巷，无咎。	<u>二動體震</u>，震爲主，艮爲宮，爲徑路，宮中有徑路，故稱巷。二動五變應之，故遇主于巷。變得正，故无咎。
睽䷥卦六五：悔亡。厥宗噬膚，往何咎。	失位，悔也，變之正，故悔亡。乾爲宗，<u>二動體噬嗑</u>，故曰噬。四變時艮爲膚，故厥宗噬膚，言與二合也。二往應之，故往何咎。
解䷧卦卦辭：无所往，其來復吉。	謂四本從初，之四失位於外而无所應，故无所往。宜來反初，復得正位，故其來復吉。二往之五，四來之初成屯，<u>體復象</u>，故云復也。
損䷨卦卦辭：曷之用二簋，可用享。	坤爲用，<u>二體震</u>，震爲木，乾爲圓，木器而圓，簋象也。震主祭器，故爲簋。二簋者，黍與稷也。五离爻，离爲火，火數二，故二簋。上爲宗廟，謂二升五爲益，耒耜之利既成，用二簋盛稻粱，以享于上，上右五益三，而成既濟，故云二簋可用享也。
益䷩卦卦辭：利涉大川。	謂三失正，<u>動成坎體渙</u>，坎爲大川，故利涉大川。渙，舟楫象，木道乃行也。
益䷩卦初九：利用爲大作，元吉，无咎。	大作，謂耕播、耒耜之利蓋取諸此也。坤爲用，乾爲大，震爲作，故利用爲大作。<u>體復初得正</u>，故无吉，无咎。震三月卦，日中星鳥，敬授民時，故以耕播也。
益䷩卦六二：王用亨于帝，吉。	震稱帝，王謂五，否乾爲王，<u>體觀</u>，象祭祀。益正月卦，王用以郊天，故亨于帝。得位，故吉。

益卦六三：有孚。中行告公用圭。	公謂三，三動體坎，故有孚。震爲行，初至四體復，故曰中行。震爲告，坤爲用，乾爲圭，上之三，故告公用圭。禮含者執璧將命，瞶者執圭將命，皆西面坐，委之宰，舉璧與圭，此凶事用圭之禮。
益卦六四：中行告公從。	體復，四故亦云中行。三爲公，震爲從，三、上失位，四利三之正，已得從初，故告公從。
益卦九五：有孚惠心，勿問，元吉。	謂三、上也。震爲問，三、上易位，三、五體坎，已成既濟，坎爲心，故有孚惠心，勿問，元吉。《象》曰：勿問之矣。
益卦九五：有孚，惠我德。	坤爲我，乾爲德，三之上體坎爲孚，故惠我德。《象》曰：大德志也。
益卦上九：立心勿恆，凶。	旁通恆，益初體復心，上不益初，故立心勿恆。傷之者至，故凶。
夬卦卦辭：孚號，有厲。	陽在二、五，稱孚，孚謂五也。二失位，動體巽，巽爲號。決上者五也，危去上六，故孚號，有厲。
夬卦九四：牽羊悔亡。聞言不信。	四體兌爲羊，初欲牽之，故牽羊。變應初，故悔亡。四變坎爲聞，震爲言，今四不變，故聞言不信。坎孚爲信也。
夬卦上六：无號，終有凶。	遘時巽爲號，復亨剛反，巽象伏藏，故无號。至夬而乾成，剛長乃終，故終有凶。或說二動三，體巽爲號，三不應上，內外體絕，故无號。位極乘陽，故終有凶。
遘卦初六：羸豕孚蹢躅。	三夬之四在夬，動而體坎，坎爲豕，爲孚，巽繩操之，故稱羸。巽爲舞，爲進退，操而舞，故羸豕孚蹢躅，以喻遘女望於五陽，如豕蹢躅也。
遘卦九三：臀无膚，其行次且，厲，无大咎。	夬時三在四爲臀，艮爲膚，二折艮體，故臀无膚。復震爲行，其象不正，故其行次且。三得正位，雖則危厲，无大咎也。
遘卦九五：以杞苞瓜，含章，有隕自天。	巽爲杞，在中稱苞，乾圜爲瓜，四變體巽，故以杞苞瓜。含章謂五，五欲使初、四易位，以陰含陽，已得據之，故曰含章。初之四體兌口，故稱含。隕，落也。乾爲天，謂四隕之初，初上承五，故有隕自天。
萃卦卦辭：王假有廟。	觀上之四也，觀乾爲王。假，至也。艮爲廟，體觀享祀，上之四，故假有廟，致孝享也。
萃卦六二：孚乃利用禴。	孚謂五，禴，夏祭也。體觀象離爲夏，故利用禴。二孚于五，得用薄祭以祀其先，不用大牲，降于天子也。
萃卦上六：齎咨涕洟，无咎。	自目曰涕，自鼻曰洟。兩陰无應，故齎咨。三之四體離坎，離爲目，艮爲鼻，乘陽不敬，坎水流鼻目，故涕洟。三變應上，故无咎。
升卦卦辭：元亨。	臨初之三，又有臨象，剛中而應，故元亨。

困 ䷮ 卦初六：入于幽谷，三歲不覿。	初動體兌，坎水半見，出于口，故爲谷。坎爲入，爲三歲，坎陽入陰，爲陰所弇，故入于幽谷，三歲不覿。
困 ䷮ 卦九二：困于酒食，朱紱方來。	坎爲酒食，二爲大夫，坤爲采地，上之二，坤爲坎，故爲酒食。初變坎體壞，故困于酒食，以喻采地薄，不足已用也。乾爲朱，坤爲紱，朱紱謂五，二變應五，故朱紱方來。
困 ䷮ 卦九二：利用享祀，征凶，无咎。	二變體觀享祀，故利用享祀。二失位无應，故征凶。變之正，與五應，故无咎。《象》曰：中有慶也。荀氏謂二升在廟，五親奉之，故利用享祀。
困 ䷮ 卦六三：困于石，據于蒺藜。	三承四，二變體艮，爲石，故困于石。《春秋傳》曰：往不濟也。下乘二剛，二體坎爲蒺藜，非所據而據，故據于蒺藜。《春秋傳》曰：所恃傷也。
井 ䷯ 卦卦辭：羸其瓶，凶。	瓶謂初，初欲應五，爲二拘羸，故凶。虞氏謂羸，鉤羅也。艮爲手，巽爲繘，离爲瓶，手繘折其中，故羸其瓶。體兌毀缺，故凶矣。
革 ䷰ 卦卦辭：巳日乃孚，元亨，利貞，悔亡。	二體离，离象就巳，爲巳日。孚謂五，三以言就五，乃者難也，故巳日乃孚。悔亡謂四也，四失正，動得位，故悔亡。巳成既濟，乾道變化，各正性命，保合大和，乃利貞。故元亨，利貞，悔亡矣。
革 ䷰ 卦六二：巳日乃革之，征吉，无咎。	二體离，爲巳，故巳日乃革之。四動二應五，故征吉，无咎。
蒙 ䷃ 卦《象傳》：匪我求童蒙，童蒙求我，志應也。	五變上動，體坎，坎爲志，故曰志應，應謂五應二。
蒙 ䷃ 卦《象傳》：蒙以養正，聖功也。	體頤，故養。二志應五，五之正，反蒙爲聖，故曰聖功。五，多功也。
豫 ䷏ 卦《象傳》：聖人以順動，則刑罰清而民服。	復初爲聖人。清猶明也。動初至四，兌爲刑，至坎爲罰。坎兌體正，故刑罰清。坤爲民，乾爲清，以乾據坤，故民服。
賁 ䷕ 卦《象傳》：天文也。	謂五。利變之正，成巽，體离。艮爲星，离日，坎月，巽爲高。五，天位。离爲文明，日月星辰，高麗于上，故稱天之文也。
賁 ䷕ 卦《象傳》：觀乎人文，以化成天下。	乾爲人。五上動，體既濟。賁离象，重明麗正，故以化成天下。
无妄 ䷘ 卦《象傳》：其匪正有眚，不利有攸往。无妄之往，何之矣。天命不右，行矣哉。	體屯難，故无所之。右，助也。災成于三，窮于上，故天命不右。馬氏謂天命不右行，非也。

大畜☰卦《象傳》：大畜，剛健篤實，輝光日新。	剛健謂乾。篤實謂艮。<u>二之五體离</u>，离爲日，故輝光日新。
坎☵卦《象傳》：天險不可升也。	五爲天位，五從乾來，<u>體屯難</u>，故天險不可升也。
离☲卦《象傳》：百穀草木麗乎地。	震爲百穀，巽爲草木，坤爲地。乾二、五之坤成坎，<u>震體屯</u>，屯者盈也，盈天地之間唯萬物。萬物出震，故百穀草木麗乎地。
明夷☷《象傳》：利艱貞，晦其明也。內難而能正其志，箕子以之。	坤爲晦，离爲明，應在坤而在內卦，故云內難。坎爲志，<u>三得正體坎</u>，故能正其志，似箕子爲奴。
睽☲卦《象傳》：睽，火動而上，澤動而下。	二動之五，<u>體离</u>，故火動而上。五動之二，<u>體兌</u>，故澤動而下。
睽☲卦《象傳》：天地睽而其事同也。	五動乾爲天，四動坤爲地，故天地睽。坤爲事，<u>五動體同人</u>，故其事同也。
夬☱卦《象傳》：利有攸往，剛長乃終也。	<u>乾體大成</u>，以決小人。終乾之剛，故乃終也。
革☲卦《象傳》：二女同居，其志不相得，曰革。	二女，离兌，<u>體同人象</u>。蒙艮爲居，故二女同居。<u>四變體兩坎象</u>，二女有志。离火志上，兌水志下，故其志不相得，坎爲志也。
屯☵卦《象傳》：求而往，明也。	<u>體离</u>故明。
蒙☶卦《象傳》：君子以果行育德。	君子謂二，艮爲果，震爲行，育，養也。<u>體頤養</u>，故以果行育德也。
蒙☶卦《象傳》：勿用娶女，行不順也。	震爲行，坤爲順。<u>坤體壞</u>，故行不順。
蒙☶卦《象傳》：童蒙之吉，順以巽也。	<u>五體坤</u>，動而成巽，故順以巽。
泰☰卦《象傳》：苞荒，得尙于中行，以光大也。	<u>升五體离</u>，嚮明而治，故以光大。
否☰卦《象傳》：拔茅貞吉，志在君也。	<u>四變體坎</u>，爲志，君謂五。
大有☰卦《象傳》：火在天上，大有。君子以遏惡揚善，順天休命。	君子謂二。遏，絕；揚，舉也。乾爲揚善，坤爲遏惡，爲順。以乾滅坤，<u>體夬</u>，揚於王庭，故遏惡揚善。乾爲天，爲休，二變時巽爲命，故順天休命。
嗛☷卦《象傳》：鳴嗛，貞吉，中心得也。	三升五，<u>體坎</u>，亟心，與二相得。

蠱䷑卦《象傳》：山下有風，蠱。君子以振民育德。	君子謂泰乾也。坤爲民，初上撫坤，故振民。乾稱德，<u>體頤養</u>，故以育德。
蠱䷑卦《象傳》：不事王侯，志可則也。	<u>三體坎</u>，爲志。則，法也。
臨䷒卦《象傳》：咸臨，貞吉，志行正也。	二升五，<u>四體坎</u>，爲志。初正應四，故志行正。
賁䷕卦《象傳》：白賁无咎，上得志也。	上之正得位，<u>體既濟</u>，故曰得志。坎爲志也。
无妄䷘卦《象傳》：先王以茂對，時育萬物。	先王謂乾，乾盈爲茂。對，配也。艮爲時，<u>體頤養爲育</u>。四之正，三、上易位。天地位，萬物育，故以茂對，時育萬物。
大過䷛卦《象傳》：枯楊生華，何可久也。老婦士夫，亦可醜也。	乾爲久，華在上，故不可久。頤坤爲醜，虞氏謂婦體遘淫，故可醜。
咸卦《象傳》：雖凶居吉，順不害也。	坤爲順，爲害，二本坤也，故順上之三。<u>坤體壞</u>，故順不害。
遯䷠卦《象傳》：遯尾之厲，不往何災也。	坎爲災，<u>艮體宜靜</u>，若不往於四，則无災也。
晉䷢卦《象傳》：晉如摧如，獨行正也	。初一稱獨，<u>動體震爲行</u>，故獨行正。
解䷧卦《象傳》：雷雨作，解。君子以赦過宥罪。	君子謂三，伏陽出，<u>成大過</u>。坎爲罪入，則大過象壞，故以赦過。二、四失位，皆在坎獄中。<u>三出體乾</u>，兩坎不見。震，喜；兌，說。罪人皆出，故以宥罪。謂三入則赦過，出則宥罪。公用射隼以解悖，是其義也。
解䷧卦《象傳》：剛柔之際，義无咎也。	<u>體屯初震</u>，剛柔始交，故无咎也。
損䷨卦卦《象傳》：九二利貞，中以爲志也。	<u>動體离中</u>，故中以爲志。
損䷨卦卦《象傳》：弗損益之，大得志也。	<u>离坎體正</u>，故大得志。
益䷩卦《象傳》：風雷，益。君子以見善則遷，有過則改。	君子謂乾也。上之三，離爲見，乾爲善，坤爲過，三進之乾四，故見善則遷。乾上之坤初，改坤之過，<u>體復象</u>。復以自知，故有過則改也。
《繫辭上傳》：鼓萬物而不與聖人同憂。	萬物出乎震，震爲鼓，故鼓萬物。乾五爲聖人，<u>體坎爲憂</u>，震初獨行，故不與聖人同憂

《繫辭上傳》：鳴鶴在陰，其子和之，我有好爵，吾與爾靡之。子曰：君子居其室。	<u>二變體復</u>，君子謂復初。陰消入坤，艮爲居，巽陽隱室，故居其室。
《繫辭上傳》：德言盛，禮言恭，嗛也者，致恭以存其位者也。	乾爲盛，德旁通履。履者，禮也。嗛以制禮，三從上來，<u>體坎</u>，<u>坎折坤體</u>，故恭。震爲言，故德言盛，禮言恭。上无位，知存而不知亡，降之三得位，故致恭以存其位者也。
《繫辭上傳》：君不密則失臣，臣不密則失身。	泰乾爲君，坤爲臣，爲閉，故稱密。乾三之坤五，君臣毀賊，故君不密則失臣。坤五之乾三，<u>坤體毀壞</u>，故臣不密則失身。坤爲身也。
《繫辭上傳》：幾事不密則害成。	幾，初也。二已變成坤，坤爲事。初不密，<u>動體剝</u>，故幾事不密。初辭儗之，卒成之終，故害成也。
《繫辭下傳》：重門擊柝，以待暴客，蓋取諸豫。	復四之初也。<u>下有艮象</u>，從外示之，震復爲艮，兩艮對合，重門之象也。艮爲手，震爲木，初，巽爻也，應在四，皆木也。手持二木以相敲，是爲擊柝。擊柝爲守備警戒也。<u>四體坎</u>，坎爲盜，五離爻，爲甲冑戈兵。盜持兵，是暴客也。震爲足，爲行，坤爲夜，手持柝木，夜行之象，其卦爲豫。備豫不虞，故取諸豫也。
《繫辭下傳》：古之葬者，厚衣之以薪，葬之中野，不封不樹，喪期无數。後世聖人易之以棺椁，蓋取諸大過。	中孚，上下象易也。本无乾象，故不言上古。大過乾在中，故但言古者。巽爲薪，艮爲厚，乾爲衣，爲野。乾象在中，故厚衣之以薪，葬之中野。穿土稱封。封，古窆字也。聚土爲樹，中孚无坤坎象，故不封不樹。坤爲喪期，謂從斬衰至緦麻。日月之期數，无坎離、日月、坤象，故喪期无數。无妄之大過，初在巽，<u>體巽</u>，爲木。上六位在巳，巳當巽位，巽又爲木。二木夾四陽，<u>四陽互體爲二乾</u>，乾爲君，爲父。二木夾君父，是棺斂之象。中孚、艮爲山邱，巽木在裏棺，藏山陵，椁之象也，故取諸大過。
《繫辭下傳》：日月相推而明生焉。	一往一來曰推。五六三十，和而後月生,故明生。虞氏謂<u>既濟體兩離坎象</u>，故明生焉。
《繫辭下傳》：（鼎卦）知少而謀大。	兌爲少知，乾爲大謀，<u>四在乾體</u>，故謀大。
《繫辭下傳》：（鼎卦）力少而任重。	五至初，<u>體大過</u>。本末弱，故力少。乾爲仁，故任重。以爲己任，不亦重乎。
《繫辭下傳》：易其心而後語。	乾爲易，<u>益初體復心</u>，震爲後語。
《繫辭下傳》：莫之與，則傷之者至矣。	上不之初，否消滅乾，<u>則體剝傷</u>。故傷之者至矣。
《繫辭下傳》：益，長裕而不設。	巽爲長。益，德之裕，故長裕。設，大也。《攷工記》曰：中其莖，設其後。坤三進之乾，乾上之坤初。遷善改過，陰稱小。<u>上之初體復</u>，小故不設。

《文言傳》：聖人作而萬物覩。	聖人謂庖犧，合德乾五，造作八卦，故聖人作。覩，見也。四變五，<u>體離</u>，離爲見，故萬物覩。萬物皆相見，利見之象也。
《文言傳》：見龍在田，天下文明。	二升坤五，坤爲文。坤五降二，<u>體离</u>，离爲明。故天下文明。
《文言傳》：或躍在淵，乾道乃革。	二上變，<u>體革</u>，故乾道乃革。
《文言傳》：由辯之不早辯也。	辯，別也。<u>初動成震體復</u>，則別之早矣。《繫》曰復小而辯於物。

惠棟的注文，對於互體的稱謂，有以「體」稱之，亦有言「互」或「互體」者，而言「體」並非全然爲「互體」之說，有針對卦體而言者，其卦體多因爻變而成另一之卦，非互體之卦體。這部份將於後文列舉說明。惠氏之互體說，並非僅爲上表所列注文之言，在疏解文義的過程中，惠氏直言互體之說者，遠遠超過表列之數量，由於數量龐大，未克全列。惠氏在注文中多有未明言採互體述義，而在疏文中說明，例如釋隨 ䷐ 卦上六「王用亨于西山」，注文云「有觀象，故亨。兌爲西，艮爲山，故王用亨于西山」，在疏文中則明白指出「二至五體觀」，「皆亨帝亨親之事，故云亨」，「體兌互艮，兌爲西，艮爲山，故云西山」。〔註176〕例如釋賁 ䷕ 卦九三，提到「坎水自潤」，並沒有直言互體，實際上此「坎」爲互體者，惠氏特別在疏文中明白指出「互體坎，坎水自潤，是濡如也」；〔註177〕此二至四互爲坎 ䷜ 卦。例如釋坎 ䷜ 卦六三「險且枕」，注云「枕，止也，艮爲止，三失位，乘二則險，承五隔四，故險且枕」；疏文中則明言「互艮，艮爲止」，此即二至四互體爲艮 ䷳ 卦。同樣地，坎卦九五「坎不盈」，注文中亦未明互體，而疏文中則云「體坎互艮，坎流艮止，故流而不盈」。〔註178〕例如釋蹇 ䷦ 卦時，注文未明互體，而疏文則云「卦有兩坎，兼互體也」，〔註179〕此即二至四、四至上皆互爲坎 ䷜ 卦，所以有「卦有兩坎」。類似的例子，不勝枚舉。但知惠氏釋卦取象，多以互體之法以得卦，進而因卦而得象，取象以應合文義。

〔註176〕見《周易述》，卷三，頁 79、82。
〔註177〕見《周易述》，卷三，頁 98、99。
〔註178〕見《周易述》，卷四，頁 127～129。
〔註179〕見《周易述》，卷六，頁 165。

二、互體之類別

（一）三爻互體

一般情況下，六爻之卦分為內卦（下卦）與外卦（上卦），內卦居下又稱下體，外卦居上又稱上體，上下二體合為完整的重卦，也就是構成一個重卦的兩個純卦是由上下二體而成。但是三爻互體，則是破除此一侷限，將一卦六爻重新分組結合，依釋卦所需而取其三爻為一純卦。因此，三爻互體成為最為普遍而常用的互體方式。惠棟釋卦互體的運用，主要採三爻互體而為純卦之法，惠棟或以「互」稱之，或「互體」稱之，但大都直稱「體」；並且，他所說的「體」，包括本卦上三爻（上體）與下三爻（下體）所成之卦，把原來的上下體也混同於「互體」之中，而稱為「體」。同時，惠氏甚至取三爻互體為一卦時，忽略了稱「體」或「互」、「互體」之名，而直謂三爻之卦名，這一種情形，在《周易述》中極為普遍。三爻互體為惠氏互體之法運用最為龐富者，《周易述》中處處可見，有數百次之多，不勝蒐列，以下僅舉數列說明：

1. 本卦直取三爻互體者

例如泰䷊卦九三「艱貞无咎，勿恤其孚，于食有福」，惠氏注云：

> 艱，險；貞，正；恤，憂；孚，信也。二之五，三體坎，為險，為恤，為孚。乾為福，三得位，故艱貞无咎，勿恤其孚，于食有福也。

泰䷊卦二之五，二至四互坎☵，則三在坎中，故云「三體坎」。

例如坎䷜卦卦辭「行有尚」，惠氏注云：

> 行謂二，尚謂五。二體震，為行，動得正，故行有尚，往有功也。
> 〔註180〕

二體震乃二至四互體為震☳卦，震行有功，所以云「利涉大川」。

此二例，皆是一般由本卦直取三爻而互體為新的純卦者，而非下、下卦者。

2. 取爻變後三爻互體者

例如同人䷌卦卦辭「利涉大川」，惠氏注云：

> 四、上失位，變而體坎，故利涉大川。〔註181〕

同人卦四、上陽居陰位，變而使之正，則二至四爻互體為坎☵，四至上亦為

坎☵。

例如屯☳卦六三「惟入于林中」，惠氏注云：

> 艮爲山，山足曰鹿，鹿，林也。三變體坎，坎爲叢木山下，故稱林
> 中。〔註182〕

屯卦三陰失位，變而使之正，則二至四爻互體爲坎☵。

此二例，皆是由本卦中某爻不正，進行爻變而使之正後，取其爻變後之三爻互體成一新的純卦。

3. 直取上體或下體為互體者

例如恆☴卦九三「不恆其德，或承之羞，貞吝」，惠氏注云：

> 三體乾爲德，變失位，故不恆其德。坤恥爲羞，變至四，體坤，故
> 或承之羞。三多凶，變失位，與上敵應，故貞吝。

恆卦二至四互體爲乾☰，所以云「三體乾爲德」。又四爻陽居陰位，變而使之正，則四至上互體爲坤，故云「變至四，體坤」；在這裡，四至上爲坤，本屬於一卦之上體（或稱上卦），以「體」爲名，則可稱爲上體，或是四至上的互體之卦。

例如大壯☳九三「羝羊觸藩，羸其角」，惠氏疏云：

> 三體兌，息至五，上亦體兌，兌爲羊，故三、五、上皆有羊象。《說
> 文》曰「羝，牡羊也」。陽息之卦，故曰羝。馬氏云：藩，籬落也。
> 四體震，震爲萑葦，爲竹木，故爲藩也。羸讀爲纍，讀從鄭、虞，
> 故馬氏云大索也。四之五，上變體巽，巽爲繩，故爲羸。四爲藩，
> 三欲觸四而應上，故羸其角。爻例：上爲角也。〔註183〕

在這裡，「三體兌」，是就三至五爻互體爲兌☱卦而言，非取自上下體。但是「息至五，上亦體兌」，則以息五爲陽，四至六上體爲兌☱卦，也就是直接取自上體。又「四之五，上變體巽」，亦將四五爻使之正，且上變爲陽，而直取上體爲巽☴卦。

因此，由這兩個例子，可以看到惠氏混同了上下體與互體的概念，也就是上下體概括在互體之中。

4. 未明互體而實為互體者

例如升☷卦卦辭「用見大人，勿恤」，惠氏注云：

〔註182〕見《周易述》，卷一，頁17。
〔註183〕見《周易述》，卷五，頁146。

二當之五爲大人，离爲見，坎爲恤，二之五得正，故用見大人，勿

恤，有慶也。〔註184〕

二五失位，使之正，則「二當之五」。二之五可成坎离二卦，即三至五互體爲

离☲卦，二至四與四至上皆可互體爲坎☵卦。惠氏於此，云「离爲見，坎爲

恤」，並無明言「體」或「互體」，而於疏文中才作說明。

例如睽☲卦六三「見輿曳，其牛觢」，惠氏注云：

离爲見，坎爲輿，爲曳，故見輿曳。四動坤爲牛，牛角一俯一仰曰

觢，离上而坎下，故其牛觢也。〔註185〕

在這裡，惠氏述明「离爲見，坎爲輿」之卦象，而二卦由來則略而不言，實

睽卦三至五互體爲坎☵卦，二至四與四至上同樣互體爲离☲卦。

此二例皆惠氏用互體之法略而不言，僅直接述明卦象。

（二）四爻重卦互體

1. 履☲卦九五「夬履，貞厲」，注云：

三上已變，體夬象，故夬履。四變五在坎中，故貞厲。

爻辭中「夬履」，有「夬」字，惠氏本虞說，用互體的方式，以成夬☱卦而相

應之。三上相應，易位而得正，所以惠氏認爲「三上易位體夬」。〔註186〕從互

體的角度言，順應惠說「三上」，則三至上互體可以爲夬卦；除此之外，履卦

三與上爻易位，也可以成爲一個完整的夬卦。惠氏此「體」義，或在互體，

或在卦爻之形體。

2. 泰☷卦九三「无平不陂，无往不復」，注云：

陂，傾也。應在上，平謂三，陂謂上，往謂消外，復謂息內，從三

至上體復象，故无平不陂，无往不復。

「往謂消外」者，以坤爲消而言；「復謂息內」者，以乾爲息而言。爻辭中有

「无往不復」，復☷卦本是反復之義，而泰卦於此則有「復」義，因此，惠氏

本虞說，用互體以成復卦，以「三至上體復象，互體也」，〔註187〕即四爻互體

之法。

3. 同人☲卦九五「同人先號咷而後笑，大師克，相遇」，注云：

〔註184〕見《周易述》，卷六，頁197。

〔註185〕見《周易述》，卷五，頁159。

〔註186〕見《周易述》，卷二，頁49、51。

〔註187〕見《周易述》，卷二，頁53、55。

應在二。巽爲號咷，乾爲先，故先號咷。師震在下，故後笑。乾爲

大同，人反師，故大師。二至五體遘遇，故相遇。

同人卦所「相遇」者爲遘☰☴卦，不論遘卦《彖傳》、《序卦傳》或《雜卦傳》，皆云「遘（者）遇也」，即遘卦有「遇」象。因此，要取此「遇」義，則必出遘卦；惠氏以同人卦二至五的四爻互體方式而成之，二至四互爲巽，三至五互爲乾，乾上巽下則爲遘卦。

4. 隨☱☳卦六二「係小子，失丈夫」，注云：

小子謂初，丈夫謂五。五體大過老夫，故稱大夫。

惠氏進一步詳疏，云：

陽大陰小，《易》之例也。今謂初陽爲小者，《繫下》云「復小而辯于物」，虞彼注云「陽始見故小」，是小子謂初也。二至上體大過，大過九二云「老夫得其女妻」，虞彼注云「乾老，故稱老夫」，丈夫猶老夫也。四、五本乾，故稱丈夫。二係于初，初陽尚小，故係小子，不兼與五，故失丈夫也。〔註188〕

惠棟指出「二至上體大過」，當作「三至上體大過」爲正，也就是隨☱☳卦三至五互巽、四至上互兌，兌上巽下而爲大過☱☴卦。若依惠說，二至上則不能互體成爲大過卦，此確爲惠氏之誤；惠氏或因延續引用大過九二之文，而誤作「二至上」而言。之所以要互體得出大過卦，主要在於「丈夫」之文，大過卦有「老夫」之稱，惠氏明白地解釋「老夫」即「丈夫」；同時，「小子」就初爻而言，「係」小子，即「二係于初」，五爲丈夫，而二係於小子，不能兼係於丈夫，所以「失丈夫」。惠氏注文說法，概取自虞義，然解釋與虞說卻多有不同。虞翻指出：

應在巽，巽爲繩，故稱「係」。小子謂五。兌爲少，故曰小子。丈夫謂四。體大過「老夫」，故稱「丈夫」。承四隔三，故「失丈夫」。

〔註189〕

惠氏並不以互體得象爲巽繩，並進一步稱「係」言。其「係」直接取隨卦卦義，認爲陰隨陽爲「係」，即「二係初，三系四，上係五」。〔註190〕虞氏以小子爲五，丈夫爲四，而惠氏則以小子爲初，丈夫爲四、五。虞氏釋「失丈夫」，

〔註188〕見《周易述》，卷三，頁78～80。

〔註189〕見李鼎祚《周易集解》，卷五，頁103。

〔註190〕見《周易述》，卷三，頁77。

以二欲四，卻隔於三，所以「失丈夫」，而惠氏則初係於二，不能兼於五，所以「失丈夫」。因此，惠氏兼取虞文，而不與虞義同。

　　5. 蠱☲卦六四「裕父之蠱，往見吝」，注云：

　　　　裕不能爭也，四陰體大過，本末弱，故裕父之蠱。兌爲見，應在初，

　　　　初變應四，則吝，故往見吝。〔註191〕

惠氏引虞注晉初六云「坤弱爲裕」，所以六四爲陰柔爲裕。初至四互體爲大過☲，大過初上皆陰，所以「本末弱」，是不能爭父之過，只能是「裕父之蠱」。因此，惠氏用互體爲大過的目的，在於說明「裕父」，以四弱不能爭父過。

　　6. 大畜☲ 卦卦辭「不家食吉」，注云：

　　　　二稱家，體頤養，居外，是不家食吉而養賢。〔註192〕

惠氏指出三至上互體爲頤 ☲ 卦，而在外卦，是不家食吉而養賢；以互體成頤卦，以明養賢之義。

　　7. 离 ☲ 卦九三「日昃之离，不擊缶而歌，則大耋之嗟」，注云：

　　　　三不中，故曰日昃。艮手爲擊，坤爲缶，震爲音聲，兌爲口，故不

　　　　擊缶而歌。乾老爲耋，體大過，故大耋之嗟。

以离卦二至五互體爲大過☲卦，大過有死象，所以爲「大耋之嗟」。

　　8. 离☲卦九四「突如其來如，焚如死如，棄如」，注云：

　　　　炗，不順忽出也。四震爻失正，故炗如。與初敵應，故來如。离燄

　　　　宣揚，故焚如。體大過，死象，故死如。火息灰損，故棄如。不孝

　　　　之罪，五刑莫大。燒殺棄之，不入于兆也。〔註193〕

同樣以离卦二至五互體爲大過☲卦，大過死象，所以云「死如」。

　　9. 睽☲卦初九「悔亡。喪馬，勿逐自復。見惡人无咎」，注云：

　　　　无應，悔也。四動得位，故悔亡。應在坎，坎爲馬，四失位，之正

　　　　入坤，坤爲喪，坎象不見，故喪馬。震爲逐，艮爲止，故勿逐。坤

　　　　爲自，二至五體復象，二動震，馬來，故勿逐自復也。离爲見，惡

　　　　人謂四，動入坤，初四復正，故見惡人无咎也。〔註194〕

睽卦初四皆陽而無應，四失正，動而得位，故悔亡。三至五互坎，四爲坎中，

[註191] 見《周易述》，卷三，頁84。
[註192] 見《周易述》，卷四，頁115。
[註193] 見《周易述》，卷四，頁132。
[註194] 見《周易述》，卷五，頁159。

所以應在坎。坤爲自，四已變，則二至五互體爲復䷗卦；所以云「自復」。惠氏以互體而成復卦之目的，即在於「自復」。

10. 解䷧卦卦辭「无所往，其來復吉」，注云：

> 謂四本從初，之四失位於外而无所應，故无所往。宜來反初，復得正位，故其來復吉。二往之五，四來之初成屯，體復象，故云復也。
> 〔註195〕

四以陽居陰位，又在外卦，故失位於外。進則無應，所以无所應。失位無應，則无所往。往不行，則宜來反初。惠氏並指出陽二往之陰五，陽四來之陰初，則成爲屯䷂卦；而屯卦初至四則互體爲復䷗卦，所以言「復」。

11. 益䷩卦初九「利用爲大作，元吉，无咎」，注云：

> 大作，謂耕播、耒耨之利蓋取諸此也。坤爲用，乾爲大，震爲作，故利用爲大作。體復初得正，故无吉，无咎。震三月卦，日中星鳥，敬授民時，故以耕播也。〔註196〕

此益卦初至四互體成復䷗卦，初又得正，所以云「體復初得正」。復卦初九云「无祇悔，元吉」，與益卦初九「元吉」同義，既是「元吉」，所以「无咎」。惠氏以益卦互體成復卦之目的，就在於體現「元吉，无咎」之義。

12. 益䷩卦六三「有孚。中行告公用圭」，注云：

> 公謂三，三動體坎，故有孚。震爲行，初至四體復，故曰中行。震爲告，坤爲用，乾爲圭，上之三，故告公用圭。禮含者執璧將命，贈者執圭將命，皆西面坐，委之宰，舉璧與圭，此凶事用圭之禮。
> 〔註197〕

三爻陰變陽則二至四爻互體爲純卦坎卦。又初至四互體爲重卦復䷗卦，與上例初九同，同爲四爻互體之例。復卦六四云「中行獨復」，以此「中行」以合益卦此六三爻辭。

13. 益䷩卦六四「中行告公從」，注云：

> 體復，四故亦云中行。三爲公，震爲從，三、上失位，四利三之正，已得從初，故告公從。〔註198〕

〔註195〕見《周易述》，卷六，頁168。
〔註196〕見《周易述》，卷六，頁178。
〔註197〕見《周易述》，卷六，頁179。
〔註198〕見《周易述》，卷六，頁179。

此互體爲復卦，同前益卦六三之例。復卦六四云「中行獨復，以從道也」，以此合益卦爻辭。

14. 益☶卦上九「立心勿恆，凶」，注云：

　　旁通恆，益初體復心，上不益初，故立心勿恆。傷之者至，故凶。

益初至四互體爲復，復卦《象傳》云「復其見天地之心」，故「體復心」，合於益卦上九言「立心」。恆☳卦上震下巽，惠云「震巽特變，終變成益」。益卦上體爲巽，巽爲進退，所以「勿恆」。引復卦、恆卦，此皆在述明益卦上九爻義。

15. 蠱☶卦《象卦》「山下有風，蠱。君子以振民育德」，注云：

　　君子謂泰乾也。坤爲民，初上撫坤，故振民。乾稱德，體頤養，故以育德。

疏云：

　　泰，君子道長，故君子謂泰乾。坤爲民，亦謂泰坤也。初之坤上，故撫坤，謂振撫坤民也。乾爲龍德，故稱德。育，養也。四至上體頤，頤者養也，故以育德也。〔註199〕

惠氏云蠱卦「四至上體頤」爲誤，當爲「三至上體頤」，即三爻至上爻互體爲頤☶卦，三至五爲震☳爲下體，四至上爲艮☶爲上體，艮上震下爲頤卦。頤卦有養育之象義。（以下引例，皆引惠氏之注疏，故不再説明辭義。）

16. 无妄☶卦《象傳》「先王以茂對，時育萬物」，注云：

　　先王謂乾，乾盈爲茂。對，配也。艮爲時，體頤養爲育。四之正，三、上易位。天地位，萬物育，故以茂對，時育萬物。

疏云：

　　乾爲先，爲王，故先王謂乾，乾盈爲茂，虞義也。十五乾盈甲，茂者盈盛，故云乾盈爲茂。對，配，馬義也。《詩‧皇矣》云：帝作邦作對。《毛傳》云：對，配也。茂對者，德盛配天地也。艮爲時，虞義也。初至四體頤，頤者養也，故云體頤養爲育。育亦養也，四之正，三上易位，成既濟，則中和之化行天地。〔註200〕

以无妄卦初至四互體爲頤☶卦，頤卦有養育之義，合於无妄《象》義之需。

〔註199〕見《周易述‧象上傳》，卷十二，頁323。
〔註200〕見《周易述‧象上傳》，卷十二，頁334～335。

17. 益䷩卦《象傳》「風雷，益。君子以見善則遷，有過則改」，注云：

> 君子謂乾也。上之三，離爲見，乾爲善，坤爲過，三進之乾四，故見善則遷。乾上之坤初，改坤之過，體復象。復以自知，故有過則改也。

疏云：

> 乾謂否乾，陽爲君子，故君子謂乾也。相見乎離，上失位之三，得正體離，故離爲見。乾，元善之長，故乾爲善。坤積不善，故爲過。四本坤三，上之初，則三進之乾四，故見善則遷。初本坤也，乾上之初，坤體壞，故改坤之過。初至四，體復。復初有不善，未嘗不知，知之未嘗復行，故有過則改也。〔註201〕

益卦初至四爻互體爲復䷗卦，復能知過遷善。又三爻互體：三上失位，之正則下體成離☲，離有「見」象，以見乾善。皆在《象》義之訓用。

18. 《繫辭上傳》「鳴鶴在陰，其子和之，我有好爵，吾與爾靡之。子曰：君子居其室」，惠氏此段文字，解釋「君子居其室」，注云：

> 二變體復，君子謂復初。陰消入坤，艮爲居，巽陽隱室，故居其室。

疏云：

> 君子謂陽。中孚二失位，變體復，故君子謂復初。復自坤來，陰消剝上入坤，剝艮爲居，坤初巽爻，陽復巽初，巽陽隱室，故居其室。言微陽應卦，中孚時也。〔註202〕

中孚䷼卦陽二失位，使之正，則初至四互體爲復䷗卦。復初陽正，所以君子謂復初。復卦自坤來，消剝䷖入坤䷁，而後一陽復。剝艮爲居，坤初爲巽爻，而復卦時則一陽處巽初，巽陽伏隱，所以云「居其室」，此中孚之時。惠氏透過互體以成復卦，以確定「君子」爲復初，並進一步藉消息之說，以明巽爻爲居室，最後在於闡發「君子居其室」爲中孚之時。惠氏此說，似過於繁瑣，且惠說前一部份參照虞翻說法，而後面部份則以自說爲釋；割裂虞說，而自說又不若虞說清楚。虞氏釋云：

> 君子，謂初也。二變，五來應之。艮爲居，初在艮內，故居其室。

〔註203〕

〔註201〕見《周易述·象下傳》，卷十三，頁364～365。
〔註202〕見《周易述·繫辭上傳》，卷十五，頁413～414。
〔註203〕見李鼎祚《周易集解》，卷十三，頁327。

中孚卦二變互體爲復，初陽爲正，所以君子爲初。二變得正，五來應二，三至五互艮☶爲門闕爲室，亦爲居；初在艮卦之內，所以云「居其室」。虞氏之說，相對較惠氏明晰。

19. 《繫辭上傳》「幾事不密則害成」，注云：

幾，初也。二已變成坤，坤爲事。初不密，動體剝，故幾事不密。初辭儗之，卒成之終，故害成也。

疏云：

鄭注云：幾，微也。幾者，動之微。故幾謂初。二失位，變互坤，臣道知事，故坤爲事。初利居貞，動體剝，故幾事不密。初辭儗之，卒成之終，坤爲害，故害成，此兼虞義也。〔註204〕

此云節☲卦二動爲陰，則二至四爻互體爲純卦坤☷卦，二至五爻互體爲重卦剝☶卦；坤爲事，剝則不密。

20. 《繫辭上傳》「古之葬者，厚衣之以薪，葬之中野，不封不樹，喪期无數。後世聖人易之以棺槨，蓋取諸大過」，注云：

中孚，上下象易也。本无乾象，故不言上古。大過乾在中，故但言古者。巽爲薪，艮爲厚，乾爲衣，爲野。乾象在中，故厚衣之以薪，葬之中野。穿土稱封。封，古窆字也。聚土爲樹，中孚无坤坎象，故不封不樹。坤爲喪期，謂從斬衰至緦麻。日月之期數，无坎離、日月、坤象，故喪期无數。无妄之大過，初在巽，體巽，爲木。上六位在巳，巳當巽位，巽又爲木。二木夾四陽，四陽互體爲二乾，乾爲君，爲父。二木夾君父，是棺歛之象。中孚、艮爲山邱，巽木在裏棺，藏山陵，槨之象也，故取諸大過。〔註205〕

大過☱卦二至五爻互體爲二乾☰，亦即重卦乾☰卦。

21. 《繫辭下傳》「易其心而後語」，注云：

乾爲易，益初體復心，震爲後語。

疏云：

乾謂否乾。益初互復，復其見天地之心，故體復心也。〔註206〕

此益☲卦初至四爻互體爲復☷卦。由復卦而推「心」。

〔註204〕見《周易述・繫辭上傳》，卷十五，頁420。
〔註205〕見《周易述・繫辭下傳》，卷十七，頁489～490。
〔註206〕見《周易述・繫辭下傳》，卷十七，頁513。

22.《繫辭下傳》「益，長裕而不設」，注云：

> 巽爲長。益，德之裕，故長裕。設，大也。《攷工記》曰：中其莖，
> 設其後。坤三進之乾，乾上之坤初。遷善改過，陰稱小。上之初體
> 復，小故不設。

疏云：

> 設，大也。至設其後，鄭義也。《攷工記・桃氏》曰：中其莖，設其
> 後。鄭彼注云：從中以卻，稍大之也，後大則於把易制。知設訓爲
> 大。坤三進之乾，爲遷善。乾上之坤初，爲改過。初至四體復象，
> 陽息，復時尚小，故不設。〔註207〕

此以益𝌴卦初至四爻互體爲復𝌶卦。

（三）五爻重卦互體

1. 蒙𝌶卦卦辭「匪我求童蒙，童蒙求我」，注云：

> 我，謂二。艮爲求，五應二，故匪我求童蒙，童蒙求我。禮，有來
> 學，无往教。虞氏以二體師象，坎爲經，謂二爲經師也。

惠氏引虞氏說「二體師象」，主要在說明二爻爲「經師」之義，二爻在蒙卦中
具主爻地位，除了下體坎卦爲「經」外，初至五爻互體爲師𝌶卦，所以爲「經
師」。因此，惠棟特別指出「漢時通經有家法，故五經皆有師，謂之經師，虞
氏以二爲經師，借漢法爲況也」。另外，惠氏也解釋說「二至五有師象，故二
體師」，〔註208〕這樣的說法，主要在說明「二體師」，雖尙爲是，但倘以「一
至五有師象」，可能更能反映出如何互體爲師卦。

2. 泰𝌵卦上六「勿用師，自邑告命，貞吝」，注云：

> 二動體師，陰乘陽，故勿用師。邑，天子之居也。坤爲邑，否巽爲
> 告，爲命，政教不出於國門，故自邑告命，雖貞亦吝。

惠氏特別指出「二動體師，互體也」，〔註209〕也就是泰卦九二動爲陰而爲正，
二至上互體爲師𝌶卦，則是「二動體師」。坤三陰乘陽，此不利之勢，則「勿
用師」。上六爲泰卦之終，泰反爲否，政教陵夷，天子號令不出於國門，則上
六雖得位，亦爲吝。

〔註207〕見《周易述・繫辭下傳》，卷十八，頁521、525。
〔註208〕諸引文見《周易述》，卷一，頁22。
〔註209〕諸引文見《周易述》，卷二，頁54、57。

3. 大有䷍卦九三「公用亨于天子，小人弗克」，注云：

> 三公，位也。天子謂五，小人謂四，二變體鼎象，故公用亨于天子。
> 四折鼎足，覆公餗，故小人弗克。

惠氏並作詳細疏解，云：

> 爻例：三爲三公，故云三公，位也。五爲天子，故天子謂五。四不
> 正，故曰小人。鼎《象傳》曰「大亨以養聖賢」，三，賢人；二變體
> 鼎，養賢之象，故云公用亨于天子。僖二十四年《春秋傳》卜偃說
> 此卦云：天子降心以逆公。五履信思順，又以尚賢，故有降心逆公
> 之事。三應上，上爲宗廟，天子亨諸侯必于祖廟也。虞注鼎九四云：
> 四變震爲足，二折入兌，故鼎折足，覆公餗，是小人不克當天子之
> 亨也。〔註210〕

天子亨諸侯，在於養賢，則「公用亨于天子」，合於鼎䷱卦「大亨以養聖賢」
之義。大有九二失位，變而得位，二至上互體爲鼎，則合天子養賢之義。

4. 嗛䷎卦上六「鳴嗛，利用行師，征邑國」，注云：

> 應在震，故鳴嗛。體師象，震爲行，坤爲邑國，五之正，已得從征，
> 故利用行師，征邑國。〔註211〕

上六應九三，九三至五互體爲震，所以「應在震」，震又爲鳴，所以「鳴嗛」。
嗛二至上互體爲師䷆卦；三上居五，二五正應之，上得以從征，震又爲行，
所以「利用行師，征邑國」。

5. 豫䷏卦卦辭「利建侯行師」，注云：

> 復初之四，與小畜旁通。豫，樂也。震爲諸侯，初至五體比象，四
> 利復初，故利建侯。三至上體師象，故行師。〔註212〕

惠氏認爲「初至五體比象」，即初至五互體爲比䷆卦，比《象傳》云「先王以
建萬國，親諸侯」，與豫卦此辭義近。依虞氏卦變之說，豫卦來自復䷗卦初之
四，惠氏認爲此復四之初，是從兩象之例，四復初，初爲建，所以利建侯。
惠氏並認爲「三至上體師象」，此「體」非就「互體」而言，而是豫卦三爻至
上爻所構成的卦體，與師卦初爻至四爻同，所以稱「三至上體師象」，既有師
象，而豫、師二卦中皆有震體，震爲行，故「行師」。

〔註210〕諸引文見《周易述》，卷二，頁 67～68。
〔註211〕見《周易述》，卷三，頁 72。
〔註212〕見《周易述》，卷三，頁 74。

6. 復䷗卦上六「用行師，終有大敗，以其國君凶」，注云：

> 三復位，體師，故用行師。上行師而距于初，陽息上升，必消羣陰，
> 故終有大敗。國君謂初也，受命復道，當從下升，今上六行師，王
> 誅必加，故以其國君凶也。〔註213〕

「三復位」，即三復於陽位，於此則二至上互體爲師䷆卦，故云「體師」。坤爲用，震爲行，所以「用行師」。震受乾命而復自道，易氣從下生，自下升上，故云「受命復道，當從下升」；然而，今上六居高履危，迷乎復道，逆命行師，終有大敗，王誅之所必加，則「以其國君凶」。

7. 頤䷚卦六三「拂頤，貞凶，十年勿用，无攸利」，注云：

> 三失位體剝，故拂頤。不正相應，弑父弑君，故貞凶。坤爲十年，
> 動无所應，故十年勿用，无攸利也。

三陰不正，所以失位。二至上互體爲剝䷖卦，「違於養道，故拂頤」。〔註214〕三與上皆不正，雖相應，亦不義之應。陰消至二成遯，艮子弑父；至三成否，坤臣弑君。故爲貞凶。內三爻互坤，或二至五爻互爲重坤；坤癸數十，故爲「十年」，動而與上爲敵應，故「動无所應」。坤器爲用，故「勿用」。

8. 坎䷜卦上六「繫用徽纆，寘于叢棘，三歲不得，凶」，注云：

> 繫，拘也。巽爲繩，坤爲黑，故爲徽纆。寘，示也。坎爲叢棘，艮
> 爲門闕，門闕之內有叢木，是天子外朝，左右九棘之象也。應在三，
> 三體比，匪人，故縛以徽纆，示于叢棘，而使公卿以下議之，害人
> 者加明刑，任之以事，上罪三年而舍，中罪二年而舍，下罪一年而
> 舍，不得者謂不能改，而不得出獄。艮止坎獄，乾爲歲，歷三爻，
> 故三歲不得，凶。〔註215〕

惠氏認爲上應在三，二動三體比䷇卦，爲匪人，有邪惡之罪，故縛以徽纆，示於叢棘。虞氏注此卦，則作「二變五體剝，剝傷坤殺，故寘于叢棘」，〔註216〕即初至五體剝䷖；剝滅爲傷，坤陰爲殺既傷且殺，則「寘于叢棘」。

9. 离䷝卦卦辭「利貞，亨。畜牝牛，吉」，注云：

> 坤二五之乾，與坎旁通。于爻遯初之五，四、五、上失正，利出离

〔註213〕見《周易述》，卷四，頁108。
〔註214〕見《周易述》，卷四，頁120～121。
〔註215〕見《周易述》，卷四，頁128。
〔註216〕見李鼎祚《周易集解》，卷六，頁152。

爲坎，故利貞，亨。畜，養也。坤爲牝牛，乾二五之坤成坎，體頤養，故畜牝牛，吉。

離☲卦與坎☵卦旁通，乾二五之坤成坎卦，坎卦二至上互體爲頤，有頤養象，故畜牝牛；「出离爲坎，重明以麗乎正，乃化成天下，故吉也」。〔註217〕

10. 大壯☳卦九四「貞吉，悔亡。藩決不羸，壯于大輿之腹」，注云：

失位，悔也，之五得中，故貞吉而悔亡矣。體夬象，故藩決。震四上處五，則藩毀壞，故藩決不羸。腹讀爲輹。坤爲大輿，爲腹，四之五折坤，故壯于大輿之腹。

以大壯卦初至五互體爲夬☱卦，夬者爲「決」義，所以「藩決」。上體爲震，四之五則震體壞，故「藩決不羸」。

11. 晉☷卦卦辭「康侯用錫馬蕃庶，晝日三接」，注云：

觀四之五。晉，進也。康讀如康周公之康，廣也。坤爲廣，四爲諸侯，觀四實王，四、五失位，五之正，以四錫初，初動體屯，震爲諸侯，故康侯。坎爲馬，坤爲用，故用錫馬。艮爲多，坤爲眾，故蕃庶。离日在上，故晝日。三陰在下，故三接矣。

以晉卦初爻動而之正，則初至五互體爲屯☵卦，此非以晉卦本卦作互體，而是透過爻變而後互體爲晉。初動互體爲屯卦，則其下體爲震，震爲諸侯，即康侯之象。

12. 益☴卦卦辭「利涉大川」，注云：

謂三失正，動成坎體渙，坎爲大川，故利涉大川。渙，舟楫象，木道乃行也。〔註218〕

三陰失位，動而成坎，即二三四成純卦坎卦；三陰動而爲正，則二至上互體爲渙☴卦，所以云「動成坎體渙」。坎水爲大川，乾爲利，故利涉大川。舟楫之利，以濟不通，所以取諸渙，也就是渙卦有舟楫象，此所以互體成渙卦取義之目的。巽木得水，所以木道乃行。

13. 益☴卦六二「王用亨于帝，吉」，注云：

震稱帝，王謂五，否乾爲王，體觀，象祭祀。益正月卦，王用以郊天，故亨于帝。得位，故吉。

〔註217〕見《周易述》，卷四，頁131。
〔註218〕見《周易述》，卷六，頁177。

帝出乎震，所以震稱帝。否乾爲王，此「乾」爲五上二爻，爲半象乾；王爲五爻。惠氏並云「體觀」，即二至上互體爲觀☶卦，觀卦爲「禘祭天神之卦」，「象祭祀」。〔註219〕惠氏以益卦互體爲觀卦之主要目的，在於以觀卦祭亨義，以合六二爻辭。

14. 萃☷卦卦辭「王假有廟」，注云：

> 觀上之四也，觀乾爲王。假，至也。艮爲廟，體觀享祀，上之四，故假有廟，致孝享也。

又，萃☷卦六二「孚乃利用禴」，注云：

> 孚謂五，禴，夏祭也。體觀象离爲夏，故利用禴。二孚于五，得用薄祭以祀其先，不用大牲，降于天子也。〔註220〕

萃卦是由觀☶卦而來，即觀上九之六四而爲萃卦。惠氏此云「體」者，一方面是從卦變的角度云，即指萃卦由觀卦卦變而來，而有此觀卦之體；從其注云「體觀享祀」，後接「上之四」，即可得知。然而，從互體的角度云，萃卦初至五爻亦可互體爲觀卦。惠氏作此「體」與「互體」，並無強作區別。

15. 升☷卦卦辭「元亨」，注云：

> 臨初之三，又有臨象，剛中而應，故元亨。〔註221〕

升卦從四陰二陽的卦變之例，由臨☷卦初九之六三而來。並且，升卦二至上又可互體爲臨卦，所以云「又有臨象」。臨卦卦辭云「元亨」，而《象傳》云「剛中而應，是以大亨」，與升卦「元亨」同，象義又近。因此，惠氏互體爲臨，用意在此。

16. 困☷卦九二「利用享祀，征凶，无咎」，注云：

> 二變體觀享祀，故利用享祀。二失位无應，故征凶。變之正，與五應，故无咎。《象》曰：中有慶也。荀氏謂二升在廟，五親奉之，故利用享祀。〔註222〕

困卦九二變之正，則初至五爻互體爲觀☶卦，觀卦爲享祀之卦，所以云「利用享祀」。二失位无應，所以征行則凶。二爻變爲陰，則居中得正，與五相應，可有福慶，所以「无咎」。爻變而後互體爲觀，困卦九二爻辭可得正解。

〔註219〕諸引文，見《周易述》，卷六，頁179、181。
〔註220〕見《周易述》，卷六，頁192～193。
〔註221〕見《周易述》，卷六，頁197。
〔註222〕見《周易述》，卷七，頁205。

17. 蒙☳卦《彖傳》「蒙以養正，聖功也」，惠氏注云：

> 體頤，故養。二志應五，五之正，反蒙爲聖，故曰聖功。五，多功也。

疏云：

> 二至上有頤象，頤者，養也。《序卦》曰：頤，養正也。虞彼注云：謂養三、五，五之正爲功，三出坎爲聖，故由頤養正。虞謂與蒙養正聖功同義也。《洪範》休徵曰：聖，時風若。咎徵曰：蒙，恆風若。是蒙與聖反也。《乾鑿度》九五爲聖人。陰反爲陽，猶蒙反爲聖，故曰聖功。《呂氏春秋》曰：學者師達而有材，吾未知其不爲聖人是也。五多功，《下繫》文。不言二之正者，二養正也。〔註223〕

此五爻互體爲頤☶卦之例，在於表明頤卦有「養正」之義，蒙既可互頤，則蒙卦亦有此義。（以下引例，皆引惠氏之注疏，故不再說明辭義。）

18. 蒙☳卦《象傳》「君子以果行育德」，注云：

> 君子謂二，艮爲果，震爲行，育，養也。體頤養，故以果行育德也。

疏云：

> 《乾鑿度》九二爲庸人。今九居二，而稱君子者，二以亨行時，中變之正，六居二爲君子，故謂君子爲二也。艮爲果蓏，故爲果。育，養也。《釋詁》文。二至上體頤，頤者養也。《象傳》曰：蒙以養正。果行育德，養正之義也。〔註224〕

此五爻互體爲頤☶卦之例，亦在於表明「養育」之義。

19. 坎☵卦《彖傳》「天險不可升也」，注云：

> 五爲天位，五從乾來，體屯難，故天險不可升也。

疏云：

> 需《彖傳》曰：位乎天位。大壯四之五，位乎天位。故知五爲天位。《乾鑿度》曰：五爲天子也。乾五之坤五，故五從乾來。乾又爲天，二至上體屯。《說文》曰：屯，難也。故體屯難。震爲足，艮爲止，震足止于下，故不可升也。〔註225〕

坎卦二至上互體爲屯☳卦，屯卦有「難」義，所以爲「天險」。

〔註223〕見《周易述·象上傳》，卷九，頁228。
〔註224〕見《周易述·象上傳》，卷十一，頁296。
〔註225〕見《周易述·象上傳》，卷九，頁255～256。

20. 睽☲卦《象傳》「天地睽而其事同也」，注云：

> 五動乾爲天，四動坤爲地，故天地睽。坤爲事，五動體同人，故其
> 事同也。

疏云：

> 五動體乾，故乾爲天。四動互坤，故坤爲地。乾上坤下，象天地否，
> 故曰天地睽。否終則傾，故其事同也。〔註226〕

睽卦五動爲陽，且二至上爻互體爲同人☲卦，故云「五動體同人」。

21. 革☲卦《象傳》「二女同居，其志不相得，曰革」，注云：

> 二女，离兑，體同人象。蒙艮爲居，故二女同居。四變體兩坎象，
> 二女有志。离火志上，兑水志下，故其志不相得，坎爲志也。

疏云：

> 离，中女；兑，少女。故云二女离兑。初至五，體同人。蒙艮爲居，
> 故二女同居，謂同在革家也。四變體兩坎象，坎爲志，兩坎爲兩志。
> 故云二女有志。火動而上，故离火志上，澤動而下，故兑水志下。
> 二女各有志，故其志不相得，是水火相息，而更用事之義也。〔註227〕

以初至五爻互體爲同人☲卦。疏文中並云「四變體兩坎象」，即是革卦互體成
同人卦外，同人陽四變陰，則上下二體皆爲坎卦，坎又爲志，兩坎則爲兩志。
因此，透過互體，再以四爻變之正，則得坎志之象，以述明《象》義。

22. 大有☲卦《象傳》「火在天上，大有。君子以遏惡揚善，順天休命」，
    注云：

> 君子謂二。過，絕；揚，舉也。乾爲揚善，坤爲過惡，爲順。以乾
> 滅坤，體夬，揚於王庭，故過惡揚善。乾爲天，爲休，二變時巽爲
> 命，故順天休命。

疏云：

> 二失位，變之正。陰得位，爲君子，故君子謂二。初至五體夬，夬
> 本坤世。乾爲善，坤爲惡，揚於王庭，以乾滅坤，故過惡揚善。乾
> 爲美，休，美也，故乾爲休。二變體巽，巽爲命，坤爲順，故順天
> 休命也。〔註228〕

〔註226〕見《周易述‧象下傳》，卷十，頁269～270。
〔註227〕見《周易述‧象下傳》，卷十，頁283～284。
〔註228〕見《周易述‧象上傳》，卷十一，頁313～314。

大有卦初至五爻互體爲夬☲卦，夬卦卦辭「揚於王庭」，有「遏惡揚善」之義。
二變體巽，乃陽二變陰，二至四互體爲純卦巽☴卦，巽爲命，象義合爻辭之
用。

　　23. 大過☴卦《象傳》「枯楊生華，何可久也。老婦士夫，亦可醜也」，注
　　　　云：

　　　　乾爲久，華在上，故不可久。頤坤爲醜，虞氏謂婦體遘淫，故可醜。

疏云：

　　　　乾爲天，天行不息，故久。兌反巽，巽爲楊，楊枯於下，華發於上，
　　　　故不久。頤坤謂旁通也。坤爲夜，《太玄》曰：夜以醜之，故爲醜。
　　　　《詩‧墻有茨》曰：中冓之言，不可道也。所可道也，言之醜也。
　　　　薛君《章句》云：中冓，中夜也。虞氏以初爲老婦，初體遘，遘女
　　　　壯。鄭氏謂壯健以淫，故婦體遘淫，亦可醜也得。〔註229〕

此「體遘」之言，即大過卦初至五爻互體爲遘卦。遘卦卦辭「女壯」，女壯以
淫，所以「可醜」。

　　24. 大壯☳卦《象傳》「雷在天上，大壯。君子以非禮弗履」，注云：

　　　　夬，履兩象易。體夬，故非禮。初爲履，四之正應初，故非禮弗履。

疏云：

　　　　夬、履兩象易，虞義也。澤天爲夬，天澤爲履，故兩象易。初至五
　　　　體夬，柔乘剛，故非禮。履者，禮也。初足爲履，四之正應初，得
　　　　所履矣。故非禮弗履。〔註230〕

大壯卦初至五爻互體爲夬☲卦，柔乘五剛，故非禮。而夬☲卦上兌下乾與履
☱卦上乾下兌，又爲兩象易，履卦又有禮義。此互體得象義，均在釋《象》
之用。

　　25. 解☵卦《象傳》「雷雨作，解。君子以赦過宥罪」，注云：

　　　　君子謂三，伏陽出，成大過。坎爲罪入，則大過象壞，故以赦過。
　　　　二、四失位，皆在坎獄中。三出體乾，兩坎不見。震，喜；兌，說。
　　　　罪人皆出，故以宥罪。謂三入則赦過，出則宥罪。公用射隼以解悖，
　　　　是其義也。

〔註229〕見《周易述‧象上傳》，卷十二，頁 341～342。
〔註230〕見《周易述‧象下傳》，卷十三，頁 352。

疏云：

> 據三伏陽當出，故稱君子。三出體乾，成大過。卦有兩坎，坎爲罪。
> 坎有入義，入則大過象壞，故以赦過。二、四失位，皆在坎獄中。
> 三出成乾，兩坎象壞，外體本震，故震喜。互體爲兌，故兌說。罪
> 人出獄之象，故以宥罪。六爻之義，出乾入坤，三入而大過毀，故
> 赦過。三出而坎象毀，故宥罪。卦有赦過而無宥罪之象，故引上六
> 爻辭，以證三出坎毀之象，故云是其義也。〔註231〕

解卦三爻爲陰，伏陽出則「三出體乾」，即二至四互乾☰，伏陽出則初至五互
體爲大過☱卦，互大過之用意在於言「過」。

　26.《繫辭下傳》「力少而任重」，注云：

> 五至初，體大過。本末弱，故力少。乾爲仁，故任重。以爲己任，
> 不亦重乎。〔註232〕

此云鼎☲卦，五至初爻互體爲大過☱卦。二陰包四陽，此初上爲陰，所以本
末弱，本末弱則「力少」。

　27.《繫辭下傳》「莫之與，則傷之者至矣」，注云：

> 上不之初，否消滅乾，則體剝傷。故傷之者至矣。

疏云：

> 益本否卦，故上不之初，則否消滅乾。消四至五，體剝。剝六四云：
> 剝牀以膚，凶。故體剝傷，傷之者至矣。〔註233〕

益☳卦消四至五，則陽五變爲陰，則二至上互體爲剝☶卦，體剝則傷。

三、多取非本卦正體之互卦與互體運用之商榷

（一）非本卦正體之互卦

　　惠棟互體取象，除了本卦之互體外，大多採用非本卦之互卦方式，其中
以卦爻變後之卦作互體的方式最爲普遍，特別是本卦中某爻不正而使之正，
再作互體者最多，這樣的情形，前述諸例每每可見：例如睽☲卦六五，二動
互體爲噬嗑☲卦；益☳卦卦辭，三失正，動成坎而互體成☵渙；困☱卦九

〔註231〕見《周易述・象下傳》，卷十三，頁360～361。
〔註232〕見《周易述・繫辭下傳》，卷十七，頁508。
〔註233〕見《周易述・繫辭下傳》，卷十七，頁514。

二，二變互體爲觀▓▓卦，等等。下以則列舉非上述以爻變後互體之例子稍加
說明。

例如觀▓▓卦上九「觀其生，君子无咎」，注云：

應在三，三體臨震，故觀其生。君子謂三，之三得正，故无咎。
〔註234〕

上應在三，反臨三體震，此就反卦互三爻爲震，非以本卦由初而上的正常取
爻互體之方式。互體爲震之目的，在於震爲生，所以「觀其生」。君子爲三，
三失位，上之三得正，所以云「君子无咎」。

例如解▓▓卦卦辭「无所往，其來復吉」，注云：

謂四本從初，之四失位於外而无所應，故无所往。宜來反初，復得
正位，故其來復吉。二往之五，四來之初成屯，體復象，故云復也。
〔註235〕

此例前面已作說明，在這裡所要關注的是，惠氏以陽二往之陰五，陽四來之
陰初，則成爲屯▓▓卦；而屯卦初至四則互體爲復▓▓卦，所以言「復」。此復
卦的產生，並不是直接由解卦互體而成，而是透過卦變成屯卦之後，再由屯
卦互體而成。

例如解▓▓卦《象傳》「雷雨作，解。君子以赦過宥罪」，注云：

君子謂三，伏陽出，成大過。坎爲罪入，則大過象壞，故以赦過。
二、四失位，皆在坎獄中。三出體乾，兩坎不見。震，喜；兌，說。
罪人皆出，故以宥罪。謂三入則赦過，出則宥罪。公用射隼以解悖，
是其義也。〔註236〕

解卦三爻爲陰，伏陽出則「三出體乾」，即二至四互乾▓▓，伏陽出則初至五互
體爲大過▓▓卦，互大過之用意在於言「過」。此以伏陽之法，而後行互體成大
過卦，非以本卦直接取爻而作互體。

取本卦六爻中之數爻作互體以成新卦，取象以釋義，基本上可以說是最
直接而名正言順的；但是只以本卦六爻作爲互體的對象，往往不足以獲得所
需之卦象，因此，則以爻位變更或是其它的方式，產生非本卦的爻位，作爲
取爻互體的對象，這樣可以使互體取象更爲方便，也使以象釋卦更爲容易更

〔註234〕見《周易述》，卷三，頁92。

〔註235〕見《周易述》，卷六，頁168。

〔註236〕見《周易述・象下傳》，卷十三，頁360～361。

具彈性。所以，不論是漢儒，乃至惠棟的使用互體釋卦，非本卦六爻之互卦方式，常常佔有較高的比例。

(二)互體運用之商榷

惠棟採互體之法釋卦，往往僅以「體」爲名，前面已有提到，惠氏訓注《周易述》中經傳文義，出現「互」者與出現「互體」者，皆各僅有二次，而出現「體」者則多達二百餘次，可見惠氏述明互體之法，慣稱作「體」。然而，以「體」爲稱，是不是眞可代表是互體的運用，事實上並非全然如此。以下舉數例來說明。

1. 惠氏釋需☷卦初九「需于郊，利用恆，无咎」，注云：

> 乾爲郊，初變體恆，故曰利用恆。需極上升，得位承五，故无咎。

並疏云：

> 乾位西北之地，故稱郊。需于郊，則不犯坎難。虞注九二曰「四之五，震象半見」，故初變體恆。需時當升，初居四，得位承五，故无咎。〔註237〕

惠氏於此，爲取爻辭「利用恆」之義，所以云「初變體恆」，以呼應辭義。然而，惠氏以虞注九二「四之五，震象半見」而云爲「初變體恆」，語意未明，殊不知四之五如何能夠互體爲恆☳卦？事實上，虞翻釋此卦，以需卦四陽二陰之卦自大壯☳而來，以大壯四之五而爲需卦，而虞翻注九二云「四之五，震象半見」，主要在說明九二爻辭「小有言」之「言」，大壯卦四之五，震象半見，震爲善鳴爲「言」，而又互兌爲口，兌又爲少女又爲「小」，所以「小有言」；所以虞翻所言「四之五，震象半見」與「初變體恆」無涉。倒是要解釋初九「利用恆」，欲取恆☳卦合義，則可如李道平《周易集解纂疏》所云，「需爲坤之遊魂，坤致役爲用，自大壯☳來，初變爲恆，故曰利用恆。四應初，得位承五，需之得其地也，故曰无咎」。〔註238〕李氏以爲需卦本於大壯卦而來，而大壯☳初九變，則爲恆☳卦。因此，惠氏此「初變體恆」的互體說，並不合虞義，且語意不明。

2. 小畜☰卦九二「牽復吉」，注云：

> 變至二與初同復，故牽復，至五體需，二變應之，故吉。

〔註237〕見《周易述》，卷一，頁27～28。
〔註238〕見李道平《周易集解纂疏》，卷二，頁115。

－752－

疏云：

> 變至二，謂從旁通變也。陽息至二，故與初同，復爲牽復也。二變
> 失位，至五體需，五剛居正，二變應之，故吉。〔註239〕

對於小畜卦，虞翻認爲「需上變爲巽，與豫旁通，豫四之坤初爲復」，〔註240〕
需☰☵卦上六變爲上九，使成爲上巽下乾之小畜卦。小畜與豫☳☷卦旁通，與豫
卦旁通而息來仍在復☷☳；由需上變成小畜而伏豫，故小畜取需。二仍言「復」
者，旁通於豫，豫四之初成復，陽息至二失位，五引之則變正反復，故爲牽
復；五體巽繩，二在豫艮手，故爲牽。惠氏於此，認爲小畜卦由初至五體需，
此「體」不能以「互體」爲言，只能視小畜卦初至五爻與需卦同，不能當作
互體後成需卦，因爲小畜初至五互體後，本來就不能成爲需卦，因此，惠氏
作「體」言，似不恰當。小畜與需卦的關係，在虞翻的卦變主張裡，並無明
確認爲此一陰五陽之卦出至復卦，只說小畜是由「需上變爲巽」而來。惠氏
以此而用「體需」來作聯結，實未詳明虞氏此說。

3. 无妄☰☳卦卦辭「无亨，利貞。其匪正有眚，不利有攸往」，注云：

> 遯上之初。妄讀爲望，言无所望也。四已之正成益，利用大作。三、
> 上易位，成既濟。雲行雨施，品物流形，故曰元亨，利貞。其謂三，
> 三失位，故匪正。上動成坎，故有眚。體屯難，故不利有攸往。災
> 及邑人，天命不右，卦之所以爲无望也。《雜卦》曰：无妄，災也。

〔註241〕

无妄卦自遯☰☶卦來，依例，當三之初，此於「上之初」者，以消卦之始，特
正乾元，與否☰☷上成益☴☳同義。「上動成坎」，實當四亦之正，方可爲坎，坎
爲多眚，故「有眚」。惠氏此云「體屯難」，爲上動與四之正而爲屯☵☳卦，屯
象草木難生，亦剛柔始交而難生，此難時則「不利有攸往」。惠氏引出屯卦，
目的在於解釋「不利有攸往」。不論，惠氏在這裡言「體屯難」，此「體」當
是上與四爻變而後成屯卦，並非由互體而成屯卦，也就是无妄卦上與四爻變
之正而爲屯卦，成爲屯卦之體，用「體」爲云，混同互體，實不恰當。

4. 晉☲☷卦上九：晉其角，維用伐邑，厲吉，无咎，貞吝。

> 上爲角，坤爲邑，動體豫，利行師，故維用伐邑。失位，故危。變

〔註239〕諸引文見《周易述》，卷二，頁44、46。
〔註240〕見李鼎祚《周易集解》，卷二，頁66。
〔註241〕見《周易述》，卷四，頁111。

之正，故屬吉，无咎。動入冥豫，故貞咨。

坤土爲邑。上動之正則爲豫卦，惠氏稱爲「動體豫」，以「體」爲言，當有互
體之義，然惠氏此處似乎並不作互體言，而是由晉卦上爻變正之後，成爲另
一晉卦卦體。因此，此乃爻變而成爲新的卦體，惠氏用「體」稱之，混同了
與互體《易》例之分別。

5. 明夷䷣卦初九「明夷于飛，垂其翼。君子于行，三日不食」，注云：

> 離爲飛鳥，故曰于飛。爲坤所抑，故垂其翼。陽爲君子，三者陽德
> 成也。震爲行，離爲日，晉初動，體噬嗑食，明夷反晉，故曰君子
> 于行，三日不食。〔註242〕

明夷䷣反晉䷢；晉卦初動之正而爲噬嗑䷔卦，《雜卦》云：「噬嗑，食也」，
則晉初亦有「食」義，而明夷既是反晉，故「不食」。惠氏由明夷卦推至「晉
初動，體噬嗑食」，即在於解釋「三日不食」之「不食」二字。然而，此處的
「體噬嗑」，用「體」字，漢儒多作「互體」言，但此處從晉卦初動而變爲噬
嗑卦，應該是屬於由爻變而成新卦者，非因互體而成噬嗑卦，惠氏所言「體」
者，指的是成爲新的卦體。因此，在陳述卦爻義，用字分明爲宜。

6. 睽䷥卦六五「悔亡。厥宗噬膚，往何咎」，注云：

> 失位，悔也，變之正，故悔亡。乾爲宗，二動體噬嗑，故曰噬。四變
> 時艮爲膚，故厥宗噬膚，言與二合也。二往應之，故往何咎。〔註243〕

五失正，動而體乾，即上體爲乾，乾爲天爲尊，故爲宗。睽卦二動爲陰，則
成噬嗑䷔卦，四變體艮爲膚，五來合二，所以云「厥宗噬膚」。惠氏此云「二
動體噬嗑」，在於九二變而成噬嗑卦，所以其「體」並非就「互體」而言。

7. 无妄䷘卦《彖傳》「其匪正有眚，不利有攸往。无妄之往，何之矣。天
命不右，行矣哉」，注云：

> 體屯難，故无所之。右，助也。災成于三，窮于上，故天命不右。

疏云：

> 四已正，上動成坎，故體屯難。屯卦辭曰：不利有攸往，故无所之。
> 右，助。鄭義也。三匪正，故災成於三。《上傳》曰：窮之災也。故
> 云窮于上。乾爲天，巽爲命，虞氏謂上動逆巽命，故天命不右行矣

〔註242〕見《周易述》，卷五，頁151。
〔註243〕見《周易述》，卷五，頁160。

－754－

哉，言不可行也。

四、上之正，則成屯▤卦。惠氏此云「體屯難」，乃就爻變成屯卦而言，非言互體以成之。爻變成屯，則无妄卦亦有屯義。以「體」爲言，使與「互體」混同。

8. 賁▤卦《象卦》，注云：

白賁无咎，上得志也。上之正得位，體既濟，故曰得志。坎爲志也。

疏云：

上變之正，故云得位。五、上易位，故體既濟。其志得行，故云得志。五、上變體坎，故坎爲志也。〔註244〕

此就爻變而言，五、上易位，使陰陽各歸其正，而成既濟▤卦。以「體」爲言，與互體用詞相淆亂。

9. 《文言傳》「或躍在淵，乾道乃革」，注云：

二上變，體革，故乾道乃革。

疏云：

二升坤五，上降坤三，是二、上變也。乾二、上變，其象爲革，故體革。而云四體革者，革之既濟，較九四一爻耳。四變成既濟，革《象》云：元、亨、利、貞。與乾用九同，故發其義於九四爻，而云乾道乃革耳。〔註245〕

惠氏注文中云「體革」，並於疏中解釋爲「乾二、上變，其象爲革，故體革」，此言「體」者，無涉於互體。乾▤卦二、上爻變後，則成革▤卦。

10. 《文言傳》「由辯之不早辯也」，注云：

辯，別也。初動成震體復，則別之早矣。《繫》曰復小而辯於物。

〔註246〕

此云坤▤卦初動由陰變陽，爲復▤卦，復卦下體爲震▤，所以云「初動成震體復」。故此「體復」之「體」，無關互體。

由上述諸例可以得知，惠氏以「體」爲言，大多表現在互體方面，但是，亦有非爲互體者，有一些「體」，指的是一卦之體，也就是卦體，這個卦體，有指重卦下的上下卦體，有指完整的重卦卦體，更有指稱一卦中之四爻或五

〔註244〕見《周易述・象上傳》，卷十二，頁330～331。
〔註245〕見《周易述・文言傳》，卷十九，頁558。
〔註246〕見《周易述・文言傳》，卷十九，頁569。

爻所表現的卦體。惠氏這樣以「體」爲名而述卦義，雖然可以從惠氏行文述
義中知其用義，但不細加詳審，往往容易誤以爲其「體」即指互體而言。作
爲一位嚴謹的論述者，統一名稱於一事是極重要的觀念，大體上惠氏能夠掌
握到這個原則，但是對於「體」的運用，則多有相左者。名稱的分野，往往
會遇到合同上的衝突，但細加分別，常常是一種瑣碎的事，但有時候眞的詳
予分別，可以使自己論述內容更顯分明，也使讀者得到快速而清晰的認識。

　　互體作爲兩漢《易》家釋《易》的重要常例，並且儼然爲象數易學上論
《易》的當然主張，惠氏述《易》取象也把它視爲主要的方法，可見惠氏對
此法之重視與依賴。惠氏互體取爻，往往不從本卦直取數爻爲互，而是透過
爻位之正後之數爻互體，或是以其它方式得到數爻而作互體，其目的皆在於
取得「有效」之卦象作爲釋《易》之材料。互體取爻的彈性，提高了有效的
用象機會。雖然是彈性，並不代表可以隨意爻變或是隨意摘取卦爻，仍有其
合理的取爻論述，以及爻位改變上的規律，這個規律大都本於爻位當正，也
就是一、三、五爲陽位，二、四、六爲陰位，陽處陰位，或是陰處陽位，皆
當使之正，所以進行爻變。惠氏抓準這個原則，作爲彈性取爻互體成象的重
要方式，使其取象的來源更爲便利。另外，有一個問題在這裡須要提的是，
惠氏在撰著《易例》時，由於其作未竟而終，並未將「互體」納爲釋例，此
非惠氏所忽略或不重視者，後世拿此未竟之作而苛評其功過，對惠氏來講，
並不是很公平；由《周易述》的述《易》特重互體之法，可見其重視此一《易》
例之情形，非因未竟之作無而眞的不存在。

第四節　爻位之說爲述義之重要內涵

　　象數的思維或許不如義理思維一般具有哲學的意義，但是它仍然有其積
極的邏輯、感知建構與表述哲學的內涵存在，可以視爲一種意象（image）的
活動。這種象數的思維，或是意象的活動，透過象徵物來呈顯，又可以具體
地以符號意象思維方式來表述，而構成符號意象思維的重要成份，則爲《易》
卦的陰陽爻，以及其爻所處的爻位。因此，爻位往往以其形象以涵攝著抽象
的概念，並作爲立象表意的要式。故象數立說，以爻位爲論，是一個極重要
的面向。爻位之說的範疇甚廣，內容繁富，後漢以來，荀爽、虞翻等易學家，
其一家之言，已顯其繁瑣龐雜，而惠氏綜之數家，衍生其說，更顯其百匯江

海。以下主要針對爻位之當位說、爻位之相應說、爻位之承乘說，以及理想的中位說等幾個方面作討論。

一、爻位之當位說

　　以爻位釋《易》的觀念由來已早，遠在《易傳》時代，已明確提出當位的主張，並且成爲歷來易學家釋《易》中不可或缺的方法。《易傳》中每每提到當位或不當位的說法，在《象傳》與《彖傳》中所言尤多。〔註247〕《易傳》強調一卦六爻各有陰陽之性，有陰陽位之分，初、三、五爲陽位，二、四、上爲陰位。陽居陽位或陰居陰位，稱之爲「當位」、「得位」、「正位」、「位當」、「位正」、「未失正」等等；陽居陰位或陰居陽位，稱之爲「失位」、「不當位」、「位不當」、「非其位」、「未當位」等等。當位則吉，失位則凶，成爲釋《易》的普遍共視。

　　惠棟考索漢《易》，對於這方面的爻位概念，曾經指出：

　　《易》重當位，其次重應，而例見于既、未濟《彖辭》，既濟《彖》
　　曰：利貞，剛柔正而位當也，此言當位也。未濟《彖》曰：雖不當
　　位，剛柔應也，此言應也。未濟六爻皆不當位，而皆應，《易》猶稱
　　之，則《易》于當位之外，其次重應明矣。六十四卦言當位者十三
　　卦，履九五、否九五、臨六四、噬嗑六五、賁六四、遯二五、蹇《彖》及六四、
　　巽九五位正中、兌九五、渙九五正位，節九五居位中也，中孚九五、既濟。言不
　　當位者二十二卦，需上六降三、師六三見五《象》、履六三、否六三、豫六三、
　　臨六三、〔註248〕噬嗑《彖》及六三、大壯六五、晉九四、睽六三、解九四、夬
　　九四、萃九四、困九四、六三見上《象》、震六三、歸妹《象》六三、豐九四、旅
　　九四未得位、兌六三、中孚六三、小過《彖》剛失位及九四、未濟《彖》及六三。
　　言應者十七卦，蒙二五、師二五、比、小畜、履、同人二五、大有、豫、臨二
　　五、无妄二五、咸、恆、遯二五、睽二五、革二五、鼎二五、中孚。而皆于《彖
　　辭》發之。〔註249〕

〔註247〕劉玉建《兩漢象數易學研究》中詳細統計《象傳》之說有二十九處，《彖傳》
　　　　之說有十二處，《文言》二處，乃至《繫辭》與《說卦》皆有相關的主張。（見
　　　　劉玉建《兩漢象數易學研究》，頁26～29。）
〔註248〕「臨六三」，惠氏原作「臨六二」，當惠氏筆誤或印刷之誤，以「臨六三」爲
　　　　正，故改之。
〔註249〕見《易例》，卷一，頁971～972。

惠氏很明確地提出他的爻位觀，認為《易》於爻位，最重視的是「當位」的問題，然後是「應」。以既濟☵☲卦而言，初、三、五陽爻，二、四、上陰爻，是「剛柔正而位當」，既是當位，而且兩兩相應。以未濟☲☵卦而言，爻位適與既濟相反，六爻雖皆不當位，但陰陽仍能相應。惠氏並將六十四卦言「當位」、「不當位」與「應」者，主要以《彖傳》與《象傳》所言為根據，作了明確的統計，言「當位」者十三卦，言「不當位」者二十二，言「應」者十七卦。然而，實際地觀察《周易》經傳文義，其數次與惠氏所計卻有所出入。以下將對此問題作簡要說明，並且針對《周易述》中以當位與否作為述義的方法，所呈現的重要意義，稍作討論。

（一）惠氏載《易傳》中當位與與不當位之情形

1. 當 位

以「當位」言，惠氏所列十三卦，包括：

履卦九五	☱☰	《象傳》云「位正當也」，即九五當位。
否卦九五	☷☰	《象傳》云「位正當也」，即九五當位。
臨卦六四	☱☷	《象傳》云「位當也」，即六四當位。
賁卦六四	☶☲	《象傳》云「當位疑也」，即六四當位。
遯卦	☰☶	《彖傳》云「剛當位而應」，即六二、九五當位。
蹇卦	☵☶	《彖傳》云「當位貞吉」，即六二、九五當位；又六四《象傳》云「當位實也」，即六四當位。
巽	☴☴	卦九五《象傳》云「王居无咎，正位也」，即九五當位。
兌	☱☱	卦九五《象傳》「位正當也」，即九五當位。
渙	☴☵	卦九五《象傳》「正位也」，即九五當位。
節卦	☵☱	《彖傳》云「當位以節，中正以通」，即九五當位。
中孚卦九五	☴☱	《象傳》云「位正當也」，即九五當位。
既濟卦	☵☲	《彖傳》云「剛柔正而位當也」，即六爻皆當位。

上列十二卦，另一為噬嗑☲☳卦，有討論的必要，將於後述。事實上，《易傳》中所呈現之當位者，不僅為惠氏上面所列諸卦，其它如：小畜☴☰卦《象傳》云「柔得位而上下應之」，當就六四爻而言。〔註250〕如同人☰☲卦《象傳》

〔註250〕王弼指出「謂六四也。成卦之義，在此一爻者，體无二陰，以分其應，既得

云「柔得位得中而應乎乾」，當就六二爻而言。如漸☷☶卦《象傳》云「進得位，往有功也。進以正，可以邦正也，其位剛得中也」，位剛而得中，當就九五爻而言。渙☴☵卦《象傳》云「柔得位乎外而上同」，當就六四爻而言。家人☲☴卦《象傳》云「如正位乎內，男正位乎外」，當指六二、九二爻而言。兌☱☱卦九五《象傳》云「位正當也」，即九五當位。其它如需☵☰卦《象傳》云「以正中也」；訟☰☵卦九五《象傳》云「訟，元吉，以中正也」；豫☳☷卦六二《象傳》云「不終日，貞吉，以中正也」；晉☲☷卦六二《象傳》云「受茲介福，以中正也」；這些卦雖未直言「當位」，然而言「中」或言「正」，當指爻之正位，既是正位，則是「當位」，所以徐芹庭認爲「若二爲陰，五爲陽，合於六爻之正位，則多以中正稱之」，〔註251〕二、五陰陽居中得正，以「中正」爲言，本是當位。因此，加上引述諸卦，則「當」位之卦，遠遠超過惠氏之數。以下分別針對惠氏於《周易述》中就這些卦的論述，作簡要的討論。其中漸☷☶卦《象傳》、渙☴☵卦《象傳》與兌☱☱卦九五《象傳》方面，三卦惠氏缺，故不論。

（1）小畜☴☰卦《象傳》「柔得位而上下應之」，惠氏注云：

> 柔謂四，四爲卦主。少者爲多之所宗，故上下應之。

惠氏以一陰五陽，陰少陽多，故陰爲陽主。並且本諸王弼之說，認爲「王氏謂體无二陰，以分其應，故上下應之，是也」。四處柔位，又爲卦中惟一陰爻，位當而爲卦主。不但初與之相應，餘陽爻亦應之。惠氏未將之納爲「當位」之卦，此當疏忽之誤。

（2）同人☰☲卦《象傳》「柔得位得中而應乎乾」，惠氏注云：

> 五之二，得位得中，而與乾應，故曰同人。

惠氏認爲卦變無一陰五陽之例，同人卦當是由坤六五失位而五降居乾二，是「柔得位得中而應乎乾」，〔註252〕肯定二與五應，五體乾，所以應乎乾。依惠氏注疏所言，同樣肯定二五位當而相應，只不過《易例》未將此卦納爲「當位」之卦。

（3）家人☲☴卦《象傳》「女正位乎內，男正位乎外」，惠氏注云：

> 內謂二，外謂五。

其位，而上下應之，三不能陵，小畜之義。」（見李鼎祚《周易集解》，卷三，頁66。）是六四得位而應。

〔註251〕見徐芹庭《兩漢十六家易註闡微》，臺北：五洲出版社，1975年12月初版，頁74。

〔註252〕此卦所引注文與括弧引文，見《周易述·象上傳》，卷九，頁235～236。

並解釋爲「男得天，正于五；女得地，正于二」，〔註253〕此陰陽二五得天地之正位，既得位且又相應。此當然爲「當位」之卦。

（4）需☵☰卦《象傳》「位乎天位，以正中也。利涉大川，往有功也」，惠氏僅注作「五多功，故往有功」，並解釋爲「二往居五，故往有功」。〔註254〕惠氏此蓋根據《繫辭下傳》而言，《繫辭下傳》云「二與四同功而異位」，「三與五同功而異位」；二與四、三與五之所以同功，很重要的一個因素就是在於二、四爻同爲陰位，三、五爻同爲陽位，背後仍強調陰陽當位的重要性。需卦九五位處外陽天位，居中得正，當然合於當位之說。

（5）訟☰☵卦九五《象傳》「訟，元吉，以中正也」，惠氏並未對此文作任何注疏。然而，陽爻處於陽位，《象傳》明白地以「中正」言之，當然可以視爲當位之說。

（6）豫☳☷卦六二《象傳》「不終日，貞吉，以中正也」，惠氏注云：

中謂二，正謂四復初。

並進一步疏云：

二得位得中，故中謂二。四不正，復初得正，故正謂四。四復初而二體之，故中正謂兩爻。〔註255〕

明白指出二得位得中，也就是六二爲當位。

（7）晉☲☷卦六二《象傳》「受茲介福，以中正也」，惠氏注云：

五動得正中，故二受大福矣。

並疏云：

二受介福于五，故中正謂五。〔註256〕

在這裡，惠氏對《象傳》文的理解，認爲所言「中正」是就五爻而言，然而晉卦五爻爲陰爻，欲使之中正，則須「五動得正中」，五爻動而變陽，才能處當位而中正，其前提仍在於陰五動而成陽，這樣的說法，在於期盼原本並未當位之五爻，能動而當位，強調當位與否的重要性。在這裡，二爻陰居陰位，本處當位，倘相應的五爻亦能使之動而成陽爻，則相應之下，二爻必能受大福於五。惠氏的說法，「中正」關注的是五爻而非二爻，這樣的說法，未必符

〔註253〕此卦所引注文與括弧引文，見《周易述・象下傳》，卷十，頁 266～267。
〔註254〕括弧引文，見《周易述・象上傳》，卷九，頁 228。
〔註255〕二段引文，見《周易述・象上傳》，卷十二，頁 320～321。
〔註256〕二段引文，見《周易述・象下傳》，卷十三，頁 354。

合《象傳》的本義，但也透露出當位與相應的重要性，特別是惠氏的「中正」觀，並不單在二爻，五爻尤爲重要，二五居中得正，又能相應，才能符合完整的中和之道。

這些例子當中，除了最後一例外，惠氏大抵肯定皆有當位之義，然而並未列入其統計之中，可見實際上當位之卦，遠遠超過惠氏所說的十三卦；其未能周詳之處，由此可見。

另外，惠氏指出噬嗑 ䷔ 卦六五亦屬當位之卦，從陰當陰位，陽當陽位的正例言，六五爻處陽位，爲不當位，而惠氏卻視之爲當位。六五爻辭「噬乾肉，得黃金，貞厲，无咎」，惠氏解釋云：

> 五，陰也，故陰稱肉。五正離位，故云位當離，日中烈爲乾肉也。

> 五陰居中，故爲黃，位不當，故厲，變而得正，故无咎。〔註257〕

依惠氏的說法，五位正處離位，所以「位當」於離，依其卦象而得「乾肉」之義。然而，惠氏也肯定此五位「位不當」，所以爲「厲」，「厲」而能「无咎」，在於五位能夠「變而得正」，也就是透過爻變而使之當位，而得以无咎。惠氏這樣的當位之說，並不符合噬嗑卦爻位的實際情形，藉由爻變才使之當位，也不合當位的正例；倘卦爻皆變動而使之正，那可以動而成當位者，那就不只這一卦而已。

2. 不當位

惠氏列舉不當位者有二十二卦，包括：

師卦六五	䷆	《象傳》云「使不當也」，此指六三不當位，所以惠氏云「師六三見五《象》」。
履卦六三	䷉	《象傳》云「位不當也」，即六三不當位。
否卦六三	䷋	《象傳》云「位不當也」，即六三不當位。
豫卦六三	䷏	《象傳》云「位不當也」，即六三不當位。
臨卦六三	䷒	《象傳》云「位不當也」，即六三不當位。
噬嗑卦	䷔	《象傳》云「柔得中而上行，雖不當位」，即六五不當位；又六三《象傳》云「位不當也」，即六三不當位。
大壯卦六五	䷡	《象傳》云「位不當也」，即六五不當位。
晉卦九四	䷢	《象傳》云「位不當也」，即九四不當位。

〔註257〕見《周易述》，卷三，頁97。

睽卦六三	䷥	《象傳》云「位不當也」，即六三不當位。
解卦九四	䷧	《象傳》云「未當位也」，即九四不當位。
夬卦九四	䷪	《象傳》云「位不當也」，即九四不當位。
萃卦九四	䷬	《象傳》云「位不當也」，即九四不當位。
困卦九四	䷮	《象傳》云「雖不當位」，即九四不當位；又上六《象傳》云「未當也」，是專就六三不當位而言。所以惠氏云「困九四、六三見上《象》」。
震卦六三	䷲	《象傳》云「位不當也」，即六三不當位。
歸妹卦六三	䷵	《象傳》云「未當也」，即六三不當位。
豐卦九四	䷶	《象傳》云「位不當也」，即九四不當位。
旅卦九四	䷷	《象傳》云「未得位也」，即九四不當位。
兌卦六三	䷹	《象傳》云「位不當也」，即六三不當位。
中孚卦六三	䷻	《象傳》云「位不當也」，即六三不當位。
小過卦	䷽	《象傳》「剛失位而不中」，即九四不當位；又九四《象傳》云「位不當也」，亦九四不當位。
未濟卦	䷿	《象傳》云「雖不當位，剛柔應也」，即六爻皆不當位；又六三《象傳》云「位不當也」，即六三不當位。

　　上列二十一卦，惟需䷄卦未列。惠氏所列大抵準確，但需䷄卦上六，陰爻居陰位，應該視爲「當位」，然而《象傳》卻言「雖不當位，未大失也」，歷來對此說的看法紛歧，《集解》中引荀爽注，認爲「上降居三，雖不當位，承陽有實，故終吉，无大失矣」，以不當位是在「上降居三」時。王弼《周易注》認爲「上」爲「虛位」，云「處无之地，不當位者也」。朱子《本義》則指出「以陰居上，是爲當位；言不當位，未詳」，抱持著闕疑的態度。〔註258〕惠棟則注云：

　　　上降居三，雖不當位，承陽有實，故无大失。

並疏云：

　　　六居三爲失位，故云不當位。上降承乾，故承陽有實。失謂不當位，
　　　末大失，以其承陽也。〔註259〕

〔註258〕以上三家之言，見李鼎祚《周易集解》，卷二，頁 50；《周易注疏》，卷二，
　　　頁 33；《原本周易本義・象上傳》，頁 898。
〔註259〕見《周易述》，卷十一，頁 298～299。

惠棟採取荀爽之說，爲了應合《象傳》之說，將原來本爲當位的上六依升降之法，將之降至陽三之位，而成爲「不當位」。基本上，惠氏對《象傳》之文並不抱持任何懷疑的態度，〔註260〕而是根據荀爽、虞翻以來，使用升降或爻變之方式來作解釋；所以惠氏所言，並無另作新解，仍以原本漢儒之說。但是，單就上六一爻觀之，是要以「當位」或「不當位」來說呢？當然是視爲「當位」者，至於惠氏之說，則非正例。

另外，恆䷟卦九四《象傳》「久非其位，安得禽也」，大抵也涉及不當位的概念，而惠氏並未將之納爲不當位者。但是，惠氏注此文云：

> 四、五皆失位，故非其位。五已之正，故不得禽。〔註261〕

從其注文可以清楚地看出，惠氏肯定恆卦四、五爻皆失位，爲不當位。惠氏忽略而未納入其統計之中。

（二）「貞」在當位上的重要意義

惠氏《周易述》中論述卦爻義，本漢儒之說而言，不論在當位或不當位的運用上，所言者遠比上述所列爲多，限於篇幅，在此不作詳列。這裡特別針對其使用此一爻位主張，所反映出的重要意義，作簡要說明。惠氏在論述當位與否時，主要根本於虞說，不僅著眼於本卦現實存在的爻象，也特別重視透過爻變闡明由本卦轉變後的新爻位之當位情形；前者爲一般傳統《易傳》意義上的當位說，是一種已成的靜態呈現，後者則爲經過爻變而成的動態爻位關係。例如惠氏釋晉䷢卦初六「晉如摧如，貞吉」時注云：

> 晉，進；摧，退也。初進居四，故晉如。四退居初，故摧如。動得位，故貞吉。

並進一步疏云：

> 初四失位，初之四爲進，故晉如。四之初爲退，故摧如。二爻得位，故貞吉。

本卦初、四皆不正，也就是不當位，藉由「初進居四」與「四退居初」，使初、

四二爻動而得位，所以能夠「貞吉」。又同卦六二「貞吉」，惠氏認爲「二正應五，故晉如」、「五失位，變之正，與二相應，故貞吉」。〔註262〕雖然六二爲當位之爻，但相應的五爻卻失位，宜與五爻變陽，使之當位，如此二五相應，而得以「貞吉」。又如大壯䷡卦九二「貞吉」，惠注云「變得位，故貞吉」，九二原本不當位，使其爻變而得位，故「貞吉」。同卦九四「貞吉，悔亡」，注云：

> 失位，悔也，之五得中，故貞吉而悔亡矣。

並疏解云：

> 四失位，宜有悔，之五得正得中，故貞吉而悔亡矣。〔註263〕

四爻原本不當位而有悔，使其之五而能變爲當位，所以「貞吉，悔亡」。又如升䷭卦六五「貞吉，升階」，惠注云：

> 二升五，故貞吉。坤爲階，陰爲陽作階，使升居五，故升階也。

惠氏並指出「二失正，升五得正，故貞吉」；「階所以升者，五陰爲二陽作階，使升居五，故有升階之象也」。〔註264〕透過升降之法，使原本不當位之二五兩爻，得以變爲當位。又如咸䷞卦九四「貞吉，悔亡。憧憧往來」，惠氏注云：

> 失位，悔也。應初動得正，故貞吉而悔亡矣。憧憧，往來貌。四之初爲來，初之四爲往，故憧憧往來矣。〔註265〕

四爻原本不當位而有悔，與初爻易位，而能夠相應而當位，所以「動得正」，「貞吉而悔亡」。又如損䷨卦九二「利貞」，惠氏認爲「二失位，當之五得正，故利貞」；又同卦上九「无咎，貞吉」，認爲「上失正爲損，咎也；之三得位，故无咎，貞吉」。〔註266〕損卦九二與上九原本皆非當位，有凶咎之象，但由於變而使之當位，所以能夠得吉。

　　從這些例子當中，我們可以看到，惠氏將原本不當位的卦爻，藉由爻變的方式，使之變成當位，打破了《易傳》普遍陳述的當位正例，將不當位者，變而成爲當位者，是一種動態性的意義陳述。陰陽的發展有一定的律則，當它失序而爲不當位時，呈現的是凶咎悔吝的狀況，但是，只要使之改變，回歸其本來應處的貞正位置時，他仍然可以爲吉象。在這裡，惠氏爻變之說，

〔註262〕晉卦諸引文，見《周易述》，卷五，頁148～149。
〔註263〕大壯卦諸引文，見《周易述》，卷五，頁144～146。
〔註264〕諸引文，見《周易述》，卷六，頁198～200。
〔註265〕諸引文，見《周易述》，卷五，頁136。
〔註266〕損卦諸引文，見《周易述》，卷六，頁174～177。

常以「之」、「之正」、「動」或「變」稱之，在於說明爻某原處不當位，經過爻變使之當位。然而，惠氏在闡述卦爻義時，是不是對於不當位的爻都使之爻變而成爲當位來作解釋？事實上不然，惠氏仍作謹愼的揀選，其揀選的前提，當然是必須符合卦爻義。在《周易》的經文中，惠氏將「貞」字大都解作「正」義。在他的思維中，大抵認爲「貞」字的出現，在爻位上有兩種狀態，一種是該卦之某爻已爲「貞」，也就是已是一種當位居正的狀態，所以毋需再變；一種是該卦之某爻現在處於不當位的狀態，應該透過爻變而使之正，上面所引諸例，皆是此種狀態。

二、爻位之相應說

爻位的思想尚涉及「應」的概念，傳統上從《易傳》以來，易學家也將「應」與「不應」視爲一定的律則。重卦上下二體，兩兩對應存在著相互感應的關係，即初與四爻相應，二與五爻相應，三與上爻相應。對應之兩爻爲一陰一陽，則爲「應」；對應的兩爻同爲陰爻或陽爻，則爲不相應，即所謂的「敵應」。在判定吉凶上，一般而言，相應則吉，敵應則凶。這樣的概念，在《易傳》中主要表現在《象傳》中，述及「應」說至少有二十餘處。然而，眞正較早對「應」作了明確的定義者，則爲《易緯乾鑿度》：

> 乾坤相並俱生，物有陰陽，因而重之，故六畫而成卦。三畫已下爲地，四畫已上爲天。物感以動，類相應也。易氣從下生，動於地之下，則應於天之下，動於地之中，則應於天之中，動於地之上，則應於天之上。初以四，二以五，三以上，此之謂應。〔註267〕

可見這種相應之說，在漢代已成定型化的釋《易》上之共同認識。惠棟曾經引此文作爲「世應」之說，〔註268〕同時亦引《左傳正義·昭五年》云：

> 卦有六位，初、三、五奇數，爲陽位也。二、四、上耦數，爲陰位也。初與四、二與五、三與上位、相值爲相應，陽之所求者陰，陰之所求者陽，陽陰相值爲有應，陰還值陰、陽還值陽爲無應。〔註269〕

陰陽爻以奇偶之數爲名，其義皆同。京房的八宮卦次與世應之說，皆本之卦「應」的觀念而來。相應的思想，爲兩漢《易》家不可或缺的爻位主張。

〔註267〕見《易緯乾鑿度》，卷上，頁481～482。
〔註268〕見《易例》，卷一，頁972。
〔註269〕見《易例》，卷一，頁973。

（一）惠氏載《易傳》中相應之情形

惠氏從《易傳》去推求，指出六十四卦中，言「應」者有十七卦，〔註270〕並且皆爲《彖傳》所言。其中較無疑異者，包括：

蒙 卦	䷃	《彖傳》「童蒙求我，志應也」，即二與五相應。
師 卦	䷆	《彖傳》「剛中而應」，即二與五相應。
比 卦	䷇	《彖傳》「上下應也」，即五與二相應。
小畜卦	䷈	《彖傳》「柔得位而上下應之」，即四與初相應。
同人卦	䷌	《彖傳》「柔得位中而應乎乾」，即二與五相應。
大有卦	䷍	《彖傳》「柔得尊位，大中而上下應之」，即二與五相應。
豫 卦	䷏	《彖傳》「剛應而志行」，即四與初相應。
臨 卦	䷒	《彖傳》「剛中而應」，即二與五相應。
无妄卦	䷘	《彖傳》「剛中而應」，即五與二相應。
咸 卦	䷞	《彖傳》「柔上而剛下，二氣感應以相與」，即六爻皆兩兩相應。
恆 卦	䷟	《彖傳》「剛柔皆應」，即六爻兩兩相應。
遯 卦	䷠	《彖傳》「剛當位而應」，即五與二相應。
鼎 卦	䷱	《彖傳》「柔進而上行，得中而應乎剛」，即五與二相應。
革 卦	䷰	《彖傳》「順乎天而應乎人」，即二與五相應。

惠氏所列，有討論之必要者，如履䷉卦《彖傳》「說而應乎乾」，惠氏注云：

> 乾履兌，兌說應之，故不咥人。〔註271〕

依惠氏之說，乾剛以兌說應之，看似上乾應於下兌，是就卦應卦而言，〔註272〕實際上，說氏並純就卦應卦而言，因爲若從卦與卦的相應來看，乾爲剛，而兌卦惠氏指出「兌爲剛鹵，非柔」，〔註273〕也就是兌亦爲剛鹵，二卦皆有剛德，以此言「應」，似乎不甚恰合。且，惠氏釋《彖傳》「柔履剛」時，指出「兌

〔註270〕已如前述當位與不當位中，引自《易例》之言。

〔註271〕見《周易述》，卷九，頁232。

〔註272〕江弘遠《惠棟易例研究》認爲「此言兌柔應乾剛，乃以卦言之」，依朱子《本義》「以二體釋卦名義」而言。（見是書，臺北：國立臺灣師範大學國文研究所碩士論文，1988年5月，頁209。）江氏即從卦應卦而言相應。

〔註273〕見《周易述》，卷九，頁232。

《象傳》明言剛中柔外，則柔履剛爲兌三之柔履二之剛明矣」，〔註274〕惠氏明白指出兌本爲剛，兌中之剛特別是就二陽而言，而其三爲柔。如此看來，回到「兌說應之」乾剛，則當專指六三應上九而言。

　　睽☲☱卦，惠氏認爲二五相應，主要根據《象傳》「柔進而上行，得中而應乎剛，是以小事吉」而言。如果從睽卦實際爻位來看，九二與六五確實可以稱爲相應，但是惠氏並不如此觀，他認爲「卦從无妄來，二之五，故上行。乾伏五下，六五得中，而應乾五之伏陽，故云得中而應乎剛。必知應乾五伏陽者，卦之二、五皆失位，例變之正。若五柔應二剛，非法也，故云應乾五伏陽。五動之乾，二變應之，陰利承陽，故小事吉也」。〔註275〕惠氏明白地指出此處「五柔應二剛」，並不是相應之法，當使「五動之乾，二變應之」，也就是將原來睽卦六五動而成九五、九二變而成六二，如此則陰陽當位而相應。惠氏此說，非一般「應」之正例，大費周章將原本就相應的二爻皆變，然而再言相應；一方面是論述上的必要，一方面則惠氏基於「小事吉」，並某種程度上衷心於二與五的當位，透過陰五降二、陽二升五的方式行之，使吉兆的論述更具理據。但是，這樣的論述，卻相對使之顯得繁瑣與牽強之感。

　　又，中孚☴☱卦，惠氏認爲是相應之卦，但《周易述》中缺此卦，不能詳明所指。一般以《象傳》云「乃應乎天也」觀之，歷來少有以此言而論相應者，殊不知惠氏是否以其初與四或三與上相應。

　　此外，順便一提的是革☱☲卦，云其「應」者，是根據《象傳》「順乎天而應乎人」而來，惠氏於《易例》中作二五應，而其《周易述》中則云「二正應五」，「上應三」，即二與五、上與三皆相應。然而，兌☱☱卦《象傳》亦云「是以順乎天而應乎人」，同言「順乎天而應乎人」，但惠氏並未視爲「應」卦，從兌卦的爻位觀之，六爻皆不相應，未引爲正，但不知惠氏如何訓解。〔註276〕

（二）惠氏相應說的重要內涵

　　惠氏《周易述》中大量的申述爻位的相應關係，作爲解釋卦爻義與判定吉凶。除了延續《易傳》以來的相應主張外，也根本於漢儒之法，特別是虞翻的論述。惠氏除了以本卦實際的爻位相應關係作爲論述的依據外，也採取爻變的方式，進一步撮合爻與爻間的相應，這種方式已不同於傳統《易傳》

〔註274〕同前注。
〔註275〕見《周易述》，卷十，頁270。
〔註276〕兌卦，《周易述》缺。

相應的正例，而同於虞翻、荀爽等漢儒之說；並且，這種方式的運用，在其相應說中佔了主要的部份。

1. 採用爻變的方法尋求相應

爻位的相應與否，直接地反映出吉凶禍福之兆，也就是爻位相應者，可得吉象，而爻位不相應者，則爲凶咎之象；這是傳統上直接從本卦的爻位判定其應與不應，進一步推論吉凶。但是，惠棟除了從本卦實際的爻位來推定外，亦大量採用爻變的方式，使原本陰陽不相應的兩爻使之相應。

例如嗛䷎卦初六「嗛嗛君子，用涉大川，吉」，惠氏解釋云：

> 初失位，故變之正。荀云初最在下爲嗛，上之三嗛也，初之正而在下又嗛焉，故曰嗛嗛。初正陽位，故曰君子。坎爲大川，歷三應四，故利涉大川，吉也。

又同卦六二云「貞吉」，惠氏疏云：

> 三上居五，二正應之，中心相得，故貞吉也。〔註277〕

嗛卦初六不當位，與四爻同爲陰爻，故又不相應，惠氏藉由爻變，使初爻陰變陽爲當位，並且與四爻陰陽相應。初爻之正後，下體爲坎爲水，初四應爲初歷三應四，亦即歷水而應四，所以云「利涉大川，吉」。嗛卦六二爲當位之爻，卻與五爻同屬陰爻爲不相應，惠氏藉由陽三上升至五，使五爻之正，如此一來，則二五相應爲「貞吉」。

例如賁䷕卦六二「賁其須」，惠氏注云：

> 須謂五，五變應二，二上賁之，故賁其須。

並進一步疏云：

> 《說文》曰：須，面毛也。爻位近取諸身，初爲止，五當爲須，故知須謂五。五失位，故變應二，二上賁五，是賁其須也。

賁卦二爻原與五爻不相應，透過五變之正，而能與之相應。所應之六五爻辭云「吝，終吉」，惠氏認爲「五失位，无應，今已之正，故應在二」；「五失位，故吝，變而得正，應二」，〔註278〕故終而爲吉。原本五不當位，使之爻變而當位，則二、五相應，雖然原來五爻不正爲吝，得之之正相應而爲「終吉」。

又如剝䷖卦初六云「蔑貞凶」，惠氏指出「失位无應，故蔑貞凶」，

〔註277〕見《周易述》，卷三，頁72～73。
〔註278〕見《周易述》，卷三，頁98～99。

〔註279〕乃初陽在下爲不當位，又无應與上，所以處無正之位，故云
「葸貞凶」。同樣地，六二亦與五爻無應，所以亦云「葸貞凶」。

2. 重視當位的相應

惠氏論述爻位的相應時，尤重當位之相應。爻位的相應有二種現象，一種是相應而二爻又當位，另一種是相應而二爻卻不當位。從判定吉凶的角度言，一般前者都較後者爲吉。

例又如蹇䷦卦卦辭「利見大人，貞吉」，惠氏注云：

大人，天子，故謂五。五居尊位，二正應之，故利見大人。五當位居正，羣陰順從，故貞吉也。〔註280〕

九五爲大人，居天子之正位，又與六二相應，此二爻本皆當位，又相應，所以爲貞吉。這種情形是傳統《易傳》陳述下的當位相應而貞吉的正例。但是，爻位往往有相應而卻不當位者，在這種情形下，惠氏則藉由爻變的方式使之當位而相應，前面的例子當中，已有這種情形者，這裡又舉蒙䷃卦爲釋，蒙卦六五「童蒙，吉」，惠氏認爲：

二之正，五變應之，蒙以養正，優入聖域，故吉也。變應者，由不正而之正也。二、五失位，二之正，五變應之，則各得其正。〔註281〕

蒙卦二、五皆失位不正，皆使之爻變而當位以相應之，則可以爲吉。

又如蠱䷑卦九二云「不可貞」，惠氏指出二「應在五」，但「二、五失位，故不可貞，言當變之正也」。〔註282〕九二陽爻與六五陰爻相應，所以「應在五」，但是，九二陽居陰位，而六五又陰居陽位，二、五兩爻皆失位，雖然相應，仍「不可貞」，惟有將二爻皆變之正，然後才能正應，也才可貞。因此，從這裡也可以看出，兩爻雖然相應，但是如果是不當位，仍然不可貞，仍有凶咎之象。

又如困䷮卦九二「困于酒食，朱紱方來」，惠氏指出「朱紱謂五。二、五敵應，二變則與五相應，故朱紱方來」。九二不當位，變之正，而與九五相應。又如同卦上六云「動悔有悔，征吉」，惠氏疏云：

二之上，乘五陽，故動悔。上變應三，則失正，故有悔。三變應上，

〔註279〕見《周易述》，卷四，頁 101。
〔註280〕見《周易述》，卷六，頁 166。
〔註281〕見《周易述》，卷一，頁 25。
〔註282〕見《周易述》，卷三，頁 84～85。

則各得其正，故云三已變正，已得應之。謂往應三則吉，故征吉也。
〔註283〕

九二之上，上爻由當位而變爲不當位，並乘五陽，所以動而有悔。又上六變而應六三，雖應卻失正，所以也是有悔。然而六三變而爲正，並與上六相應，所以能夠「征吉」。由惠氏此處之論述，可以瞭解陰陽雖然能夠相應，但是若非當位，仍會有所悔咎，倘能相應而當位，則必可得吉象。因此，當位而相應的最佳狀態，是最理想的期盼。

3. 以爻應卦之說

惠氏論述爻位的相應多有以爻應卦而言者，如豫☷☳卦初六「鳴豫，凶」，惠氏注云：

應震，善鳴失位，故鳴豫，凶。

並進一步解釋云：

《夏小正》曰：震也者，鳴也。四體震，震爲善鳴，初獨應四，意得而鳴，失位不當，故凶也。〔註284〕

在這裡，豫卦初六與九四相應，但惠氏並不以此二爻相應而說，倒是言初爻「應震」，上體爲震，四爻爲震初，初爻應震爲善鳴，但是陰陽不當位，縱使相應，仍爲凶咎。在這裡，也反映出一個重要的意義，即爻位以當位爲重，應則其次，這是惠氏對爻位認識的一貫原則，所以此卦爻雖然相應，但失位不當，故仍爲「凶」。

又如賁☶☲卦初九「賁其止，舍車而徒」，惠氏注云：

初爲止，坤爲車，應在坤。上之二，坤體壞，故舍車而徒。〔註285〕

在這裡，惠氏以初爻應坤，但賁卦六爻排序，並無體坤者，主要是根據「泰坤」而來，即賁卦是由泰☷☰卦上六之乾二而來，初應於四，即初應於泰坤之四爻，所以說初爻「應在坤」。當泰卦上之二卦變成賁卦時，則「坤體壞」，坤爲車，車體既壞，則無法駕用，只好「舍車而徒」。初四當位而應，雖「舍車而徒」，仍不致爲凶。

因此，以爻應卦，本質上仍是以爻應爻，只是所應之爻所代表的意義不只是一爻的意義，而是象徵著某卦的形象。

〔註283〕困卦諸引文，見《周易述》，卷七，頁207～209。
〔註284〕見《周易述》，卷三，頁74～75。
〔註285〕見《周易述》，卷三，頁98。

4. 伏　應

惠氏相應說中也有另外一種特例，即伏應之說。例如豫 ䷏ 卦六二「介于石，不終日，貞吉」，惠氏指出

> 二應小畜，五伏陽，故應在五。〔註286〕

在這裡，惠棟以爻應重卦，即六二爻應小畜 ䷈ 卦；豫卦與小畜旁通，六二應小畜卦，即應豫卦之旁通卦，之所以能應，很重要的因素爲旁通之小畜卦五爻又適爲陽爻，所以「二應小畜」，亦即二應於五。此五非豫卦顯現的實際六五爻，因爲六二與六五不相應，二之所以應五，此五爲小畜卦之九五爻，所以六二所應者，爲伏隱之小畜卦九五爻。在這裡，惠氏的相應說，特別以伏隱之爻作相應。

又如解 ䷧ 卦上六「公用射隼於高庸之上，獲之，无不利」，惠氏疏云：

> 三失位，當變之正，上應在三，故發其義于上爻。三爲三公，六三陽位，下有伏陽，故謂三伏陽也。

這裡，惠氏指出六三失位不正，當變而使之爲當位，如此方可以上六相應。除此之外，惠氏指出六三爲陽位，因爲下有伏隱之陽爻，既是如此，則與上六伏隱著相應的關係，使之正，則當然顯明。三變之正，則三上當位而相應，則无不利。

這種伏應之說，爲相應說上的權宜之法，其目的在於使卦爻義之陳述更具開放與運用的空間。

三、爻位之承乘說

「比」爲易學當中極爲重要的易例，亦是探討爻位問題的一個不可忽略的概念。「比」有親輔、鄰近之義，主要在體現相鄰爻位的關係。「比」的方式或種類，有兩陽之「比」，有兩陰之「比」，也有一陰一陽之「比」。前二者之「比」，往往是就其當位與否，以及爻位之貴賤來對照；而一陰一陽之「比」，主要是涉及到陽尊陰卑的概念，分爲「承」與「乘」二者。《繫辭上傳》強調「天尊地卑，乾坤定矣。卑高以陳，貴賤位矣」，即陽尊居上，陰卑處下，以柔順剛，以陰順陽，才能合乎陰陽自然之道。因此，下陰上陽之「比」，合於陽尊陰卑的基本樣態，所以爲吉，此種爻位比鄰的關係，稱爲「承」；上陰下

〔註286〕見《周易述》，卷三，頁 75。

陽之「比」，則不合於自然之道，此種比鄰關係爲凶，稱爲「乘」。一般談到爻位的比鄰關係，主要是針對「承」、「乘」二者而言。這種論述爻位的概念，根柢於《周易》本身對爻位貴賤與爻位質性的基本認識，並在《易傳》以下，乃至漢代易學學家的大力主張之下，使「承」、「乘」各別成爲獨立而重要的釋《易》體例。惠棟本於漢儒之說，「承」、「乘」的爻位思想，在其易學論述中，處處可以體現。

（一）承

上下兩爻的關係，「承」的主體，特別是就下爻而言，陽上陰下，陰順承於陽，所以「承」有陰卑順於陽的概念。這樣的概念正是陽尊陰卑在爻位上的具體表現，透過這種爻位的關係，以進一步推論卦爻所處的吉凶狀態。惠棟根據漢儒《易》說，闡釋卦爻義每每以爻位相承的關係而論，其論述的形式，有從實際爻位間的相承，以及藉由爻變的方式或是升降的方式來談相承的關係，這幾種方式最爲普遍，其它尚有以隔位相承、陽承陽，以及以爻承卦作爲論述上的特例。

1. 傳統的相承之說

傳統上的「承」，是就原來卦爻不變的情況下，從實際爻位來論述其相承的關係。以下舉幾個例子說明。

例如惠氏釋嗛☷☶卦六二「鳴嗛，貞吉」，云「二以陰承陽」，〔註287〕即六二承九三，爲陰承陽之正例。

又如噬嗑☲☳卦六三云「小吝，无咎」，惠云「失位承四，故小吝」，即三承四，三四皆不當位，所以「小吝」。此三四相承之正例。惟「上來之三」，〔註288〕各正其位，而能「无咎」。由此爻位可以看出，三四雖然相承，而且三又與上應，但是三四卻非當位，所以有「吝」，只有三四之正，才能化「小吝」爲「无咎」。因此，「當位」在吉凶判定上的角色尤爲重要。

又如小畜☴☰卦六四「有孚，血去惕出，无咎」，惠氏云「四陰得位，上承九五，與五合志，故无咎也」，〔註289〕此六四得位而承九五，亦爲陰承陽之正例。

又如大畜☶☰卦六四「童牛之告，元吉」，惠氏云「得位承五，故元吉」，

〔註287〕見《周易述》，卷三，頁73。
〔註288〕括弧引文，見《周易述》，卷三，頁95。
〔註289〕見《周易述》，卷二，頁47。

〔註290〕即六四得位，上承九五，得元吉。此陰承陽之正例。

由這些例子可以看出，上下兩爻相承，倘二爻又能當位，大抵皆可得吉兆或无咎；但是，雖然在爻位上有相承的關係，若無當位，仍有可能爲凶咎之象。

2. 先行爻變而後相承

如訟▤卦九四「渝，安貞吉」，惠氏指出「四變體巽爲命，得位承五，故渝，安貞吉」，並進一步解釋云：

渝，變也，《釋言》文。巽《象傳》曰：重巽以申命，故巽爲命。四變得位，安于承乾之正，故「渝，安貞吉」。〔註291〕

九四陽居陰位，位不當，當使之爲正，所以「四變得位」，以陰承九五乾陽之正。此即爻變而後承。

又如履▤卦九四「履虎尾，愬愬，終吉」，惠氏疏云：

四失位，變體坎，上承九五，下應初九，故終吉。〔註292〕

九四原本陽居陰位，爲不當位，使其變而爲陰，上承陽九，所以爲吉。此以爻變之法而得以相承。

又如同人▤卦九四「弗克攻，吉」，惠氏疏云：

四與初皆陽，故敵應。初得位，四無攻初之義，變而承五應初，故弗克攻吉也。〔註293〕

九四陽居陰位，爲不當位，變而使之正，則「承五應初」，故能得「吉」。

3. 爻位升降而後相承

爻位每每不當位或無相應，採取升降之法，使爻位之正、得以相應，以及進一步得以與鄰爻相承；或是直接將未相承之爻，用升降之法，使之相承。以下舉幾個例子說明。

如前述坤▤卦六五「黃裳，元吉」，惠氏注云：

降二承乾，陰陽位正，故元吉。

惠氏以升降之說，以坤五降於乾二，則陰二承乾，陰二亦承陽三，陰陽位正，所以「元吉」。同卦六四「括囊，无咎」，惠氏指出「四居陰位，上承九五，

〔註290〕見《周易述》，卷四，頁116。
〔註291〕見《周易述》，卷一，頁31～33。
〔註292〕見《周易述》，卷二，頁48。
〔註293〕見《周易述》，卷二，頁65。

存不忘亡，故无咎也」。〔註294〕坤卦六爻皆陰，此處言「上承九五」，「九五」者乃乾坤二卦升降所致。

如需 ䷄ 卦初九「需于郊，利用恆，无咎」，惠氏特別指出：

> 需時當升，初居四，得位承五，故无咎。〔註295〕

惠氏採升降之說，認爲需卦初九當上升，上升居四，四仍爲陰，不因初九上升六四而改變六四的陰質，所以「初居四」，「四」仍是原來的「六四」陰爻，然後以六四陰爻承九五陽爻，即所謂「得位承五」，所以「无咎」。惠氏之所以認爲「需時當升」，全因初九爻辭「需于郊」而立說。但是，其上升之法，並不同於其經常說的升降說，因爲甲升至乙，則乙成爲甲，也就是陽爻升至陰爻之位，則此陰爻變成陽爻。然而，此處初九陽爻升至六四陰爻之位，陰爻並沒有變爲陽爻，惠氏用「初居四」言，即初爻居於四爻之位，初爻並不改變四爻原來的陰爻之性。這樣的說法，似乎顯得瑣碎而有附會之嫌。就需卦爻位本象來看，六四陰爻本來就是承九五陽爻，且又當位，所以无咎；惠氏看準此二爻爻位的關係，所以硬將初九升降而寄居在六四之中，並不改變六四爻的本質，利用其當位又爲「承」的關係，以說明初爻「需于郊」至「无咎」的意義。

如師 ䷆ 卦六四「師左次，无咎」，惠氏注云：

> 震爲左。次，舍也。二與四同功，四承五，五无陽，故呼二舍於五，
> 四得承之，故无咎。〔註296〕

五本爲陰，由於「二與四同功」，所以「呼二舍於五」，也就是採升降之法，使陽二升五而得正位，陰四順承之，故「无咎」。

如泰 ䷊ 卦六五「帝乙歸妹，以祉元吉」，惠氏疏云：

> 五下嫁二，二上升五，以陰承陽，故云上承乾福，與坤「黃裳，元
> 吉」同義也。〔註297〕

五位不正，下降於陽二，而二升至陰五，則「以陰承陽」，即六二承九三；「上承乾福」，亦爲六二上承九三之義。

4. 隔位相承

漢魏《易》家論述相承之說，除了一般上下相鄰二爻的相承關係外，亦

〔註294〕見《周易述》，卷一，頁 14。
〔註295〕見《周易述》，卷一，頁 28。
〔註296〕二段引文，見《周易述》，卷二，頁 37。
〔註297〕見《周易述》，卷二，頁 56。

有論及非相鄰二爻的隔爻相承之說，包括像荀爽、虞翻、王弼、姚信等人，皆有用「隔」以說明爻位之間的關係。惠氏本諸漢說，所以隔位相承之說也不例外。

如師 ䷆ 卦上六「大君有命，開國承家」，惠氏注云：

> 二升五，爲大君。坤爲國，二稱家，二之五處坤之中，故曰開國。五降二，得位承五，故曰承家。

並進一步疏云：

> 《乾鑿度》曰：大君者，君人之盛者也。荀氏曰：大君謂二。故知二升五爲大君也。坤爲國，二稱家，虞義也。二之五爲比五建國，故云開國。二爲大夫，五降二承五，故曰承家。此宋衷義也。

〔註298〕

惠氏此一相承之說，是根據宋衷之義而來，宋衷認爲「陽當之五，處坤之中，故曰開國。陰下之二，在二承五，故曰承家」。〔註299〕此說除了以乾二升五、坤五降二之升降法，使九二升至九五，六五降居六二，二、五皆居正位外，以六二之陰承九五之陽，是一種隔位相承之例。

如否 ䷋ 卦初六「拔茅茹，以其彙，貞吉，亨」，惠氏注云：

> 初惡未著，與二三同類承五。變之正，猶可亨，故曰「貞吉，亨」。

進一步疏云：

> 坤爲積惡，初尚微，故惡未著。……是初與二、三同類承五也。初、四失位，變之正，則猶可亨，故曰「貞吉，亨」。

又同卦六二「苞承，小人吉，大人否亨」，注云：

> 二正承五，爲五所苞，故曰苞承。

疏云：

> 二得位，故二正承五，五苞桑，故爲五所苞也。苞二承五，故曰苞承。〔註300〕

從初六、六二釋文觀之，不論是初六或是六二，乃至六三，其承五皆爲「同類承五」，也就是同屬陰爻以承九五陽爻，此種相承之法，爲隔位相承，即跳過四爻而承五爻。

〔註298〕二段引文，見《周易述》，卷二，頁37～39。
〔註299〕見李鼎祚《周易集解》，卷三，頁60。
〔註300〕否卦引文，見《周易述》，卷二，頁58～60。

5. 以陽承陽之特例

陽上陰下的爻位關係，才稱爲「承」，但惠氏卻有以陽承陽之說，此相承之特例。如乾䷀卦九三「君子終日乾乾」，惠氏釋「乾乾」云：

> 三與外體接，以乾接乾，故曰乾乾。荀氏謂承乾行乾，義亦同也。

〔註301〕

惠棟採荀爽之說爲言，基本上仍認同荀氏有此一說，九三爲下體之上，外接上體純陽乾䷀卦，爲「以乾接乾」，或是以乾承乾，以九三陽爻承上體三陽，所以稱「乾乾」。

又如前述訟䷅卦六三「食舊德」，惠氏注云：

> 三失位，動而承乾，有食舊德之象。

「動而承乾」，六三動而爲九三陽爻，上承乾䷀體，此亦是以陽爻承陽爻之說。

此二例，又可以視爲以爻承卦之相承特例。

6. 以爻承卦之特例

前面「以陽承陽」之二例，亦可視爲以爻承卦之例，只不過其二例，皆是以陽爻承陽卦（乾卦），不合一般以陰承陽之普遍原則。如訟䷅卦六三「食舊德」而後「終吉」，惠氏注云：

> 乾爲久、爲德，故爲舊德。四變食乾，……三失位，動而承乾，有食舊德之象。……三爲下卦之終，得位，故終吉。〔註302〕

三爻以陰居陽位，使之正，而爲九三陽爻，上承乾䷀體，所以惠氏云「動而承乾」，並進一步呼應「有食舊德之象」。此爲惠氏以爻承卦之例，也是以陽爻承陽爻之說。以下一例，則合陰承陽的一般原則。

坤䷁卦六五「黃裳，元吉」，惠氏注云：

> 降二承乾，陰陽位正，故元吉。

惠氏以升降之說，以坤五降於乾二，則陰二承乾，陰二亦承陽三，陰陽位正，所以「元吉」，惠氏特別指出「元吉謂承陽之吉」，以陰二承上諸陽爻。〔註303〕

（二）乘

「乘」於上下兩爻的關係，特別是就上爻而言。一卦之中，任意兩爻，特別是相鄰的兩爻，甲爻居於乙爻之上者，則可稱爲甲爻乘乙爻。《易傳》特別將

〔註301〕見《周易述》，卷一，頁5。
〔註302〕見《周易述》，卷一，頁32～33。
〔註303〕二引文，見《周易述》，卷一，頁14。

「乘」作了原則性的規範，認爲一陰爻凌居於一陽爻之上者，則稱爲「乘」；這樣的一陰爻與一陽爻，是一卦中所顯現的實際爻位，沒有經過任何的爻變或是任何因素的改變其爻位者，所以可以視爲「乘」的正格或正例。但是，《易傳》之後，漢魏以降易學家運用「乘」說更爲多元化，除了以傳統之說在沒有經過爻變的原有卦象上言乘者之外，有以隔爻相乘者，有以眾陰爻乘一陽或眾陽爻乘一陰者，有以上下卦稱乘者。惠氏綜采諸家之說，言「乘」之形式亦夥，但大體仍以傳統的正例爲主。以下分別就其各種不同的形式，舉例作簡要說明。

1. 傳統上實際爻位間的乘例

　　惠氏以傳統之說在沒有經過爻變的原有卦象上言乘者最爲普遍。例如屯䷂卦「元、亨、利、貞」，惠氏疏云：

> 卦二、五得正，而名屯者，以二乘初剛，五舍于上，不能相應，故
> 二有屯如之難，五有屯膏之凶，名之曰屯也。三變則六爻皆正，陰
> 陽氣通，成既濟之世，故云元亨利貞。〔註304〕

六二乘初九，所以「二乘初剛」；上六乘九五，所以「五舍于上」。如此一來，二五雖皆居中而正，卻因陰乘陽、陽爲陰所乘，所以不能相應，故有「屯如之難」。透過三爻變之正，則能「元、亨、利、貞」。

　　又如蒙䷃卦上九「擊蒙，不利爲寇」，惠氏注云：

> 擊三也，體艮爲手，故擊。謂五已變，上動成坎，稱寇，而逆乘陽，
> 故不利爲寇。

疏云：

> 上應三，三行不順，故擊三也。艮爲手，《説卦》文。坎爲寇，三體
> 坎，五上變亦爲坎，故爻辭有二寇，一謂上，一謂三也。五變，上
> 動乘之，是乘陽也，乘陽爲逆，故曰逆乘陽。〔註305〕

蒙卦五、上二爻的關係，原本爲五承上，但在這裡惠氏刻意使五變上動，形成上六乘九五的局面，其目的皆在於爻義解釋上的需要，特別是藉由爻變求得爻象，至於造成上六乘九五的情形，無傷吉凶上的解釋。

　　又如師䷆卦六三「師或輿尸，凶」，惠氏疏云：

> 三以陰居陽而乘二剛，又不與上應，故失位乘剛无應。〔註306〕

〔註304〕見《周易述》，卷一，頁16。
〔註305〕見《周易述》，卷一，頁23、25。
〔註306〕見《周易述》，卷二，頁38。

六三陰居陽位，並以三陰乘二陽，又與上无應，所以云「失位乘剛无應」；此爻失之甚矣，故必爲「凶」象。

又如比 ䷇ 卦「後夫凶」，惠氏指出「乘陽无應，故凶」，並進一步以虞翻之說解釋云：

> 後謂上，夫謂五也；上後于五，故稱後夫。乘五，故曰乘陽。

比卦上六乘九五，並與六三無應，所以爲凶。同卦上六「比之无首，故凶」，惠氏注云：

> 上爲首，乘陽无首，故凶。

惠氏疏云：

> 陰无首，以陽爲首，上乘五是陰不承陽，爲无首也，故凶。〔註307〕

一般而言，「上爲首」，是就陽爻而言，陰爻無首，且上六乘九五，以陰乘陽，所以爲凶。

2. 爻變而言乘

不論是漢儒，乃至惠氏述漢而立說，以爻變釋卦爻之義，皆希望透過爻變以改變原來不好的卦爻象，使之趨於吉象，但是在某些狀況下，爲求卦爻義之通解，有時不得不藉由爻變以附合不善之卦爻義，論述爻位之乘也是如此；乘本是凶象，爻變而使爻位爲承的關係，即以爻變爲凶。因此，以爻變爲乘者，在惠氏論乘的例子中，相對於傳統正例，算是少數，不像前述「承」的部份，爻變言「承」反而成大宗。以下舉例言之。

例如无妄 ䷘ 卦上九「无妄，行有眚，无攸利」，

> 四已正，故上動成坎。坎爲多眚，故行有眚。上柔乘剛，逆巽之命，
> 故无攸利。〔註308〕

上爻原爲陽爻，惠氏使之動而爲陰，形成陰乘陽的爻位關係，目的在於陳述此上陰乘剛，爲「逆巽之命」，所以「无攸利」。

例如恆 ䷟ 卦上六「震恆，凶」，惠氏指出「五動乘陽，故凶」，並解釋云：

> 五之正，則上乘陽，故五動乘陽。乘陽不敬，故凶也。〔註309〕

六五爻原本爲陰，惠氏使之動而爲陽，則上六乘九五陽爻，乘陽爲凶。此六五爻變而後言「乘」，目的在於解釋爻辭「凶」義。

〔註307〕比卦諸引文，見《周易述》，卷二，頁40～43。
〔註308〕見《周易述》，卷四，頁114。
〔註309〕見《周易述》，卷五，頁140。

例如大壯䷡卦九三「小人用壯」，惠氏以九三相應上六而言，指出：

> 以大壯陽息之卦，息至五體夬，夬上爲小人。……五已正，上逆乘
> 陽，故用壯。〔註310〕

藉由消息之說而論，大壯卦爲陽息之卦，息至五爲夬䷪卦，此時五爻已由原來大壯卦的六五變成夬卦的九五當位之卦，此時五雖已正，但上六乘五，所以爲凶象。此凶象是九三之凶。

3. 隔爻相乘

例如大過䷛卦上六云「凶，无咎」，惠氏注云：

> 乘剛，咎也；得位，故无咎。

疏云：

> 上乘四剛，故有咎。以陰居陰，得位，故无咎。〔註311〕

上六下乘四剛爻，即以一陰乘四陽，一爻乘多爻，爲有咎。然而，上六得位，可以化爲「无咎」。

例如嗛䷎卦六五「不富以其鄰」，惠氏指出：

> 四、上爲五之鄰，故鄰謂四、上。自四以上，皆乘三陽，故曰乘陽。
>
> 〔註312〕

六四與上六皆爲六五之鄰，所以爻辭所言「鄰」者，即指六四與上六兩爻。惠氏並指出上體三爻皆爲陰爻，皆乘九三陽爻，即六四乘九三、六五乘九三、上六乘九三，上體三陰同乘陽三，故稱「乘陽」。此一論述，可以視爲隔爻相乘之說。

例如夬䷪卦上六「終有凶」，惠氏指出「位極乘陽，故終有凶」，並解釋云：

> 位乘乘陽，故終有凶。虞義：位極于上而乘五剛，故終有凶也。
>
> 〔註313〕

惠氏採虞翻之說，以夬卦爲一陰五陽之卦，上六一陰處於亢極之位，乘五陽爻，所以云「位極于上而乘五剛」，以陰乘陽，則必有凶。

〔註310〕見《周易述》，卷五，頁146。

〔註311〕見《周易述》，卷四，頁124、126。

〔註312〕見《周易述》，卷三，頁73。

〔註313〕見《周易述》，卷六，頁186～188。惠氏疏作「位乘乘陽」，前「乘」字當爲「極」，此惠氏筆誤或刻印之誤。

4. 以爻乘卦

例如小畜☲卦六四「有孚，血去惕出，无咎」，惠氏云：

> 五陽居中，故孚謂五。血讀爲恤，讀從馬氏，蓋古文恤作血也。坎
> 爲加憂，故爲恤，爲惕。萬物出乎震，故震爲出。四以一陰乘乾，
> 乾陽尚往，不爲所畜，故爲恤，爲惕，旁通變至上，成小畜，坎象
> 不見，故恤去惕出。四陰得位，上承九五，與五合志，故无咎也。
>
> 〔註314〕

惠氏指出六四以「一陰乘乾」，即六四陰爻乘下體乾☰卦，也可以說六四陰爻
乘下三陽爻。但是六四陰居陰位，又上承九五陽爻，所以「與五合志」而无咎。

5. 以卦乘卦

例如泰☷卦上六「勿用師」，惠氏注云：

> 二動體師，陰乘陽，故勿用師。

惠氏認爲「坤三陰乘陽」，〔註315〕即泰卦坤上乾下，上體坤☷乘下
體乾☰，此陰乘陽非爲正象，故「勿用師」。

隔爻相乘、以爻乘卦，或是以卦乘卦之說，爲「乘」說之特例，基於卦爻的
結構實況而立說。大體而言，隔爻相乘與以爻乘卦之說，主要的對象是多陰
或多陽之卦，例如前述大過☱卦爲四陽二陰，噬☳卦爲五陰一陽，夬☱卦
爲五陽一陰，小畜☴卦亦爲五陽一陰。惠氏以卦乘卦之說，僅泰☷卦一例，
泰卦上下二體適爲乾☰陽坤☷陰之卦，爲陰陽二體，順此實體，而言「陰乘
陽」，因此，惠氏並不在刻意建構以卦乘卦的特殊形式。

四、理想的中位說

中國傳統思想，於事物對立中取其的統一和諧的中道主張極爲重視與推
崇，在儒家的思想體系中普遍稱之爲「中和」，而表現在《周易》的卦爻當中，
《周易》對一卦六爻中的二、五兩爻特別重視，二、五兩爻特別是五爻，大
都以吉象而言，因爲二、五兩爻處於上下兩卦的中位，是一種較爲理想的狀
態。所以《周易折中》指出，「剛柔各有善不善，時當用剛，則以剛爲善也；
時當用柔，則以柔爲善也。惟中與正，則無有不善者。然正尤不如中之善，
故程子曰：正未必中，中則無不正也。六爻當位者未必皆吉，而二五之中，

〔註314〕見《周易述》，卷二，頁47。
〔註315〕二引文，見《周易述》，卷二，頁54、57。

則吉者獨多，以此故爾」。〔註316〕剛柔之善與不善，依時而定，六爻當位而能得吉，但無必然之吉；然而爻位居中，則以吉象為多。這種中位的思想，發展到《易傳》，則表現的更為明確，特別是《彖傳》與《象傳》，每每稱「中正」、「正中」、「剛中」、「得中」、「剛得中」、「柔得中」、「中行」、「行中」、「中道」、「在中」，以及「中」等等，即指爻居於中位而立說。漢代的易學家，陳述卦爻義時，不斷強調中位的重要性，特別是荀爽，其升降說是中位思想的開展與具體呈現，推崇九二升五與六五降二的原則，使中位的主張更具動態的積極意義。虞翻也是如此，為凸顯中位的重要，經常採用爻變的方式，將不當位的中爻，使之正而當位；對於二五兩中位之爻，尤其側重五爻，以五爻居於天子中正之位，與二爻臣位相對，君臣居處中正之位，則為天下之大吉。這一些重要的中位思想，成為惠氏述《易》的重要材料，也成為惠氏中位思想的主體內容。

（一）中和為中位之最佳典式

爻位可以視為陰陽二氣所處的形式位置，荀爽認為陰陽二氣相易相生、相感相成的推移變易，是依循著陽進陰退、陽升陰降的基本法則；惠氏就是根源於荀爽的此一升降說，特別明確地指出乾二升坤五、坤五降乾二的準據，從二、五之位入手，將中和確定為爻位的理想目標，藉由二、五升降的爻變方式，達到中和的最佳典式。因此，中和代表著爻位的最佳位置，也代表著達到同於《中庸》的宇宙生成之道，天地位而萬物育，生生不息，圓滿美善。「中」為天地萬物得以存在的終極根據，一切事物都依「中」的平衡中正結構關係而存在；「和」則揭示一切事物的有序發展在於依賴其相互之間的和諧協同關係。中和成為一切事物存在發展的主要根據與理想境域。二、五兩爻代表著宇宙天地在變動不居、周流不停的狀態下，尋求的最佳處所。所以，惠氏以此二爻：陰二陽五、二五當位、二五相應，既中且和，是中位之最佳典式，是成濟既定的主要架構，是六十四卦爻位的最佳歸宿。

惠氏在述《易》的過程中，不斷強調中和之位，並以之闡釋卦爻義。例如他在闡釋泰䷊卦九二爻辭時，指出：

> 中和謂六二、九五。合言之則二、五為中，相應為和；分言之則五
> 為中，二為和。……天地者，二、五也，天交乎地，……《中庸》

〔註316〕見李光地《周易折中》，卷首〈爻例〉，四川：巴蜀書社，1998 年 4 月 1 版 1
刷，頁 27。

所謂致中和，天地位焉，萬物育焉是也。漢儒皆以二、五爲中和，
故《易乾鑿度》於師之九二曰：有盛德行中和，順民心。于臨之九
五曰：中和之盛，應于盛位，浸大之化，行于萬民。〔註317〕

又如釋屯䷂卦《象傳》時，也指出：

二五爲中和，聖人致中和，天地位，萬物育，故能贊化育也。〔註318〕

明白地指出「中和」爲六二與九五兩個爻位，不只是指二、五位，更是指「二」
必爲陰爻處陰位的六二爻，「五」必爲陽爻處陽位的九五爻。「中和」在爻位
上又有兩層意義，其一、合而言之，六二、九五爲「中」，兩爻當位相應爲「和」；
分而言之，九五爻爲「中」，六二爻爲「和」，九五處天之中位，爲至尊至貴
的中正之位，而六二處地之中位，爲協同和諧之位。《易》卦得此中和之位，
則可循「既濟定」的理想定位邁進，臻於「元、亨、利、貞」的最佳狀態。

（二）爻位的理想歸宿——成既濟定

「成既濟定」爲陰陽交感的最佳狀態，也是爻位的理想歸宿。「成既濟」
之說，早在荀爽易學中，已藉由其升降之主張而展現出來，並且由虞翻進一
步地開闡，大力主張「成既濟定」之說。惠氏的論述，就是定調於二家之說。

當位是陰陽的本來處所，也是事物發展應有的最佳狀態。當位中的二、
五兩爻，又是六爻當位中的最重要位置，也是中位居中得正的完整狀態。對
於不當位之爻，藉由爻變的方式，使之當位，特別是二、五中位，往往於不
當位時，透過乾升坤降的爻變方式，使之合中和之位。六十四卦當中，惟既
濟䷾卦是六爻皆當位者，此六爻之當位，他在論述乾卦「利貞」時，特別指
出「乾六爻，二、四、上匪正；坤六爻，初、三、五匪正」，「二、四、上以
陽居陰，初、三、五以陰居陽，故皆不正。乾變坤化，六爻皆正，故各正性
命」。「乾坤合德，六爻和會，故保合太和」。「經凡言利貞者，皆爻當位，或
變之正，或剛柔相易」，終在使成理想的「剛柔正而位當」，〔註319〕以成既濟
定的最佳歸宿。成既濟定，六爻各正其位，特於是由於其能行中和之道，以
彰顯其理想與價值。以下列舉數例略加說明：

例如惠氏釋《繫上》「子曰：易其至矣乎」，注云：

易謂坎離，坎上離下，六爻得位而行中和，故其至矣乎。

〔註317〕見《周易述》，卷二，頁 55。
〔註318〕見《周易述·象上傳》，卷十一，頁 293。
〔註319〕括弧諸引文，見《周易述》，卷一，頁 2。

疏云：

> 易謂坎离，謂既濟也。既濟剛柔正而位當，故坎上离下，六爻得位，
> 二五爲中和，故行中和。〔註320〕

例如惠氏注《繫上》「而道濟天下，故不過」，云：

> 乾爲道，乾制坤化，陽升陰降，成既濟定，故道濟天下。六爻皆正，
> 故不過也。〔註321〕

進一步解釋云：

> 乾爲道。亦虞義也。陽道制命，坤化成物，故乾制坤化。乾二升坤，
> 坤五降乾，陽升陰降，成既濟定，故道濟天下也。過，過失。六爻
> 皆正，而无過失，故不過也。〔註322〕

例如釋臨䷒卦卦辭「元亨利貞」，注云：

> 二陽升五，臨長羣陰，故曰臨三動成既濟，故元亨利貞。

惠氏並進一步解釋：

> 陽息稱大，坤虛无君，二當升五，以臨群陰，卦之所以名臨也。二
> 升五，三動成既濟，故云元亨利貞也。〔註323〕

從這些例子裡，可以看出，陰陽當位以成既濟定，則可元亨利貞，陰陽和均
而得其正，也可以致中和而天地位與萬物化。因此，成既濟定的理想，特別
反映出中和之中位之重要，以及中位所期盼達到的最佳歸宿即既濟之道。「中
和」與此「既濟定」這兩個命題，爲後面章節論述之重要，此處僅作簡要說
明。

（三）中位以五爻尤重

　　二、五兩爻同處中位，但五處天位，而二處地位，五又爲陽位，二則爲
陰位，《易》本尊陽賤陰，天高地卑，所以雖然同是居中之位，但是五位始終
是最重要的位置。

　　惠氏釋泰䷊卦九二時，指出中和爲六二與九二，此二爻尤其以九五爲重，
所以引揚雄之言云「中和莫尚于五」。〔註324〕又釋《繫辭下傳》「辯是與非，

〔註320〕見《周易述·繫辭上傳》，卷十五，頁407～408。
〔註321〕見《周易述》，卷十三，頁395。
〔註322〕見《周易述》，卷十三，頁398。
〔註323〕以上惠氏之言，見《周易述》，卷三，頁86。
〔註324〕見《周易述》，卷二，頁55。

則非其中爻不備」段時，也特別地提出：

六爻以二、五爲中和，卦二、五兩爻，又以五爻爲主。〔註325〕

惠氏明白地指出二、五兩爻以五爻爲主，也就是以五爻尤爲重要；二、五兩爻本是一卦六爻相對較爲重要的爻位，當中又以五爻爲主，則五爻爲一卦六爻中最重要的爻位。以中和而言，五爻爲中，二爻爲和，以五爻「中」爲重，則「中」重於「和」，中和之道，必先得其「中」以致其「和」，不「中」之「和」不可成，不「中」亦不可成「和」，因爲不「中」無法二、五相應，無法相應也就不能「和」。因此，惠氏在釋《易》的歷程中，對於五爻的中位特別重視。

中位爲爻位的主角，是《易》道的理想處所，是中和之所指，是成既濟定的最重要處。中位既是如此重要，則必須維護與追求中位的正當性與完整性，也就是使中位能夠居中爲正，能夠爲當位。對於居中而爲不當之位者，則透過爻變的方式使之爲正，變失位之中爲當位之中，以達中正之目的。因此，惠氏在詮釋卦爻的時候，常常於不當位之中爻，以爻變的方式促使其正，意義即在此。有關的例子，前面論述的引例中每每可見，在此就不再贅舉。

惠氏其它有關之爻位主張，如根本於京房、虞翻之說，以爻位的貴賤，透過具體的爵位賦予爻位的貴賤，進一步闡釋卦爻義。這方面已於前面章節論述卦爻象時有說明。此外，惠氏也直接指明某爻爲貴、某爻爲賤。例如釋屯䷂卦初九「利居貞，利建侯」，指出「二失位，動居初，得正，故利居貞。震，諸侯象，得正應四，以貴下賤，大得民，故利建侯也」。〔註326〕震䷲卦爲諸侯之象，今居下體之初，將其諸侯之貴象，下於初爻賤位，深處民間，與民同心，所以處位得當，能夠「大得民」而「利建侯」。在這裡，惠氏提到「以貴下賤」，明白地指出初爻爲賤位。例如釋比䷇卦九五指出「乾高貴五，五多，功故五貴多功」，〔註327〕既是如此，所以爲「吉」。指出五爻爲高貴之位。釋泰䷊卦六五指出「五貴位」，〔註328〕所以「元吉」。釋萃䷬卦九五引《文言》指出乾卦上九爲「貴而无位」，〔註329〕上九亦爲貴位。釋觀䷓卦初六指出「初爲元士，故位賤」，〔註330〕即初爻爲賤位。類似的例子，不勝枚舉。

〔註325〕見《周易述》，卷十八，頁533。

〔註326〕見《周易述》，卷一，頁19。

〔註327〕見《周易述》，卷二，頁42。

〔註328〕見《周易述》，卷二，頁56。

〔註329〕見《周易述》，卷六，頁196。

〔註330〕見《周易述》，卷三，頁92。

基本上，五爻最爲尊貴，其次爲上爻；三位處下卦之上，爲凶，所以尤賤，初位最下爲卑，所以亦賤。但是，爻位貴賤雖定，但仍必須綜合當位、相應、承乘等等實際的爻位關，才能確定其最後的吉凶。總之，解釋經文吉凶悔吝時，必須綜合各種爻位關係而加以分析才能確定，而這諸多的爻位關係，並不是一種僵化既成的關係，當中仍有動態、具體的呈現，透過爻變與有關的方式展現出來，才決定其最後的吉凶。惠氏廣採漢儒之說，成爲其對爻位的運用與認識。

第五節　綜採漢儒其它重要主張以釋《易》

漢儒用象之說龐雜繁富，爲象數易學發展最鼎盛的年代，惠棟根本漢說，對漢儒之說，也都囊括綜采，存續發皇，因此，述《易》的主要特色表現，除了前述諸說外，尚有其它漢說之用。以下主要針對半象、兩象易、反卦、旁通、震巽特變等主張，作簡要說明。

一、半　象

《周易》構成「象」的符號系統，有爻的部份，有三爻而形成的八卦部份，有八卦交互而形成的六十四卦部份，一般最常談的，而且視爲「象」的主體的部份，則是就八卦的卦象而言。完整的卦象，是由三爻所組成的，由三爻以成象而盡意。因此，一般言卦象，必以三爻而言。兩漢《易》家，有以兩爻以代表一卦而爲象者，後世稱爲「半象」。歷來討論「半象」的先趨，揣度焦贛《易林》曾用半象，如尚秉和《焦氏易詁》即是如此認爲；乃至後來承焦氏之學的京房，也有使用半象的概念，但是此種猜測之言，未能成爲定說。而依目前文獻所見，明確提出「半象」之說者，大概以虞翻最早。虞翻習於用象，也繁於用象，透過取象以解經，「半象」成爲其言象的重要特徵。

爻分陰陽，一卦有三爻，倘若取兩爻而代表一卦以取象，則這兩爻很可能爲三個卦以上所共同存在的，也就是說以兩爻爲半象，至少可以代表三個卦以上的象，其情形可以爲：

其一、由兩個陽爻所組成的半象，可以同時爲乾☰之半象、巽☴之半象與兌☱之半象。

其二、由兩個陰爻所組成的半象，可以同時爲坤☷之半象、震☳之半象

　　　與艮☶之半象。

其三、由下陰上陽之兩爻所組成的半象，可以同時爲艮☶之半象、坎☵
　　　之半象、離☲之半象與巽☴之半象。

其四、由下陽上陰之兩爻所組成的半象，可以同時爲坎☵之半象、離☲
　　　之半象、震☳之半象與兌☱之半象。

　　在這種情形下，一旦要兩爻取象，如何作選擇？是要將符合的卦全部都
選用呢？還是選用其中一兩卦或其中一卦呢？就虞翻的使用方式，他僅取一
卦而言，如此一來，其選用的方式是不是有一定的準據或原則？假如沒有，
則陷入個人意志的認定，而形成沒有標準的存在。惠棟述《易》使用「半象」
之主張，大抵根據虞說而有發揮，他在《易例》中也提出「半象」之例，所
言者也都是虞翻的注文。至於其《周易述》，對於虞說也屢次引用論述，所以
能夠瞭解惠氏之說，虞說大致也都能夠明白。以下列舉數例加以說明。

　　例如惠氏釋需☵卦初九「需于郊，利用恆，无咎」，疏云：

　　乾位西北之地，故稱郊。需于郊，則不犯坎難。虞註九二曰：四之
　　五震象半見，故初變體恆，需時當升，初居四，得位承五，故无咎。
　　〔註331〕

惠氏同時於《易例》中舉虞氏以此卦有「半象」之言，指出：

　　虞註需卦曰「大壯四之五」。九二「需于沙，小有言」，虞註云「大
　　壯，震爲言，四之五，震象半見，故小有言」。〔註332〕

惠氏釋文中提到虞註九二云「四之五震象半見」，惠氏此一引文並不夠清楚與
完整，「四之五」指的是大壯☳卦的「四之五」，也就是透過大壯卦「四之五」
後，則變爲需卦。大壯卦上震☳下乾☰，當「四之五」後，大壯卦變爲需卦，
原來的上體震☳卦也變爲坎☵卦，但是仍有半見的震象，即下陽爻上陰爻所
組成的半象之震；在卦變後的需卦中，下陽上陰之兩個爻，有三四爻與五上
爻，那麼惠氏所的半象應該是那兩個爻呢？指的應該是五上爻，因爲原來大
壯卦的上體爲震卦，而五上爻即此震卦中的兩爻。由下陽上陰兩爻所組成的
半象，可以爲坎☵之半象、離☲之半象、震☳之半象與兌☱之半象，而這
裡特別指出是震卦之半象，主要的依據就是需卦的前身是大壯卦，是由大壯
卦所變而來的，因爲大壯卦的上體爲震，而五上爻面是上體三爻中的兩個爻，

〔註331〕見《周易述》，卷一，頁28。
〔註332〕見《易例》，卷二，頁1028。

所以下陰上陰兩爻之半象，當然是震卦了。因此，由這個例子可以看出，不論是虞翻或是惠棟，取用半象絕非隨意而行，並非肆意妄用，而是有所根據，主要是以需卦的前身爲大壯卦，大壯卦上體爲震而五上爻又是當其原來震卦之位，故取兩爻爲半象，當然是指震卦了。

又如釋小畜☲☴卦「密雲不雨」，云：

> 需時坎在上爲雲，上變坎象半見，四體兌，兌爲密，故密雲不雨。

〔註333〕

同時於《易例》中指出虞翻注云：

> 需上變爲巽，上變爲陽，坎象半見，故密雲不雨。〔註334〕

虞氏以小畜☲☴卦由需☲☵卦上六變上九而來；需卦上體爲坎☵，變成小畜卦上體爲巽☴，云此小畜卦有坎象半見，即就四陰五陽的兩爻而言。取作小畜卦四陰五陽爲坎象半見，而不爲艮☶之半象、離☲之半象或巽☴之半象，主要就在於其前身需卦上體爲坎。

又如釋豫☷☳卦卦辭「利建侯行師」，惠氏以虞說云「復初之四」，「震爲諸侯，初至五體比象，四利復初，故利建侯。三至上體師象，故行師」。並指出：

> 一陰五陽，一陽五陰之卦，皆自乾坤來；師、噬、大有、同人是也。
> 此卦復四之初，乃從《繫辭》兩象易之例，非乾坤往來也。……震爲諸侯，初至五體比象，比「建萬國，親諸侯」。二欲四復初，初爲建，故利建侯。卦體本坤，四之初，坤象半見，故體師象利行師也。
> 虞注晉上九曰動體師象例，與此同，半象之說易例詳矣。〔註335〕

豫卦由復☷☳卦而來，復卦上坤☷下震☳，所以復卦四之初爲豫卦，則豫卦上體本坤，故惠云「卦體本坤」。卦變前既復卦上體原爲坤☷卦，則卦變後豫卦上體六五與上六兩爻爲坤之半象。同樣的道理，晉☲☷卦上九動則上六、六

〔註333〕見《周易述》，卷二，頁44。
〔註334〕見《易例》，卷二，頁1029。事實上，非虞氏注卦辭之文，而是注小畜卦《象傳》之文，並且斷取其中文句。虞翻實際之注文，注《象傳》「健而巽，剛中而志行，乃亨」云：「需上變爲巽，與豫旁通。豫四之坤初爲復，復小陽潛，所畜者少，故曰小畜。二失位，五剛中正，二變應之，故志行乃亨也。」注「密雲不雨，尚往也」云：「密，小也。兌爲密。需坎升天爲雲，墜地稱雨，上變爲陽，坎象半見，故密雲不雨，上往也。」（見李鼎祚《周易集解》，卷三，頁66。）
〔註335〕見《周易述》，卷三，頁74。惠氏並於《易例》指出虞注豫卦辭云「三至上體師象，故行師」。（見《易例》，卷二，頁1029。）即六五、上六爲坤之半象，故「三至上體師象」。

五亦爲坤之半象。

釋困䷮卦初六「入于幽谷」，云：

> 初動體兌，坎水半見，謂坎半象也。《說文》谷字下云：泉水出，
> 通川爲谷，從水半見。出於口，與坎半象同義，故亦取象于谷也。
>
> 〔註336〕

惠氏指出初六不正，動而使之正而互體爲兌䷹，此時原來的下卦坎☵水已不全，所以「坎水半見」，則九二、六三爲坎之半象。惠氏並以《說文》之言，說明「谷」同樣有「從水半見」之義，與坎「半象」同。在這裡惠氏亦以文字字形字義以說明半象之義。同樣地惠氏釋井卦九二「井谷射鮒」，云「兌有坎半象，故爲谷」；〔註337〕其說法與此例同。

其它例子如釋革䷰卦《象傳》「水火相息」，以虞說爲訓，云：

> 息讀爲消息之息，故云長也。兌爲坎半象，故爲水。坎爲川，川雍
> 爲澤，故爲澤。……兌言澤而稱水者，卦无坎象，四革之正，坎兩
> 見，故不曰澤而曰水也。〔註338〕

釋夬卦《象傳》「澤上於天，夬」，云：

> 兌爲澤，兌體坎象半見，坎爲水，故水氣上天。兌澤在上，故決降
> 成雨，以陽決陰，故曰夬也。〔註339〕

釋《繫下》「小徵而大誡，此小人之福也」，云：

> 艮爲少男，故爲小。陽稱大，故乾爲大。五之初體震，故坤殺不行，
> 坤爲虎刑，春生秋殺，故坤爲殺。震來虩虩，又恐懼脩省，故震懼
> 虩虩。否五之初，巽象半見，有益象，故以陽下陰，民說无疆，震
> 恐懼致福，故小人之福也。〔註340〕

半象取義與前述例子同，故不再詳述。這裡尚有一例要提的是惠氏釋賁䷕卦六五「賁于丘園」，云：

> 五失位无應，今已之正，故應在二。二在坎下，坎爲隱伏，故爲隱。
> 《爾雅·釋地》曰：非人爲之邱。郭璞云：地自然生。《說文》曰：
> 邱，土之高也。故云坤土爲邱。虞氏謂艮爲山，五半山，故稱邱。

〔註336〕見《周易述》，卷七，頁206～207。
〔註337〕見《周易述》，卷七，頁212。
〔註338〕見《周易述》，卷十，頁284。
〔註339〕見《周易述》，卷十三，頁365～366。
〔註340〕見《周易述》，卷十三，頁365～366。

揚子曰：邱陵學山而不至于山。半山爲邱，義亦通也。〔註341〕
惠氏透過爻變，使原本六五不當位且無應於二，變之正則又與六二相應。二
爻又爲二至四互體爲坎☵之下爻，坎象爲隱，有隱士之象，隱士多居山林丘
園之間，所以「賁于丘園」。惠氏並引虞氏以艮☶爲山，而五爻在艮之中，則
爲半山，所以「五半山」，既是半山，則比一般之山爲低，即邱陵之屬。「半
山」是否可以視爲艮之半象，拙自認爲從兩個方向來看：如果從完整的三爻
組成的艮山，而二爻居於艮山之中來看，則虞翻應不以此爲半象之說，因爲
賁卦上體爲艮☶，是完整的三爻所組成的純卦，不符虞翻所說的兩個爻所組
成的半象；虞翻稱作「半山」，只不過就完整一象（山）所中（中爻）而分，
所以爲「半山」，故「半山」不能視爲虞氏的半象說。如困從爻變的角度來看，
賁卦上卦爲艮爲山，但六五失位則動而成陽爲巽☴，如此一來，六四、九五
可以視爲艮之半象。惠氏此引虞說，並未細加說明，所以不知其對此虞說半
象的看法。

以不完整的兩爻就可以代表一個三畫純卦與卦象，常常會給人牽合氾濫
的感覺，所以歷來批評者眾，如焦循《易圖略》云「虞氏之學，朱漢上譏其
牽合，非過論也」。〔註342〕然而雖因用象而造作繁富，但仍有其內在理路可循，
不因此而浮泛，失卻其應有的原則。兩爻雖然可以構成多種卦象，但取其一
卦爲言，其取捨的原則是根據經文釋義而定，依經取象，爲尋求合理的卦象
來釋義，在不得已的情形下，無法以一完整的三畫卦取象來闡明經義時，只
好尋求二爻以代一卦之象。而此二爻爲一某卦，仍有其機制的運用，有以卦
變的前卦爲背景依據，如前引需☵卦初九之例，二爻所代表的卦是大壯☳卦
的上震☳，有以爻變前的卦（包卦互體所成之卦）爲依據，即二爻所代表的
是爻變前的卦之半象，前引諸例大都循此方式。因此，不論是虞翻或是其它
漢魏《易》家，乃至述漢的惠棟，他們使用半象大抵嚴謹，並無漫加濫用或
非無端造作。半象既能合乎邏輯的合理使用，則毋須過度的打壓或否定。《周
易》透過卦爻符號來象徵事物，而事物發展常常是活動性、變化性的存在，
因此，如何將符號運用成一種活動性的、變化性的發展，這是符號在建構運
用上的重要概念，半象的使用，某種程度上存在著這樣的特質；如需☵卦九

〔註341〕見《周易述》，卷三，頁100。
〔註342〕見焦循《易學三書·易圖略》，卷七，北京：九州出版社，2003年12月1版
　　　　1刷，頁133。其它如顧炎武《日知錄》、王夫之《周易外傳》亦有批評。

五、上六爲爲震☳之半象，需卦從大壯☳卦而來，從大壯卦變到需卦後，需卦上體中仍存在著本卦大壯卦上體（震卦☳）的成份，需卦五、上兩爻爲震之半象，可以反映出這樣的訊息或意義。所以，半象的符號意義，表現出一種活動性與變化性的內涵。

二、兩象易

（一）惠氏列舉虞氏兩象易之說

《周易》六十四卦中，除了乾☰、震☳、坎☵、艮☶、坤☷、巽☴、離☲、兌☱等八卦之外（此八卦上下體皆同），其餘五十六卦，每卦上下體易位後就成爲另一卦，如屯☵卦（震☳下坎☵上）上下易位則爲解☳卦（坎☵下震☳上）；這種上下卦易位的概念，發展到了荀爽，已見其易位之說，〔註343〕而到了虞翻則確切提出兩象易或上下象易之說。惠氏在《易例》中列舉了虞說五例：

1. 大壯☳與无妄☳爲兩象易

惠氏云：

> 《繫上》曰：「上古穴居而野處，後世聖人易之以宮室，上棟下宇，以待風雨，蓋取諸大壯。」虞註云：无妄，兩象易也。无妄乾在上，故稱上古。艮爲穴居，乾爲野，巽爲處。无妄乾人在路，故穴居野處。震爲後世，爲聖人。〔註344〕後世聖人，謂黃帝也。艮爲宮室，變成大壯。乾人入宮，故易以宮室。艮爲待，巽爲風，兌爲雨。乾爲高，巽爲長木，反在上爲棟，震陽動起，故上棟。下宇，謂屋邊也。兌澤動下爲下宇，无妄之大壯，巽風不見，兌雨隔震，與乾體絕，故上棟下宇，以待風雨，蓋取諸大壯也。」〔註345〕

〔註343〕如荀爽釋需☵卦上六云：「乾升在上，居位以定。坎降在下，當循臣職。」（見《周易集解》，卷二，頁 50。）荀爽認爲下乾當升，而上坎當降，如此君臣才能定其職份。又如泰☷卦《象卦》荀氏注云：「坤氣上升，以成天道。乾氣下降，以成地道。天地二氣，若時不交，則爲閉塞。今既相交，乃通泰。」（見《周易集解》，卷四，頁 76。）此從天地陰陽二氣交感的概念上論否、泰二卦的關係。另外荀氏注《說卦》亦有類式之說法。此外，又注升☷卦初六云：「初欲與巽一體，升居坤上。」（見《周易集解》，卷九，頁 226。）此即云升卦上體坤與下體巽易位之說。

〔註344〕惠氏引虞注云「震爲後世，爲聖人」，此誤。當爲「震爲後世，乾爲聖人」。

〔註345〕見《易例》，卷二，頁 1021～1022。《周易述》中，惠氏亦針對虞說，作了詳

大壯☳卦與无妄☶卦同爲四陽二陰之卦，但二者原本並無卦變的關係，大壯卦來自於乾坤消息之說，而无妄卦則自遯☶卦而來。然而，虞氏於解說《繫傳》此文，則將二卦以兩象易之說，作了密切的聯繫，認爲大壯卦可以來自於无妄卦上乾☰下震☳的易位。无妄卦上乾爲「上古」，二至四體艮爲穴居；上乾又爲野，而三至五互巽爲處，所以爲「上古穴居而野處」。震爲後世爲聖人，而艮又爲宮室，无妄卦野處者（上乾爲野）則易居宮室，此則爲上乾易至下位，成爲大壯卦，所以云「後世聖人易之以宮室」。无妄卦互艮爲待，互巽爲風。大壯卦三至五互兌爲雨。无妄卦互巽爲長木，成大壯卦後，成反象而居上爲棟。无妄卦下震爲動，變成大壯卦後，震動起而居上體，故云「上棟」。大壯卦互兌爲澤，澤動於下，爲下宇。從无妄易爲大壯後，巽體毀，故風象不見，所以「以待風雨」，此即就易位後的大壯卦而言。

2. 大過☱與中孚☲爲兩象易

惠氏云：

> （《繫下》）又曰：「古之葬者，厚衣之以薪，藏之中野，不封不樹，喪期无數，後世聖人易之以棺槨，蓋取諸大過。」虞註云：「中孚，上下兩象易也。本无乾象，故不言上古。大過乾在中，故但言古者。巽爲薪，艮爲厚，乾爲衣、爲野。乾象在中，故厚衣之以薪，藏之中野。穿土稱封，『封』古『窆』字也。聚土爲樹。中孚无坤坎象，故不封不樹。坤爲喪。期，謂從斬衰至緦麻，日月之期數。无離坎日月坤象，故喪期无數。巽爲木，爲入處，兌爲口，乾爲人。木而有口，乾人入處，棺斂之象。中孚艮爲山邱，巽木在裏，棺藏山陵，槨之象也。故取諸大過。」〔註346〕

虞氏指出中孚☲卦本无乾象，所以不言「上古」；主要是相對於大過☱卦而言，因爲大過互乾在中，乾爲古，所以云「古」。巽柔爻爲草，所以爲「薪」。艮卦云「敦艮之吉，以厚終也」，所以艮爲「厚」。乾爲衣，又爲野，此皆就大過中之互乾，所以云「藏之中野」。「封」爲古「窆」字，蓋取至鄭義。〔註347〕坎爲

細的論述。參見《周易述》，卷十七，頁488～489。

〔註346〕見《易例》，卷二，頁1022～1023。《周易述》中，惠氏亦針對虞說，作了詳細的論述。參見《周易述》，卷十七，頁490～491。

〔註347〕《禮記·檀弓》「懸棺而封」，鄭玄注云：「封當爲窆。窆，下棺也。」《儀禮·士虞禮》賈公彥《疏》同樣云：「封當爲窆。窆，下棺也。」漢儒多以「封」作「窆」。

穿土，坤爲聚土，中孚无坤坎象，故「不卦不樹」。坤喪於乙，所以坤爲「喪」。五服之期數，即喪禮之制。〔註348〕坎爲月，離爲日。所以此卦「无離坎日月坤象，故喪期无數」。中孚上下相易，變爲大卦卦，巽在下爲木爲入，亦爲處；兌在上爲口；乾人在中。巽木而有兌口，乾人入處其中，爲棺斂之象。中孚互艮爲山，半山爲邱，所以艮爲「山邱」。中孚卦以兩木巽對合，所以云「巽木在裏」，藏於山陵之中，所以爲「椁之象」。由中孚卦易爲大過卦，所以爲「易之以棺椁，蓋取諸大過」。虞氏透過大過卦爲中孚卦的上下兩卦易而來，說明《繫傳》對大過卦的詮釋。

3. 夬䷪與履䷉為兩象易

惠氏云：

> （《繫下》）又曰：「上古結繩而治，後世聖人易之以書契。百官以治，萬民以察，蓋取諸夬。」虞註云：「履上下象易也。乾象在上，故復言『上古』。巽爲繩，離爲罔罟，乾爲治，故結繩以治。後世聖人，謂黃帝、堯、舜也。夬旁通剝，剝坤爲書，兌爲契，故易之以書契。乾爲百，剝艮爲官。坤爲眾臣，爲萬民，爲迷暗。乾爲治。夬反剝，以乾照坤，故百官以治，萬民以察。故取諸夬。大壯、大過、夬，此三蓋取，直兩象上下相易，故俱言易之。大壯本无妄，夬本履卦，乾象俱在上，故言上古。中孚本无乾象，大過乾不在上，故但言古者。大過亦言後世聖人易之，明上古時也。〔註349〕

虞氏指出履䷉卦兌☱下乾☰上，夬䷪卦兌☱上乾☰下，履夬二卦爲上下兩象易。上乾爲古，與无妄䷘卦同言「上古」。履卦互巽爲繩，互離爲罔罟；「乾元用九，天下治也」，則乾爲治；所以云「結繩而治」。夬䷪與剝䷖旁通，剝坤文爲書，夬兌金爲契，所以云「易之以書契」。夬與剝反，夬內乾而剝內坤，故「以乾照坤」。以乾照坤，所以百官治而萬民察。書契所以斷決萬事，故言「取諸夬」。虞氏在這裡，特別明白地指出大壯䷡與无妄䷘爲兩象易，大過䷛與中孚䷼爲兩象易，以及夬䷪與履䷉爲兩象易。並且認爲大壯本无

〔註348〕喪服有五，即斬衰、齊衰、大功、小功、緦麻等五服。五服期數：斬衰三年；齊衰有三年、有期、有三月者；大功九月；小功五月；緦麻三月。日謂三日而斂，三日而食粥，及祥禫之日。月謂三月而沐，期十三日而練冠，三年而祥，中月而禫之月數。

〔註349〕見《易例》，卷二，頁1023～1024。《周易述》中，惠氏亦針對虞說，作了詳細的論述。參見《周易述》，卷十七，頁492～493。

妄，夬本履卦，乾象皆在上，所以云「上古」；至於大過本中孚，而中孚本无乾象，大過乾不在上，所以只言「古」，但是大過亦言「後世聖人易之」，故此兩象易者，亦明上古之時。

4. 萃☷與臨☷為兩象易

惠氏指出：

> 大畜，利貞。虞註云：與萃旁通，此萃五之復二成臨，臨者，大也。
> 至上有頤養之象，故名大畜。

並且案語云：

> 案：萃者，臨兩象易也。故萃五之復二成臨。虞註襤卦，大畜時也。
> 大畜五之復二成臨，時舍坤二，故時也。兩象易，故不言四之初。
> 〔註350〕

虞翻釋大畜☷卦時，指出與萃☷卦旁通，消息卦萃五之復☷二成臨☷，而息二陰反艮，是為大畜。三至卜一有頤象，頤卦有頤養之義，所以名為「大畜」。惠棟將萃、臨二卦理解為兩象易，但依虞文，很難斷言虞氏有將此二卦作兩象易解。惠棟特別指出「兩象易，故不言四之初」，若是如此，又何必云「五之復二」；以此而認定虞定以萃臨為兩象易，於理未恰。

5. 豫☷與復☷為兩象易

惠氏云：

> 小畜，亨。虞註云：「與豫旁通，豫四之坤初為復，復小陽潛，所畜者小，故曰小畜。」初九「復自道，何其咎，吉」，虞註云：謂從豫四之初成復卦，故復自道。出入无疾，朋來无咎，何其咎，吉。乾稱道也。

並且案語云：

> 案：豫者，復兩象易也。故豫四之坤初，為復。小畜與豫旁通，而兼及兩象易者，漢法也。其本諸《繫下》无妄、中孚、履與大畜，倣此。〔註351〕

事實上，虞氏注文「與豫旁通」前尚有一句，即「需上變為巽」，即由需☷上變而為小畜☷；虞氏認為小畜☷與豫☷旁通，而息來仍在復☷，所以「豫四之坤初為復」。虞氏於此，並無直言豫與復為兩象易，反而從卦變的角度言，

〔註350〕見《易例》，卷二，頁1024。
〔註351〕見《易例》，卷二，頁1024～1025。

認為「豫四之坤初爲復」；惠氏視爲兩象易之說，純爲個人之見。

　　虞氏以兩象易之說解《易》，並無廣泛運用在六十四卦經文之中，僅用於闡釋《繫傳》，即上舉前三例，而提到兩象易的關係者，僅大壯與无妄卦、大過與中孚卦，以及夬與履卦等三組卦，至於萃與臨卦、豫與復卦，則爲惠氏一家之言，未必合於虞氏之義。

（二）惠氏使用兩象易述《易》之情形

　　《周易述》中，惠氏明確提出「兩象易」者，最少有十八次。除了上引虞翻釋《繫傳》的三例外，其餘言「兩象易」者，僅說明二卦有兩象易的關係，至於進一步以兩象易來述明卦義，惠氏則未言。以下舉數例說明之。

　　惠棟釋屯䷂卦時，針對之卦的主張，提出明確的看法，指出：

> 自乾坤來而再見者，從爻例也。卦无剝、復、夬、遘之例，故師、同人、大有、嗛，從六子例，亦自乾坤來。小畜、需，上變也。履、訟初變也。豫自復來，乃兩象易，非乾、坤往來也。頤、小過，晉四之初，上之二也。大過、中孚，訟上之三，四之初也。此四卦與乾、坤、坎、离，反復不衰，故不從臨、觀之例。師二升五，成比。噬嗑上之三，折獄成豐。賁初之四，進退无恆，而成旅。皆據《傳》爲說，故亦從兩象易之例。〔註352〕

惠氏對虞氏卦變所持的主張是「卦无剝、復、夬、遘之例」，也就是無一陰一陽之例，一陰一陽之卦皆自乾坤而來。其中豫䷏卦自復䷗卦而來，並不從乾坤往來而成卦，而是兩象易的結果。此外，師卦成比卦，噬嗑卦成豐卦，賁卦成旅卦，也是從兩象易。惠氏之說，將兩象易納入六十四卦整體的卦變系統中。有關的卦變之說，已如前面章節中有詳述。除了大壯與无妄、大過與中孚、夬與履之外，虞氏並無明確地說出上列諸卦有兩象易之關係，此皆惠氏之自說。這裡要提的是，乾坤生六子，復有十二消息卦，且諸卦又從消息卦而來，如三陽三陰之卦從泰䷊卦而來者，豐䷶卦即是，既是如此，其實毋須另作「噬嗑上之三，折獄成豐」的兩象易之說的系統；又如旅䷱卦同爲三陽三陰之卦從否䷋卦而來，亦毋須又作「賁初之四，進退无恆，而成旅」的兩象易的成卦說。此外，惠氏前面引虞說，指出大壯與无妄爲兩象易的關係，但知无妄卦爲四陽二陰之卦自遘來者；又夬卦與履卦爲兩象易的關係，但惠

氏又指出「履、訟初變也」，爲「自乾坤來而再見者」，即所謂從「爻例」者；又萃與臨爲兩象易，然萃卦爲二陽四陰之卦，自觀卦而來。因此，惠氏所說的兩象易諸卦，又多與其所認識的虞翻卦變系統有兩見。虞翻明確所云三組（六卦）有兩象易之關係，並不納入其六十四卦的卦變系統來談，僅在《繫傳》中提到，而且也未用來論述上下經之經義，個人認爲其兩象易之說，有畫蛇添足之嫌，毋須再造此說，幸好虞氏也未加運用，不致形成淆亂。然而惠氏卻增益創說，反而使整個卦變系統更顯無序。倘眞要言兩象易，八卦外之五十六卦，皆可兩兩爲兩象易的關係，這也可以獨成一系統。

釋比䷇卦，惠氏云：

> 凡一陰一陽之卦皆自乾坤來，故《九家易》注坤六五曰：若五動爲比，乃事業之盛。則比實自坤來，如乾五動之坤，五爲大有也。此從兩象易，故云師二上之五，九居二爲失位，升五爲得位，二正五位，眾陰順從。《傳》曰：比，輔也。下順從也。以五陰比一陽，故曰比。以五陰順一陽，故曰吉也。〔註353〕

惠氏以比卦屬一陰一陽之卦，皆自乾坤而來，則比自坤來。此「師二上之五」爲比，認爲師䷆與比䷇卦爲兩象易。事實上，「二上之五」爲單純的升降說，以兩象易言，徒增其複雜性。又，虞氏以兩象易之說，多藉兩卦之關係，以述明卦義，然而惠氏並無多作說明，很難看出師卦與比卦的明顯關係。

又，惠氏釋益䷩卦云：

> 此虞義也。否上爻之初成益。虞注否上九曰：否終必傾，下反於初成益是也。與恒旁通，又兩象易也。上之初，故損上益下。〔註354〕

虞氏的卦變說，以益卦自否來，爲否上之初。益與恆䷟卦旁通，但虞氏並不作兩象易之說，此惠氏所自創。二卦作兩象易之關係，對闡釋卦義並無實質之意義。惠氏此云兩象易，主要原本於虞說「與恆旁通」，恆卦上震下巽，適與益卦上巽下震爲上下易位的關係，所以惠氏說「兩象易」。

虞翻提出兩象易的主張，僅運用於《繫傳》，配合互體與卦象以論述卦義，將定位的「兩象易」的關係與卦義作了密切的聯繫。然而，虞氏始終未將這樣的主張，用於《繫傳》以外的其它經文的解釋上，避免了釋義上的複雜性，以及造成卦變主張上的多頭馬車現象。但是，惠棟掌握虞氏此說，特別納爲

〔註353〕見《周易述》，卷二，頁39～40。
〔註354〕見《周易述》，卷六，頁178。

卦變系統中的一部份，尤其是一陰一陽之卦的卦變來源。並且，惠棟並引於六十四的釋文之中，但僅提出某兩卦有兩象易的關係，至於其關係背後的實質意義爲何，惠氏並未作任何交待；也就是說，虞氏用兩象易釋《繫傳》，兩象易與經文或是某卦卦義有著深刻的關聯，然而，惠氏並無，所以，使用兩象易的主張，似乎喪失了其實質的目的與用意。如此一來，它的存在意義，就更受到質疑；以惠氏之使用言，拙自認爲，無存在的必要性。

三、反卦與旁通

反卦與旁通之說源自《周易》六十四卦的排序，六十四卦乾☰☰與坤☷☷、坎☵☵與離☲☲、頤☶☳與大過☱☴、中孚☴☱與小過☳☶等八卦，是相鄰兩卦相應的陰陽爻象皆是相反，即後來漢儒所說「旁通」的一部份；其餘五十六卦，也都是相鄰兩卦互爲反對之象，即漢儒所說之「反卦」或是「反對之象」，如：

蒙	訟	比	履	否	大有	豫	蠱	觀
屯	需	師	小畜	泰	同人	謙	隨	臨

這樣的兩種不同對應關係，也是後來易學家所說「非覆即變」的概念；明代來知德《周易集注》並以「錯綜」之說而言。「錯」即陰陽相變，也就是「非覆即變」的「變」，如乾坤之類；「綜」即上下反轉，也就是「覆」者，如屯蒙之類。惠棟引孔穎達《周易正義・序卦》云：

> 今驗六十四卦，二二相耦，非覆即變。覆者，表裏視之，遂成兩卦。
> 屯蒙、需訟、師比之類是也。變者，反覆唯成一卦，則變以對之，
> 乾坤、坎離、大過頤、中孚小過之類是也。〔註355〕

惠氏又指出：

> 有卦之反，有爻之反。卦之反，反卦也；爻之反，旁通也。王氏《畧
> 例》曰：卦有反對。〔註356〕

不論是漢儒的反對、旁通之說，或是非覆即變之說，乃至後來的錯綜之說，可以視爲源自《易經》六十四卦的卦序而來，但是真正用於釋卦，或是論述卦與卦之間的關係，則以漢儒說《易》才真正具有規模。惠氏並針對二說作

〔註355〕見《易例》，卷二，頁1027。
〔註356〕見《易例》，卷二，頁1025。

了清楚而簡要的定義，即「有卦之反，有爻之反。卦之反，反卦也；爻之反，旁通也」；至於王弼所說「卦有反對」，指的是就旁通而言。

（一）反　卦

1. 虞注中的反卦說

一般論述反卦或旁通，特別是虞翻所言，常有將二者混淆者，所以惠氏特別作了說明，於釋觀☲☷卦卦辭時云：

> 《雜卦》曰「否泰反其類也」。卦有反類，故復《象傳》曰：剛反動。虞彼注云：剛從艮入，坤從反震，是艮爲反震也。觀六二「闚觀，利女貞」，虞注云：臨兌爲女，兌女反成巽，是兌爲反巽也。又虞注明夷曰：反晉也。注益曰：反損也。注漸曰：反歸妹也。一說復亨剛反，復爲反剝，與此經觀反臨，皆卦之反也。若荀氏之義，其注《繫上》「鼓之舞之以盡神」，云：鼓者動也，舞者行也，謂三百八十四爻動行相反，其卦所以盡《易》之蘊。此謂六十四卦動行相反，乃乾坤、屯蒙之類，非僅反類之謂。又否泰之反類，則兼旁通。唯觀反臨，明夷反晉，益反損，漸反歸妹，復反剝，艮反震，兌反巽，乃反卦，非旁通也。又虞注《上繫》、同人九五爻辭云：同人反師，又以旁通爲反卦，所未詳也。〔註357〕

對於《雜卦》「否泰反其類也」，虞氏云「否反成泰，泰反成否，故反其類」，乃至虞注《繫上》與同人九五爻辭云「同人反師」，惠氏認爲「仍可通之於旁通」，〔註358〕特別是「同人反師」，確定爲旁通而非反卦。至於虞說明確爲反卦者，則包括艮反震、兌反巽、明夷反晉、益反損、漸反歸妹、復反剝，以及觀反臨等卦。這方面的論述，惠氏在《易例》中作了說明；惠氏認爲「古无反卦之說，唯虞註觀、復、明夷、漸五條乃眞反卦也」，〔註359〕也就是眞正

〔註357〕見《周易述》，卷三，頁89～90。

〔註358〕見《易例》，頁1026。

〔註359〕惠氏所指虞注「五條」，即其《易例》所列者，其一、「復《象傳》曰：復亨，剛反動而以順行。虞註云：剛從艮入，坤從反震，故曰反動。艮反震。」其二、「觀卦曰：觀盥而不薦。虞註云：觀反臨也。觀反臨。」其三、「觀六二曰：闚觀，利女貞。虞註云：臨兌爲女，兌女反成巽。兌反巽。」其四、「明夷。虞註云：夷，傷也。臨二之三，而反晉也。」其五、「漸，女歸吉。虞註云：女謂四。歸，嫁也。坤三之四，承五，進得位，往有功。反成歸妹，兌女歸吉。」（見《易例》，卷二，頁1025～1026。）惠氏認爲虞注之中，惟此五注文最爲明確表達爲反卦之說。

明確以反卦之說見世者，爲艮與震爲反卦，觀與臨爲反卦，兌與巽爲反卦，明夷與晉爲反卦，漸與歸妹爲反卦，共有五組十卦，顯然《易例》所列少於《周易述》；在這裡值得提的是《易例》所言，只是草擬之說，並非完整的論著，並不能代表完整的惠氏易學主張，因此，後儒研究惠氏之學，不能視《易例》的完整，從《易例》中去探討惠氏的思想，不能不合《周易述》而言。

惠氏指出虞氏明確提出反卦說者，包括艮反震等七組十四卦，事實上虞氏之說，並不只惠氏所言者。虞氏注《易》的過程中，往往有不明言兩卦爲反卦的關係，但實質則以反卦的內涵來論述卦義，例如姤☴卦初六「有攸往，見凶。羸豕孚蹢躅」，虞氏注云：

> 夬時，三動，離爲見，故有攸往，見凶。三，夬之四，在夬，動而
> 體坎，爲豕，爲孚。〔註360〕

從這段引文可以看出虞氏已直接將夬☱卦與姤卦以反卦的關係的作互訓，姤卦九三即夬卦九四，故姤卦九三與夬卦九四爻辭均稱「臀无膚，其行次且」。夬卦九四失位當變，則上體爲坎爲豕爲孚。因此，從這裡可以看出，虞氏完全以反卦的關係，引夬卦之說來闡明姤卦的卦義。此內容惠氏釋姤卦時也引作說明，但受限於虞氏並沒有明白指出二卦是反卦的關係，所以惠氏於前述，並未納入反卦之列。又如賁☲卦《象傳》「无敢折獄」，虞氏注云：

> 坎爲獄，三在獄得正，故「无敢折獄」。噬嗑四不正，故「利用獄」
> 也。〔註361〕

在這裡，虞氏雖未明白指出賁與噬嗑☲爲反卦，但實際上是以反卦的關係來述明賁卦《象》義。賁卦二至四互坎爲獄，九三得正；而賁九三在反卦噬嗑中九四則失位，故噬嗑卦辭稱「利用獄」。因此，虞氏反卦說的主張，絕對不僅是惠氏所言諸例而已。

2. 否泰反其類

「否泰反其類」，已如前述，惠氏並不將之視爲純粹的反卦，仍可視爲旁通，所以釋明夷卦時，除了指出明夷☷爲「反晉」，也認爲否泰兼反卦與旁通，云：

> 反晉者，易例有卦之反、爻之反。卦之反，反卦也；艮反震，兌反巽，
> 明夷反晉之類是也。爻之反，旁通也，比大有之類是也。否泰則旁通

〔註360〕見李鼎祚《周易集解》，卷九，頁218。
〔註361〕見李鼎祚《周易集解》，卷五，頁120。

而兼反卦者也。此不用旁通而用反卦者，以上六初登于天爲晉時，後
入于地爲明夷時，故用反卦，與否泰反其類爲一例也。〔註362〕

釋坤卦六四云「四泰反成否」，間接肯定否與泰爲反卦，但是釋泰卦卦辭云：

> 《雜卦》曰：否泰反其類也。虞注云：否反成泰，泰反成否，故云
> 反否；在他卦則云旁通是也。〔註363〕

似乎認爲「反其類」與旁通的概念較爲相近。所以釋同人卦九五云：

> 同人與師旁通，而稱反師者，猶否泰反其類，故云反也。〔註364〕

一方面對虞翻將同人與師卦的關係作「反師」言，提出爲旁通的合理認定外，
也認爲否泰的關係作旁通較爲適當。但是，不論是作旁通或反卦的關係，惠
氏對其「反」義之重視尤盛，因爲否泰二卦正是反映出天地的相交與否，代
表著宇宙萬物生成發展與消亡的歷程，二卦以反象的形式呈現，正是表述天
地相交與否的意義。

3. 以反卦說釋卦義

　　不論漢儒，乃至惠氏，使用反卦說的主要目在於闡明卦爻之義，並且展
現《易》卦的動態概念。如釋坤䷁卦「先迷後得主，利」，云：

> 坤爲迷，《九家說卦》文。剝上體艮，消剝爲坤。剝上九曰：小人剝
> 廬。虞注云：上變滅艮，坤陰迷亂，故小人剝廬。是消剝爲迷，復
> 先迷之象也。《序卦》曰「主器者莫若長子，故受之以震」。是震爲
> 主也。剝窮上反下爲復，故反剝。復初體震，震爲主，故後得主，
> 乃利也。〔註365〕

以消息言，坤貞十月亥，先坤者爲九月剝，後坤者爲十一月復。剝上「小人
剝廬」，以其上變滅艮，而坤陰迷亂所致。復初體震，震爲主，陰以陽爲主，
所以「得主」，復卦曰「利有攸往」，故往得主爲利。剝窮上反下而爲復，二
卦爲反卦，由剝至復，以明坤卦「先迷後得主，利」之義；先來自剝，爲迷，
後反爲震，則得主爲利。因此，藉由剝至復互爲反卦的關係，以訓解坤卦「先
迷後得主，利」之義。

　　又如釋明夷䷣卦初九「明夷于飛，垂其翼，君子于行，三日不食」，云：

〔註362〕見《周易述》，卷五，頁150。
〔註363〕見《周易述》，卷二，頁58。
〔註364〕見《周易述》，卷二，頁65。
〔註365〕見《周易述》，卷一，頁10。

《說卦》曰：离爲雉。郭璞《洞林》曰：离爲朱雀，故爲飛鳥。明
入地中，爲坤所抑，故垂其翼。昭五年《春秋傳》曰：日之謙當鳥
飛不翔，垂不竣，翼不廣。初體离而在坤下，故有是象也。泰《象
傳》曰：君子道長，君子謂三陽。《春秋傳》曰：象日之動，故曰君
子于行。是知陽爲君子，陽成于三，故云三者，陽德成也。晉初動
體噬嗑，《雜卦》曰：噬嗑，食也。明夷反晉，故不食。荀氏謂不食
者，不得食君祿也。陽未居五，陰暗在上，初有明德，恥食其祿，
故曰「君子于行，三日不食」，是其義也。

明夷卦上坤下離，離爲火，火曰炎上，本乎天者親上，所以爲飛象。且《說
卦》與《洞林》皆以离爲鳥象。此飛鳥而稱「于飛」。明入地中，爲坤所抑，
所以垂其羽翼。因此，卦當在初，體离而在坤下，故有此垂翼之飛象。且，
晉時離在坤上，爲明出地上，日從地出而升於天，今明夷離反在坤下，所以
爲「垂」。君子之行，日象陽，所以喻君。晉初動體噬嗑，噬嗑爲食象。明夷
反晉，所以云「不食」，爲不食君祿。陽在初，未居于五，坤以陰暗在上，所
以陽有離明之德，恥食其祿。初應四，震爲行。自初至四，三爻爲三日，所
以云「君子于行，三日不食」。惠氏透過明夷與晉卦爲反卦，以說明明夷初九
爻義。晉有進升之義，明夷則反爲垂地之象；晉初有食象，而明夷初則反爲
不食之象。藉由反卦之關係，更可彰明爻義。又釋上六「不明，晦。初登于
天，後入于地」，云：

三體离，上正應三，故云應在三。坤滅藏于癸，坤上离下，故离滅
坤下。坤冥爲晦，故不明而晦也。日月麗乎天，晉時在上麗乾，故
登于天。明夷反晉，故反在下，後入于地也。〔註366〕

此透過反卦的關係，來說明上六爻義。三體居離之上，而六上正應之，所以
「應在三」。坤上離下，離滅於坤下，不明而晦。晉時初登於天，明在上而下
照于坤，坤眾爲國，所以登天照四方之國。明夷反晉，反入於下，明入地中，
即後入于地；此由晉晝變而爲夜，暗晦甚極，此明夷之時。從明夷反晉的關
係，可以體現陰陽遞嬗，晝夜循環，物極則反，往復不已的自然規律。所以
侯果云「晉與明夷，往復不已」，〔註367〕道理即此。

反象之卦的運用，可以看出卦爻的變化所反映出的動態意義，由剝至復

〔註366〕二段引文，見《周易述》，卷五，頁152～155。
〔註367〕見李鼎祚《周易集解》，卷七，頁181。

如此，由晉至明夷如此，否至泰亦如此，宇宙的一切變化，皆是盈虛消長的
歷程，透過反象之說，更可體現那種對立又統一的關係。同時，以反象的關
係，可以具體地呈現，在相反不同的狀況、處境或概括名爲「象」的情形下，
所蘊示的物象情狀、吉凶、好壞等等結果，會有所不同，乃至強烈對比；並
且藉由此反對之象，以表現事物的果因關係和良窳之面向，予人們一種積極
性的參照。

（二）旁　通

1. 直述虞說而新詮

　　旁通的形式表現，直接反映在《周易》六十四卦依卦序上所謂的「非覆
即變」的乾坤等八個「變」卦上，而這八個卦只不過是「旁通」屬卦的一部
份。又六十四卦本身的卦位結構，不依次序，則兩兩成對爲三十二組互爲旁
通之卦。〔註368〕眞正以旁通訓義者，文獻所見，以虞翻爲先。在虞翻之前，
京房的「飛伏」主張，基本上與旁通之概念相近，《京氏易傳》於乾卦，認爲
「純陽用事」、「與坤爲飛伏」、「六位純陽，陰象在中」，〔註369〕六爻純陽顯現，
則六陰伏於其下，所以乾與坤爲飛伏。這種飛伏的思想，荀爽、虞翻亦有用
之以釋《易》。飛伏所涵攝的意義是陰陽顯隱問題，陽中隱伏有陰，陰中隱伏
有陽，於卦於爻亦是如此，乾卦顯則坤卦隱其下，某卦之某爻爲陽顯，則該
爻有伏陰。飛伏之原理，成爲虞翻旁通說的另一種表現。所以旁通即是兩重
卦間，對應各爻的爻性皆爲陰陽相反者，也就是「兩卦相比，爻體互異；此
陽則彼陰，此陰則彼陽，兩兩相通」，〔註370〕則此二重卦，互爲旁通的關係。

　　惠氏述《易》，綜采漢儒釋《易》常例，「旁通」亦不例外。惠氏《易例》
於「諸卦旁通」條例下云：

〔註368〕「非覆即變」之說已如此前。三十二組兩兩互爲旁卦的卦，包括：乾☰☰與坤
☷☷、屯☵☳與鼎☴☲、蒙☶☵與革☱☲、需☵☰與晉☲☷、訟☰☵與明夷☷☲、師☷☵與同人
☰☲、比☵☷與大有☲☰、小畜☴☰與豫☳☷、履☰☱與謙☷☶、泰☷☰與否☰☷、隨☱☳與蠱
☶☴、臨☷☱與遯☰☶、觀☴☷與大壯☳☰、噬嗑☲☳與井☵☴、賁☶☲與困☱☵、剝☶☷與夬
☰☱、復☷☳與姤☴☰、无妄☰☳與升☷☴、大畜☶☰與萃☱☷、頤☶☳與大過☱☴、坎☵☵與
離☲☲、咸☱☶與損☶☱、恆☳☴與益☴☳、家人☴☲與解☳☵、睽☲☱與蹇☵☶、震☳☳與巽
☴☴、艮☶☶與兌☱☱、漸☴☶與歸妹☳☱、豐☳☲與渙☴☵、旅☲☶與節☵☱、中孚☴☱與小
過☳☶、既濟☵☲與未濟☲☵。

〔註369〕見《京氏易傳》，卷上。引自郭彧《京氏易傳導讀》，頁65。

〔註370〕見屈萬里《先秦漢魏易例述評》，臺北：聯經出版公司，1984年7月初版，
　　　　頁133。

乾《文言》曰「六爻發揮，旁通情也」。陸績注云：「乾六爻發揮變
動，旁通於坤，坤來入乾，以成六十四卦，故曰旁通情也。」旁通
如乾與坤、之與鼎、蒙與革之類。〔註371〕

惠氏試圖爲「旁通」一詞尋找有力的文獻根據，大概認爲虞翻「旁通」一詞
源自《文言》而來。但是《文言》此文，若從文義觀之，則不能與虞氏旁通
說作等同，《文言》所言，乃指乾卦六爻，俱是純陽剛健，發越揮散，無量無
邊，可以旁通萬物之情，並無指攝對應於坤卦六陰的概念，所以陸績之注，
也未必合《文言》之本義。虞氏的旁通說，與《文言》意涵相去甚遠，所以
屈萬里指出「虞氏取其名而變其義，已違文言傳之旨」；〔註372〕陸績附會虞說
而作此訓，惠氏不能也本陸說而視爲虞氏「旁通」的本然訓解。

今見虞氏明確以旁通釋《易》者，大概有二十一卦，包括：比卦云「與
大有旁通」；小畜卦云「與豫旁通」；履卦云「與謙旁通」；同人卦云「旁通師
卦」；大有卦云「與比旁通」；謙卦云「與履旁通」；豫卦云「與小畜旁通」；
蠱卦云「與隨旁通」；臨卦云「與姤旁通」；剝卦云「與遯旁通」；復卦云「與
夬旁通」；大畜卦云「與萃旁通」；頤卦云「與大過旁通」；坎卦云「與離旁通」；
離卦云「與坎旁通」；恆卦云「與益旁通」；夬卦云「與剝旁通」；姤卦云「與
復旁通」；革卦云「與蒙旁通」；鼎卦云「與屯旁通」。〔註373〕可見旁通說的主
張，爲虞氏論述卦與卦之間的關聯與闡明卦義上的一個龐大的系統。惠氏述
《易》，虞氏此說，也成爲其引據的重要內容。惠氏《周易述》中，提出「旁
通」一詞者，多達一二二次，其注文中，以旁通爲言者，於虞氏上列二十一
卦中，除比卦與嗛卦未言之外，其餘十九卦皆云「旁通」，並又有虞氏所未說
而說者，包括需卦注云「與比旁通」；師卦注云「與同人旁通」；大過卦注云
「與頤旁通」；蹇卦注云「與睽旁通」；益卦注云「與恆旁通」；井卦注云「與

〔註371〕見《易例》，卷二，頁1031。

〔註372〕見屈萬里《先秦漢魏易例述評》，頁135。

〔註373〕虞氏除了上列明言「旁通」之二十一卦外，亦有未明「旁通」，但在釋義的過
　　　　程中，卻引用旁通之卦義作爲論述的內容者，如虞氏論述乾卦九二爻時，以
　　　　坤卦九二辭象爲訓。又如詮釋師卦六三爻義時，以同人卦下體離象爲言；論
　　　　上六爻義時，則使用同人卦上體乾象與同人二至四爻互巽之象爲釋。又如釋
　　　　蹇卦九五爻義時，以睽卦下體兌象爲言。此外，虞氏或有云旁通之說，卻以
　　　　「反」稱之者，如同人卦九五，虞氏注云「同人反師」；《繫上》釋「同人先
　　　　號咷而後笑」，虞氏亦云「同人反師」。如《繫下》「上古結繩而治」一文，虞
　　　　氏注云「夬反剝」。諸例以「反」言者，即指「旁通」，非就反卦而言。

噬嗑旁通」；計有六卦。合注文中惠氏云「旁通」者有二十五卦。《周易述》
中，惠氏僅釋四十九卦，而注文中明確論及「旁通」多達二十五卦，過一半
之數，可見惠氏釋卦對旁通說的重視，較虞氏過之而無不及。並且，惠氏以
旁通述義，多有引虞說爲釋，但不全然依準虞說，又有增損而自爲論述之系
體者，如履☰☱卦「履虎尾，不咥人，亨利貞」，虞氏明白指出：

> 與謙旁通，以坤履乾，以柔履剛。謙坤爲虎，艮爲尾，乾爲人，乾
> 兌乘謙，震足蹈艮，故履虎尾。兌悅而應，虎口與上絕，故不咥人。
> 剛當位，故通。俗儒皆以兌爲虎，乾履兌，非也。兌剛鹵，非柔也。
> 〔註374〕

以坤踐行乾，又以震足行兌成乾，所以「以坤履乾，以柔履剛」。在這裡，虞
氏全然以履☰☱旁通於謙☷☶的旁通之說來闡釋履卦卦義。「履虎尾」者，謙卦
下艮上坤，艮爲尾，坤爲虎，以此而言「履虎尾」。虞氏否定兌有爲「虎」之
象，認爲「俗儒皆以兌爲虎，乾履兌」是錯誤的說法，並且認爲兌本是剛鹵，
並無柔性，不能視爲「以柔履剛」。對於虞氏此說，惠氏提出反駁，云：

> 坤三之乾，以柔履剛，故名履。而引《象傳》以明之，郭璞《洞林》
> 曰：朱雀西北，白虎東起。注云：离爲朱雀，兌爲白虎，白虎西方
> 宿，兌正西，故云虎。《洞林》皆以兌爲虎。虞注此經，云「俗儒以
> 兌爲虎」，蓋漢儒相傳以兌爲虎，虞氏斥爲俗儒，非是。虞氏據旁通，
> 謂嗛坤爲虎，今不用也。爻例：近取諸身，則初爲趾，上爲首；遠
> 取諸物，則初爲尾，上爲角。今言虎尾，故知尾謂初。以卦言之，
> 坤三之乾，以柔履剛，故名履。以爻言之，坤之乾體兌，兌爲虎，
> 初爲尾，以乾履兌，故履虎尾。所以取義于虎尾者，《序卦》曰：履
> 者，禮也。《荀子·大畧》曰：禮者人之所履也。失所履則顚蹷陷
> 溺，所失微而其爲亂大者禮，是以取義於虎尾也。〔註375〕

惠氏也肯定履卦「與嗛旁通，以坤履乾，故曰履」，〔註376〕但解釋的側面與虞
氏不同，認爲兌爲虎爲漢儒相傳的卦象，這是不爭的事實，不容爲非；並以
「近取諸身」，「遠取諸物」的取用爻象方式詮釋此一卦義，明白地指出坤之
乾成兌，兌爲虎，初爻爲尾，所以以乾履兌，云爲「履虎尾」。至於虞氏質疑

〔註374〕見李鼎祚《周易集解》，卷三，頁69。
〔註375〕見《周易述》，卷二，頁48。
〔註376〕見《周易述》，卷二，頁47～48。

「兌」爲剛而非柔，又如何作解呢？或許只能視兌 ☱ 上爲柔來看，所以李道平云「坤三之乾，以柔履剛，故名履」，〔註377〕可以作爲惠說之補充。同樣以旁通立說，惠氏顯然不若虞說複雜。因此，惠氏取用虞說，並非原本再現，而是對虞說的再認識，進而建立個人詮釋上的新的內涵。

2. 以旁通說釋義的具體內涵

惠氏以旁通說釋義所採取的模式，主要是藉由本卦與其旁通之卦間，彼此可以相互關聯的部份，作爲詮釋的主要內容，也就是以旁通之卦的辭象來詮釋該卦的辭象。除了本卦自身外，透過其旁通之卦的卦爻象，作爲述義的主要依據。以下分別舉例言之。

乾坤二卦互體，以乾卦九二與坤卦六二爲例，乾卦九二「見龍在田」，惠氏云：

> 與坤旁通，坤土稱田，《釋言》曰：土，田也。《太元》曰：觸地而田之。故曰坤爲田也。……九二陽不正，故當升坤五，五降二體离。
>
> 《說卦》曰：相見乎离，故离爲見。二升坤田，故見龍在田。〔註378〕

乾坤二卦六爻，僅乾九二與坤六二，惠氏明確提出「旁通」之言，已在顯隱之間透露出二爻爻義必涉兩卦而併言之。所以乾九二有坤田之象，九二又處坤陰之位，即乾龍處於坤田；又以升降說，以九二當升坤五，則二升坤田之中，所以爲「見龍在田」。以乾卦旁通於坤卦，直取旁通卦坤卦之卦象作詮解。又，坤卦六二「直方大」，惠氏云：

> 與乾旁通。乾爲直，坤爲方，《九家說卦》文。《繫上》曰：乾其動也直。故乾爲直。《文言》曰：坤至靜而德方，虞氏云：陰開爲方，故坤爲方。陽動直而大生，陰動闢而廣生，方有廣義，故云直方大。〔註379〕

同樣地，坤與乾旁通，取乾直坤方之象以釋之，「直」、「廣」均有「大」義，所以爲「直方大」。因此，乾坤二卦二爻，皆兼彼此卦象以釋之，本於二卦旁通的關係。

以小畜 ䷈ 卦爲例，惠氏訓解小畜卦辭，明白指出「小畜與豫相反，故云旁通」，〔註380〕小畜初九「復自道，何其咎，吉」，惠氏注云：

〔註377〕見李道平《周易集解纂疏》，卷二，頁 155～156。

〔註378〕見《周易述》，卷一，頁 5。

〔註379〕見《周易述》，卷一，頁 13。

〔註380〕見《周易述》，卷一，頁 43。後面惠注小畜卦，皆引自同卷，頁 44～47：不再另作注明。

謂從豫四之坤，初成復卦，故復自道。出入无疾，朋來无咎。何其
咎，吉。乾爲道也。

疏云：

需，與豫旁通。豫、復兩象易也，故云從豫四之坤初，成復卦，……
復《象》曰：出入无疾，崩來无咎。故云「何其咎，吉」。乾初體震，
震開門爲大塗，故爲道也。

需☲☰上變而爲小畜☲☰，小畜與豫☷☳卦旁通。惠氏特別以小畜的旁通卦豫卦
訓解初九爻義。豫卦下坤上震與復☷☳卦下震上坤爲兩象易，「豫四之坤初，成
復卦」，惠氏即以兩象易解。復一陽潛藏於下，所畜者少，所以爲小畜；則小
畜初九云「復自道」。又引復卦《象傳》云「出入无疾，崩來无咎」，所以說
「何其咎，吉」。惠氏在這裡，透過小畜與豫卦旁通，而豫卦又與復卦爲兩象
易，藉由卦與卦的聯繫關係，最後以復卦初九象義來訓解小畜初九爻義。九
二「牽復，吉」，注云：

變至二，與初同復，故牽復，至五體需，二變應之，故吉。

疏云：

變至二，謂從旁通變也。陽息至二，故與初同，復爲牽復也。二變失
位，至五體需，五剛居正，二變應之，故吉。《象》曰：亦不自失也。

主要仍從小畜旁通於豫，而豫四之初成復的關係來談，四之初成復卦後，陽
息至二則「朋來」。二變失位，至五體需，五剛居正，相應之二爻變而當位，
所以爲吉。九三「舉說腹」，注云：

腹讀爲輹。豫坤爲舉，爲輹，至三成乾，坤象不見，故舉說輹。

疏云：

腹，古文輹，故讀爲輹。坤爲大舉，車舉同物。……故坤爲大舉，
爲輹，從旁通。變至三，則下體成乾，乾成坤毀，故坤象不見。舉
所以載者，說輹則不能載也。

此一爻辭，同樣以本卦之旁通卦豫卦爲釋，以豫卦下坤之大舉、輹象訓解，
至小畜卦則下體成乾，坤象則不見，也就是相反於坤象，所以云「舉說腹」。
同樣地，六四亦引旁通爲訓，在此就不再作說明。從前述三爻，惠氏之訓義，
皆以旁通之卦的卦象作爲論述的依據，並以旁通之卦帶引出另一卦變的本卦
作說明，即從小畜而豫卦而復卦。從此卦之說明，可以反映出一個訊息，卦
與卦間質性相近，或是有某些聯繫的關係存在時，其卦象卦義也都有某種程

度的涵攝。

又以師☷☵卦與同人☰☲卦爲例。惠氏於師卦卦辭下明白指出「乾二之坤，與同人旁通」，並於釋六三「師或輿尸，凶」，云：

> 坤爲身，爲喪，身喪故爲尸。坎爲車多眚，《説卦》文。虞本「輿」爲「車」，故云車也。與同人旁通，故同人离爲戈兵。《説卦》曰：离爲折上槁。离上九曰：有嘉折首。离折乾首，故爲折首。三以陰居陽而乘二剛，又不與上應，故失位，乘剛无應。坤尸在坎車之上，故車尸凶也。〔註381〕

從惠氏的論述中，可以看出解釋師卦六三爻辭，同其旁通之卦同人卦下離上乾之象爲訓，藉離象爲戈兵爲折上槁，以及乾象爲首，離乾合象爲「折首」，進一步說明三陰居陽位又乘二剛，並不與上應，故乘剛无應，本身又面對離乾之凶象，所以「輿尸」必然爲凶，無可避免。此又以旁通卦的卦象釋其本卦卦爻義之例。

以「象」釋義，「象」的來源與「象」的運用，必須充裕與容易取得，才能陳義合理與減少釋義上的窘迫，因此藉由旁通之說，提供了用象上的方便的管道，開闢了更多可以選擇使用的卦象，使釋義上能夠「貨源充足」。因此，不是每一卦都可以或是都必須一定要以旁通說來作詮釋，一旦旁通之卦的卦象，不適合或不足以用來論述本卦的卦爻義時，旁通說就無用武之地。並且，以旁通之法釋義，也非第一順位或是最佳的方式，因此，旁通說於各卦爻間，非全面性，甚至嚴格地講，也非普遍性。所以惠氏四十九卦釋義中，直言「旁通」者半數，亦有半數未言，而就爻義而言，未以「旁通」言者，則更以倍計。但是，不管如何，旁通說仍提供人們對《易》卦結構與象義上的另一個思考面向，特別是陰陽間相互涵攝和交易變化的關聯性，以及所呈顯的卦象和卦義上意義，擴展了《易》象探索的空間。

四、震巽特變

漢儒釋《易》，特別重視爻位的當位與否，而爻變的主要決定因素，也在於此，凡當位之爻則不需變，而不當位之爻應使之爲正。但是，也有一個特殊的例外情形，則是「震巽特變」，它的變，是一種特殊或特例下的變，所以

〔註381〕見《周易述》，卷二，頁37〜38。

爲「特變」。它一次以一個三爻卦體同時一起變，此卦體則是震☳與巽☴，雖是純卦之變，亦是三爻的共同之變。震巽特變的主張，爲虞翻所新立的主張。惠氏指出：

> 《說卦》曰：震爲雷，其究爲健，爲蕃鮮。虞註云：震巽相薄，變而至三則下象究，與四成乾，變至三則成巽，故下象究。二至四體乾，故與四成乾。故其究爲健，爲蕃鮮。鮮，白也。巽爲白，虞註巽九五云：蕃鮮，白謂巽也。巽究爲躁卦。躁卦則震，震雷巽風无形，故卦特變耳。
>
> 又曰：巽爲水，爲風，其究爲躁卦。虞註云：變至五成噬嗑，爲市，動上成震，故其究爲躁卦。明震體爲專，外體爲躁。〔註382〕

惠氏引虞註《說卦》之文，說明震巽特變主張之源由。《說卦》云八卦之象，以「震爲決躁，其究爲蕃鮮」，而「巽爲白，其究爲躁卦」。「蕃鮮」即植物茂盛鮮明的樣子，與巽白之象近，所以震究爲蕃鮮，即同巽卦；而巽究爲躁卦，即同決躁之震卦。虞氏並取巽變至五成噬嗑爲市，以解「躁」義，以口吞食之聲狀，以及市場紛嚷之聲狀爲躁動。八卦之象，乾天、坤地、坎水、離火、兌澤，皆形質俱明，惟震雷巽風無形，所以「特變」。卦遇震☳、巽☴即予特變，但並不代表遇到有震與巽卦皆作特變，全視經文釋義之需而定。以下舉數例說明之。

惠氏釋豫☷☳卦六二「介于石，不終日，貞吉」，云：

> 《繫上》曰：憂悔吝者存乎介也，謂纖介也。介謂初，石謂四，二在艮，體艮爲石，故介于石。二應小畜，五伏陽，故應在五。豫體震，震特變，故終變成离。离爲日，二以陰居陰，故得位。四復初體復。
>
> 復六二曰：休復，吉。欲四復初，故已得休之也。二得位得中，上交不諂，下交不瀆。欲四復初，是不諂也；已得休之，是不瀆也。
>
> 二五无應，四爲卦主，故發其義于此爻也。〔註383〕

以《繫上》之文以明「介」爲「纖」之義。二至四互艮，《說卦》云「艮爲小石」，所以「介于石」。二至四互艮爲石。惠氏云介爲初，當就互艮之初而言，因爲虞翻認爲「介，纖也，與四爲艮」，也就是二爻爲介，而二至四爲艮之義。惠氏此段注文，語意不夠清楚，論述過於複雜迂迴。其用「豫體震，震特變」，

〔註382〕見《易例》，卷二，頁1034～1035。又《周易述·說卦傳》，卷二十，又有此相近訓文。

〔註383〕見《周易述》，卷三，頁75。

虞翻則直接用「與小畜通」，〔註384〕也就是以豫與小畜䷈旁通作解。上應在五，息小畜至五則成離，主要在導出離爲「日」之象，以合爻義；離伏不見，故「不終日」。又四下於初，則成復䷗卦，復卦六二云「休復吉」。《繫下》云「欲四復初」，爲「上交不諂」，而「已得休之」，則「下交不瀆」，此欲四復初在免窮凶而爲貞吉。然而，整體的論述，不夠順暢合理，且特變之法於此又不能彰顯其效用。

惠氏釋蠱䷑卦卦辭「先甲三日，後甲三日」，云：

> 甲謂乾也。乾納甲，泰內卦本乾，乾三爻故三日。先甲三日，辛也，巽納辛，故云巽也。坤上之初成巽，在乾之先，故先甲也。後甲三日，丁也，兌納丁，故云兌也。四體兌，在乾之後，故後甲也。虞以卦體巽，而互震，震雷巽風，雷風無形，故卦特變。初變體乾，乾納甲，變至三體离，离爲日，成山火。賁內卦爲先，乾三爻在前，故先甲三日，賁時也。變三至四，有离象。至五，體乾，成天雷。无妄外卦爲後，故後甲三日，无妄時也。〔註385〕

蠱卦下體爲巽䷸，可特變爲震䷲。初變則下體爲乾，按納甲之說，乾納甲，泰內卦本乾，而乾三爻爲三日。先甲三日爲辛，巽納辛，坤上之初成巽，在乾之先，所以爲「先甲三日」。後甲三日爲丁，兌納丁，二至四體兌，在乾之後，所以云後甲三日。又初變體乾，變至二體离，惠氏云「變至三」爲誤。离爲日。下离上艮，山火成賁䷕。內卦爲先，乾三爻在前，故云「先甲三日，賁時也」。蠱六四屬上體艮䷳，當位本不應變，但九三、六四、六五互體爲震，六四在震體上，故應隨震特變爲巽。六四變則體离爲日，六五變則成乾爲甲。外卦爲後，乾三爻在下體乾三爻之後，故爲「後甲三日」。蠱下體變爲震，上體變爲乾時，則爲天雷无妄䷘，故云「後甲三日，无妄時也」。惠氏於此，利用震巽特變的方式，以蠱卦初至五爻體巽震，所以特變，用以釋蠱卦「先甲三日，後甲三日」之卦義。從這裡可以看出，震巽特變的使用，並不限在上下體，互體爲震巽，亦可以特變。初至五爻體巽震，則爲恆䷟卦，所以恆卦下巽上震也適用特變之法。

恆䷟卦卦辭「利有攸往」，惠氏云「尋恆體震巽，八卦諸爻，唯震巽變」，所以「終變成益」，也就是下體巽特變爲震，而上體震特變爲巽，成雷風益䷩

〔註384〕虞氏之文，見李鼎祚《周易集解》，卷四，頁96。
〔註385〕見《周易述》，卷三，頁83～84。

卦。恆卦九三「不恒其德，或承之羞，貞吝」，惠氏注云：

> 三本乾也，又互乾，乾爲德爲久，變失位，故不恒其德。爻例無有
> 得位而變者，以異于諸爻特變，故云變失位耳。羞者恥辱，坤爲恥，
> 故云坤恥爲羞。終變成益，變之四則三體坤，故或承之羞。三多凶，
> 《下繫》文。變至三，與上敵應，立心勿恒，爲上所擊，故貞吝也。
> 〔註386〕

原本恆卦二至四體乾，乾爲德爲久，但因下體巽特變爲震，九三原本當位，卻因特變而爲失位，所以，九三云「不恆其德」。上下體皆特變之後，則爲益卦，二至四體坤，坤爲恥爲羞，三爻處坤中，爲多凶，又與上敵應，爲上所擊，所以爻辭云「或承之羞，貞吝」。同樣地，恆卦九四、六五、上六爻辭，惠氏皆以特變之說訓解爻義。從此卦所解，可以看出，一般爻變者，在於使不當位者之正，而呈現的是化凶咎爲吉象，但震巽特變則不因求吉而變，往往因爲特變，得到的訓義是凶咎的，恆卦就是一個典型的例子。

惠氏根本虞翻之說，述《易》過程中多取震巽特變之法，而取其說專視訓解經義之需而用。震巽特變，並不只在一次由震變巽或由巽變震之後來看，而是還包括一爻一爻的變動過程所涵攝的意義，並且爲訓解上取義的重要依據。同時，震巽特變並無爻變上的正面積極意義，也就是說，一般爻變爲以不正而之正，變凶咎爲吉兆，但震巽特變並不在求好，而在訓義的必要。

除了上述釋《易》的象數方法之運用外，惠氏也重視以月體納甲之說闡明文義，《周易述》中處處可見其鑿痕，如復䷗卦「出入无疾」，惠棟引虞翻之說注云，「謂出震成乾，入巽成坤。坎爲疾，十二消息不見坎象，故出入无疾」。〔註387〕已如前述，十二消息卦中，於內外卦見乾☰、坤☷、震☳、巽☴、艮☶、兌☱等六卦，而不見坎☵離☲二卦；惠棟以月體納甲之說爲釋，認爲「納甲之法，坎戊離巳，居中央、王四方」，又引《參同契》云，「坎離者，乾坤之二用，二用无爻位，周流行六虛」，〔註388〕指明十二消息卦中，所以不見坎離二象，乃坎離本乾坤之二用，无其爻位，故而無其象用。也就是以納甲之說而言，日月成八卦之象；乾坤合東納甲乙，震巽合西納庚辛，艮兌合南納丙丁，坎離入中宮納戊己，其處空虛。離爲日光，震巽艮兌皆可見

〔註386〕括弧與此引文，見《周易述》，卷五，頁138～140。

〔註387〕見《周易述》，卷四，頁104。

〔註388〕見《周易述》，卷四，頁105。

離象；坎爲月精，晦朔之交，滅於坤乙而不可見，所以說「十二消息不見坎象」。又如釋蹇☷☵卦，指出「「月消于艮，喪乙滅癸，故不利東北，其道窮也，則東北喪朋矣」。並進一步云：

> 虞氏據納甲謂五在坤中，故曰西南。體坎爲月，出庚見丁，故月生西南。五「往得中」，故利西南。往得中，睽兌爲朋，故西南得朋也。三體艮，故東北謂三。退辛消丙，故月消于艮。乙東癸北，喪乙滅癸。當月之晦，天道之終，故不利東北，其道窮也。東北喪朋，謂五六三十也。〔註389〕

此採月體納甲之說爲釋。坎月生西南而終東北，出庚見丁盈甲，退辛消丙，窮乙滅癸。《參同契》云「五六三十度，度竟復更始」，故云「終則復始」。終始循環，以生萬物，故蹇卦《象傳》云「蹇之時大矣哉」。惠氏釋革☱☲卦卦辭「己日乃孚，元亨利貞，悔亡」，云：

> 二體离爲日，晦夕朔旦，坎象就戊；日中則离，离象就己，故爲己。日陽在二五稱孚，故孚謂五。〔註390〕

言坎離居戊己中位，此納甲之說。至於其云坎五爲「孚」，乃坎有孚，五在坎中故爲「孚」。又釋蠱卦卦辭「先甲三日，後甲三日」，已如前述，除了用震巽特變之說外，主要以納甲爲訓，指出：

> 甲，謂乾也。乾納甲，泰內卦本乾，乾三爻故三日。先甲三日，辛也。巽納辛，故云巽也。坤上之初成巽，在乾之先，故先甲也。後甲三日，丁也。兌納丁，故云兌也。四體兌，在乾之後，故後甲也。

同時，蠱卦《象傳》「先甲三日，後甲三日，終則有始，天行也」，惠氏以虞義注云「乾爲始，坤爲終，故終則有始。乾爲天，震爲行，故天行也」。疏云：

> 乾納甲，故爲始。坤納癸，故爲終。先甲者，在甲前，故云終。後甲者，在甲後，故云始。甲者，乾也。乾爲天，互震爲行，故天行也。因是而知聖人事天之道本乎《易》也。《白虎通》曰：《春秋傳》曰以正月上辛。《尚書》曰丁巳用牲于郊。先甲三日辛也，後甲三日丁也。〔註391〕

惠氏以納甲之說爲釋。京房納甲說，以乾納甲壬，坤納乙癸，震納庚，巽納

〔註389〕見《周易述》，卷六，頁 165〜166。
〔註390〕見《周易述》，卷七，頁 214。
〔註391〕見《周易述·象上傳》，卷九，頁 242。

辛，坎納戊，離納己，艮納丙，兌納丁，而虞翻的月體納甲說，在天干配卦
上，亦同於京氏，釋《繫上》「在天成象」時云「日月在天成八卦：震象出庚，
兌象見丁，乾象盈甲，巽象伏辛，艮象消丙，坤象喪乙，坎象流戊，離象就
己」；〔註392〕惠氏所云乾納甲、巽納辛、兌象丁、坤納癸，本於前儒所倡。惠
氏認為「先甲三日」為巽辛，「後甲三日」為兌丁，乃依干支配卦、以甲為基
準前後推三干的次序而論，同於《子夏傳》所云「先甲三日者，辛、壬、癸
也；後甲三日者，乙、兩、丁也」：〔註393〕

乾　坤　艮　兌　坎　離　震　巽　乾　坤
→甲→乙→丙→丁→戊→己→庚→辛→壬→癸→
（後甲三日）　　　　　　　　　（先甲三日）

惠棟以「先甲三日」為巽辛，「後甲三日」為兌丁，顯然採取類似《子夏傳》
的說法，而與虞翻的月體納甲有所差異；虞翻以乾甲為十五日，「先甲三日」
必在十五日之前，而巽辛為十六日，所以惠棟的「先甲三日」為巽辛，於月
體納甲的邏輯上不合；同樣地，「後甲三日」也必在十五日之後，當然也不會
在兌丁（初八日）。關於這個例子，在虞翻易學的部份已有詳說。又如釋坤卦
時，指出「虞以《易》道在天，八卦三爻已括大要，故以得朋、喪朋為陰陽
消息之義，謂月三日之暮震象出于庚方，至月八日二陽成兌，見于丁方，生
明于庚，上弦于丁，庚西丁南，故西南得朋，謂兌二陽同類為朋，又兩口對，
有朋友講習之象，《傳》日：乃與類行是也。十五日乾體盈甲，十六日旦消乾
成巽在辛，二十三日成艮在丙，二十九日消乙入坤，滅藏于癸，乙東癸北，
故東北喪朋。坤消乾，喪于乙，故坤為喪也」。〔註394〕惠氏藉助虞氏納甲說，
將得朋與喪朋釋為月相變化中的兩類不同的連續性月相。同樣的，釋坤卦《象
傳》「西南得朋，乃與類行。東北喪朋，乃終有慶」，云「陽稱慶，亦虞義。
喪朋從陽，故稱慶也。虞氏以下據「納甲」為言。陽得其類，謂一陽以至三
陽成也。月朔至望，乾體已就，終日乾乾，與時偕行，故乃與類行。陽喪滅
坤，謂乙癸也。坤終復生，五六三十，終竟復始。三日而震象出庚，乾之餘
慶，故乃終有慶也」。〔註395〕亦是納甲之說。納甲之說，成為惠氏述《易》上

〔註392〕見李鼎祚《周易集解》，卷十三，頁 312。
〔註393〕見李鼎祚《周易集解》，卷五，頁 105。
〔註394〕見《周易述》，卷一，頁 11。
〔註395〕見《周易述‧象下傳》，卷九，頁 223～225。

的重要方法與理論依據，其《易》爲日月之說，也是以月體納甲作爲闡述的基礎。所以月體納甲之說，爲惠氏治《易》的極爲重要之象數主張。由於有關論述，虞翻易學中已有詳明，故不再細言。

此外，飛伏之說，從京房到虞氏所普遍使用的主張，也成爲惠氏述《易》上的方法之一，包括卦的飛伏與爻的飛伏，惠氏此法之用，仍在希望獲得更多取象的機會，有效用運以闡明卦爻義。其它，兩漢盛行的卦氣說，從孟、京開啓，至東漢廣泛運用於《周易》經傳的詮釋，在馬融、荀爽、鄭玄、虞翻等人的大發其皇，卦氣之說，儼然是那個時代易學詮釋的主要特徵，涵攝的諸元極爲龐富，其中不論消息、四時、節氣、六日七分等等，亦爲惠氏述《易》的重要材料。這些內容，前面探討諸家易學中已作詳論，所以也不再贅言。

第六節　小　結

惠棟治經強調經義存乎詁訓之中，遵循識字審音、通經求義之法在於詁訓，根本作爲就是歸本於古訓與漢儒之說，以漢儒經說古訓爲尊，也以漢儒經說的方法作爲搜尋古義的重要憑藉。隨著時空的轉變，學派的雜揉混同，以及經師之難辨，所以從識字審音著手，是推求經義的最佳方式，也是漢儒古訓之重要方法。識字審音，除了可以直接援引漢儒經說之言外，很重要是必須仰賴字書，從字書當中推求文字本義。漢儒古訓之法，除了從舊有經典訓說中找尋答案外，其重要的管道就是從專門的文字訓解的典籍中獲得原始本義。惠棟述《易》即是本此進路，在文字訓詁上，特別仰賴書字的運用，強調「舍《爾雅》、《說文》无以言訓詁」，並且認爲「《爾雅・釋故》、〈釋訓〉，乃周公所作，以敎成王，故《詩》曰古訓是式」。〔註396〕《爾雅》等字書作爲治經與訓詁的重要準據，《周易述》中的引述，可以得到深刻的體會。以訓詁作爲整理與考述《周易》本義的方法，惠氏企圖消除長期以來附加在古《易》上的種種誤解和歪曲，雖然進一步作爲象數主張的闡發，而偏廢了義理的部份，但這是惠氏的認識，《周易》在他心中的形象，它原本就是卜筮之書，兩漢時期便高度地展現其象數的實質內涵；並且，這樣的治《易》詁訓方式，

〔註396〕見惠棟《惠氏春秋左傳補註》，卷三，襄十五年。引自臺北：臺灣商務印書館文淵閣《四庫全書》本，第181冊，頁172。

從字書典籍入手，表現出復原傳統的積極意義，也帶著考據實學的務實方法與態度。

惠棟雖然根本字書，但字書也並非絕對地或惟一的權威，其中也有不足或謬誤的地方，所以援引其它典籍可以作為考索輔證的效果；只要在訓詁考據上，具有反映出《周易》本來古義，以及代表漢代的價值，皆可以視為引據之材料。由於詳徵博引，惠氏對於《周易》文義的論述極為詳明，文獻的運用廣博宏富，理據周恰，也能展現出高度的邏輯性與合理性；並且，考據有信，不以常說而為必然，使用文獻訓典而足作論據者，每每有不同於常說之論，並能言之有物，立論詳悉。《周易》文簡而意廣，特別反映在卦義上，表義深遠，如百川所納，所以在解釋卦義上，惠氏多有數義並陳者，使釋卦取義，詳明而多可參佐。惠氏運用漢《易》諸法，純熟周恰，言之合理，儼然為漢儒《易》說之綜合體。因此，其述而不作，信而好古的態度，詁訓詳明、理據安在的面貌，誠用力之深，無愧為乾嘉一時之師表。

張惠言《周易虞氏易》指出「翻之學既世，又具見馬、鄭、荀、宋氏書，考其是否，故其義為精。又古書亡，而漢魏師說可見者十餘家，然唯鄭、荀、虞三家略有梗概可指說，而虞又較備，然則求七十子之微言，田何、楊叔、丁將軍之所傳者，舍虞氏之注，其何所自焉」。〔註397〕張氏認為鄭、荀、虞三家之言，最能代表漢魏以來易學傳承的遺緒，並且特別以虞氏之學又最為詳備。此外，牟宗三也肯定「自田何到孟喜再至虞翻是漢《易》之正宗」，「傳漢《易》之衣鉢者，厥為虞翻」。〔註398〕集漢《易》之大成者為虞翻，也可以視為漢代象數易學的主要代表，所以李鼎祚《周易集解》輯引漢魏諸家《易》說，也以虞說為最多。惠棟《周易述》廣引漢魏《易》說，專主虞翻、次而荀爽、鄭玄之學，符合述漢之正當性，但是，旁徵博采，徵引闡發，卻未益發突破而創為新意。

原始而純粹的《易經》，一般都肯定其最初為卜筮之書，而《易傳》則相對為訴諸哲學的產物。《易傳》依附《易經》而產生，在論述《周易》經傳時，惠棟採取經傳分觀的形式，而在資料運用的時間問題上，《易傳》較漢儒為先，

〔註397〕見張惠言《周易虞氏義》序文之言，臺北：新文豐出版公司《大易類聚初集》第十九輯，1983 年 10 月初版，頁 289。

〔註398〕見牟宗三《周易的自然哲學與道德函義》，臺北：文津出版社，1998 年 8 月初版 2 刷，頁 28。

與《易經》本義多有聯繫，所以論述《周易》古義，不能捨《易傳》而不用；以《易傳》作爲釋義的重要內容，並且綜采兩漢象數諸說予以相互論證，使《易傳》增添了更多象數的氣韻，從而消弱其哲理化的內涵。同時，對於《易傳》的采用，惠氏亦有偏重，特別采用《易傳》本身較具象數意義的內容，尤其是《說卦》中八卦取象的部份，援引相對較爲頻繁。在以傳釋經的認識與作爲上，惠氏少用義理，多取象數，主要在於《易傳》作爲論述《易經》的後出者，當本諸《易經》的原質本義，「純粹」的或是「高度」的哲學取向，不足以闡明《易經》樸實大旨。所以，普遍的象數痕跡是詮釋《易經》時所必然存在的，以《易傳》輔翼本經，當然在周全本經古義，象數之學是它主要的內容所在。

漢代的經學家，普遍將儒家的經典視爲恆久之至道，不刊之鴻教，乃至人倫之師表，儒家經典作爲學術研究與學問追求的典範。群經同源，大義互通；所以發明經義，宏揚懿旨，必多以群經互證。這種經典詮釋的方法與傾向，爲漢代經學家的普遍共識。惠棟述作《周易述》，源本漢法，於經傳釋義中，廣引群經與漢儒古注爲釋，周圓其復原漢學上的形式與內容上的表現。對於引述先秦漢魏時期的子書與諸家之注說，數量亦極爲可觀。在道家與道家傾向的典籍上，惠棟對於《老子》、《莊子》這原始道家論著的引述，相對比較下，算是極爲少數；惠氏的少用，或許標幟著儒家思想與原始道家上應當有一定的分別，倘若彼此過多近身的琢磨，恐怕會割裂了純粹古《易》、純粹儒學的主體性。並且，《老》、《莊》的內容，所呈現的語言內涵，並非惠棟象數材料上之所需，所以自然不多採用。然而，關於具有道家傾向的揚雄論著與《淮南子》，卻受到高度的青睞。揚雄之說與《淮南子》，雖然在宇宙圖式與萬物起源的問題上，融入了甚多道家的思想，卻也有大量運用了當時的天文、歷法等科學的知識，並且與孟、京、《易緯》的卦氣說，有諸多相近之處，足以反映出那個時代學術發展或是易學發展的重要特色。惠棟以二家之言爲釋，合於其輔訓或考證上的需要。董仲舒思想在漢代儒學發展中具有代表性地位，其論著主張多有可作爲象數易學闡釋之需要者。劉向、劉歆繼董仲舒、京房等人之後，舖陳天人之學，推演陰陽災異，詳徵天文歷法，正是漢代學術思想的重要特色所在。惠氏的引述，著實表現出那個時代易學家的主要觀點和認識。孔、孟、荀三聖之作，特別是荀子的思想，尤能表現出漢代學術與易學的聯結關係，在天道觀與說禮的方面，與《周易》的關係更是

密切，所以對《荀子》的重視程度尤盛。《參同契》作者利用《周易》卦象與西漢孟喜、京房卦氣說的諸多易學條例，以及五行數方位圖式，構構出一系列相互關聯的天文歷法與煉丹模型。在京房八卦納甲說的基礎上，提出月相納甲說，深深影響虞翻月體納甲的易學觀，歷來《易》家陳述漢《易》，往往直取魏說；唐代李鼎祚《周易集解》、宋代朱震《漢上易傳》皆是如此。惠棟申說漢《易》，當然不能拒之千里，所以引述申說，自是合理恰當。又，史書的引述，不論是《國語》、《戰國策》、《史記》、《漢書》、《後漢書》，乃至皇甫謐的《帝王世紀》，涵攝漢代與之前的史事，包括政令教化、訓典名物，乃至文化語言內涵。《周易》緣自於周朝，詮釋古義，以史典輔訓，最合其時代性的意義。因此，惠棟引書述義，學殖深厚，廣蒐群籍，論據有典，符合科學實證與論述的精神。

　　《易緯》之說，推衍經義，發揮《易》理，爲漢代易學思想之重要主流代表，具有高度的翼經價值，研究漢代易學，不能不通《易緯》。從《易緯》的本身來看，雖然《易緯》被歸類入讖緯的範圍，被貼上高度神學化的標籤，但有識者並不全然迷失於其神學的意識中，相對地能客觀的審視其中學術與文化的價值，歷來專門研究《易緯》的人，大都採取一種正面價值的見待，尤其其中所代表時代性的諸多學術主張與文化內涵，也都持肯定的態度。惠棟對於《易緯》，在釋《易》的過程中，大量的引用有關內容，基本上他是肯定《易緯》的價值，肯定《易緯》中的諸多觀點，有其正當性可以互補於漢代《易》家的學說，甚至《易緯》正可爲漢代易學的典型代表。從審視漢代易學的角度看，本人認同《易緯》所扮演的角色和價值；並且，從體會乾嘉時期學術發展的客觀現況，以及惠棟的學術研究傾向，對於惠棟的認同，也如同認同《易緯》一般。歷來批判者，從引用緯書的角度去嚴厲的批判惠棟，這個方面，應予以公允合理的對待。惠棟撥開了緯書神性的面紗，過濾了神性的內容，而採取了科學性或哲學性意義的材料，在《周易述》中，可以清晰的看到。當我們要批判惠棟以緯書爲說是一種缺失時，應該重新對於惠棟引述的實質內容，進一步審慎的認識，才不致於厚誣前儒。

　　惠棟畢生致力於漢學，探尋《周易》古義，深知原本古義，也必當還原古字，以原始的本字，才能得經義之眞。惠氏認爲王弼淆亂古義，使漢代經師之義蕩然無存，也致使漢學殞落。其中很重要的因素就是王氏所本多有俗字，多有非原始之經字，以致扭曲了《周易》的本來面貌。因此，惠氏詁訓

《周易》本義，必先從校勘入手，以正其本字，改易經文也就成爲必然之途。經文異字的確定，是屬於經學上嚴密的校勘工作，校勘的論斷，必須根據最直接有效的文獻資料，作合理而可靠的審愼評詁；而這些文獻資料之認定，從時間點上言，則以早出者之可信度尤高，孟、京、鄭、虞之說，皆較王弼接近原典，也就是可信度較王弼爲高。所以，惠棟對王氏的批評，並非全然偏見或無的放矢，且經文的改易，也非全無所據而胡亂造次。從校勘改易的內容觀之，包括有改字、刪字、增字、句讀之校定，其中以易字的情形最多；大抵本諸漢儒舊說，以及《說文》、《釋文》等文獻典籍的記載。改易說明，有詳有略；有考正周全，合理恰當，也有以一己之偏，強作定說。其主要缺失爲：好用古字，未明其由；改用異字，未予統一；說明簡略，不夠周詳；未作深察，以致誤說；考校異文，過於武斷等方面。

　　惠棟對文獻版本的認識，認爲越是悠古且又可徵驗者，爲最恰當的版本。至於王弼之本，往往錯用古字，曲解古義，恐怕多有扭曲了《周易》的本來面貌，非爲至當之本，何必循之必然，而不能予以動搖？否定了王弼傳本作爲釋《易》的典型化版本，在詁訓經義前，必先正其字。面對古聖經典的態度，改易經文未必代表挑戰經典的崇高地位，對於使用長久延續的錯誤文本，才是有違聖人之意，此又何能稱之尊聖尊經，所以，惠氏治經所本，重在實事求事，重在那份原始純眞的價值，也就是回歸原來最眞實的古籍，從這考求的眞實古籍中，進一步認識古籍的本義。惠棟考校異字，改易經文，雖有諸多啓人疑議批評者，但也給予研《易》者寶貴而重要的文獻資料。惠氏所作，並不在於打破傳統，更不在顛覆傳統，在惠氏的心裡，他期盼再現那最實在的傳統的本眞，回歸原始漢儒的軌跡，從那裡才能得到眞實，得到最原始的答案，所以惠棟試圖以科學的文獻考證態度，去揀選最佳的原來。惠氏提供了我們另外一種參考選擇，讓我們在面對傳統經典的時候，除了瞭解文字詁訓的重要之外，也讓我們認識到一家之言外或許仍有不同的別的說法別的聲音，這些說法、聲音也是值得用來參照反省的，因爲它或許能夠導正那一家之言的長期錯誤。不一定要刻意去糾正或革除這「長期錯誤」，但瞭解這「長期錯誤」，也是身爲一個研究者應該具有的知識。

　　惠棟延續虞翻的卦變說，有系統地普遍運用於釋卦當中，建構出一套頗具規模的易學理論，提供探究變化之道的新的論述視野。否定一陰一陽之卦自復、姤出者，認爲皆出自於乾坤二卦。又以因「反復不衰」而不從四陰二

陽自臨、觀出者，有頤、大過、小過、中孚等卦。這些卦說，未必符合虞氏本意。至於卦變違例之述，主要是因爲附合經傳文義之需，如屯、蒙、比、豐等卦。在論述卦義上，大抵依循虞說，闡析詳明。然而，雜以他家之說，混同虞義，使不同的理論系統斷取並言，恐有支離蕪雜之嫌。

用象釋義爲惠氏述《易》之主要特色，善以爻例或爻象來釋卦，特別以六爻取人身象、以六爻貴賤而爲說、陰陽爻取象之說，以及「自內曰往，自外曰來」的爻象說等等。至於惠氏廣取卦象釋《易》，主要本於《說卦》的象說、虞氏逸象，以及《九家說卦》的逸象。惠棟論述卦爻義的特殊風格上，其用象可以視爲典型，每一卦爻辭或是《易傳》傳文的闡釋上，惠氏大量的以卦象作舖陳，藉由卦象的有機組合，以具體的呈現卦爻義。這樣的釋《易》之易學主張，代表著漢代《易》家普遍重視用象的易學的詮釋方法與詮釋內容。

互體之運用，可以對本卦六爻作另外再組合的認爲，使取象能夠更爲靈活而有彈性。廣取卦爻象以釋《易》，在釋《易》的過程中，透過互體的方法，以獲得新的卦象，成爲必要的手段。互體以依循漢儒之說，特別以虞說爲主，有三爻互體、四爻與五爻互體等方式。其互體之法，有云「互」者，或作「體」者，或連名爲「互體」者。特別在三爻互體方面，對於本卦的上下二體，與其它二至四爻與三至五爻互體所增成的純卦，並無細作不同的名稱以加以區別，往往同稱爲「體」。惠氏互體取爻，往往有不從本卦直取數爻爲互，而是透過爻位之正後的數爻互體，或是以升降說等其它方式得到數爻而作互體，其目的皆在於取得「有效」的卦象作爲釋《易》之材料。互體取爻的彈性，提高了有效的用象機會。雖然是彈性，並不代表可以隨意爻變或是隨意摘取卦爻，仍有其合理的取爻模式，以及爻位改變上的規律，這個模式或規律大都本於爻位當正，陽處陰位，或是陰處陽位，皆當使之正，所以進行爻變。惠氏抓準這個原則，作爲彈性取爻互體成象的重要方式，使其取象的來源更爲便利。

在爻位的主張上，惠氏特別重視原本不當位的卦爻，藉由爻變的方式，使之變成當位，呈現一種動態性的意義陳述。「貞」字與爻位相聯繫，惠氏將「貞」字大都解作「正」義；「貞」字的出現，在爻位上有兩種狀態，一種是該卦之某爻已爲「貞」，也就是已是一種當位居正的狀態，所以毋需再變；一種是該卦之某爻現在處於不當位的狀態，應該透過爻變而使之正。又，爻位的相應關係，作爲解釋卦爻義與判定吉凶。惠氏除了以本卦實際的爻位相應

關係作爲論述的依據外，也採取爻變的方式，進一步撮合爻與爻間的相應，這種方式已不同於傳統《易傳》相應的正例，而同於虞翻、荀爽等漢儒之說，成爲其相應說的主要部份。在承乘的運用上，惠棟對「承」的論述的形式，從實際爻位間的相承關係，以及藉由爻變的或是升降的方式來談相承，呈現的都是吉兆。爻變釋卦爻之義，希望透過爻變以改變原來不好的卦爻象，使之趨於吉象，但是在某些狀況下，爲求卦爻義之通解，有時不得不藉由爻變以附合不善之卦爻義；論述爻位之乘也是如此，乘本是凶象，爻變而使爻位爲承的關係，即以爻變爲吉。以爻變爲乘者，在惠氏論乘的例子中，相對於傳統正例，算是少數，不像爻變言「承」者爲大宗。中位爲爻位的主角，是《易》道的理想處所，是中和之所指，是成既濟定的最重要處。中位既是如此重要，則必須維護與追求中位的正當性與完整性，也就是使中位能夠居中爲正，能夠爲當位。對於居中而爲不當之位者，則透過爻變的方式使之爲正，變失位之中爲當位之中，以達中正之目的。爻位貴賤雖定，但仍必須綜合當位、相應、承乘等等實際的爻位關係，才能確定其最後的吉凶。解釋經文吉凶悔吝時，必須綜合各種爻位關係而加以分析才能確定，而這諸多的爻位關係，並不是一種僵化既成的關係，當中仍有動態、具體的呈現，透過爻變與有關的方式展現出來，才決定其最後的吉凶。

「半象」雖是不完整的卦象，但惠棟使用半象大抵嚴謹，論述合乎邏輯，並無漫加濫用。半象的符號意義，表現出一種活動性與變化性的卦象運用之內涵。至於「兩象易」，惠棟提到某兩卦有兩象易的關係，但對其關係背後的實質意義爲何，惠氏並未作任何交待，所以，使用兩象易的主張，似乎喪失了其實質的目的與用意。「反卦」的運用，可以看出卦爻的變化所反映出的動態意義，並且具體地呈現，在相反不同的狀況、處境或概括名爲「象」的情形下，所蘊示的物象情狀、吉凶、好壞等等結果，會有所不同，乃至強烈對比；並且藉由此反對之象，以表現事物的果因關係和良窳面向，予人們一種積極性的參照。「旁通」提供人們對《易》卦結構與象義上的另一個思考面向，特別是陰陽間相互涵攝和交易變化的關聯性，以及所呈顯的卦象和卦義上意義，擴展了《易》象探索的空間。「震巽特變」，並不只以在一次由震變巽或由巽變震之後來看，而是還包括一爻一爻的變動過程所涵攝的意義，並且作爲訓解上取義的重要依據。震巽特變並無爻變上的正面積極意義，也就是說，一般爻變爲以不正而之正，變凶咎爲吉兆，但震巽特變並不在求好，而在訓

義的必要。

《周易》透過卦爻符號來象徵事物，而事物發展常常是活動性、變化性的存在，因此，如何將符號運用成一種活動性的、變化性的發展，這是符號在建構運用上的重要概念。「卦象原是借符號以象萬物，其中存在著兩個系統，一爲萬物的客體系統，一爲對客觀系統之再造的符號系統，前者爲客體的本原系統，後者爲主體的再生系統。但是，符號一經形成，其摹擬性與象徵性，往往是固定的。如八卦所象徵的最基本物象，☰爲天、☷爲地、☳爲雷、☴爲風、☵爲水、☲爲火、☶爲山、☱爲澤等，均有其約定俗成性。而萬物本身卻是生生不息，無時無刻不在運動變化中。這便產生了一個矛盾，即萬物是動的，而卦符是靜的。如何解決這一矛盾呢？從根本上講，即把卦符不要看作是死的、靜的，而要看作是活的、動的。易道尚變，只有活、動才能體現易道的精義，死、靜是不符合易道的」〔註399〕因此，不論是卦變、卦爻象的有機運用、互體取象、當位、相應、承乘之說、中位、震巽特變等等，以及爻變的合配應用，在在體現生息變化的易道精神，也使機械化的符號訊息的背後意義積極呈顯出來。

〔註399〕原文爲周立升之說（見《虞翻象數易論綱》，岳麓書社《中國哲學》第十六輯，1993 年 9 月初版 1 刷），今轉引自劉玉建《兩漢象數易學研究》，頁 684。